Finance
经济管理类课程教材
金融系列

金融工程

JINRONG GONGCHENG

（第五版）

主编 林清泉

中国人民大学出版社
·北京·

出版说明

自改革开放以来，中国的金融走上了高速发展的快车道，获得了前所未有的发展，有关院校都开设了金融课程，以便培养我国急需的人才。

一套高质量的教材是提高教学质量的前提之一。教材规定了教学内容，是教师授课取材之源，是学生求知和复习之本，没有优秀的教材，就无法提高教学质量。中国人民大学出版社推出“经济管理类课程教材·金融系列”，旨在推动国内金融人才培养工作的发展。

组织编写这套教材时，我们遵照以下原则：

1. 教材实行本土化。为了更快地与国际接轨，许多人主张采用“拿来主义”原则，直接引进国外的教材。实践证明，我国与发达国家相比，国情不同，文化背景不同，思维方式不同，语言表述方式不同，广大的专家教授一致认为：我们培养的是中国金融人才，是为中国的金融服务的，教材还是本土化为宜。在了解我国现况之后，再学习国外的知识。把中国的背景知识与国际接轨才是我们最需要的。本套教材均为本土原创作品。

2. 精选作者，保证教材质量。金融与国家的政策联系紧密，应用性强，培养的学生既要懂理论又要会应用，既要与国际接轨又要考虑中国的国情。本套教材涵纳全国“政产学研”方面的作者，从源头上保证了这套书的质量。

3. 要始终保持教材的“精”与“新”。现代金融日新月异，课程设置不断变化。本套教材根据形势的发展，不断推出新课程教材，并不断修订、完善。

4. 形式多种多样，方便教材使用者。书中的各章大多设有“本章小结”、“本章要点”、“本章关键术语”、“本章思考题”和“本章练习题”等栏目。此外，各书还有配套的“学习指导书”，方便读者学习和使用。

总之，这套系列教材紧密结合当前国内外金融研究的最新成果与金融政策发展的实际情况，全面讲述金融基本理论和基本知识。我们相信“经济管理类课程教材·金融系列”的推出，能够为读者掌握现代金融知识、培养人才起到应有的作用。

中国人民大学出版社

第五版前言

本教材列入了中国人民大学“十三五”规划教材，笔者根据该规划对教材的要求和本教材在两年内的教学实践以及读者反馈的意见对本教材进行了适当的调整和补充，并对发现的遗漏做了修正。为了便于读者阅读，笔者对相关联的知识做了说明，以便读者回忆相应的内容、参考相应的资料。这次修订对部分内容进行了重写，同时为适应我国全面开放金融市场的发展需要，除增加了第十七章、第十八章的应用性内容外，还增加了第五篇“金融工程技术应用篇”。第五篇主要介绍中国金融衍生产品市场概况、中国债券市场中的金融工程、金融工程在资产管理业务中的应用以及中国私募基金与金融工程。由于金融工程理论与实践的发展非常迅速，加之中国金融市场的发展也是有目共睹的，这部分内容只能起到一个抛砖引玉的作用，希望能够让读者关注到中国金融市场中金融工程理论与应用研究方面的发展，并致力于这方面的研究。

本教材适用于金融工程本科专业，对金融学其他专业同样适用，对金融从业人员也不失为一本入门级的有益参考书。本教材力求深入浅出，突出金融工程基本内容的介绍，比如金融工程思想、资产定价、金融衍生产品及应用金融衍生产品进行风险管理。虽然本教材中较难的论证过程基本都已略去，但也指出了有关参考资料，感兴趣的读者可以查找参考。凡具有高等数学和线性代数知识基础的读者都可以自如地理解本教材的内容。

随着时间的推移，我国经济的发展、金融改革的不断加深以及金融衍生产品市场的迅速发展和变化，都给金融工程提供了不断扩大的发展空间和挑战。这次修订对第二章第四节金融工程在中国的发展进行了重写，由多年从事证券业工作的高级研究员罗刚博士执笔。第十七章由民生证券固定收益投资部董事、副总经理杨丰编写。第十八章由林清泉编写。第十九章由中信证券研究部金融工程及衍生产品团队首席分析师、高级副总裁赵文荣编写。第二十章由民生证券固定收益投资部董事、副总经理杨丰编写。第二十一章由中航证券资产管理部负责人张建龙编写。第二十二章由淡水泉（北京）投资管理有限公司量化投资经理荣琪编写。此外，新增章节的“本章小结”、“本章要点”、“本章关键术语”和“本章思考题”，第十七章、第十八章由夏睿童博士修订，第十九章、第二十章由沈政博士编写，第二十一章、第二十二章由杨亚仙博士编写。

林清泉

2018－06－08

第一版前言

自20世纪70年代以来，各国的金融管制普遍放松，从而促使金融自由化席卷全球，并使全球市场一体化趋势不断加强、金融创新达到了前所未有的高度，进而直接促进了投资基金的产生以及作为金融风险管理手段的金融衍生工具的爆炸式增长，致使金融业发生了全面而深刻的变化。在这一过程中，萌芽于新古典金融学的金融工程思想开始逐渐成形，并成为金融创新和金融衍生工具不断发展的理论基础及技术保证。到了20世纪90年代，人们开始在金融领域内大规模、大范围地运用金融工程的思想、方法和技术来解决日益复杂的金融、财务问题，这些问题的解决方案中逐渐打上了越来越深的“工程化”烙印。相应地，金融科学也从传统的描述性和分析性的阶段过渡到了工程化的阶段。

1991年，国际金融工程师协会（International Association of Financial Engineers）的成立标志着金融工程学科的正式诞生。随后，美国的很多大学都先后设立了“金融工程”这一专业，虽然它们的名称不尽相同，如Financial Engineering，Financial Mathematics，Mathematical Finance，Computational Finance。然而，无论是叫“金融工程”、“金融数学”、“数学金融”还是“计算金融”，它们的实质都是一样的，即综合运用金融、数学、工程、信息、会计、法律等多学科知识设计、开发和运用新型金融产品，创造性地解决金融问题。虽然到目前为止，金融工程学科的发展历史还不是很长，但由于其在金融领域内综合运用了多学科的知识，因而它迅速发展成为一门新兴的交叉性学科。另外，该学科在把金融科学的研究提升到一个新阶段的同时，对金融产业乃至整个经济领域也产生了极其深远的影响。

目前，我国金融业正经历着从封闭的财政型银行体系向开放的现代化金融体系转变的过程。由于我国长期实行金融管制，因而国内金融体系的运行效率低下，并且面临着许多问题：货币市场基础薄弱；资本市场极不完善；商业银行改革困难重重；证券公司、基金管理公司等新兴金融机构并未发挥相应作用；国内金融风险不断累积；国际金融风险向国内渗透和传导的途径日益增多。从宏观上讲，这些问题的产生在很大程度上和我国原先的金融体制有关，因此我们需要通过金融体制改革从根本上解决这些问题。但是，从微观角度来看，如何在金融体制改革的过程中，积极审慎地促进金融创新、繁荣金融市场、化解金融风险，这些问题无法只通过体制改革一条途径来解决。如果说中国的金融体系是一个病人，那么金融体制改革可以说是针对这个病人所提出的唯一有效的治疗方案；但是在“治病”的过程中，一些辅助的“医疗设备”和“药物”也是必不可少的，金融工程的一些思想和方法正起着这样的作用。

目前，虽然我国的金融工程学科在理论研究和实践运用上都远远落后于西方发达国家，但我们已经看到了一些可喜的变化。首先是人们的思想和观念的转变，“金融工程”这个名词已经被越来越多的人所接受，在各种媒介上出现的频率也越来越高。人们开始逐渐扭转只依靠文字表述来学习和传播社会科学知识的传统习惯，开始认识到数学分析工具在社会科学领域的巨大作用，甚至对于“金融学”这一学科性质的认识也出现了一些变化——不再将其简单地看作社会科学中的一门学科，而是对其赋予了更多的“技术性”学科的色彩。其次是金融市场上开始出现一些带有创新性质的金融产品，包括债券市场上的可转换债券、回购市场上的“开放式回购”、基金市场上新推出的交易所交易基金(ETFs)以及期货市场上酝酿推出的国债期货和股指期货等。最后是金融工程的思想、方法和技术开始被越来越多的人用于管理金融风险、解决金融问题。在汇率风险管理方面，国内的外汇银行早就开始使用互换和远期产品；在股权风险管理方面，国内的证券公司和基金管理公司开始实行越来越正规的投资组合管理，甚至很多中小投资者也都具备了“分散投资”的意识，而股指期货也是国内证券市场方方面面不断呼吁、要求开放的一个产品；在利率风险管理方面，国债期货的推出只是一个时间问题，远期利率协议等利率衍生产品正被越来越多的国内银行所认识和利用；在信用风险管理方面，国内的商业银行从来就没有停止过学习国外成熟的信用风险管理模型，虽然在实践中并没有得以运用，但我国商业银行对于信用风险的高度重视以及开始普及的比例管理也应算是一个长足的进步。此外，在公司股票上市、买“壳”注资、管理层收购、企业兼并重组等活动中，系统化、工程化的策略和手段已时有运用。

伴随着中国金融体制改革的逐步深化以及中国金融市场的不断发展，金融工程在我国的应用前景十分广阔，这一点是毋庸置疑的。但是，目前国内金融工程方面的人才极度缺乏，金融工程学科建设也刚刚开始。在教材方面，虽然我国已经引进了不少国外的经典著作，但那种真正契合国内国情、逻辑体系比较完整、语言文字比较符合我国阅读习惯、能够深入浅出地讲解整个金融工程思想体系的教材还不是很多。虽然笔者并不认为本书完全体现了上述要求，但它还是较为全面地介绍了金融工程的理论应用知识，而且其结构较为清晰、语言比较浅显。

从框架结构来看，本书共由四篇组成——金融工程概述篇、金融工程理论篇、金融衍生产品篇和金融工程技术与管理篇。金融工程概述篇主要介绍了金融工程的定义和分析方法、金融工程的产生和发展以及主要金融衍生产品（如四大类金融衍生产品——远期、期货、期权和互换）的基础知识。金融工程理论篇是本书的核心部分，主要内容包括资产组合理论、资本资产定价理论、有效市场理论、无套利分析方法、期权的损益及二叉树模型、布莱克-斯科尔斯期权定价理论。金融衍生产品篇是以金融衍生产品不同的标的资产为分类标准，并由此分别介绍了以货币为基础的金融衍生工具、以利率为基础的金融衍生工具和以权益为基础的金融衍生工具。金融工程技术与管理篇的主要内容包括汇率风险管理、利率风险管理、股票价格风险管理、信用风险管理和风险价值VAR的测算以及期权思想在企业中的应用，主要介绍可转换债券、股票期权以及实物期权。

对于那些刚刚进入金融工程专业学习的学生、对于那些希望拓宽自己视野的金融学和经济学专业的学生、对于那些已有一定工作经验但希望增长一些知识的金融从业人员以及对于所有对金融工程这门新兴学科感兴趣的朋友，本书都不失为一本较为优秀的入门教材。虽然在本书的编写过程中，笔者倾注了自己全部的热情和精力，但由于自身的学识和能力有限，不足之处在所难免，真诚希望广大读者能够不吝指正，也希望自己的努力能为中国金融工程学科的建设和金融工程知识的传播尽一份绵薄之力。

本书的部分章节是初创，部分章节则是在笔者多年来讲授“金融工程”的基础上经过补充整理而形成的。参与本书资料收集和编写整理的有林清泉、王振、李颖、黄建军、杨丰等。

最后，林清泉教授对本书进行了统稿。笔者在此感谢中国人民大学教务处和财政金融学院为本书所提供的支持及帮助；感谢中国人民大学出版社为本书的出版和发行所做的工作。另外，本书在编写过程中引用了相关专家的研究成果和著作，在此一并表示感谢！

林清泉

目　录

第一篇　金融工程概述篇

第二篇 金融工程理论篇

第三篇　金融衍生产品篇

第四篇　金融工程技术与管理篇

第一篇　金融工程概述篇

第一章

金融工程概述

第一节　金融工程的界定

一、工　程

工程这个名词我们在生活中经常碰到，如“五个一”工程、菜篮子工程、葛洲坝工程等。《简明大不列颠百科全书》给工程下了这样的定义：工程是“应用科学知识使自然资源为人类服务的一种专门技术”①。在一般情况下，我们所说的工程是指机械工程，其意义是指将几个机械零件组成一个复杂的系统，使其协同工作，或者为了获得某种功能上的完善而进行相应的调整。伴随现代科技的发展，机械工程的原理渗透到自然科学和社会科学的诸多领域，成为科学理论转化为现实生产力的根本手段，并且深刻地影响和改变着人类的生存环境及人类本身。例如，在人文社会科学中有马克思主义理论研究与建设工程；在生命科学领域，有生物工程、遗传工程；在物理领域，有核工程、宇航工程；在化学领域，出现了材料工程；在电子领域，则有电子工程、计算机工程、通信工程；在企业管

① 简明大不列颠百科全书．3卷．北京：中国大百科全书出版社，1985.

理领域，有管理工程；而金融领域则在20世纪80年代末兴起了金融工程（financial engineering）。

时代不同，工程学的应用领域和所处的地位也不同。在冷战时代，国家安全的主要表现就是国防安全，所以“两弹一星”（原子弹、导弹和人造地球卫星）的核工程、宇航工程获得迅猛发展。而在后冷战时代，和平与发展成为世界的主流，国家安全主要表现为经济安全，尤其是金融安全。另外，目前各国对国家安全的重视并非主要体现在对抗和防御，而是实力上的竞争。因此，信息工程、生物工程和金融工程就成为全球竞争的主要领域。美国政治学会前会长、哈佛大学战略研究所所长亨廷顿（Samuel Huntington）出版的轰动西方的《文明的冲突与世界秩序的重建》一书，在讨论后冷战时代的全球战略时，列举了西方文明控制世界的14个战略要点，其中第一条“控制国际银行系统”、第二条“控制全部硬通货”、第五条“掌握国际资本市场”都是同金融工程密切相关的，而控制高科技军火工业和控制航天工业则分别退居到倒数第一和倒数第三的位置。由此可见，金融工程在后冷战时代已上升到首要的战略位置。

二、金融工程

金融工程的思想在数百年前就已出现。例如在公元1600年左右的日本，富裕的地主们就设计了一种本质上是期货合约的“大米库存票据”来控制由于天气变化而导致的大米价格涨跌的风险。在20世纪50年代，“金融工程”开始作为一个专有名词出现在有关文献中，但是金融工程学成为一个自成一体的金融学科，却是在20世纪80年代末和90年代初。

1991年“国际金融工程师协会”的成立，被认为是金融工程学确立的重要标志，该协会的宗旨就是要“界定和培育金融工程这一新兴专业”。1992年，国际金融工程师协会常务理事、美国圣约翰大学教授马歇尔（J. Marshall）与助手V. K. 班赛尔合著的《金融工程》一书的出版，说明金融工程学已正式成为一门新兴的学科。

自20世纪90年代以来，美国哈佛大学、麻省理工学院、斯坦福大学、康奈尔大学等著名高等学府都开设了金融工程专业（学位），金融工程学成为西方商学院重要的MBA课程，美国的一些高等学校与华尔街的一些重要金融机构合作对其进行了开发和应用方面的研究。目前，金融工程学已经成为企业财务人员、银行经营管理专家、基金经理、市场交易员以及金融管理部门相关人士等实务部门工作人员必修的内容。

随着金融工程学的发展，人们对金融工程所做的界定也在不断变化。为了更好地理解金融工程的含义，我们在这里简要介绍一下几位不同时期的西方著名金融学家所给出的金融工程的定义。

（一）芬纳蒂的定义

美国金融学家约翰·芬纳蒂在1988年为金融工程做出了如下解释：金融工程包括创新性金融工具和金融过程的设计、开发和运用以及对企业整体金融问题的创造性解决方略。[①] 马歇尔和班赛尔在其《金融工程》一书中十分推崇这一定义。他们指出，该定义中

① Finnery J D. Financial Engineering in Corporation Finance: An Overview. Financial Management, 7 (4), 1988.

的“创新”和“创造”这两个词值得重视，它们具有三种含义：一是金融领域中思想的跃进，其创造性最高，如创造出第一个零息债券、第一个互换合约等；二是对已有的观念做出新的理解和应用，如将期货交易推广到以前未能涉及的领域，发展出众多的期权及互换的变种等；三是对已有的金融产品和手段进行重新组合，以适应某种特定的情况，如远期互换、期货期权、互换期权的出现等。①

按照芬纳蒂的思路，金融工程可以分为以下三个方面的内容：

（1）新型金融工具的设计和创造。它包括新型银行账户、新型基金、新的保险品种、新的住宅抵押形式等针对普通消费者的金融产品，也包括新的债务工具、股权工具、风险控制工具等基于企业需要而设计出的金融产品。毫无疑问，这是金融工程中最核心、最重要的运作领域。

（2）创新性金融过程的设计和开发。例如，运用新技术降低金融运作的成本，根据金融管制的变更改变金融运作的方式，市场套利机会的发掘和利用，发行、交易和清算系统的改进等。

（3）针对企业整体金融问题的创造性解决方略。例如，创造性的现金管理策略、债务管理策略、企业融资结构、杠杆收购、项目融资等。芬纳蒂指出，这一类金融工程均涉及企业不同类型的股东及不同性质的债权人之间金融风险和收益的重新配置。例如，杠杆收购（leveraged buyout）就是使目标公司（被收购公司）的股东大获其利，但也可能导致债权人的风险大大增加；又如，创新性资金管理策略的引进，有可能因为企业现金流更为合理而使债权人本金和利息的获得更有保障，但股东却可能要承担由于企业流动性增加而引起的收益下降。

（二）史密斯和史密森的定义

美国罗彻斯特大学西蒙管理学院教授克里弗德·史密斯和大通曼哈顿银行的经理查尔斯·史密森的观点颇具代表性。他们指出：金融工程创造的是导致“非标准现金流”的金融合约，它主要是指用基础的资本市场工具组合而成新工具的过程。② 这个定义的优点在于，它指出了金融工程着眼的是创造“非标准”（nonstandard）的新金融工具，这一点从金融工程的一般运作过程中可以清楚地看出。

（三）洛伦兹·格利茨的定义

1994年，英国金融学家劳伦斯·格利茨（Lawrence Galitz）在其著作《金融工程学——管理金融风险的工具和技巧》（*Financial Engineering Tools and Techniques to Manage Financial Risk*）中，提出了一个“统一的定义”，即金融工程旨在应用金融工具将现有的金融结构进行重组以获得人们所希望的结果。③ 可见，格利茨认为金融工程的目标是重组金融结构以获得所希望的结果。例如，对于投资者来说，金融工程能够使其在风险一定的情况下获得更高的投资收益；对于公司财务人员来说，金融工程可能帮助他们消除目前正处在投标阶段的项目风险；对于筹资者来说，金融工程可以帮助他们获得更

① 马歇尔，班赛尔．金融工程．北京：清华大学出版社，1988.

② Smith C W, Jr. and Smithson C W. The Handbook of Financial Engineering. Harper & Row, 1993.

③ Galitz L. Financial Engineering Tools and Techniques to Manage Financial Risk, Pitman Publishing, 1994. 定义的译文取自唐旭等．金融工程学．北京：经济科学出版社，1998.

低利率的资金。值得注意的是，在整个金融活动中，虽然一方所希望的结果，对另一方而言也许是不希望看到的，但双方对这笔交易的完成会感到满意。

（四）马歇尔和班赛尔的评述

马歇尔和班赛尔在其《金融工程》一书中，认为芬纳蒂对金融工程的定义是最好的。他们除了对芬纳蒂的定义进行了解释外，两人还认为金融工程不应只限于在公司和金融机构的层面上应用。近年来，许多富有创造性的金融创新都是面向零售层面，有时又称为消费者层面。尽管金融工程与传统意义上的投资银行所起作用的联系更紧密一些，但一些商业银行也往往涉足金融工程领域，所以马歇尔和班赛尔广义地使用投资银行这一名词，这一名词将包括传统的投资银行、开展金融工程业务的商业银行以及参与财务建构和风险管理活动的其他机构。从实用的角度出发，金融工程应包括以下几个方面的内容：公司理财、金融交易（包括基础工具和衍生工具交易）、投资与现金管理以及风险管理。其中，风险管理（risk management）被认为是金融工程中最重要的内容。这是因为，近些年公司理财、衍生工具开发、投资与货币管理的核心内容便是风险管理，许多人甚至将“金融工程”视为“风险管理”的同义词。

在这里，我们也尝试着给出自己的定义：金融工程是以一系列现代金融理论作为基础，通过运用一定的金融技术研究和解决特殊问题，从而满足金融市场上特定的风险规避、风险管理和效率提高的需求，其结果是产生了具有创新性的金融产品和创造性的解决方案。对于这一定义，我们可以从以下三个方面加以理解：

(1) 金融工程以一系列现代金融理论作为基础。金融工程师与研究金融理论的学者不同，前者的职责是在后者所提供的金融理论的基础上解决实际问题。金融工程师所做的所有工作都是以一系列现代金融理论作为基础的。当然，金融工程师的工作又为研究理论的学者提供了检验理论正确性的帮助，并为其进一步发展理论提供了依据。这种理论与实践之间相辅相成、互相促进的关系在金融领域体现得十分清楚。

(2) 金融工程基于特定的环境，运用一定的金融技术，是为了解决特殊问题、满足特殊需要而出现的。从这个意义上说，它是按客户要求，开发、研制出的非标准的金融产品和解决方案。当然，这种非标准的金融产品和解决方案如果正好也满足了市场上大多数人规避风险、提高效率的需求，那么它就会慢慢地演变成一种流行的标准产品。

(3) 金融工程是一个过程，它的结果是产生创新性的金融产品和创造性的解决方案。它包括了芬纳蒂所指出的三个方面内容。目前国内频繁讨论的金融创新和金融衍生产品等，都是金融工程这一创新过程的产品，而这些产品在反复使用并加以标准化、流通化、交易集中化之后，其运行成本将大幅降低，又成为今后金融工程创新过程中的重要工具。

打个比方，金融工程与金融理论之间，就如同核工程与量子力学一样不可分；而金融工程与创新性金融产品和创造性解决方案的关系则无异于核工程与核武器。下面用图 1-1 来表示它们之间的关系。

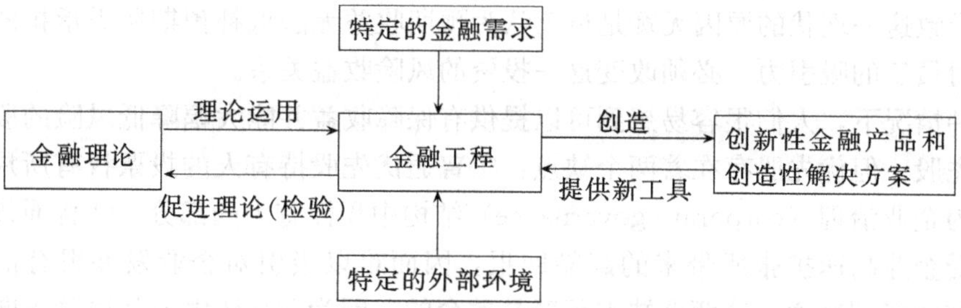

图1-1 金融工程与金融理论以及与创新性金融产品和创造性解决方案之间的关系

三、金融工程在实际生活中的运用

下面举两个在实际生活中运用金融工程的例子，以便帮助我们更好地理解金融工程的含义。

(一) 创新性金融产品

【例 1-1】 1993 年，法国政府在对 R-P 化工公司实施私有化 (privatization) 时遇到了困难。按照政府的设想，R-P 化工公司在出售股权的同时，应将一部分股权出售给公司的员工，以保护公司员工的利益，同时也使他们保持工作的积极性。但是，R-P 化工公司的员工却对这一职工持股计划反应非常冷淡。在政府与公司决定对员工提供 10%的价格折扣之后，只有 20%左右的员工购买了本公司的股票。这样少的员工持股无疑使 R-P 化工公司的管理层对员工们未来的工作积极性和人力资源流动状况深表忧虑，而政府和公司又不愿意提供更多的折扣，也就是以更大的成本来吸引员工购股。在这两难境地中，他们向著名的信孚银行 (Bankers Trust) 求助，该银行在进行详尽分析之后提出了令各方均感到满意的解决方案。

具体方案为：由 R-P 化工公司出面向员工保证其持有的股票能在 4 年半内获得 25%的收益率，同时其股权所代表的表决权不受影响，并且员工可以获得未来股票二级市场上价格上涨所带来的资本利得 (capital gains) 的 2/3，另外 1/3 则作为对 R-P 化工公司所提供的最低收益率的补偿。

该方案产生了以下效果：①R-P 化工公司的员工在不影响其股票表决权的同时还能获得最低收益保障，这使公司员工的购股兴趣大增。②R-P 化工公司只需要支付较低的成本就可以利用员工持股，这在一定程度上解决了困扰企业发展的激励问题和信息问题。③如果二级市场价格上升，该公司还能获得员工持股的 1/3 溢价部分；如果二级市场境况不佳，R-P 化工公司也无须承担股价下跌的风险。总之，信孚银行的方案使 R-P 化工公司成功地向员工出售了股票，并且只需承担比原先折扣优惠更低的成本。[①]

在这一案例中，信孚银行所面临的问题是一部分特定投资者 (企业员工) 的投资欲望

---

① 假设收益可以连续投资或者收益再投资，设年收益率为 y，并且一年复利一次，因而有 $(1+y)^{4.5}=1.25$，则 $y=0.0508$。若是半年复利一次，则由 $(1+\frac{y}{2})^{9}=1.25$，得 $y=0.05$。也就是说，每年保证股票上涨约 5%，即可达到 4 年半之内获得 25%的回报。

不强，而导致这一现状的原因无疑是员工认为预期收益无法抵补预期所需承担的风险。要增加股票对员工的吸引力，必须改变这一投资的风险收益关系。

在这种情况下，人们很容易想到可以提供有保障收益并能大幅降低风险的股权融资工具——优先股。但优先股存在着两个缺点：①普通优先股持有人的投票权有所局限，这使它难以成为企业治理（corporate governance）结构中积极有力的部分；②普通优先股持有人不能享受企业高速扩张所带来的高额回报，因而难以吸引对企业发展很有信心的投资者。就目前的案例来说，这两个缺点无疑是致命的，因为R－P化工公司急于向员工出售股票的目的就在于使他们成为企业的“主人翁”，成为企业完善治理结构和优化日常运转的动力之一，使之为企业发展出谋献策，并信心十足地勤奋工作。但是，优先股的特征与R－P化工公司的目标相背离。

但是，信孚银行并没有简单地否定优先股融资形式，而是巧妙地吸收了优先股的思想，并对原先的普通股进行了根本的改进：①对普通股设置最低收益保障，这就从根本上改变了投资的风险收益关系；②吸收了优先股股东投票权被限制的思路，允许其股东具有完全的投票权，以防止员工成为企业决策中消极的部分；③借鉴了参与优先股（participating preferred stock）的性质，允许其持有人在获得最低收益保障之余仍可享受与其他股东相一致的分红待遇，这又使其在二级市场上的价格能够与普通股保持一致，股票持有人可以享受优先股难以带来的优厚的资本利益；④上述三点，事实上是其他股东为了保证职工工作的积极性、缓解激励不相容（incentive incompliance）问题所做的利益让渡。为了使其他股东和公司管理层也能接受这一金融工程方案，信孚银行又设置了职工股在二级市场上所获资本利润中的1/3应归公司（即归全体股东共享）的规定，这样既保证了职工的积极性不受严重影响，又缓解了其他股东“同股不同权”的抗议，同时还能促使其员工为维持账面盈利而不将股票在二级市场上出售（因为出售后就要将1/3的资本利润归公司所有），从而成为企业的长期投资者，这无疑强化了员工与企业休戚相关的联系。

正因为引进了上述四大创新性要素，并对原有的优先股进行了创新性改造，才使信孚银行的方案达到了皆大欢喜的效果，也使几乎陷入困境的R－P化工公司的私有化安排得以顺利进行。

（二）创造性解决方案

【例1－2】 假设一个国内投资者非常关心海外证券市场、外汇市场和衍生金融工具市场的起伏波动，很希望能够亲自到国际金融市场上去一显身手。然而，在中国外汇管理制度和严格的金融管制条件下，这一希望成为现实的可能性几乎为零。与此同时，在中国迅猛发展的经济中，尚处于不成熟阶段的证券市场显然包含着足以令海外投资者羡慕不已的投资回报。但限于金融监管，海外投资者无法直接进入A股市场，以分享中国股市成长过程中的收益。[①] 因此，投资者需要应用现代金融工具寻找解决问题的办法。

首先，本案例所要解决的问题是让国内、国外投资者各取所需，并交换其在境内、境外证券市场的投资收益。

其次，问题的症结在于中国对资本账户和外汇市场进行严格的限制，国内投资者无法

① B股市场和H股市场的存在只能部分消除这一障碍。

将资金汇出国境直接投资于海外资本市场，海外投资者也难以购买 A 股股票以获取国内证券市场的回报。

最后，提出解决问题的方案：设计一笔交易，让某一国内投资者和某一海外投资者签订一份合同，规定双方各自在国内、国外进行一定规模的投资，在某一段时间后（例如一年后），双方交换各自的投资收益。

在这一方案中，由一方进行投资决策，另一方进行操作，即一方发指令，另一方执行指令；还可以不进行真实的投资运作，仅选取某些指数作为双方交换投资收益的根据。例如，双方选择中国上证 30 指数和 S&P 500（标准普尔 500）指数，把 2008 年第一个交易日至最后一个交易日的指数变动作为收益交换的依据。假设合同投资额为 1 000 万美元，如果在上述时间内上证 30 指数和 S&P 500 指数分别上升了 18%和 16%，那么国内投资者在 2008 年年底就要支付海外投资者1 000×(18%－16%)＝20 万美元。当然，作为收益交换的依据还可以是某种证券价格、期货价格、利率、房产价格等金融指标。

通过实行这一方案，双方都有获益之处：①在不违反现行金融监管的条件下实现了投资的国际化，满足了双方特定的投资需求；②由于不涉及资本的汇入/汇出，因而不会对国内金融市场造成冲击，相反还可能由于海外较成熟的投资理念的引入，促进国内投资者行为的健康化；③双方均无须承担大笔资金汇兑的财务成本；④可以大幅减少双方的头寸暴露，因为对于任何一方来说，外汇风险仅体现在两地有收益差额的资产上，而自行进行国际投资时，其外汇风险体现在本金加收益的外币资产上。

实际上，这笔交易就是金融工程的产物，即所谓的国际投资收益互换，也就是两国投资者不进行本金交换而进行收益结算的交易方式。

通过这两个例子，我们就可以知道金融工程如何运用现代金融技术开发出创新性金融产品和创造性解决方案，从而解决一定的实际问题，满足客户特定的需要。事实上，作为金融工程在实际中运用的结果，创新性金融产品和创造性解决方案是密不可分的。创新性金融产品从本质上讲就是创造性解决方案，而创造性解决方案中往往包含着创新性金融产品的开发和运用。

第二节 金融工程的分析方法

一、无套利分析方法

无套利分析方法是一种对金融市场中的某项“头寸”进行估值和定价的方法，其采用的基本思路是用市场中其他金融资产的头寸复制该“头寸”的收益，然后在市场均衡条件下求出复制证券组合的价格，并由此测算出该项头寸在市场均衡时的均衡价格。如果价格太高或者过低，都可能出现套利机会。在一个完善的市场中，人们的套利活动必然导致资产价格趋于合理，并最终使套利机会消失。无套利条件是诺贝尔经济学奖获得者莫迪利安尼（Modigliani）和米勒（Miller）于 1956 年在《资本成本、公司财务与投资管理》一文中提出的，主要用于论证被后人以两位作者各自姓氏的第一个字母“M”命名为 MM 定理的假设条件。它假设存在一个完善的资本市场，使企业实现市场价值最大化的努力最终被投资者追求最大投资收益的对策所抵消，揭示了企业不能通过改变资本结构达到改变其市场价值的目的。也就是说，无论企业选择何种融资方式，均不会影响企业的市场价值，企业的市场价值与企业的资本结构是无关的。如果在一个完善的资本市场上，企业融资政策和融资方式与企业的市场价值无关，那么所有企业的负债率均应呈现随机分布的状态。但在现实中，企业债务分布有明显的行业特征。① 导致这一现象的原因在于，MM 定理中舍去了像税收、企业破产成本和企业与投资者之间的利益冲突等一系列现实的复杂因素。因此，解决 MM 定理与现实不符的正确思路，应是逐步减弱 MM 定理的假设条件。在市场中，不存在套利机会的条件是无套利分析的定价基础。采用无套利分析技术的要点，是“复制”证券的现金流特性与被复制证券的现金流特性完全相同。无套利原则也是对金融工程产品进行定价所必须遵循的原则。

二、工程化的分析方法

工程化的分析方法与其他现代工程科学一样，主要有数学建模、数值计算、网络图解、仿真模拟等技术手段。工程活动主要依赖于工程师的创造性劳动，不拘泥于死板的理论教条。工程化的分析方法是面向市场实际的，它立足于解决实际的问题。产品的设计、开发和实施是一切工程活动的基本内容。在市场经济条件下，产品必须适销对路。金融工程作为工程型学科，是围绕着金融产品的创造和实现展开的，而金融产品的推出和改进，又都是以市场为导向的。金融工程的工程化分析方法主要是采用数学和统计学的方法，但也运用了其他与系统科学和决策科学有关的知识（如运筹学、优化技术等）。

在面对具体问题和解决问题的过程中，金融工程所需运用的工程化分析方法一般包括以下几个运作步骤：

（1）诊断。识别客户特定的要求和所遇到的特殊困难，分析并探讨其问题的本质和来源。

（2）研究和设计。根据现有的金融理论、金融技术、市场状况和本公司及客户的资源状况，并且依照金融监管的要求，为客户寻求解决问题的最佳方案。这种最佳方案一般是一种全新的金融工具，有时是一种崭新的金融操作方式，有时甚至是要设立一家专门的金融中介机构来达到客户的目标。我们在研究中必须充分考虑到这种金融方案可能引起的对客户及对公司的各种风险，并设计分散或转移风险的方案；同时，我们还要估算该金融产品的价格，撰写研究报告，以征得客户同意。

（3）开发。按照上述最佳方案开发出新的金融产品，并根据金融资产的定价理论以及公司的开发成本，计算产品的价格。

（4）管理。考察金融产品的运行状况，监督公司和客户的头寸暴露（exposure）情况，并根据市场状况和公司的整体头寸状况进行动态交易调整。

由此可见，金融工程事实上是为特定客户量体裁衣，设计特定的、非标准的金融工具的过程。这里所说的标准与非标准的差别，在于某一种产品是否已经被普遍采用与借鉴。

① 资本密集型制造业、金融业有较高的负债率，广告业、制药业等负债率却很低。

实际上，每一种产品都是市场对非标准产品的设计思想进行普遍采纳、逐步改进、批量生产、集中交易的结果。例如，在金融衍生工具中占有重要地位的互换（swap）交易方式，就是世界银行（World Bank）和 IBM 公司在 1981 年 8 月进行的一次著名的“非标准”货币互换交易的基础上，在投资银行和商业银行对互换工具和互换技术进行日益完善之后，迅速发展起来的一种“标准”金融工具。

三、结构化的分解、组合与整合技术①

结构化的分解、组合与整合技术是金融工程的核心分析方法。它把各种金融工具看作零部件，采用各种不同的方式组装起来，创造出具有特殊流动性和收益与风险特性的新型金融产品，并以此来满足客户的需要。现有的金融工具又可以通过“剥离”等分解技术分解其收益与风险，从而在金融市场上实现收益与风险的转移以及重新配置金融资产的功效。这就像一台完整的机床是由若干零部件按照适当的规则组装而成一样，复杂的金融工具也是由一些基本的金融工具组合得到的。例如，债券和期权的组合产生了可转换债券，股票和期权的结合产生了认股权证。

金融工程工作的“零件”是各种现有的金融工具和金融手段，其中最主要的是目前大量涌现的衍生证券工具，如远期、期货、互换、期权等。无论多么复杂的金融产品和工具，都可以分解成各种基本的金融工具，它们是各种基本工具的组合。

分解技术主要是在既有金融工具的基础上，通过拆分风险进行结构分解，使其风险因素与原工具分离，从而创造出若干新型金融工具，以满足不同偏好投资者的需求。组合技术主要是在同一类金融工具或产品之间进行搭配，通过构造对冲头寸规避或抑制风险暴露，以满足不同风险管理者的需求。整合技术主要是在不同种类的金融工具之间进行融合，使其形成具有特殊作用的新型混合金融工具，以满足投资者或发行人的多样化需求。组合、分解和整合技术在本质上就是“复制”技术，也就是无套利分析方法的具体化，都具有灵活、多变和应用面广的优点。

（一）分解技术

分解技术就是在原有金融工具或金融产品的基础上，将其构成因素中的某些高风险因子进行剥离，并使剥离后的各个部分作为一种独立的金融工具或产品参与市场交易，达到既消除原型金融工具与产品的风险，又适应不同偏好投资者的实际需要。分解技术首先是从原型金融工具或金融产品中进行风险因子分离，并使分离后的因子成为一种新型工具或产品参与市场交易；它其实是对分解后的新成分进行优化组合，以构成新型金融工具与产品。

现有的大多数金融工具（或金融产品）都有其特定的结构形式与要素构成。例如，浮动利率债券在市场利率经常变动的情况下，对于风险厌恶的投资者来说，其吸引力就将大大降低。倘若我们能将在利率变动后导致收益变化的风险因子从该债券中分离开来，则浮动利率债券的市场交易就会更加活跃。正是这种现象引发了从金融工具或产品中分解风险

① 具体案例参见参考文献［49］。

因子的思想。

从理论上讲，绝大多数现有的金融工具或产品都有可能通过分解技术进行变体演化，实现既规避风险，又满足市场需要的目的。从实践的角度来看，分解技术使传统金融产品的持有人原本无法消除的诸多风险因素得以化解。比如对于传统债券的持有人而言，他们面临着不可消除的利率风险、违约风险、再投资风险、赎回风险和购买力风险等。运用传统的投资组合技术管理风险，只能降低风险而不是彻底消除金融工具或产品本身的风险；而分解技术则是拆开风险、分离风险因素，从而使一系列风险从根本上得以消除。

（二）组合技术

组合技术与分解技术截然不同，它不是在某一既有金融工具或产品的基础上采用现金流分析进行结构分解，而是在同一类金融工具或产品之间进行搭配，使之成为复合型结构的新型金融工具或产品。它主要运用远期、期货、互换和期权等衍生金融工具的组合体对金融风险暴露进行规避或对冲。从理论上讲，组合技术的基本原理就是根据实际需要构成一个相反方向的头寸，以便全部或部分冲销原有的风险暴露。组合技术灵活性强，可以无限地构成新型金融工具或产品，具体采用哪几种金融工具、哪种组合形式进行组合，取决于原有风险的状态以及要达到的头寸状况。从技术上讲，构成适当的对冲头寸取决于两个因素：(1) 对原有风险来源、性质及其形态的辨识；(2) 正确确定对冲目标。从实践的角度来看，首先要搞清楚客户需要保护的风险头寸以及要保护头寸的目标是完全对冲还是有限对冲；其次要搞清楚客户对风险的态度，权衡客户的实际需要，适应客户的需求偏好；最后要做到既能满足客户对组合工具收益、风险特性的需要，又能使组合工具的价格被客户自愿接受。

（三）整合技术

整合是一个系统为实现系统目标，将若干部分、要素联系在一起，并使之成为一个整体的、动态有序的行为过程。整合技术就是把两个或两个以上的不同种类的基本金融工具在结构上进行重新组合或集成，其目的是获得一种新型的混合金融工具，使其一方面保留原金融工具的某些特征，另一方面创造新的特征以适应投资者或发行人的实际需要。从理论上讲，任意两类或两类以上的基本金融工具都可以相互整合，并形成新的混合金融工具。从实践的角度看，混合金融工具的产生与应用来源于投资者或发行人的需求。如果某投资者或发行人同时操作利率工具、股权工具和货币工具，那么他必须与利率市场、股票市场和货币市场的参与人发生直接关系，一旦在某个交易环节出现失误，就可能使投资者暴露出更大的敞口风险，增加多工具联合操作的风险概率。但是，如果该投资者或发行人应用整合好的混合金融工具，只与一个交易方往来，那就不仅能提高交易效率，而且能大大降低交易风险。

第三节 金融工程和金融创新

一、金融创新

提起“创新”这个词，人们自然会想起经济学家熊彼特的“创新理论”。熊彼特认为，所谓的“创新”活动是将生产要素和生产条件的“新组合”引入到生产体系中来。具体说来，新产品的生产、新技术和新工艺的应用、新市场的开辟以及新的企业组织形式的建立都可以看作创新活动。

现在人们经常提到的“金融创新”这个词，实际上就是把熊彼特的创新理论应用到金融领域而已。一般来说，金融创新有广义和狭义之分。从广义上说，金融创新是一个持续性过程，今天有关金融方面的一切，都是过去金融创新的结果，它包括金融市场、金融工具、金融制度、金融机构、金融管理甚至是金融理念方面的创新。从狭义上说，金融创新是指20世纪70年代以来世界金融业的一次大规模创新浪潮，甚至“金融创新”这个名词本身就是20世纪70年代出现的一个新的名词组合。对于狭义的金融创新，我们可从三个层次上理解：①对整个金融市场而言，金融创新是指对金融工具和交易方式所做的一些创新性改变；②对金融监管机构而言，金融创新是指它允许金融机构办理过去未曾核准的新型金融业务；③对金融机构而言，金融创新是指它以重新设计，或通过改良、组合等方式推出了过去未曾提供的金融工具与金融服务。

类似于一般的创新活动，金融创新基本上是一种事前无法预料的进步，但这并不意味着金融创新是由某个偶然因素引起或者是一种偶发的冲动。实际上，金融创新的产生是各种外部因素不断累积的结果。

首先，随着布雷顿森林体系的崩溃，国际经济环境的日趋动荡使得风险规避成为金融创新的重要动因。从20世纪60年代开始，高通货膨胀和市场利率的急剧上升及变化无常是金融风险的主要源头。例如，20世纪70年代末和80年代初，美、英等国的通货膨胀率均达两位数以上。长期高通货膨胀率带来了市场利率的上升和剧烈波动，美国短期国债利率在20世纪60年代中期一直低于5%，此后节节上升，70年代在4%和11.5%之间波动，80年代则在7%和15%之间波动。利率风险的增加，不仅降低了长期证券的吸引力，也使持有这类资产的金融机构陷入了困境。为了规避利率风险，这一时期的金融创新主要是大量可变利率债务工具的开发，如可变利率存单、可变利率抵押债券、可变利率贷款等。进入20世纪90年代后，世界范围内的通货膨胀压力大为缓解。但是，随着国际金融市场一体化的不断发展和国际金融市场动荡的加剧，金融危机日益频繁；同时，其影响不再仅限于危机发生国，此阶段发生的墨西哥比索危机和亚洲金融危机等都对其他国家（或地区）产生了连带影响。与此同时，信用风险在全球范围内日益引起人们的关注，从2001年年底到2002年6月短短半年多的时间里，美国爆发了一系列公司丑闻，范围涉及电信、能源、零售和金融业等各个领域，其中最大的两宗是安然公司和世界通信公司造假案。在此背景下，金融机构为了防范和化解金融风险，不断要求开发新业务、创新金融工具，而风险防范的重点则从利率风险转移到汇率风险、信用风险等。

其次，规避金融管制的需求不断推动着金融创新的产生。自20世纪30年代大危机过后，西方各国纷纷立法，对银行业施加严格的管理和限制。在激烈的竞争中，金融业为求得自身发展，只能发掘法规漏洞，并推出了许多新业务。例如在美国，为规避活期存款不准付息的限制，20世纪70年代出现了自动转账制度（ATS）；为规避储蓄账户不准开支票的限制，出现了可转让支付命令账户（NOW）；为规避定期存款利率高限的限制，70年代创立了货币市场互助基金（MMMF）；为规避法定存款准备金率的限制，商业银行到境外借入欧洲美元或通过回购协议吸收资金等。但是，进入20世纪90年代后，世界各国

（特别是发达国家）的金融改革如火如荼，金融市场监管主体不再墨守成规，而是积极顺应世界经济金融发展趋势的客观要求，大胆进行金融改革，如英国1986年金融“大爆炸”的伦敦金融改革，美国对商业银行和存款机构的放松管制，日本近年连续推出的金融自由化改革等。这一系列金融改革本身既是金融创新的重要组成部分，又对其他方面的金融创新产生了极大的推动作用。因此，20世纪90年代以前的金融创新以规避金融管制为特征，而目前的金融创新则以金融改革的推动为特征。金融监管当局由金融创新的被动接受者变成了金融创新的推动力量。

最后，金融竞争是金融创新的重要原因，但20世纪90年代以来金融竞争的范围、内容等均发生了较大变化。在金融创新过程中，提高创新者的市场竞争能力始终是创新的重要动力。自20世纪30年代以来，商业银行一直是最重要的金融机构，金融管制也主要以银行业为对象，商业银行与非银行金融机构界限分明。然而，到20世纪70年代后，一方面为了突破利率管制，另一方面为了吸收日益增加的民间储蓄，非银行金融机构大量增加，而且其业务在金融机构中所占份额逐渐上升。非银行金融机构的成长使之与商业银行之间的竞争越来越激烈，两者的界限正在逐渐消失，金融创新成为商业银行与非银行金融机构竞争的主要筹码。进入20世纪90年代以后，商业银行与非银行金融机构之间的界限被进一步打破，商业银行在多功能、综合化方向上的发展也取得了长足进展。因此，金融同业之间的市场竞争变成了全方位、多领域的竞争。与此相适应，金融创新也在不同领域全方位展开。此外，各国金融管制的陆续放松带来了金融竞争的国际化，因此金融机构纷纷借助于金融创新以适应国际金融市场一体化发展的需要。此时，金融创新的范围由国内市场扩展到国际市场，金融创新的内容则涵盖了国际金融制度、国际金融工具和国际金融机构等各个方面。

二、金融工程和金融创新的相互促进

（一）持续不断的金融创新促进了金融工程学科的诞生

现代金融市场之所以能将任何一个有储蓄能力的人都卷入其中，并成为联结国民经济各部门及千家万户的信用纽带，是因为它所提供的金融产品由单一的信贷资金形态向无限多样化的趋势发展，从而满足了参与者不同类型、不同层次、不同时间、不同地点的各种各样的需求。然而，金融产品由低级到高级、交易对象由现实到虚拟、交易技术由简单到复杂这样一个变化过程，特别是衍生金融交易的引入，对交易者知识面的广度与深度提出了极高甚至是苛刻的要求，导致金融交易品种增加与公众可接受、可采用、可操作之间发生了矛盾。金融工程就此应运而生，并为解决这一矛盾提供了条件。如果说早期金融创新带来的有限几种交易工具是“顺其自然”而产生的，那么现代金融市场上的新型产品则包含了越来越多的“高技术”成分。因为每种新金融产品的出现，都意味着它要满足交易者更加独特、层次更高的要求。为此，就必须由金融工程师根据不同的具体情况来设计有针对性的金融产品，并同时设计该产品的推销方案，甚至还要培育该产品的市场。而对一些较为复杂的金融创新产品的定价需求也推动着金融工程理论不断地向前发展。

（二）不断发展的金融工程学科为新的金融创新提供了有力支持

金融工程在金融创新中的作用，最显著的表现就是它已成为现代金融市场创新的技术动力。可以说，正是由于金融工程的诞生，才有力地推动了现代的金融创新。金融工程在设计新型金融产品的过程中，以现代金融理论为基础，通过运用各种先进的技术手段，对客户所面临的收益与风险进行评估、分解、取舍、组合，并通过一个具有法律效力的契约予以明确规范，然后再通过市场促销等方式推向市场。这样一来，一种为交易各方所接受的金融产品就产生了。如果交易者对该产品还有更新的要求，也可以迅速反馈给设计部门加以改进。这样就可以在极短的时间周期内使新型的金融产品不断涌现，也使得原有的金融品种迅速升级换代。例如，互换交易在诞生之初很少有人采用，后经金融工程设计改造，它已经演变为一套十分简单而规范的交易程序，于是互换这种交易迅速通行起来。正是由于金融工程的推动，一大批（诸如远期利率协议、指数期货、备兑权证、证券存托凭证、零息债券、可转换债券、合成股票等）传统金融市场上闻所未闻的新品种迅速涌现。虽然目前金融衍生工具品种繁多、结构复杂，但是默顿认为：金融创新浪潮不会衰退，创新节奏也不会放慢。其中的一个重要原因就是，他认为金融工程以及计算机与通信技术等的不断发展，为金融创新提供了更为强大的支持。

【本章小结】

对于金融工程的界定，不同时期的学者给出了不同的定义。综合这些定义，我们在本书中对金融工程做出了如下界定：金融工程是以一系列现代金融理论作为基础，通过运用一定的金融技术来研究和解决特殊问题，从而满足金融市场上特定的风险规避、风险管理和效率提高的需求，其结果是产生创新性金融产品和创造性解决方案。对于这一定义的理解可以从三个方面进行：①金融工程以一系列现代金融理论作为基础；②金融工程基于特定的环境，运用一定的金融技术，是为了解决特殊问题、满足特殊需要而出现的；③金融工程是一个过程，它的结果是产生创新性金融产品和创造性解决方案。

在金融工程中常用的分析方法一共有三种，即无套利分析方法，工程化的分析方法及结构化的分解、组合与整合技术。无套利分析方法采用的基本思路是用市场中其他金融资产的头寸复制某头寸的收益，然后在市场均衡条件下求出复制证券组合的价格，并由此测算出该项头寸在市场均衡时的均衡价格；工程化的分析方法与其他现代工程科学一样，主要运用数学建模、数值计算、网络图解、仿真模拟等技术手段对金融产品进行分析；结构化的分解、组合与整合技术是金融工程的核心方法，它把各种金融工具看作零部件，采用各种不同的方式组装起来，创造出具有特殊流动性和收益与风险特性的新型金融产品，并以此来满足客户的需要。

金融工程和金融创新之间具有相互促进的关系。一方面，持续不断的金融创新促进了金融工程学科的诞生；另一方面，不断发展的金融工程学科为新的金融创新提供了有力支持。

【本章要点】

● 金融工程的定义
● 金融工程的分析方法：无套利分析方法、工程化的分析方法和结构化的分解、组合与整合技术
● 金融工程和金融创新之间的辩证关系

【本章关键术语】

金融工程　　无套利分析方法　　工程化的分析方法
分解、组合与整合技术　　金融创新

【本章思考题】

1. 金融工程的内涵是什么？
2. 金融工程的核心分析方法有哪些？
3. 举例说明金融工程的分解技术、组合技术和整合技术。
4. 如何理解金融工程和金融创新之间的相互促进关系？

第二章
金融工程的产生和发展

第一节 从金融学到金融工程学

金融工程是二十多年来风靡全球的金融创新活动的必然结果，是金融创新发展到成熟阶段的产物。金融工程是金融学的新发展，是金融学中的尖端学科。它在结合金融学、工程方法与信息技术的基础上形成了一套独特的理论、方法、工具和技术，是新时代高科技与知识经济的集中体现。金融工程作为一门学科，虽然它出现的时间不长，但已对金融业产生了深远影响。这不仅是因为金融工程研究顺应了金融业环境变化和剧烈竞争的潮流，而且由于它大量应用了当代科技发展的最新成果，从而使金融业的效率大为提高、金融机构的运行更为完善、金融资源的配置更为合理。

一、早期的金融工程实践

早在古希腊时期，人们就已经有了期权思想的萌芽。亚里士多德在《政治学》一书中描述了一名叫泰利斯的智者，他通过预定橄榄榨油机的租金价格而获利。在冬季，泰利斯通过对星象进行研究，预测来年春天橄榄的收成。如果有迹象表明第二年橄榄将获得大丰收，他就与农户协商，并以固定的价格获得第二年春天榨油机的使用权。随着橄榄的丰收，榨油机出现了供不应求，这时他再通过转让榨油机的使用权而获利。这便是购买和转让看涨期权最早的实践活动。

还有一个例子就是17世纪荷兰郁金香热中期权的广泛运用。当时，郁金香的交易商与种植者之间进行合同交易的做法十分流行。这种合同实质上是在未来某一时刻以特定的价格买入或卖出某一种郁金香的买权或卖权合同，交易的目的是避免郁金香价格变化可能会给交易双方带来的损失。具体来说，郁金香交易商买入买权，以避免价格上涨的风险；而郁金香的种植者买入卖权，以避免价格下跌的风险。同时，郁金香交易合同的二级市场也应运而生，越来越多的投机者开始根据合同的价格波动来进行郁金香合同的交易，而不再是出于防范风险的目的。

期权交易在英格兰的流行大约只比荷兰晚了50年。1711年，一家名叫南海公司（South Sea Company）的企业以承担政府部分债务为条件，得到了贸易的垄断权。由于人们对其有良好的利润预期，所以投资者纷纷买进该公司的股票，从而使其价格直线上升。例如在1720年，该公司股票的价格从每股130英镑上涨到每股1 720英镑。与此同时，以该公司股票为标的资产的期权合同交易也十分活跃，但这种交易主要以投机为目的。此后，南海公司的一些董事感到公司的业绩难以支撑公司如此高的股价，因而开始卖出自己手中的股票，从而引发了市场对该公司股票的抛售，导致其股票价格迅速下跌到每股150英镑。由于当时缺乏严格的监管体系，所以当股价迅速下跌时，许多卖权合同的做空者拒绝履行义务，从而导致违约事件频繁发生。

此外，在1600年左右的日本，富裕的地主们就设计了一种“大米库存票据”来控制由于天气的变化而导致大米价格涨跌的风险。从本质上讲，这就是一种期货合约，只是不那么规范罢了。

在美国，自从18世纪90年代纽约证券交易所成立以后，华尔街的金融投资机构就不断提出有关期权的投资建议。例如在1875年，一家名叫Turnbridge and Company的证券经纪商提出如下建议：①如果认为股票价格会下跌，则可以买入卖权；或者买入卖权，同时卖出相应的股票。②如果认为股票价格会上涨，则可以买入买权；或者买入买权，同时买入相应的股票。显然，上述策略除了需要支付期权费用外，没有负债，也不存在风险。这些策略至今仍有应用价值。到19世纪后期，有一位叫萨奇的铁路大投机商对期权交易很有研究。萨奇的做法是：当投资者要从萨奇那里借钱时，萨奇要他们以股票作为交换。因此，萨奇在借出钱的同时，做多了股票。然后，萨奇立即买入以该股票为标的的卖权合同，同时向其他投资者出售该股票的买权合同。

上面的这些例子都表明，早在数百年甚至数千年前，人们就已经有了朴素的金融工程思想，并已把它们应用到了实践之中。但是这些金融工程思想并没有形成系统的理论，更不用说运用一定的方法对这些金融工具进行分析和定价。人们只是知道应该这么做，但是并不知道为什么要这么做。就像在天文学出现之前一样，人们只知道太阳东升西落，却不知道为什么会产生这种天文现象。

二、从金融学到金融工程

（一）金融学的描述性阶段

在20世纪50年代以前，金融学是作为经济学的一个分支，但此时的研究大多是依赖于经验分析而不是理论上的、合乎规范的探讨，也没有在分析中引入系统的数量分析方法。

但在这一阶段，有两个重要理论的提出为后来的金融工程学打下了坚实的基础。一个是净现值法，美国经济学家欧文·费雪（Irving Fisher）在1896年提出了关于资产的当前价值等于其未来现金流量折现值之和的思想，这一思想对后来的资本资产定价理论的发展起到了奠基石的作用；另一个是效用理论，它是由冯·诺依曼和摩根斯坦在1944年提出的，效用理论描述了投资者的风险态度，是一种帮助人们在更广泛的范围内描述收益与风险的方法。

（二）金融学的分析性阶段

一般认为，现代金融理论起始于20世纪50年代初哈里·马科维茨（Harry Markowitz）提出的投资组合理论。马科维茨理论的基本结论为：在一系列理论假设的基础上，证券市场上存在着有效的投资组合。在证券允许卖空的条件下，证券组合前沿是一条双曲线的一支；在证券不允许卖空的条件下，证券组合前沿是若干段双曲线的拼接。证券组合前沿的上半部分称为有效前沿。也就是说，在有效前沿上的投资组合是收益固定时方差最小的证券组合，或者是方差固定时收益最大的证券组合，这就将投资者的资产选择问题转变成一个给定目标函数和约束条件的线性规划问题。这一理论不仅奠定了现代有价证券组合理论的基础，而且也被看作分析金融学的发端，同时还对后来的现代证券组合理论研究产生了重大的影响。在1965年9月和10月，芝加哥大学的法马（Fama）提出了有效市场假说。有效市场假说认为：在一个有效市场上，股票的内在价值可以通过其市场价格表现出来；一种资产当前的价格能够完全反映出有关影响这一资产价值的现在和未来经济基本因素的所有公开可得信息。

20世纪50年代后期，金融学在研究方法上从经济学中独立了出来。莫迪利安尼和米勒在研究公司资本结构和公司价值的关系时发表了一系列论文，探讨“公司的财务政策是否影响公司的价值”。他们的结论是：在理想的市场条件下，公司的价值与这些政策无关。他们的结论被称为MM定理，并为公司财务这门学科奠定了基础。与此同时，他们也首次提出了无套利假设。无套利假设是指在一个完备的金融市场中不存在套利机会（即确定的低买高卖之类的机会）。他们在论证过程中应用了“无套利”（no-arbitrage）分析方法。此方法的核心内容是对金融市场中的某项“头寸”进行估值和定价，分析的基本方法是将这项头寸与市场中其他金融资产的头寸组合起来，构筑起一个在市场均衡条件下无法产生不承受风险的超额利润的组合头寸，并由此测算出该项头寸在市场均衡时的价值。这就是“无套利”分析方法。

20世纪60年代早期，利兰·约翰逊（Leland Johnson）和杰罗斯·斯坦（Jerose Stein）把证券组合理论扩展到套期保值的研究，从而形成了现代套期保值理论。以威廉·夏普（William Sharpe）、约翰·林特纳（John Lintner）和简·莫辛（Jan Mossin）为代表的一批学者，把注意力从马科维茨的对单个投资者的微观主体研究转向整个市场的研究，考虑所有遵循马科维茨假设下的投资者的共同行为将导致怎样的市场状态，并先后在1964年和1965年创造性地提出了著名的资本资产定价模型（capital asset pricing model，CAPM）。但CAPM严格的假定条件却给经验验证造成了很大障碍，使得人们不得不致力于对假定条件进行修改，以使其更符合实际。

在20世纪70年代，以迈耶斯（Mayers）、罗伯特·默顿（Robert Merton）、埃尔顿（Elton）和格鲁伯（Gruber）为代表的学者，在研究资本资产定价模型时放松了其中的某些假定条件，并得到了一些有意义的结果。以费希尔·布莱克（Fisher Black）、迈伦·斯科尔斯（Myron Scholes）、罗斯（Ross）为代表的学者，基本放弃CAPM假定，他们以新的假定条件为出发点重新建立模型，从而分别提出了第一个完整的期权定价模型①和套利定价理论（arbitrage pricing theory，APT）。期权定价模型和套利定价理论的提出标志着分析型的现代金融理论开始走向成熟，也可以说完成了现代金融理论从描述性科学向分析性科学的飞跃。

哈里·马科维茨的投资组合理论以及布莱克和斯科尔斯提出的期权定价模型是在严格的数学框架下得出的，人们由此建立了分析金融学理论，后人将其称为“华尔街的两次数学革命”。

（三）金融学的工程化阶段

20世纪80年代也是金融理论的一个多产年代，这一时期的研究工作主要集中于扩展早期理论、检验新的金融工具和新金融市场的运作、对风险管理工具和技术进行细致而必要的观察分析等方面。

实际上，进入20世纪80年代后，当人们在努力寻求一个性状良好的均衡定价模型而进展甚微时，一部分学者不再像当初马科维茨那样对投资者效用函数之类做规范性研究，而是通过实证分析方法考察信息与股价变动的关系。具有代表性的有恩格尔（Engle）提出的P阶自回归条件异方差［ARCH(p)］模型。在此之后，新一代金融经济学家开始突破传统的方法论和思维方式。例如，他们摒弃了风险与收益呈线性关系的假定，采用了非线性的动态定价模型，他们甚至尝试放弃风险与收益存在正相关关系的基本假设条件，并提出了具有黑盒子性质的定价核（price kernel）概念。

实现现代金融理论从分析性科学向工程化科学过渡的主要贡献者是达雷尔·达菲（Darrell Duffie）等人，他们在不完全市场一般均衡理论方面的经济学研究为金融创新和金融工程的发展提供了重要的理论支持。他们从理论上证明了金融创新和金融工程的合理性，以及它们对提高社会资本资源配置效率的重大意义。

20世纪80年代末期，一些学者意识到金融学作为一门科学正在经历第二次根本性的变革，即由分析性科学向工程化科学转变。例如，海恩·利兰（Hayne Leland）和马克·鲁宾斯坦（Mark Rubinstein）开始谈论“金融工程新科学”。1988年，约翰·芬纳蒂给出了金融工程的正式定义。但直到20世纪90年代，金融工程才作为一门独立的学科得以确立并获得迅猛发展，其确立的重要标志是1991年国际金融工程师协会的成立。该协会的

① 这一定价模型提出的时间是1971年，那时还没有期权市场，布莱克-斯科尔斯期权定价模型可以说是自经济学产生以来唯一的一次领先于经济事实的理论发现。

宗旨是“界定和培育金融工程这一新兴专业”。

如今，在北美众多优秀的商学院里，金融工程已经成为金融/财务领域教学和研究的热点。许多高等院校已将金融工程专业人才的培养作为重要任务，如美国的麻省理工学院、康奈尔大学、斯坦福大学、密歇根大学和纽约工业大学等著名学府已经设立了金融工程的学位课程。哈佛大学商学院也已编写出金融工程案例集。金融工程的许多研究成果也迅速进入应用领域，国外众多的实业界人士开始实际运用金融工程的理论与方法从事金融创新和金融管理。金融工程的形成和发展，正在打破学界和业界的藩篱，从而使金融学的研究走出学院的象牙塔，进而与市场实践进行更密切的结合。因为金融工程的兴起，华尔街的大银行和金融机构越来越重视向学界求教，而金融学的教授们也越来越深地介入了商务活动。他们的知识直接转化成财富，金融工程这一新兴学科，带着鲜明的知识经济的印记，展现出无可限量的发展前途。

第二节　金融工程发展的促进因素

一、现代金融理论的发展和金融创新

自20世纪50年代以来，现代金融理论开始蓬勃发展起来；而金融工程作为一门学科，其产生和发展正是以金融理论的发展作为基础。另外，在20世纪70年代至80年代的金融创新时期涌现出四大金融工具：互换、期权、远期利率协议以及金融期货，这些金融工具的基本功能都是转移各类金融风险，或是能够在将来的金融交易中通过调节收益和风险匹配，使交易者能够处于财务上的优势地位。在这些金融产品的设计和定价过程中，均涉及大量数据的收集和整理。如果不引入数理分析工具并借助计算机的运算能力，那么为这些金融工具进行定价将是难以完成的一件事情。现代金融理论和金融创新分别从理论和实践两个方面推动了金融工程的发展。

二、信息技术的进步

在人们将信息技术引入金融领域后，引起了一系列深刻的变革，从而对金融工程的发展起到了显著的推动作用。首先，各种大规模的计算和分析软件包（包括近似计算和仿真计算）已经成为金融工程开发各种新型金融产品、解决金融和财务问题的有效手段。例如，在使用了计算机与分析软件后，复杂的涉及多边的金融交易成为可能，从而促进了货币与利率互换等金融产品的发展，而复杂的期权产品的交易更是离不开计算机的帮助。尤其重要的是，人们可以利用数值计算和仿真技术把复杂的金融产品分解为一组相对简单的金融产品，并且利用数据处理程序和相关计算机技术对各种简单的金融产品进行估价，从而解决了定价这一金融产品开发和设计过程中的最大难题。其次，通信技术的发展使世界金融市场通过信息联成一体，从而促进了各类金融机构进行的金融工程活动。大型计算机交易网络的运用，使得金融工程产品和财务解决方案的供给者可以直接或者间接地与原先分散在单个市场的最终用户联系起来，从而加快了供求结合的速度，同时也扩大了金融新

产品的推广范围；高速微处理器、远程数据传输技术和计算机存储技术的提高，可以使金融市场的参与者用最新的方式、最快的速度获得信息，而信息的获取是一切金融工程活动的起点。最后，信息技术的进步还可以通过其他环节间接产生作用，这些作用对金融工程的发展产生了深远的影响。如前所述，信息技术的进步使得市场获取信息的速度大大提高，这就使得个别市场上交易价格的异常波动可以迅速蔓延到周边乃至整个世界市场，从而加剧了全球市场的价格波动，也使得市场交易者对金融工程提供的避险工具产生了巨大的需求。

三、规避风险的需求

交易者在金融市场上追逐利润的过程中，经常会产生暂时无法满足的风险规避需求，而市场经济绝不会漠视这种需求空缺的长期存在。当客户有了新的风险规避需求时，金融机构在追求自身利益的驱动下，就会不断地开发出新的金融产品，提出新的创造性解决方案，从而填补一个又一个需求空白。当工程技术方法被大规模地应用到金融产品的开发、设计和定价中时，金融产品的生产模式就由“手工作坊式”转变为“机器大工业生产”。因此，在市场规避风险的需求不断得到满足的同时，金融工程随之产生。类似于生产工具是生产技术水平的标志，新型金融工具质和量的水平，也是金融工程发展水平的标志。

随着 20 世纪 70 年代布雷顿森林体系的崩溃，国际经济环境的日趋动荡使得风险规避的需求日益迫切，也日益多样化。1971 年美国政府宣布停止按官价向各国政府用美元兑换黄金时，市场敏锐地觉察到美元即将和黄金脱钩，固定汇率制度即将被浮动汇率制度替代，于是芝加哥期货交易所就推出了外汇期货，用以满足人们规避汇率风险的需求；1973 年石油危机引发的通货膨胀使得西方国家被迫放弃了名义利率管制，这使得利率波动加大，但两年后美国就出现了利率期货产品。

其他的新型金融产品（如外汇期货和利率期货）也都是根据市场需求创造出来的。随着市场经济环境的变化，人们规避风险的需求也不断变化，进而推动着金融工程不断向前发展。

四、对市场效率的追求

金融工程的产生和发展是金融市场交易者追求效率的结果，在本质上反映了市场追求效率的内在要求。首先，在整个社会经济体系中，资本市场可以算是最有效率的市场。然而，有一部分人因为资本市场的风险性而望而却步，这样就使得社会资源体系中有一部分资金出现了闲置；或者说，这部分资金并没有被纳入资本市场这一最有效率的资源配置体系中。通过金融工程创造出来的新型的金融工具不仅丰富了投资者的选择，而且可以方便投资者构造低风险的投资组合。这样就能尽量把社会上的闲散资金吸引到资本市场上来，从而减少了整个社会金融资源的闲置，同时也提高了资金供给者的收益。其次，传统的资金来源渠道已经无法满足企业多元化的资金需求。同时，面对经济环境中日益增多的风险，企业也迫切需要一些手段来分散和规避这些风险，而金融机构通过金融工程手段创造的新金融产品、新的财务解决方案很好地满足了企业的这种需求，并提高了企业的运作效率。最后，随着金融市场的发展，市场上投资者的需求越来越呈现出个性化的特点。金融工程技术可以使金融机构直接面对投资者的个性需求，而且提供了一种面对面解决问题的方式。这种方式提高了金融机构和投资者之间沟通的效率，也增强了金融机构本身的服务功能和运作效率。

第三节 金融工程面临的挑战与发展趋势

一、金融工程面临的挑战

金融工程在广泛的运用过程中暴露了不少问题，这些问题向金融工程提出了挑战。早在1976年，理查德·罗尔（Richard Roll）就发现现代金融理论的基石之一——CAPM是根本无法检验的，由此他对CAPM提出了几点批评，这几点批评就是著名的“罗尔批评”。1992年，CAPM的奠基人之一——法马宣布不再支持该理论模型。

在实践中，1998年由几名精通现代组合理论的诺贝尔经济学奖获得者经营的美国长期资本管理公司竟然因为投资亏损而破产倒闭了，从而导致该理论的正确性和有效性受到了前所未有的质疑。具体来说，金融工程所面临的挑战（或者说是缺陷）主要有以下几点：

（一）假设条件理想化

金融工程的基本理论包括投资组合理论、资本资产定价模型、套利定价理论、期权定价模型、有效市场理论等。这些理论几乎均是在一系列假设条件下得出的，这些假设条件描述了一个理想的均衡市场，我们很难在现实中找到一个这样的市场环境来对理论进行检验和运用。在这种情况下，现实的结果与理论结论之间难免会存在偏差。在这一系列假设条件中，受到较多质疑的是理性人假设。理性人追求效用最大化、厌恶风险，而实证研究却表明，现实中的人可能是损失厌恶者而不是风险厌恶者，他们并不总是在追求最优决策而是满足于满意决策。上述理论还假设投资者可以获得相同的信息，事实上，信息不对称是不可避免的。

（二）技术工具数学化

西方金融学家一直认为金融学是一门严谨的科学，为了强化金融学的严谨性，理论界比较强调用数理的方法分析和解决问题。金融工程更是从一开始就建立在数理基础上，而且不管是理论研究还是具体运用，都离不开严谨的数学推理和精确的计算。在金融工程领域中高深数学知识的大量运用，使之成为数学家的用武之地。但数学推理需要严格的假设条件，如果假设条件不成立，即使再高明的解题技巧和公式也解决不了任何问题。而现实却是一个充满不确定性的世界，信息并不是完备的，甚至有可能是错误的。在这样一个现实世界中，过于依赖严格假设的数学推理并不一定能够取得令人满意的、符合现实的结论。而现在的一些学者在金融学研究中正走向过度依赖于数学工具的误区。

（三）金融产品虚拟化

金融创新是金融工程的核心内容，它推动了金融工程学的产生。然而，金融创新所产生的衍生金融工具在近年来出现的一系列金融事件中扮演了不光彩的角色；具有讽刺意味的是，当初开发、设计这些金融工具的目的正是为了规避风险。在这里，期货交易就是一个典型的例子。期货市场的主要功能是发现价格和转移风险，而巴林银行的倒闭却是因其交易员违规炒作股指期货导致的。大量的基础性金融工具被看成金融工程的“基本构件”，金融工程以这些基本构件为基础进行组合、剥离与杂交，创造出衍生金融工具；以衍生金融工具为基础，还可以创造出复合衍生金融工具。如此不断推进，虚拟之上再虚拟，在保证金机制下，杠杆效应一再放大，风险不断累加，金融工程制造了自己试图解决的风险问题。从这个意义上讲，金融工程是一把“双刃剑”，甚至有人认为衍生金融工具是“金融癌症”。

（四）决策过程简单化

类似于经济学，金融研究比较注重演绎而不注重决策过程。金融工程理论在解决什么是最优决策方面取得了一系列成果，但却忽略了决策过程。大量的实证研究表明，决策过程对市场价格具有非常显著的影响。例如，根据现有理论假设，面对同样的信息，决策者应有同样的行为。而事实上面对同样的信息，投资者的观点和行为存在着较大的差异，相关研究也证实了上述差异的形成是由投资者的决策程序造成的。

综上所述，金融工程从计量工具到技术方法，从分析角度到分析结果都面临挑战，认真思考和应对这些挑战，关系到金融工程今后的发展前途。

二、金融工程的发展趋势

金融工程面临的上述挑战并不能否定金融工程的历史意义和积极作用，从积极的角度看，正是这些挑战为金融工程的发展提供了新的视角和动力。

（一）金融工程理论研究的发展趋势

1. 准确性

金融工程将在批评和挑战面前走向理性。尽管金融数学化受到质疑，但定量研究仍然是金融工程的核心和生命。事实上，那些批评数量化研究的学者大部分并不否定数量化本身，他们否定的是刻意的数量化或是没有运用价值的、装腔作势的、带有卖弄性质的、不能解决实际问题的数量化。在当前形势下，对数量化采取一概否定的态度或无视数量化的大趋势，注定要落后于时代的发展。今后金融工程的发展方向将不会再回到纯粹描述和定性分析的老路上去，而是如何结合定性分析来发展和完善定量分析，从而使现有的和将来产生的金融计量工具、计量方法以及计量模型更具有准确性和适用性。

2. 创新性

在以网络经济和知识经济为代表的新经济中，传统的金融理论已不能适应新的市场需要。金融工程自身的发展也带来了新的问题，最突出的例子是那些被开发出来回避风险的衍生金融工具反而具有更大的风险。大量的实证研究和检验性研究也可能导致新理论和模型的产生。除此以外，客户的个性化需求始终是金融工程不断前进的原动力。因此，今后金融工程的研究将可能更多地表现为解决传统计量模型未能解决的现实问题以及用传统模型和理论来解决金融发展过程中出现的新问题。由此形成的新的研究领域可能集中在以下几个方面：

（1）如何建立一个模型来描述市场的参与者根据各自的不完全信息做出决策，以弥补传统理论对决策过程的忽视。

（2）在现有的均衡定价模型存在缺陷的情况下，如何建立一个非均衡的市场模型和定价理论。

（3）如何通过对金融数据的实时处理来发现大投资者对市场的操纵和内幕交易，如何建立一个风险监控体系来预警和防范全球性的金融市场失控。

（4）如何对金融工程产品的风险进行估测，如何对金融工程产品进行准确定价。

（二）金融工程实务发展趋势

1. 拓展化

在应用领域，随着人们对金融创新产品认识的不断加深，金融理论和模型的实质逐渐被揭示，因此金融工具的运用将会更加灵活。例如，目前有学者在研究利用期权定价模型解决公司财务问题和相关金融资产的定价问题。在公司财务分析中，如果把公司的投资机会看成一个买权的话（看涨期权），那么投资额相当于约定价格，这样就可以对公司的投资决策进行评估。这种拓展性的使用在我国的前景尤其广阔，我国的期权市场还没有建立起来，但那些与公司财务关系最密切的金融资产（如可转换债券及认股权证等）均隐含了期权的思想。运用期权定价模型对这些金融资产进行定价，对我们准确地把握公司价值、分析公司的投资和融资问题，以及对公司进行资产重组、兼并和收购等均具有重要的现实意义。

2. 产品化与人才需求

随着金融资产定价和风险管理日益复杂化、技术化、数量化，尤其是随着日益复杂的金融衍生工具交易和新兴市场业务的出现，以及金融全球化、多样化、电子化与自由化的不断发展，金融资产定价和风险管理将逐渐演变为专业化的综合业务。与此同时，从事相关业务所需的人才和精力将成倍增加，成本不断上升，很多金融机构和工商企业无法自己开展相关的研究工作。由此可以预测，专业化的从业人员（金融工程师）和专业化的机构（金融工程公司）将是未来金融工程领域的中坚力量。金融工程师应与软件工程师协作，把复杂的计量模型大众化、产品化，开发出功能强大的软件，再结合自己的金融服务，在市场上竞价销售。走向市场的金融工程将具有更加顽强的生命力。

第四节　金融工程在中国的发展

改革开放已经四十年，虽然在这个过程中中国金融业经历了飞速的发展，也经历了不少的坎坷，留下了令人难以忘怀的挫折和教训，但从总体上看，中国金融业在规模不断膨胀的同时也在逐步走向成熟。从金融市场和产品种类来看，金融衍生产品（如外汇期货和期权、可转换债券、国债期货、股指期货、融资融券、场外指数期权和个股期权等）已占据了一席之地。这充分说明金融工程在我国的发展也是非常迅速的。

一、中国发展金融工程的背景及必要性

金融业的发展与我国改革开放、经济和社会大发展的时代背景是分不开的，而金融衍

生产品市场的发展在整个金融业里面又属于非常前沿和尖端的一环。金融工程在中国的发展既面临着现实的需要，又受到市场不完善以及监管制度跟不上的制约。1990—2017 年我国 GDP 的增长约 44 倍，而同期金融机构人民币存款余额增长约 118 倍、M2 口径的货币供应量增长约 110 倍。截至 2017 年年底，境内上市公司总市值接近 60 万亿元，人民币债券托管余额超过 50 万亿元。国民经济和金融市场的飞速发展为金融工程技术提供了巨大的施展空间。然而，与此相对应的是，尽管我国的金融衍生产品已取得了较大的发展，但无论是在产品种类上还是在市场规模、监管水平上与西方发达国家的差距仍然非常明显。自 2013 年以来，因为“钱荒”以及“钱荒”之后的宽松货币政策，我国债券市场大幅波动，以 10 年期国开债券为例，2013—2017 年的到期收益率波动幅度最高达到约 300BP；在股票市场方面，2015 年因为使用杠杆工具和衍生工具而引发的暴涨暴跌（涨跌幅约为 50%）给 A 股市场带来了巨大的伤害。在这种情况下，我国发展金融工程既面临着广阔的市场空间，又面临着巨大的挑战。

21 世纪将是金融工程大发展的时期。从学科发展的角度来看，目前我国的金融业和金融学基本上还是传统的，这在金融工程和金融工程学上表现得尤为突出。在经济全球化、市场国际化的今天，在我们坚持市场经济、开放经济、向世界人民提供普惠金融的“一带一路”倡议的大前提下，我们必须改变这种落后状况，才谈得上金融在现代经济中的核心作用，金融业才能在现代产业中真正发挥领航产业的作用。为此，我们在金融方面需要引进、消化吸收和创新。我们有必要对形成于 20 世纪 80 年代、定型于 90 年代的金融工程与金融工程学进行跟踪研究，真正了解它并逐步引进，以实现我国金融及其理论的革新，使金融在知识经济时代适应促进经济发展的要求。从必要性的角度来看，发展金融工程和金融工程学对我国金融业乃至整个国民经济的发展具有非常重要的意义：

（1）金融工程可以推进我国金融业的改革深化，强化金融市场在资源配置中的核心作用。自改革开放以来，我国金融业所取得的成就相当大，但我国金融业的变化在更大程度上是金融增长而不是金融发展，即表现为量的扩张而不是质的提升。最明显的三个特征是：① 虽然利率市场化正在稳步推进，但真正反映市场供需状况和资本边际效益的利率机制并没有有效产生。目前，具有利率市场化特征的金融机构理财业务以及政府在存贷款利率管制上的放松，尚不具有完全的利率市场化特征，仍存在很明显的管制痕迹。② 金融市场分隔（分业经营），同时又存在多头监管的情形。尽管 2018 年银监会和保监会合并为中国银行保险监督管理委员会，但银行保险业和证券业仍然分开监管。此外，在同一业务体系内，又存在多个同质的机构。例如，债券的发行仍是央行（下属交易商协会）、发改委、财政部、证监会各管一摊；各类地方性股权交易机构龙蛇混杂，造成了一定的金融混乱。因此，统一监管的呼声越来越高，但统一监管也不是一朝一夕的事情，各方面的利益需要平衡、相关的制度需要建立。③ 金融经营主体在权利和义务的关系上并不具有独立的商业性质。在现代市场经济条件下的社会化大生产与资源配置逐渐体现出强烈的货币导向和金融推动趋势，金融工程顺应了这一趋势，它能够更有效地解决资金的供给和需求问题，促使储蓄更有效、更迅速地转化为投资，并增强社会资产的流动性、降低交易成本和机会成本。金融工程将金融产品由单一的信贷资产向多样化金融资产的趋势发展，从而扩大了金融产品的数量、丰富了投资者的选择对象、提高了金融市场的效率。从世界范围看，在金融工程得到迅速推广与普及的国家和地区的金融深化程度呈加速发展之势，其表现为经济货币化比率、人均拥有金融资产比率、资本形成率、企业外部融资率等指标迅速上升，货币资本对经济运行的“第一推动力”和“持续推动力”有了更新的表现方式和作用内涵。

（2）实施金融工程可以增强我国资本市场的有效性。资本市场有效性的意义在于：资本市场越有效，价格对证券内在价值的评估就越准确，资本市场就会越迅速和准确地将资本导向收益最高的领域，金融市场作为社会资源配置核心的作用也会越明显，宏观经济发展的质量便越高。在对中国证券市场的有效性进行分析时，许多学者均从实证的角度指出：中国证券市场尚属弱式有效市场（或半强式有效市场），其资源配置的效率很低，对国民经济发展的作用还没有发挥出来。金融工程不仅能够解决金融市场的信息不对称问题，直接增强资本市场的有效性，而且还能有效地构建金融市场的供需结构，使价格信息更为科学。范·霍恩就指出，有效的金融创新可以使金融市场运行得更有效率，市场更加完全。①

（3）金融工程可以进一步深化我国的国有企业体制改革，降低企业生存风险。企业在生产经营中除了承担产品、原材料等价格变动风险外，还要承担来自金融市场的汇率和利率变动风险。企业面临的不确定因素越多、风险系数越大，对企业的发展也就越不利。企业可运用金融工程技术，结合自身的具体生产经营情况和条件，采取适当措施（比如可通过购买一定数量的远期利率协议或购买利率上限、利率下限及利率双限的期权合约来锁定利率水平），使其成本稳定在一个可控的区间范围；企业可通过签订有关的远期外汇协议或购买外汇期货或者期权，对进出口业务所面临的外汇风险进行有效规避。此外，金融工程能够促进企业的兼并与收购，实现企业的优胜劣汰和强强联合。我国经济结构调整的一个重要途径就是企业兼并，让经营良好的企业兼并经营不善的企业是发展规模经济的有效办法。企业兼并是一个极为复杂、高难度的过程，它需要多方面的知识和先进的科学技术，同时又需要很高的技巧。金融工程可以利用自身优势帮助企业制定兼并策略，计算兼并的成本与收益，甚至可以为兼并设计特定的金融产品以解决兼并中的某些难题。

例如，美国得克萨斯州有一大一小两个天然气公司，大天然气公司有一个子公司，其油田开采多年，因出油率低、陷于亏损而决定出售；而小天然气公司由于开发出开采薄利油田的技术，有意收购那个子公司，这原本是多赢的交易，却由于价格方面的争议不能成交。双方对于该子公司本身资产价值的估计出入不大，但卖方预期未来天然气市场看好、买方预期市场看淡。由于预期收益的差距，买卖双方的价差约为交易额的10%。金融工程师针对这个问题设计了一种方案，即双方约定未来天然气国际市场的最高合理价和最低支持价，一旦价格跌破最低支持价，卖方需要给买方提供补偿；反之，若价格超过最高合理价，买方应和卖方分享部分利润。这样，两个天然气公司就利用金融工程最终实现了这次兼并。

（4）金融工程可以为金融机构开拓新的发展空间，提供新的风险管理手段。我国金融

① Horne V. Financial Innovations and Excesses. Journal of Finance, July, 1985.

业已接近全面开放，要想应对挑战，必须在业务种类和金融服务质量上迅速提高。如果我国的商业银行在21世纪仍停留在过去的存款、贷款、汇款的老一套，其前途堪忧。国外银行业务中以金融工程为基础的表外业务的发展，呈后来居上之势。按照《巴塞尔协议Ⅲ》中对银行业资本充足率的要求，各国对商业银行资本监管的要求越来越高。而表外业务既可节省银行宝贵的资源——资本，又可带来可观的佣金收入。目前，国外大银行的表外业务收入占其利润的比重越来越大。在这一方面，我国银行业有很大的潜力可挖。金融工程将是商业银行从事表外业务最有力的武器。投资银行在21世纪将成为主导型金融机构，从国外的金融发展和现代投资银行所从事的主要业务来看，投资银行完全可以叫作“金融工程公司”。然而，我国的投资银行还不是具备这种功能的完全意义上的投资银行，其业务仍停留在简单的定价、承销、上市等方面。我国投资银行（主要是证券公司）应加强对金融工程的研究与开发，以拓展新的发展空间。

在国际范围内，VAR（value at risk）方法已被全球各主要金融机构作为最有效的风险管理方法。VAR按字面意思解释就是“处于风险中的价值”，或简称“风险价值”。VAR就是在一定的持有期及一定的置信度下，某金融投资工具或投资组合所面临的潜在的最大损失。例如，信孚银行（Bankers Trust）在1994年的年报中披露，该银行1994年每日的99% VAR为3 500万美元。这表明该银行以99%的可能性保证1994年每一特定时点上的投资组合在未来24小时内，由于市场价格变动带来的损失不超过3 500万美元。通过将此VAR与该银行1994年6.15亿美元的年利润及47亿美元的资本额相比较，该银行的风险状况一目了然。金融机构利用VAR方法可以控制市场风险，使每个交易员或交易单位清楚它们在进行多大风险的金融交易，从而避免高风险投资。另外，金融机构可以利用信贷衍生交易规避信贷风险，可以利用资产证券化规避流动性风险，可以利用利率和货币互换规避利率风险及汇率风险等。

(5) 金融工程可以满足投资者对金融产品多样化的需求。分散化是投资的基本原则，但我国金融市场上缺乏足够多的投资工具。一些机构投资者（如国有企业、投资基金公司、保险基金公司等）由于缺乏必要的避险工具，所以进入了风险较大的证券市场。金融工程研究人员可运用先进的理论与技术手段，对客户面临的收益与风险进行评估、分解、取舍、组合，设计出新型金融产品，以满足投资者的需求。对于西方的一些成功的金融产品，我国完全可以根据实际情况直接引进使用，但要结合市场发展的具体情况。在金融工程的支持下，我国股指期货、国债期货等金融产品的推出和新三板等市场的开通以及各类创新型债券的推出，将为投资者带来更广的投资渠道。

(6) 金融工程将为政府的金融监管提供技术支持。由于金融新产品层出不穷，这就向传统的金融监管方法提出了严峻的挑战。我国的“327国债期货事件”、众多的股市和债市违规事件、金融监管失灵导致的“钱荒”和“股灾”，亚洲金融危机，美国的次贷危机引发的全球性金融危机、主权债务危机，足以说明这一点。国外关于金融的宏观管理正在工程化。美国的金融监管当局组织了数以千计的科学家从事金融监管研究。这些专家曾将美国“星球大战”项目中识别真假弹头的软件程序用于识别洗黑钱活动，这是典型的金融工程技术。我国的金融监管部门可以充分利用金融工程方法构建金融监管体系，制定新的规范金融活动的法律和法规，进行有效监管。

二、我国金融市场与金融衍生产品的发展

严格说来，我国现代意义上的金融市场建立标志是1990—1991年上海证券交易所和深圳证券交易所的正式成立及开业，1998年银行间债券市场的建立带来了金融市场的做大，而此前的柜台国债买卖、股票试发行等只能被认为是一个“投石问路”的过程。金融市场的发展为金融衍生产品提供了舞台，从金融市场建立以来，发生在金融市场上的重大事故大多与金融衍生产品有关。2008年源于美国的次贷危机使得金融衍生产品受到了极大的诟病，导致以衍生产品分析和运用为核心的金融工程技术一度也被诋毁。但是，我们需要明白的是，无论是金融工程技术还是金融衍生产品，本质上都是工具，造成金融事故甚至金融危机的，始终是使用这些工具的人。从我国的金融市场与金融衍生产品的发展过程来看，尽管过程曲折，但金融市场及其产品的逐步完善和规范仍是一个不争的事实。

从产品种类以及所在市场来看，我国的金融衍生产品主要分布在两个市场：

(1) 证券交易所市场。我国开展金融衍生产品交易的证券交易所主要包括上海证券交易所、深圳证券交易所以及中国金融期货交易所，主要的产品包括可转换公司债券、权证（包括早期的发行股票认购证、配股权证、股改送权、分离交易可转债附权）、股指期货、融资融券、创新型封闭式基金、国债期货等。早在我国证券市场创立之初，由于新股发行溢价极高导致新股供不应求，催生了带有期权性质的发行股票认购证，稍后的配股权证也带有同样的性质，但因为市场的疯狂炒作导致权证市场被关闭，后来的股改送权以及分离交易可转债附权的权证在交易中都遇到了疯狂炒作的问题，特别是毫无价值的认沽权证的创设和疯狂炒作更是严重扰乱了市场交易秩序，最终的结果是权证市场趋于消亡，曾经处于酝酿中的备兑权证更是遥遥无期，与中国香港庞大的“窝轮”（warrant的香港译法）相比，让人感到痛心；国债期货曾在1993—1995年昙花一现，但因为“327国债期货事件”而被叫停，直到接近20年之后才重新推出。1993—1995年国债期货的失败可算是中国证券市场第一个刻骨铭心的回忆，它使得金融衍生产品市场的发展在我国足足停滞了十几年，此后的国债回购事件虽然给中国证券市场带来了更大的伤痛，但国债回购的衍生产品性质更淡一些，投机是造成市场崩溃和大面积亏损的根本原因。

2010年以来是我国证券交易所市场衍生产品跨越式发展的开始，当年便推出了股指期货和融资融券交易。[①] 2012年，我国正式开始了国债期货的仿真交易，2013年9月正式推出。从运行的结果来看，股指期货和国债期货较为平稳，并为量化对冲交易提供了较好的交易工具。但是，融资融券以及场外配资却推动了2015年股市的一轮暴涨暴跌，引发了一次严重的“股灾”事件。结构化技术在这次事件中被诟病。结构化技术是金融工程技术在证券交易市场上成功的运用，尤其表现在创新型封闭式基金上，具体的做法就是采取结构化的方式对风险和收益进行重组。最早的产品是国投瑞银基金管理公司推出的瑞福分级基金，此后众多基金公司纷纷推出了自己的结构化产品。结构化基金产品有效地满足了基金投资者对于风险和收益配比的需求，在降低折价率方面收到了较好的效果。事实上，

---

① 2010年并不是股指期货和融资融券首次出现在中国证券市场。1993年海南证券交易中心曾经推出股指期货但很快就被叫停，原因是市场极易被操纵。至于违规的融资融券在证券市场尚不规范的情况下更是一个公开的秘密。

结构化产品在银行理财产品领域已得到了非常广泛的应用。但是，在股市暴跌的情况下，结构化产品的次级端有可能在极短的时间内暴跌90%以上甚至全部亏损，从而引发了市场的热议，进而引发了监管机构的担忧并对分级基金叫停。尽管如此，从分级型指数基金的快速增长来看，结构化技术仍然成功推动了证券市场的发展。

在场外市场衍生产品方面，自2012年以来证券公司开展了柜台市场业务。收益互换成为券商衍生产品部门或场外市场部门的主打业务，2015年收益互换的业务规模超过1 000亿元。自2017年以来，场外期权成为中国证券市场的一个新生事物，而且发展迅猛。场外期权的主要标的是股票指数和个股，参与者主要是证券公司及其交易对手。截至2017年年底，场外期权存量名义本金约3 000亿元。目前，收益互换及场外期权均受到严格的监管，能够参与交易的机构不多，整体业务规模较小；作为新生业务，它们存在较大的发展空间。

（2）银行间市场。银行间本币市场的交易标的主要是债券和资金，市场参与者除了各类银行外，还包括信用社、保险公司、基金公司、券商、信托公司以及财务公司等非金融机构。在众多的债券产品中，含权债券占有非常重要的地位，比如国家开发银行发行的赋予发行人赎回权以及赋予持有人回售权、转换权或者延期权的债券等。商业银行发行的普通债券或者次级债券大多附有发行人赎回权，个别债券附有回售权、转换权、上调票面利率选择权等。为了规避“企业债券发行利率不得高于同期储蓄存款利率40%”的限制，相当多的企业债券在期限上采取了“$X+Y$”形式，并附有X年末“发行人上调票面利率选择权＋投资者回售权”，成为企业债券发行上的一项重要创新。含权债券丰富了投资者的可选择范围，也在一定程度上降低了债券的发行成本和发行难度，是金融工程技术在我国得到应用的重要实例。在资金交易方面，买断式回购为市场参与者提供了做空的机制，同时具有融资、融券以及远期价格发现的功能。与证券交易所的融资融券相比，银行间本币市场的融资融券仅限于债券产品。除此以外，银行间本币市场还开展了债券远期交易、利率互换交易、远期利率期货、债券借贷等交易品种。2010年年底，银行间市场交易商协会还主导推出了信用风险缓释工具（CRM），并在银行间市场开始报价和交易。

银行间外币市场的主要产品包括以外汇和人民币为标的的远期、期货、期权以及互换等。早期的外汇衍生产品标的以美元等外币计价，随着2005年7月1日我国正式实施有管理的浮动汇率制度，以人民币为标的或计价方式的汇率衍生产品开始快速发展。目前，国内外人民币衍生产品已有人民币远期、人民币无本金交割远期、人民币期货、人民币外汇互换、人民币无本金交割互换、人民币无本金交割期权、人民币结构性票据、人民币结构性存款等。由于人民币外汇衍生产品大多是在汇改之后才出现的，尽管其发展很快，但目前的交易量仍然较小，产品数量仍然较少，远不能与国际市场相比。

除上述市场及产品外，资产证券化产品也从2005年起步，其中最主要的是信贷资产证券化，中国人民银行和银监会在2005年4月20日发布的《信贷资产证券化试点管理办法》以及银监会于2005年11月7日发布的《金融机构信贷资产证券化试点监督管理办法》构成了中国信贷资产证券化试点的法律基础。据此，国家开发银行、中国建设银行分别进行了CLO和MBS的试点，相关产品分别为05开元系列和05建元系列。自2013年以来，资产证券化业务开始发力。根据中国证券登记结算公司的数据，其登记存管的资产支持证券面值从 2013 年年底的 70 亿元增长到 2014 年年底的 240 亿元，而后在 2017 年年底迅速达到 7 482 亿元。资产证券化业务已成为中国金融市场的一个重要板块。

总的来说，金融工程技术推动了我国金融市场的发展，使我国的金融产品越来越丰富；与此同时，金融工程技术也被金融市场的发展所推动，越来越多的金融市场参与者认识到金融工程技术的重要性，并积极参与了衍生产品市场。从我国金融衍生产品市场的发展历程来看，尽管其发展过程曲折，但在前行的过程中仍取得了较大的成就。目前，我国的金融衍生产品市场仍存在交易主体不够丰富、交易不够活跃等问题，这就需要更为发达和专业的金融工程技术以及配套的监管制度变革。

三、我国金融工程学科建设及人才培养

尽管远期、期货等金融衍生产品的历史非常悠久，但金融衍生产品市场的风起云涌仅发端于 20 世纪 70 年代初期，距今不过 50 年左右。金融工程正式成为一门新兴的交叉学科需要追溯到 20 世纪 80 年代的中后期，1992 年国际金融工程师学会（IAFE）的成立标志着这门新兴学科正式在经济学殿堂里占有了一席之地。

我国的金融工程教育开始于 2000 年前后，最早是由高校的数学、管理学等院系或者研究所开展的金融工程教育和研究。之所以如此，是因为当时国内普遍认为金融工程主要是在数学、统计学、管理运筹学等学科的基础上利用工程的方法来解决金融领域的实际问题，因此运用金融工程技术的人需要具有扎实的数理功底并能够熟练地运用计算机技术来完成相应的建模和运算。但从实际的人才培养情况来看，光有技术而缺乏相应的经济学和金融学理论基础，很难对解决实际的金融问题起到预想的作用。金融工程的目的在于通过风险-收益重组的方式实现产品创新和有效风险管理，而不局限于技术。在这种情况下，综合数学、经济学以及金融学的金融工程本科教育应运而生，中国人民大学、中央财经大学、武汉大学、厦门大学和西南财经大学率先开展了金融工程本科教育，各大高校也纷纷设立了金融工程专业或者方向的硕士点和博士点。截至 2012 年，全国各大综合性高校及财经类院校基本上都开设了金融工程专业。

除高校及科研院所外，民间机构以及企业等也非常重视金融工程人才的培养。全国及各省的金融工程学会均已成立并定期召开学术会议，以证券公司为代表的金融机构纷纷设立金融工程研究岗位。从实际情况看，学术界的金融工程研究偏重于资产定价和风险管理理论方面，而实务界的金融工程研究偏重于数量化投资以及市场套利模式方面，特别是在股指期货、国债期货以及融资融券推出的情况下。金融工程在实务界已经引起一定的重视，各类量化对冲产品快速推出。然而，金融工程技术在中国的研究和应用仍处于较低的水平并有待发展，主要原因在于：一方面，市场还不能为金融工程师提供足够广阔的舞台，由于金融发展水平低，导致金融工程师没有用武之地，从而对金融工程师并没有过多的特殊需求；另一方面，我国的金融工程教育还没有摸索出独特的教学方式以及教育内容，金融工程专业的学生主要是对数学、统计学、管理学、运筹学、经济学以及金融学等专业知识的综合，并没有显示出鲜明的个性，特别是与金融学专业的学生相比并没有明显的不同。企业关于金融工程专业的毕业生还停留在“数理功底更扎实”的印象上面。

随着我国金融市场的发展，金融工程技术的运用空间越来越大，对金融工程人才的需

求以及对金融工程师专业水平的要求都越来越高，这也对我国的金融工程学科建设和人才培养提出了更高的要求。目前，我国金融工程人才在培养规模上已经颇为可观，下一步更重要的是人才的质量，这就需要各大院校积极地探索如何培养出与传统金融学人才不同的金融工程人才，其中学科建设方向是最大的关键。

四、我国发展金融工程存在的问题以及对发展金融工程的展望

我国金融业长期以来实行封闭式运行，这种模式的弊端在我国逐步向开放的市场经济转轨的过程中明显暴露出来：① 国内金融体系的运行效率低下，难以应对对外开放中逐渐增加的外来竞争；② 面对国际金融市场感到无所适从或盲目参与竞争。然而，我们杜绝风险和损失的办法绝不是简单地关闭大门、禁止交易，这样只能保护落后，而应研究引进西方先进的金融技术，向国际惯例靠拢。从我国的实际情况看，我国在运用金融工程学解决金融业现实问题方面还存在一些迫切需要解决的问题。

（1）金融产品价格市场化进程相对缓慢。由于历史和体制的原因，我国金融资产价格的市场机制仍然很不健全，市场化程度较低，主要表现在：① 人民币汇率形成机制的行政色彩较为浓厚。虽然我国汇率已经并轨，但目前的汇率水平并不能真实反映外汇市场的资金供求状况。② 利率市场化进程举步维艰。尽管银行理财产品规模的快速扩大形成了事实上的利率市场化，但银行存贷款利率、国债发行利率仍由国家控制，银行同业拆借市场利率因参与对象少、交易量不大而基本体现不出资金市场的供求情况，更无法成为资金市场的基准利率。利率的市场化程度仍较低，导致了金融资产价格的非市场化，使价格变动风险在很大程度上演变成了政策风险，这使金融工程产品规避风险、价格发现、增进收益等功能难以有效发挥。利率决定的人为化还使金融工程产品的定价无所适从，进而极大地制约了它的标准化及其推广。③ 股市投机盛行，市场操纵行为比较普遍，同时市场涨跌的时间、空间都深受政府政策的影响。虽然证监会在这方面做了大量的工作并取得了一定的成绩，但过度投机仍是证券市场的一颗“毒瘤”。特别是 2014—2015 年场外过度配资带来股票市场的暴涨暴跌，更是为我们敲响了警钟，并对金融监管提出了更高的要求。④ 金融衍生工具太少，而非法的境外金融衍生产品炒卖盛行。规模很小的国内期货市场的价格波动缺乏理性，基本上还发挥不了转移现货市场价格风险的作用。

（2）理性的市场参与主体的塑造尚不到位。企业、金融机构和投资者对风险管理的需求还不太强。金融工程的发展必须要有相应的市场需求主体作为支撑，但由于我国的企业改革（特别是国企改革）滞后、企业的经营管理体制尚不健全、企业管理者素质普遍不高，导致企业的风险管理意识薄弱，另外，金融改革还没有使大多数金融机构彻底转变经营管理体制、主动提高风险管理意识，因此风险管理市场需求主体尚未真正到位。

中国金融市场投机行为丛生的一个主要原因就是市场的主要参与主体都是代理问题比较严重的国有机构。这些机构的代理人（经理人员和市场操作人员）的风险-收益结构较为扭曲。例如，对于代理人来说，承担高风险可能带来高收益，但损失则由委托人（即国家）来承担；这种不对称的风险-收益关系必然导致这些参与主体追逐风险，而不是规避风险。另外，我国投资者的整体素质较低，他们的风险管理意识、能力同样不强。在这种情况下，一个迫切需要解决的问题就是塑造理性的、具有风险意识的市场参与主体。

杠杆与做空是金融工程区别于传统金融交易的两大重要特征，套利交易正是建立在杠杆和做空的基础之上的，这从另一个层面决定了金融工程的高风险属性。从国内的情况看，发生于21世纪初期的高杠杆国债交易导致多家券商破产的案例就是一个明证。目前，杠杆化债券投资仍是中小机构赚取利润的“法宝”。杠杆化债券投资能够获利的重要条件主要在两个方面：一是资金成本低于债券的持有期收益率；二是资金链不能断裂。发生于21世纪初的这一轮券商破产潮中，导致危机发生的根本原因是以上两条都没能达到。而2011年第三季度同样的状况再次出现，只是由于持续时间短，使得众多参与机构躲过了一劫，但有少数机构的负责人或者交易员因此失去了饭碗。2015年的“股灾”和“救市”以及不少监管机构官员和证券公司高管身陷囹圄甚至失去生命的事件，在显示了政府强大的行政干预意图和力量的同时，也暴露出我国金融体系存在很大的漏洞，因而很容易被宵小所乘。从国外的情况看，导致次贷危机的、以住房贷款为标的的金融衍生产品大膨胀也是因为杠杆过高而难以为继，特别是在资金成本逐步上升的情况下，最终引起了全世界的金融“海啸”。这充分说明，在发展金融衍生产品市场的同时，必须对市场参与者的行为加以严格约束。

自2015年年底以来，监管部门将“去杠杆”确立为金融行业规范化发展的重要一环。事实上，“去杠杆”不仅包括资本市场的去杠杆，也包括实体企业的去杠杆（降低资产负债率）。根据最新的资产管理业务监管有关规定，结构化产品的杠杆比例被降至3倍以内（纯债类3倍、混合类2倍、权益类1倍），资产管理产品的正回购杠杆比例被降至1倍以内（单一委托人类1倍，集合类0.4倍）。限制杠杆比率对控制金融风险具有积极、正面的作用，但是否会对金融市场形成负面的抑制，目前尚未可知。此外，杠杆的下降是一个逐步的过程，金融市场需要对以往累积的风险逐步消化，因此“去杠杆”任重而道远。

(3) 有效监管主体及监管体系需要进一步确立和改造。由于金融工程产品具有高杠杆性，因此往往会有很高的风险性。1987年10月，美国股市出现的“黑色星期一”就与股指期货有关；1994年12月，浮动利率债券使美国加州奥兰治县破产；巴林银行则倒在新加坡国际货币交易所推出的日经指数期货上；1996年，铜市高手日本住友商社在其“后院”铜期货市场上“失火”；法国金属公司败在了一笔旨在套期保值的石油标准期货合约上。在中国，国债期货市场上的“327国债期货事件”以及一些国内机构在国际期货市场上的巨额亏损也让我们认识到了金融衍生产品的风险性。为了保证金融衍生产品的杠杆作用不被滥用，同时保证其风险不致波及整个市场，除了交易者自身必须进行严格的风险控制之外，还需要建立严密有效的监管机制。与此同时，行业自律和市场参与者自律机制还要进一步完善。

对金融市场参与者行为的约束主要依赖于监管体系，具体说来，不仅包括行政体系和法律法规体系，还包括行业自律体系。从20世纪90年代初证券市场建立以来，我国的金融监管部门也经历了急剧的扩张，从最初的中国人民银行、国务院证券委员会等机构逐步发展到如今的一行两会制度，并下辖众多的分支或派出机构。证监会、银保监会（前身为银监会、保监会）等对金融机构违规行为的查处力度越来越大，在监管行政体系的建设上，我国已经做了相当多的工作。随着我国金融市场的发展以及对多次金融危机事件的总结和反思，我国的金融行业尤其是证券行业的法律法规越来越完善，在反洗钱、打击内幕交易等方面都取得了丰硕的成果。以债券的杠杆化交易为例，目前参与机构很少将杠杆做到5倍以上，资产管理产品（以下简称“资管产品”）的正回购杠杆率被限制在1倍以内（集合产品0.4倍），与21世纪初动辄几十倍杠杆的交易方式存在天壤之别。在金融衍生产品市场法规建设方面，2009年银行间市场交易商协会将原《中国银行间市场金融衍生产品交易主协议》与《全国银行间外汇市场人民币外汇衍生产品主协议》合并，发布了新的《中国银行间市场金融衍生产品交易主协议》，使场外金融衍生产品交易均受统一的主协议管辖，开创了金融衍生产品交易的新时代。在此基础上，我国金融衍生产品市场加快了创新的步伐，新的产品（如信用风险缓释工具、信贷资产转让等）逐步推出，相关的法律法规也相对健全，对金融市场的规范化发展起到了较好的推动作用。

（4）深谙金融工程理论与实务的人才仍然缺乏。虽然我国的金融工程学科建设以及人才培养已取得了一定的成绩，但从实际情况来看，目前我国掌握金融工程技术的学者和金融业从业人员不多，能用金融工程创造性地为企业、金融机构、投资者解决实际问题的人才更少。由于我国金融业的中高级人员大多是文科出身，其数理功底比较薄弱，理解、掌握以金融数学为理论基础的金融工程科学相对困难，因而金融工程人才的培养不是短期内可以通过对现有金融从业人员进行简单培训即可解决的问题。因此，人才缺乏将成为推动我国金融工程发展的主要障碍。

（5）信息基础设施尚不完备。金融工程的发展要求国民经济的诸多行业（尤其是金融业）基本普及计算机技术和先进的通信技术，实现信息处理和信息传输的电子化，使资金划拨、金融产品交易等金融业务的开发能高效、快捷、安全地进行。尽管我国证券市场电子化程度较高、银行业务处理普遍推行了电脑化、通信设施及技术水平都有了一定的基础，但我国国民经济的信息基础设施还远未建成和健全，快捷、高效的信息传输网络建设的进展依然缓慢。这种信息基础设施建设相对滞后的局面在一定程度上制约了金融工程在我国的发展，但随着大数据分析时代的到来及“云计算”的发展，这些缺陷将得到解决。

中国已开展了一些具有金融工程性质的工作，这为未来大规模地发展金融工程打下了良好的基础。1992年7月，上海外汇调剂中心建立了第一个外汇期货市场；1993年3月，海南证券交易中心推出了深圳股票期货；20世纪90年代初，国债期货交易曾在中国非常火爆，后来因为出现了一些问题而暂停。自2006年以来，随着中国金融期货交易所的成立，金融衍生产品市场的基础设施建设开始了快速的发展，各类金融衍生产品（如股指期货、国债期货等）陆续推出。从十多年的运行情况来看，市场运行总体平稳。但是，发生于2015年“股灾”时期的做空行为和相应的市场干预也说明我国金融衍生产品市场的基础设施建设仍有较大的完善空间。

尽管仍存在相当多的问题，但我国进一步发展金融工程已具备了相当的条件，同时过去的实践也为未来的发展提供了非常重要的借鉴。中国资本市场的发展已为金融工程提供了一个良好的舞台。这表现为：① 在中国债券市场上，从1979年国库券发行到其后的承购包销发行、竞争招标发行，相关的期限品种不断增加。我国的国债期货市场、国债回购市场都已发生了翻天覆地的变化，债券市场总托管规模超过50万亿元，其中国债和企业债券的托管规模均超过20万亿元，而且品种极为丰富，这样就为基于债券市场的金融工程开启了方便之门。② 股票市场由零开始，三十余年迅速走完了发达国家股票市场上百年才走完的道路，并且在市场监管、品种设计、公司种类、交易手段等方面都日益完善。这为基于股票的金融工程的发展留下了宽广的空间。③ 商品衍生工具和金融衍生工具的试点已经展开（上海、大连、郑州商品交易所，上海、深圳证券交易所，中国金融期货交易所），股指期货、国债期货、上证 50ETF 和融资融券已经推出并运行良好，场外市场的互换、期权等业务在逐步的探索和规范过程中，基于衍生工具的金融工程在金融市场日趋完善的未来必将大显身手。

在金融市场的发展上，我国是一个后发的市场，具备一定的后发优势。虽然后发有后发的劣势，如价格波动剧烈、易受金融市场发达国家金融风波的波及等，但后发也有后发的优势，后发者可以尽情地借鉴他人的先进经验，吸取他人的失败教训，引进他人的成功做法，可以实现高位起步、跳跃式前进。

我国金融市场的发展以及金融深化的程度与发达国家相比仍有一定的差距，说明我国金融业的发展仍有广阔的空间。相比之下，我国金融衍生产品市场与国外金融衍生产品市场的差距更大。这种差距不仅体现在市场规模以及产品类型上，还体现在产品开发能力和资产定价能力上。因此，不论是参与交易的机构还是从业人员，都面临着极大的机遇和挑战。此外，我国居民财富的增长提高了对理财的需求，进而带来了希望金融工程技术进一步提高的要求。财富管理是一个方兴未艾的行业，对各类理财产品的需求为金融工程师提供了大展才华的机会。此外，利率市场化以及人民币国际化和外汇管制的放开都是大势所趋。因此，未来的外汇汇率波动将更为剧烈，国际游资的进出将更加频繁。如何在利率、汇率市场化的状态下对利率风险、汇率风险以及流动性风险实现有效的管理，将是金融工程技术面临的重大课题。

五、加快我国金融工程发展的几点建议

随着我国金融市场的进一步发展和深化，金融工程在我国大发展的时代即将到来。由于金融工程的许多成果已在我国有了应用的价值，这就需要我们为金融工程的大发展做更充分的准备。从发展的观点看，知识经济在金融领域内的标志就是金融工程。对于金融业来说，21 世纪无疑将是金融工程的世纪，发展金融工程将是我国金融业甚至是整个经济赶超西方发达国家的一次重大机遇。

（一）要加快改革的步伐，深化金融改革

价格市场化是金融工程大发展的必要前提，金融工程正是利用市场化的价格来实现金融风险的市场分配和动态管理。为此，我们应该：① 进一步加强金融法制建设，完善金融监管制度，为金融市场的运行创造良好的外部环境；② 加速建立健全金融宏观调控体系，完善金融调控手段和调控政策工具，改进政策传导机制，提高政策执行效率；③ 继续加快国有银行的商业化改革步伐，加快外资金融机构的引进，促进金融同业竞争，改善金融服务水平；④ 稳步推进利率的市场化改革进程和人民币的自由兑换进程；⑤ 抓住政府机构改革的有利时机，加速政府职能转变，逐步淡化行政干预金融市场的力量。

（二）加速推进企业改革尤其是国企改革的步伐，积极培育风险管理的市场需求主体

我们要按照现代企业制度的要求，加快以产权制度改革为核心的企业制度转变，通过兼并、破产、出售、租赁、托管、股份制改造、股份合作制改革等不拘一格的形式，把企业转变为自负盈亏、自我发展的法人实体。对于国企改革，我们必须大胆解放思想，着眼于国有经济质量的提高，对现行僵化的国企经营管理体制做出彻底的变革。只有使企业成

为真正意义上的市场竞争主体，它们在面对激烈竞争且变幻莫测的市场时，才会真正产生对风险管理的需求，这样才能产生需要金融工程服务的主要对象。

（三）监管机构调控能力的进一步提高与监管方式的变革

中央银行及其他监管机构应把金融工程的发展引向何处、在何种程度上进行引导以及如何有效地进行这种引导，这是发达国家也没有妥善解决的问题。相比之下，我国的监管体系在技术方面所体现的调控能力仍存在不少问题。为此，在金融风险管理上，通过引入金融工程来对金融市场的发展进行预测，制定出相应的有效对策，这是今后监管发展的重要方向。与此同时，在监管方式上，我国应尽快实现从“机构型管理”向“职能型管理”的转变。职能型管理强调法定的程序化管理，要求对提供同种金融产品与服务的机构同等对待，体现“公平、公正、公开”的市场原则。

（四）进一步加强金融工程科学研究，努力加快金融工程人才培养

为此，我们需要立足于我国经济金融制度和金融市场的现实，在总结我国金融改革和发展的经验教训基础上，一方面要积极探讨金融工程在我国建立和发展的基本条件、应用规律及其相应的政策措施，另一方面也必须加强对国际金融工程的发展态势进行动态的跟踪研究，从而为建立有中国特色的金融工程科学奠定扎实的基础。

我们要加强对金融工程的基础理论研究，学习金融工程的内在运作机理。金融工程与用其开发的金融产品的关系如同建筑中的工程设计与建筑物的关系。因此，研究金融工程最重要的是学会工程设计思想，即如何根据客户的需要并结合金融市场的实际情况，通过分析、设计和计算等过程开发相应的金融产品并最终推向市场。也就是说，要重点研究国外金融产品的生产过程和生产技术，进行不断的消化吸收，并努力开发出适合我国需要的金融产品。

（五）加强信息基础建设

信息网络建设是金融工程发展的硬件基础，金融信息化导致金融市场虚拟化、国际金融市场一体化和金融资产证券化。计算机技术的发展使金融家们可以使用高速计算机对金融产品的风险、收益及可能的组合等信息进行更精确的处理，并不断创造新的金融衍生工具。互联网和电子商务的发展，形成了“信息交换-产品流通-金融结算”三位一体的网络经济。信息产业应是国民经济发展的新增长点，它与金融产业互动发展。

随着我国经济全面对外开放政策的实施，金融业也迎来了对外开放的春天。2018 年 4 月网络安全和信息化工作会议的召开，必将推动信息领域核心技术的突破，发挥信息化对经济社会发展的引领作用。

【本章小结】

从科学史的发展来看，有很多学科的成长过程都要经历三个阶段：第一个阶段是描述性的，第二个阶段是分析性的，最后一个阶段是工程化的（原先主要是指自然科学，现在已延伸至社会科学）。例如，现代生物工程和遗传工程的兴起，标志着生物学及遗传学的工程化。一般来说，一门学科只有在工程化以后，才能大规模地创造出经济效益和社会效益。

金融科学正如这些科学一样，在经历了描述性阶段和分析性阶段之后，在 20 世纪 80 年代后期发展到了工程化阶段——金融工程学。也就是说，金融工程学是金融科学发展的第三个阶段——工程化阶段。金融工程的产生把金融科学推到一个新层次，它将工程思维引入金融领域，综合地采用数学建模、数值计算、网络图解、仿真模拟等各种工程技术方法设计、开发和实施新型的金融产品，创造性地解决各种金融问题。促进金融工程发展的因素主要包括现代金融理论的发展和金融创新、信息技术的进步、规避风险的需求和对市场效率的追求。

金融工程发展到今天，已经成长为一门成熟的学科，但它仍然面对着一些挑战，主要有：①假设条件理想化；②技术工具数学化；③金融产品虚拟化；④决策过程简单化。为了应对这些挑战，将来的金融工程应该在理论上更注重准确性和创新性；在实务上更注重应用领域的拓展，同时要实现产品化和市场化。

21 世纪将是金融工程大发展的时期。金融工程在我国的金融发展中具有举足轻重的地位。从理论上看，目前我国的金融和金融学基本上还是传统的，我们对现代金融的发展知之不多，这在金融工程学上表现得尤为突出；从实践上看，中国发展金融工程十分有必要，这对于我国资本市场体系具有重要的意义。目前，中国所处的外部环境也使我国发展金融工程具备了一定的现实可行性。

【本章要点】

- 金融学的发展分为三个阶段：描述性阶段、分析性阶段和工程化阶段。当金融学发展到工程化阶段时，金融工程学就诞生了
- 促进金融工程发展的因素
- 金融工程进一步发展所面临的挑战
- 金融工程理论和实践发展的方向
- 推动中国金融工程理论和实践发展的必要性、可行性、存在的问题以及相应的对策

【本章关键术语】

金融学的描述性阶段　金融学的分析性阶段　金融学的工程化阶段

【本章思考题】

1. 试述金融工程和金融学的联系及区别。
2. 除了第二节所讲的四个因素以外，促进金融工程产生和发展的原因还有哪些？
3. 金融工程今后将会怎样发展？

第三章

金融风险管理与金融衍生产品

第一节　金融工程和金融风险管理

在金融工程出现之前，企业主要有两种风险管理手段：①资产负债管理；②保险。这两种方法都是表内控制法，它们是指公司在资产负债表具体项目的基础上，通过调整公司基础业务中资产与负债的不同组合方式来消除市场金融风险。与此相比，金融工程对风险采用的是表外控制法，即利用金融市场上各种套期保值工具来达到风险规避的目的。由于此类交易不涉及资产负债表上的所有项目，也不改变基础业务资产与负债的平衡，因而一般也不在资产负债表上显示出来，故称表外业务。

一、金融工程在金融风险管理中的作用

具体说来，金融工程在金融风险管理中的作用主要体现在以下两个方面：

首先，金融工程为金融风险管理提供了衍生金融产品这种风险管理工具。一般来说，利用金融衍生产品控制金融风险可以做到在不改变原有风险趋势的情况下，通过建

立一个风险趋势与原有业务刚好相反的衍生产品头寸，达到表外业务风险与表内业务风险的完美中和。例如，一个经过细心计算的期货交易头寸能以较少的资金支出抵消基础资产交易的风险，从而达到风险的中和。而期权交易还能在实现对冲风险的基础上抓住价格变动有利于自己的机会去赚取价格变动收益，并在价格变动不利于自己的时候继续避险。其他的衍生交易也各有巧妙的功用：远期交易能固定未来交易的价格，从而使交易者不再担心市场价格变动所带来的不确定性；互换可使交易双方互相利用对方的比较优势来降低成本、提高收益，规避汇率或者利率风险。另外，许多投资银行还为客户“量身定做”了更多、更方便的金融衍生工具，从而使衍生交易能照顾到个性化服务的需求，并满足不同客户的不同风险偏好。

其次，金融工程使得金融决策更加科学化，在决策的初始阶段就可以起到减少和规避风险的作用。金融工程的发展推动了数理方法的应用研究，而金融监管（特别是金融风险的防范）也越来越需要量化决策分析和研究。1995 年 9 月，美国斯坦福大学经济学教授刘遵义就通过实证比较、数量分析和模糊评价等方法，预测出泰国有可能发生金融危机，现实的发展验证了这一分析。这说明，如果我们能够充分运用完整的、科学的分析预测工具，就可以在事先制定出正确的金融决策，进而将风险带来的损失降到最小。我们只有加强对金融信息的研究、充分运用金融工程技术所提供的各种分析方法和分析工具，才能掌握市场从量变到质变的过程，才能提高对金融运行规律的把握。对于国家的金融安全而言，现在很少有国家可以通过控制汇率和利率来应对市场波动的风险；相反，汇率和利率的市场化才是一种有效的资源配置方式。我们在让汇率和利率自由波动的同时，还要利用金融工程进行科学决策，这样才有可能对风险进行控制，从而保护国家的金融安全。

二、金融工程在金融风险管理中的比较优势

对于资产负债管理和保险这两种传统的风险管理方法而言，它们都有各自的缺点，而金融工程与这两种方法相比，具有明显的比较优势。

（一）资产负债管理的缺点

资产负债管理（asset and liability management，ALM）是银行、基金和保险公司等金融机构中常用的一个概念。资产负债管理有广义的资产负债管理和狭义的资产负债管理之分。广义的资产负债管理是指金融机构按一定的策略进行资金配置来实现流动性、安全性和盈利性的目标组合。狭义的资产负债管理是指在利率波动的环境中，通过有计划地改变利率敏感资金的配置状况来实现金融机构的目标，或者通过调整总体资产和负债的持续期来维持金融机构正的净值。北美精算协会将 ALM 定义为：ALM 是管理企业的一种活动，用来协调企业对资产与负债所做出的决策；它是在给定的风险承受能力和约束下，为实现企业财务目标而制定、实施、监督和修正企业资产和负债的有关决策的过程。

从总体上说，这种风险管理方法要求对资产负债业务进行重新调整，因此它存在明显的弱点，主要表现为：

（1）耗用的资金量大。调整资产负债结构、设置风险基金等资产负债管理方法都要耗用大量的资金。有些资产负债管理方法甚至要故意构造一个与基础交易对称的交易。

（2）交易成本高。为了匹配及消除资产负债风险，我们需要在谈判协商、业务调整和

具体实施上花费许多时间与金钱，有时根本无法采用这种策略，有时要采用这种策略就必须牺牲一些有利可图的机会作为代价。

(3) 会带来信用风险。企业为了达到目标，就会在资产负债项目上做频繁调整，这可能会给企业带来信用风险，从而使企业丢失一部分客户。与此同时，如果具体业务的调整涉及两个以上的公司，其调整的难度会加大。因此，此法在风险管理中的使用范围很有限。

(4) 调整有时滞。这种风险管理方法及具体业务的谈判、调整与实施，一般需要相当长的时间，所以它不能紧随短期市场金融价格的变化而变化。因此，当相应的风险管理措施真正落实时，风险损失可能已经造成。

(二) 保险的缺点

大数定律在保险业中的应用，说明了保险是风险的共担。保险也成为一种主要的风险管理手段，海上保险、人身保险、财产保险迅速发展。但是，在金融、财务风险的处理上，保险的作用十分有限。一方面，由于保险市场在有效运行中一直存在道德风险和逆向选择问题，其中的道德风险提高了损失发生的概率，而逆向选择会使保险公司的赔付率超过预计水平，同时两者还相互作用，如道德风险会加重逆向选择；另一方面，可投保的风险又具有较为苛刻的选择条件。可保风险必须是很多企业（或个人）都面临的，而且这些企业（或个人）彼此之间的风险状况不是高度相关的，同时这种风险发生的概率在很大程度上是确定的。一般来说，具备下列条件的风险才可进行投保：①风险不是投机性的；②风险必须是偶然性的；③风险必须是意外的；④必须是大量标的均有遭受损失的可能性。按照这样的标准，价格风险大多是不可保的。原因很简单，面临同样价格风险的企业的财务表现不会彼此独立，它们甚至处在统计学意义上的另一个极端——几乎完全是正相关的。在这种情况下，保险业的大数定律就起不到作用了。因此，保险可以承保的是部分有形的风险（此类风险在本质上属于非系统性风险）。对于股票买卖、债券买卖等金融交易的无形风险而言，由于它们属于投机性风险，其盈利过程体现在简单而又复杂的持有和转让过程中，所以这些风险属于不可保的范围。伴随货币经济的发展，一个金融社会正在出现，但其有限的保险服务远远无法满足人们进行风险管理的需求。

(三) 金融工程的比较优势

经过上述两种风险管理方法的比较探讨，我们可以看到，与传统风险管理手段相比，金融工程具有明显的比较优势，其表现如下：

(1) 更高的准确性和时效性。衍生工具避险的一个重要内在机理就是我们在定义中所言明的衍生性，其价格受制于基础工具的变动，而且这种变动趋势有明显的规律性。以期货为例，由于期货价格就是预期的现货价格，影响现货价格变动的诸多因素同样也在左右着期货价格的变动，所以期货价格与现货价格具有平行变动性。平行变动性使期货交易"相等且相反"的逆向操作可以方便地锁定风险；而对衍生交易的精确定价与匹配可以准确地抵补风险。成熟衍生市场的流动性（一些新创的衍生产品除外）可以对市场价格变化做出灵活反应，并随基础交易头寸的变动而随时调整，从而较好地解决了利用传统风险管理工具管理风险时的时滞问题。

(2) 更低廉的成本。这与衍生交易的高杠杆性具有密切的关系。衍生工具操作时多采用财务杠杆方式（financial leverage），即只需付出少量资金就可以控制大额的交易，一定时期后的平仓也只是进行差额结算，所需动用的资金很少，这样可大大节约公司套期保值的成本。对于场内交易的衍生工具来说，差额结算所需动用的资金很少，这就大大节约了公司套期保值的成本。另外，由于已经创设了一个风险转移市场，我们可以在此集中处理风险，从而大大降低了寻找交易对手的信息成本，而交易的标准化和集中性又大大降低了交易成本。

（3）更大的灵活性。场内的衍生交易头寸可以方便地由交易者随时根据需要抛补，期权的购买者获得了履约与否的权利。场外交易则多是为投资者“量身定做”的。另外，以金融工程工具为素材，投资银行家可随时根据客户的需要创设金融产品，这种灵活性是传统金融工具所无法比拟的。

第二节 金融风险管理的新工具——金融衍生工具

一、金融衍生工具的分类

按形态的不同，金融衍生工具可以大致分为远期合约、期货合约、期权合约和互换合约四大类。

按基础资产的不同，金融衍生工具可以大致分为以利率、股票、汇率和商品为基础的金融衍生工具（如表 3-1 所示）。本书就是按照这个顺序来介绍金融衍生工具的。

表 3-1　金融衍生工具按基础资产的分类

对象	基础资产	金融衍生工具
利率	短期存款	债券期货、债券期权等
	长期债券	利率期货、利率远期、利率期权、利率互换等
股票	企业股票	股票指数期货、股票指数期权等
	股票指数	股票期货、股票期权等
汇率	各类现汇	外汇远期、外汇期货、外汇期权、货币互换等
商品	各种实物商品	商品远期、商品期货、商品期权、商品互换等

按交易地点的不同，金融衍生工具可以分为场内交易金融衍生工具和场外交易（又称柜台交易、OTC 交易）金融衍生工具。

按照基础资产交易形式的不同，金融衍生工具可以分为两类：一类是交易双方的风险收益对称，都负有在将来某日按照一定条件进行交易的义务，它包括远期合约、期货、互换；另一类是交易双方风险收益不对称，合约买方有选择履约与否的权利，它包括期权及期权的变通形式，如认股权证、可转换债券、利率上限（下限、上下限）等。

从形式上按金融衍生工具的复杂程度分，金融衍生工具可以分为两类：一类是普通型金融衍生工具，即期货、期权、远期和互换，其结构与定价方式已基本标准化和市场化。另一类是所谓的结构性金融衍生工具（又称复合型金融衍生工具、“奇异”金融衍生工具），它是将各种普通金融衍生工具组合在一起，有时也与存贷款业务联系在一起，从而形成一种特制的产品。这类产品或方案是专门为满足客户的某种特殊需要而设计的，或是银行出于销售包装目的或自身造市获利目的，根据其对市场趋势的判断和对数学模型的推算而制作的。

二、远期

远期合约的历史极为久远，据说最早的远期交易是由一群中世纪佛莱芒商人以土地为标的物而创造的。他们之间签订“定期集市单”，规定在未来某一时间进行实际土地交割。最早的远期外汇市场是在19世纪80年代产生于奥地利维也纳，著名经济学家凯恩斯和爱因齐格先后发展了揭示远期外汇市场运作的利率平价理论，从而为远期外汇交易的推广奠定了基础。20世纪50年代欧洲货币市场的兴起，使得外汇交易成本大幅降低，尤其是在布雷顿森林体系崩溃之后，汇市波动的加剧引发了人们对套期保值的需求，从而导致远期外汇市场成为一个全球性的市场。

远期合约是指双方约定在未来的某一确定时间、按确定的价格买卖一定数量的某种金融资产的合约。其中涉及的概念有：多头方，即购买远期合约的一方；持多头，是指购买远期合约；空头方，即出售远期合约的一方；持空头，是指出售远期合约；交割价格，是指合约中规定的未来买卖标的物的价格。

远期交易具有以下特点：

（1）场外交易。

（2）“定制”的非标准化交易。它可以根据客户的要求专门定制，灵活地满足客户的偏好。

（3）期限通常为一个月、三个月或者六个月。

由于远期合约一般由买卖双方根据自身需要直接谈判交易，即它是“定制”的，而不是标准化的，因此缺少金融资产市场流动性所要求的范式合约格式，这使它的二级市场很难发展起来。一个高效的远期市场必须有一个具有高流动性的现货市场作为基础，以便合约空方可以在合约的到期日以合理的价格从现货市场购买相应的金融资产，从而顺利履约。

三、互换

互换是金融工程所创造的最成功的衍生产品之一。第一笔货币互换交易产生于1981年，第一笔利率互换交易产生于1982年。此后，互换市场增长和发展速度之快是任何其他金融市场所无法比拟的。

互换是由20世纪70年代发展起来的平行贷款（parallel loan）转化而来。平行贷款的目的是逃避外汇管制。由于当时大多数国家仍实行外汇管制，因而公司的跨国界融资和向海外贷款都受到限制。例如，英国母公司向其在美国的子公司提供贷款，美国母公司向其在英国的子公司提供贷款都有障碍。此外，每个母公司欲贷款给异国的子公司都需要将本币换成外币，这就增加了贷款的成本。采用平行贷款或背对背贷款的形式可以避免这些约束和障碍，具体的做法就是英国母公司向美国母公司在英国的子公司提供贷款；与此同时，美国母公司向英国母公司在美国的子公司提供贷款。平行贷款的好处在于能够逃避外汇管制，从而避免资金的跨国转移，但采用平行贷款必须具备一定的条件：①两家公司必须都在对方所属国有子公司；②两家子公司所需资金量相近；③两家公司都愿意承担对方的信用风险。因此，平行贷款并不具有普遍适用性，而互换的出现则弥补了这些缺陷。

顾名思义，互换就是相互交换，交换的对象是现金流，而且是以不同方式计算的现金流。依据现金流计算的不同方式，互换可以分为利率互换和货币互换。这两种是最常见的互换类型，此外还有商品互换和股权互换。

利率互换交换的是以不同计息方式计算的现金流。例如，一种是以固定利率计算的现金流，另一种是以浮动利率计算的现金流。浮动利率需要参照某一特定市场利率，如伦敦银行同业拆借利率。货币互换交换的是以不同币种计算的现金流。例如，一种是以美元计算的现金流，另一种是以英镑计算的现金流。货币互换和利率互换很相近，都有一系列的利息支付互换，但两者最重要的区别就是，货币互换是涉及本金偿还的互换，而利率互换则不涉及这一点。

在金融市场上，不同主体之间金融运作的相对成本存在差异，即存在着金融比较利益。基于金融比较利益的交易对市场参与各方均有利，这是金融工程运作的重要思路之一，而互换就是对这种思想的充分体现。

四、期货

（一）期货市场的产生和发展

期货市场发源于久远的古希腊和古罗马时期，那时就已经出现了中央交易场所，形成了按照既定时间和场所开展正式交易活动、签订远期交货合约的做法。

1251 年，英国《大宪章》正式允许外国商人到英国参加季节性交易会，后来在贸易中出现了对在途货物提前签署文件，列明商品品种、数量、价格，预交保证金购买，进而买卖文件合同的现象。1571 年，英国创建了世界上第一家集中的商品市场——伦敦皇家交易所，后来成为伦敦国际金融期货期权交易所的原址。此后，荷兰的阿姆斯特丹建立了第一家谷物交易所，比利时的安特卫普开设了咖啡交易所。17 世纪前后，荷兰在期货交易的基础上发明了期权交易，并在阿姆斯特丹交易中心形成了交易郁金香的期权市场。

现代意义上的期货交易则是在 19 世纪中期产生于美国芝加哥。在 1833 年，芝加哥还是一个仅有数百人的乡村，由于它地处美国五大湖地区，紧靠中西部产粮区，因而自然形成了粮食的集散市场。中西部的谷物汇集于此，再从这里运往东部消费区。由于粮食生产特有的季节性，加之当时仓库不足、交通不便，从而使粮食供求矛盾异常突出。每年谷物收获季节，农场主们用车船将谷物运到芝加哥。但因谷物在短期内集中上市，供给量大大超过当地市场需求，而且当地恶劣的交通状况也使大量谷物不能及时疏散到东部地区，加之仓储设备严重不足，粮食购销商无法采取先大量购进再见机出售的做法，所以粮食价格一跌再跌，无人问津。可是到了来年春季，因粮食短缺、价格飞涨，消费者又深受其害，加工企业也因缺乏原料而困难重重。在供求矛盾的反复冲击下，粮食商率先行动起来。他们在交通要道旁边设立仓库，在收获季节从农场主手中收购粮食，来年发往外地，从而缓解了粮食供求的季节性矛盾。不过，粮食商因此承担了很大的价格风险。一旦来年价格下降，其利润就会减少，甚至亏本。为此，他们在购入谷物后立即跋涉到芝加哥，与芝加哥的粮食加工商、销售商签订第二年春季的供货合同，以事先确定销售价格，进而确保利润。在长期的经营中，他们逐渐摸索出了一套远期交易的方式。

1848年，芝加哥的82位商人发起组建了芝加哥期货交易所（CBOT），这是美国的第一家中心交易场所，CBOT的创立标志着现代期货市场的诞生。此后，期货交易的对象从农产品、初级原料及金属等实物扩展到金融商品的范畴。目前，金融期货市场已成为金融市场的主要组成部分。

（二）期货的定义

期货合约是一种标准化的远期交易合约。期货合约是根据事先确定的价格在未来某一特定时期购买或出售一定数量的某种商品或金融产品的合约。买卖双方在合约中事先确定了未来的交割价格。

期货合约是买方和一个固定的交易所或其清算所之间的具有严格法律效力的协议。合约双方约定的未来交易价格叫作期货价格。合约双方进行交易的指定日期叫作交割日。

期货与远期的区别在于：

（1）合约的要求不同。远期合约采用的是非标准合约，期货合约采用的是标准合约。

（2）定价方式不同。远期合约采用的是协商价，期货合约采用的是公开竞价，随着供求关系的变化，成交价也不断发生改变。

（3）结算方式不同。远期合约采用到期一次性结算方式，而期货合约采用每日结算方式，即所谓的“逐日盯市”制度。期货合约根据结算价的不同计算盈亏，并依此调整保证金的余额。

（4）交割方式不同。远期合约采用实物交割方式，而期货合约大多采用“对冲平仓”方式进行交割，很少采用实物交割。

五、期权

（一）期权市场的起源和发展

期权（option），又称选择权，其交易的雏形早在公元前400年就已存在。17世纪前期的阿姆斯特丹出现了最早的期权市场。18世纪，股票期权市场已经有了一定的发展，但后来由于英国出现了“南海泡沫事件”——南海泡沫破灭后，股票期权被看成投机和欺诈的象征——由此股票期权交易被禁止长达一百年。19世纪后期，被喻为“现代期权交易之父”的拉舍尔·赛奇在柜台交易市场组织了一个买权和卖权的交易系统，并引入了买权、卖权平价概念。但在场外交易市场上，由于期权合约还是非标准化的合约，所以这些合约无法转让，只能采用实物交割方式而且无担保。因此，股票期权市场的发展十分缓慢。

1973年4月26日，芝加哥期权交易所成立，同时开始买权交易，这标志着期权交易走上了合约标准化、交易规范化的道路。1977年，芝加哥期权交易所开始推出卖权交易。与此同时，芝加哥期权交易所开始了除股票外的其他期权交易的探索。1982年，芝加哥货币交易所开始进行标准普尔500期权交易，它标志着股票指数期权的诞生。同年，芝加哥期权交易所首次引入美国国库券期权交易，这成为利率期权交易的开端。1982年，加拿大蒙特利尔交易所首次引入外汇期权。同年12月，费城证券交易所也开始了外汇期权交易。1984年，外汇期货期权在芝加哥商品交易所的国际货币市场推出。随后，期货期权迅速扩展到欧洲美元存款、90天短期国债及长期国债、国内存单等债务凭证期货以及黄金期货和股指期货上面，几乎所有的期货都有相应的期权交易。目前，期权已成为所有金融工程工具中功能最多、最激动人心的工具。

（二）期权的定义

期权合约是两个交易对手之间签订的协议，它允许期权购买者或者期权买方在将来的指定日期或指定日期之前，享有按照固定价格买进或卖出一定数量标的物的权利，同时不承担任何义务。一旦买方决定执行期权合约，期权卖方就有责任卖出或买进期权合约规定的标的物。

有关期权的重要概念有：

(1) 期权费。期权的买方（多头方）为获得期权合约所规定的权利而在购买期权时向卖方（空头方）支付的费用，又称"期权的价格"。影响期权费的因素有：标的资产到期的市场价格、市场上的无风险利率水平、期权期限的长短、期权的执行价格等。

(2) 执行价格。期权合约中所规定的买卖标的资产的价格，无论现货市场价格如何变化，期权买方都有权利以此价格来买卖标的资产。

(3) 执行期（或执行时间）。通过期权合约购买或售出标的资产的时间，如果期权合约在到期时或到期之前没有被执行，那么期权合约自动失效。

（三）期权的分类

1. 按照期权购买者享有不同权利的分类

按期权购买者享有权利的不同，我们可以将期权分为两种基本的类型：看涨期权和看跌期权，也可以分别称为"买权"和"卖权"。

看涨期权（call option），又称买入期权，或简称买权。它赋予了期权买方在某一特定时间内自卖方手中以协定的价格买进规定数量标的资产的权利而非义务。若投资者预期标的资产的市场价格可能上涨，他可买进该标的资产的看涨期权。在期权行使的有效期内，若该标的资产的市场价格涨至期权执行价格以上，该投资者即可执行期权，从而获利；反之，若该标的资产的市场价格跌至期权执行价格之下，买方可放弃期权，其损失就是期权费。

看跌期权（put option），又称卖权。它赋予期权购买者在某一特定时间内以协定的价格向期权出售者出售规定数量的某种资产的权利而非义务。当投资者预期标的资产的市场价格可能下跌，就可买进标的资产的看跌期权。在期权的有效期内，若该资产市场价格跌至执行价格之下，该投资者可以执行期权，按执行价格卖出标的资产；反之，投资者放弃期权，损失期权费。

2. 按照期权的不同基础资产的分类

按照期权基础资产的不同，我们可以将期权分为利率期权、货币期权、股指期权、贵金属等商品的期权。

3. 按交易方式不同的分类

按交易方式的不同，期权交易可以分为交易所交易的期权和场外交易的期权。交易所交易的期权合约是标准化的期权合约，而场外交易的期权合约是非标准化的期权合约。

4. 按照可执行期权的不同日期的分类

按照可执行期权的不同日期，期权可以分为美式期权和欧式期权。欧式期权有看涨期权和看跌期权之分。欧式看涨期权的持有人在期权到期时有权以期权执行价格购买协议规定的标的资产，但他也可以放弃这个权利；欧式看跌期权的持有人在期权到期时有权以期权的执行价格出售协议规定的标的资产，但他同样可以放弃这个权利。欧式期权的执行时间是确定的，它只能在到期日执行。美式期权也有看涨期权和看跌期权之分，但与欧式期权不同的是，美式期权在期权有效期内的任何时刻都可以执行。

期权的早期描述集中于欧式期权，但现在讨论较多的是美式期权，这是由于它可以解释成自由边界问题，因此数学家对美式期权更感兴趣。由期权定义可知，欧式期权与美式期权不是以地理位置来分类的，它们是以期权执行时间来区别的。美式期权在期权有效期内的任何时刻都可执行，而欧式期权只能在期权的到期时刻执行。按照美式期权执行时间的约定，期权的价值依赖于标的资产在某一时刻的价格，也就是它的价值依赖于标的资产价格的路径。从这个意义上讲，该期权具有路径依赖性（path-dependent）。虽然美式期权可以在到期日或到期日之前的任何时间执行，而且交易所交易的大多数期权为美式期权，但是欧式期权通常比美式期权更容易分析，而且美式期权的一些性质也可以由欧式期权的性质推导出来。

5. 标准期权和非标准期权

不管是美式期权还是欧式期权，都可以看作一种标准期权。除了标准期权以外，还存在一些用以满足特定需要（或者只在局部地区流行）的期权，这些期权称为非标准期权或奇异期权。奇异期权是相对于看涨期权、看跌期权的普遍性而言的，而且这些期权的价值往往不仅依赖于期权执行时的标的资产价格，还依赖于标的资产的历史价格。主要的非标准期权有亚式买方期权（Asian call option）、障碍期权（barrier option）、回顾期权（look-back option，回看期权）、二值期权（binary option）、复合期权（compound option）、选择期权（chooser option）、君子期权（gentleman option）、或有期权（contingent option），见本章附录。

【本章附录】

（1）亚式买方期权。亚式买方期权是一个路径依赖的奇异期权。它的支付依赖于标的资产随机游走的历史价格的某种平均值。例如，期权到期才执行，期权的收益是到期时的股票价格与股票价格在这一段时间内价格平均值的差。如果它们的差小于零，则期权的收益为零。下述几个因素影响股票价格平均值的计算。

1）计算股票价格平均值的时间区间。

2）是几何平均值还是算术平均值等。

3）加权平均与否。

4）标的资产价格的样本是离散的还是连续的。

例如，执行价格为：

$$X=\frac{A(T)}{T}$$

$$A(T)=\int_0^T S_t\mathrm{d}t$$

它是股票价格连续样本的算术平均值。其中，S_t 为 t 时刻的股票价格。

亚式买方期权的价值不是以期权执行时标的资产的市场价格减去在期权交易时确定的执行价格而定，而是等于标的资产在期权到期时的价格与在期权有效期内标的资产平均价格的差，如果它们的差小于零，则期权的收益为零。

(2) 障碍期权。障碍期权是指事先约定一种期权有效或失效的标准（障碍）的期权，这样就使期权是否起作用不仅取决于标的资产的市场价值与执行价格的对比情况，还取决于是否达到了有效或失效的标准。

由于障碍期权存在自动生效或失效的可能性，所以它的有效期限也就变得不确定了。这里有两种不同的情况：一是使期权自动失效；二是使其自动生效。根据这两种情况，障碍期权可分为击出期权（knock-out option）和击入期权（knock-in option）。

击出期权是指在期权有效期限内的任何时候，一旦市场价格达到其限价，该期权就自动失效，期权买方和卖方的权利与义务关系不复存在，即该期权在到期日之前就已失效。如果在期权有效期限内市场价格从未达到约定的限价，那么该期权就可以看作一项标准欧式外汇期权。由于该期权有可能在到期日之前就失效，并自动解除卖方的义务，因此这种期权的期权费通常低于相应的标准欧式期权。

击入期权是指在期权有效期内的任何时候，一旦市场价格达到其限价，该期权就自动生效，成为一项标准欧式外汇期权。如果在期权有效期内市场价格从未达到约定的限价，那么该期权就不存在，买方和卖方之间也就没有任何权利与义务关系。由于该期权可能根本无法成为一项期权，因此它的期权费通常低于相应的标准欧式期权。

(3) 回顾期权，又称回看期权。回顾期权的收益不仅依赖于期权到期时的标的资产价格，也依赖于期权到期前标的资产价格的最大值和最小值。与亚式买方期权一样，我们可以由离散的资产价格样本取得最大值和最小值，也可以由连续的资产价格样本取得最大值和最小值。例如，其执行价格为：

$$X=M(0,T)=\max_{0\leqslant t\leqslant T} S_t$$

或

$$X=M(0,T)=\min_{0\leqslant t\leqslant T} S_t$$

实际上

$$\max_{0\leqslant t<T} S_t = \lim_{n\to+\infty}\left(\int_0^T S_t^n \mathrm{d}t\right)^{\frac{1}{n}}$$

$$\min_{0\leqslant t<T} S_t = \lim_{n\to-\infty}\left(\int_0^T S_t^n \mathrm{d}t\right)^{\frac{1}{n}}$$

回顾卖方期权多头的价值应按期权有效期内标的资产的最高（或最低）市场价格减期权到期时的股票市场价格来计算。

(4) 二值期权。二值期权是最简单的奇异期权，如果它没有障碍期权的性质和在到期之前执行的性质，它就是不具有路径依赖性的期权。它不同于看涨期权和看跌期权，因为它在到期日的收益可用任一个标的资产价格的非负函数表示，即

$$BH(S-X)$$

和

$$\frac{1}{d}[H(S-X)-H(S-X-d)]$$

其中

$$H(S-X)=\begin{cases}1 & S>X\\0 & S\leqslant X\end{cases}$$

其中，S 为标的资产的价格；X 为约定的值；d 为大于 0 的常数。显然，前者在 $S>X$ 时，其收益为 B，否则为 0。后者在 $X<S<X+d$ 时，其收益为$\frac{1}{d}$，否则为 0。

（5）复合期权。复合期权可简单地描述为以一个期权为标的资产的期权。我们在此只考虑标的资产为看涨期权、看跌期权的复合期权。

由于有两种基本期权（看涨期权、看跌期权），因此我们可构造四种不同的基本复合期权：标的资产为看涨期权的看涨期权，标的资产为看跌期权的看涨期权，标的资产为看涨期权的看跌期权，标的资产为看跌期权的看跌期权。

例如，我们可以在 T_1 时刻按执行价格 X_1 购买以某一资产为标的、执行时间为 T_2、执行价格为 X_2 的看跌期权的看涨期权。

（6）选择期权。选择期权较复合期权复杂一些，它赋予期权所有者在 T_1 时刻以 X_1 的价格购买或出售标的资产，或者在 T_2 时刻以 X_2 的价格购买或出售该标的资产的权利。

（7）君子期权。君子期权是指要在某些固定日期重新确定执行价格的期权，具体做法是：在指定日期将执行价格调整到该日标的物的市场价格水平上，同时记录期权持有方在执行价格调整前的盈余，然后在期权到期日，一次付清期权持有方各次盈余的累积额。

（8）或有期权。如果期权在到期时处于实值状态，那么或有期权的持有人还可以得到退还的期权费；如果期权在到期时处于虚值状态，则或有期权的持有人将一无所获——不但期权费不退还，就连期权本身也一文不值。可以看出，或有期权在到期时若处于实值状态就会退还期权费的做法，是它区别于普通期权的最主要特点。

【本章小结】

在金融工程出现之前，企业主要有两种风险管理手段：①资产负债管理；②保险。这两种方法都是表内控制法，而金融工程对风险采用的是表外控制法。金融工程在金融风险管理中的作用主要体现在两个方面：①金融工程为金融风险管理提供了衍生金融产品这种风险管理工具；②金融工程使得金融决策更加科学化，在决策的初始阶段就可以起到减少和规避风险的作用。与资产负债管理和保险这两种方法相比，金融工程对于金融风险的管理具有明显的比较优势，它具有更高的准确性和时效性、更低廉的成本以及更大的灵活性。

在我们利用金融工程对金融风险进行管理的过程中，经常要用到金融衍生工具。按形态分类，金融衍生工具可以大致分为远期合约、期货合约、期权合约和互换合约四大类。远期合约是指双方约定在未来的某一确定时间、按确定的价格买卖一定数量的某种金融资产的合约；期货合约是根据事先确定的价格在未来某一特定时期购买或出售一定数量的某种商品或金融产品的合约；期权合约是两个交易对手之间签订的协议，它允许期权购买者在将来的指定日期或指定日期之前，享有按照固定价格买进或卖出一定数量标的物的权利，同时不需承担任何义务；互换，顾名思义，就是相互交换，交换的对象是现金流，而且是以不同方式计算的现金流。

【本章要点】

- 金融工程方法在金融风险管理中的作用和比较优势
- 金融衍生工具的分类
- 远期、期货、期权和互换这四种主要金融衍生工具的定义和性质

【本章关键术语】

资产负债管理	保险	金融衍生品	远期	互换
期货	期权	看涨期权	看跌期权	欧式期权
美式期权	亚式买方期权	或有期权	障碍期权	君子期权
回顾期权				

【本章思考题】

1. 比较资产负债管理、保险和金融工程方法在金融风险管理中的作用。
2. 叙述远期、互换、期货和期权的收益及风险特征。

第二篇　金融工程理论篇

第四章 资产组合理论

第一节 传统的资产组合管理和现代资产组合理论

一、资产组合理论产生的背景

从美国资本市场发展的历史来看，其证券投资行为经历了三个阶段：投机阶段、职业化阶段和科学化阶段。其中，投机阶段是指从西方国家资本市场的建立直到1929年的股市大崩盘；职业化阶段是以1933年美国颁布《证券法》为起点，一直到20世纪50年代；科学化阶段则是从20世纪50年代开始一直到现在。

在投机阶段，证券市场极不规范，而且缺少监管。整个市场完全就像一个赌场，而且是一个很不完善、缺少基本规则的赌场。在这样一个市场中，投资者只能凭借自身的敏锐感觉，或者依靠雄厚的资金实力和事先知道的内幕消息来牟取暴利。因此，那时没有对证券投资理论进行系统阐述的书籍，也不存在什么资产组合管理。

这种状况一直持续到1929年的美国股市崩盘。虽然美国股市的崩盘有整个社会经济层面的原因，但不可否认投机盛行在其中所起到的激发作用。从那以后，人们开始认识到对证券市场进行规范性管理的重要性。美国政府开始重视证券法规的建设，并于1933年和1934年先后颁布了《证券法》和《证券交易法》。此外，美国证券交易所也加强了入场资格的管理，各种各样的证券行业自律机构也开始建立。慢慢地，美国证券市场开始变得规范和安全。一些职业投资者开始研究证券投资理论，他们的研究主要集中在两个方面：证券选择和组合管理。他们在证券选择方面的研究逐渐形成了两大流派：基本面分析和技术面分析。这两种分析方法直到现在仍被很多投资者采用。在组合管理方面，人们逐渐形成了一些朴素的资产组合思想，如“不要把所有鸡蛋放在同一个篮子里”。但是，这些资产组合思想大多是以谚语的形式表达，具有显著的经验性，而且只是一些抽象的原则，这使投资者很难进行实际操作。因此在这一时期，人们强调的是证券选择的问题，他们认为对股票进行仔细分析，并从中挑选好的股票较为重要。

随着数理统计方法被引入经济研究领域，人们对证券投资的研究越来越量化。虽然证券投资行为从职业化阶段到科学化阶段并没有一个明显的界限，但人们习惯以哈里·马科维茨（Harry M. Markowitz）在1952年发表的博士学位论文——《资产选择》（Portfolio Selection）作为标志。以此为基础，现代资产组合理论开始发展。

二、传统的资产组合管理

传统的资产组合管理主要是以描述性研究和定性分析为主，人们在选择证券构建资产组合时所运用的方法主要是基本面分析和技术面分析。基本面分析主要是分析证券的内在价值，从而寻找价值被低估的证券；技术面分析则是在认定证券价格的波动具有一定规律性的前提下，通过分析证券价格的历史变化来预测其未来的走势。

对于传统的资产组合管理而言，其过程主要包括以下几个步骤：

（一）确定所要建立的投资组合的目标

一个具体的目标是建立一个投资组合首先要考虑的事情。目标的选择对随后的证券选择和组合的构建有着很大的影响，不同的投资者会选择不同的目标。例如，抗风险能力较低的投资者会以本金的保全为第一目标，稳健型投资者倾向于选择低风险和能够保障基本收入的证券组合，激进型投资者更愿意选择风险较大但有更多增值可能的证券组合。此外，目标的确立也为组合管理者明确了工作的方向，并可作为以后对其业绩进行考核的重要标准。

（二）选择证券、构建投资组合

在上一步中确立的投资组合的目标将是构建投资组合时首先要考虑的约束条件。如果以本金的保全为目标，那么投资组合的构成将更多地以债券为主；如果以风险较低同时能保障基本收入为目标，则应该更多地考虑那些分红派息能力较强的大盘蓝筹股；如果以资本增值为第一目标，则应该选择那些高风险、高收益的证券，如垃圾债券以及一些成长性较强的小公司的股票。

在投资组合的构建中，传统的组合管理与现代组合管理是不一样的。传统组合管理在确立目标后，首先是对证券进行分析，然后是选择证券，从而自发地形成一种组合；而现代组合管理在第一步之后，还要从总体上确立一个风险和收益目标，然后在此基础上进行组合的构建，每种证券的投资比例是一个量化的过程，而不是凭主观经验的判断。

（三）对组合进行监视和调整

组合的目标一旦确定，它在整个投资组合的存续期内就是稳定的，而单一证券的收益和风险特征却是不断变化的。随着时间的推移和市场条件的变化，组合中也许会有一些证券不再适合该投资组合的要求，因此对投资组合进行监视和调整是必要的。我们应该随着环境的变化，随时剔除那些不再符合条件的证券，并增补一些风险和收益特征开始符合组合要求的证券。

（四）对组合的业绩进行评估

对组合的业绩进行评估是整个组合管理过程中的最后一环，也是不可或缺的一环，它既是对过去一个阶段所进行的组合管理的评价，也是确立下一阶段组合管理方向的基础。我们在进行业绩评估时，首先要看有没有实现在建立组合之前设立的目标，然后在此基础上还要对组合的收益率水平进行评价。我们在对收益率进行评价时，要注意两个方面的问题：①要将收益和风险水平结合起来考虑；②要将组合的收益和市场表现结合起来考虑。

三、现代资产组合理论

现代资产组合理论是以金融资产作为研究对象的理论。在一般情况下，资产可分为实物资产和金融资产两大类。这两种资产都可作为投资的对象，但这两种资产的性质（安全性、流动性和盈利性）差别较大，因此通常的做法是将实物资产投资和金融资产投资区分开来，并按照它们各自的特征分别加以研究。在本章中，如果不加特别说明，那么文中所涉及的“资产”都是指“金融资产”。现代资产组合理论有狭义和广义之分。

（一）狭义的现代资产组合理论

狭义的现代资产组合理论是指20世纪50年代由马科维茨提出的资产组合理论。它研究的是投资者如何从一些备选证券中挑选出若干种证券，以及每一种证券应该占总投资额的比重。通常说来，由于风险和收益是成正比的，也就是高风险伴随着高收益，低风险伴随着低收益，因此马科维茨的理论试图解决的问题是：在一定的风险水平下，投资者所能实现的最高收益是多少；在一定的收益水平下，投资者所能承担的最低风险暴露是多少。马科维茨的主要贡献在于应用数学的线性规划理论建立了一套模式，并以此系统地阐明了如何通过有效的分散化来构建资产组合。

由于马科维茨模型计算复杂，后来又有一些学者对其进行了改进。其中，最有代表性的是威廉·夏普（William F. Sharpe）提出的单指数模型。该模型假设由某一种原因影响着每种证券的收益，并且只有通过该种原因，此种证券的收益才与其他证券的收益相关，而且每种证券收益的变动与整个市场的变动有关。

（二）广义的现代资产组合理论

广义的现代资产组合理论建立在狭义的现代资产组合理论基础之上，并包括一些与狭义的现代资产组合理论密切相关的理论。其中，主要包括：

(1) 资本资产定价理论。资本资产定价理论主要包括资本资产定价模型和套利定价模型。资本资产定价模型主要研究的是，如果市场上的每个投资者都按照马科维茨模型持有有效的证券组合，那么在市场上存在无风险债券的条件下，他们如何选择投资资产组合，其资产（或资产组合）的期望收益率如何确定，其期望收益和风险之间应该存在怎样的关系，最后又如何给该资产定价。由此可见，资本资产定价模型与狭义的现代资产组合理论（马科维茨模型）有着密切的关系。由于资本资产定价模型有着许多严格的假设条件，同时许多检验结果表明存在着一个以上的因子影响资产的价格，于是产生了新的资本市场定价模型——套利定价模型。与资本资产定价模型相比，套利定价模型从更一般的角度来考虑问题，它认为风险资产的均衡价格除了风险因素之外，还受其他多个因素的影响，从而大大简化了资本资产定价模型的假设，成为更一般的、更现实的资本市场定价模型。

(2) 有效市场理论。有效市场理论是狭义的现代资产组合理论和资本资产定价模型成立的前提。这是因为如果市场效率水平较低，那么资产价格反映的信息不充分，投资者完全可以凭借基础分析和技术分析挖掘未被市场反映的信息，并采取积极的投资策略，以获得高于风险调整收益的超额收益。也就是说，投资者没有必要按照马科维茨提供的方法建立投资组合。如果不是所有投资者均按照马科维茨模型持有有效的证券组合，那么以此为基础的资本资产定价模型的效率也将大打折扣。

后文将介绍马科维茨的资产组合理论，而资本资产定价模型以及套利定价模型将在第五章进行介绍。至于有效市场理论，我们将在第六章进行介绍。单指数模型本书不做介绍（有兴趣的读者，请阅读参考文献 [49]）。

第二节 马科维茨的资产组合理论

现代资产组合理论的起源可以追溯到 20 世纪 30 年代希克斯（Hicks）对证券投资分散理论的阐述。在《关于简化货币理论的建议》一文中，希克斯指出："从事多个风险性投资所遭受的全部风险，并不是简单地等于各独立投资分别承担的风险之和。在多数情况下，大数定律将发挥作用，所以从事若干个独立的风险投资所承担的风险将小于把全部资金都投资于一个方向所遭受的风险。当投资足够分散时，全部风险将降到最小。"虽然这一论述表明投资组合可以降低风险，但没有深入分析为什么要进行投资组合以及投资组合是怎样降低风险的，因此它并不能算是一个完整的理论体系。直到 1952 年马科维茨发表《资产选择》一文，才开始对充满风险的证券市场的最优投资问题进行了开创性研究，并第一次从规范的角度揭示了如何通过对风险资产进行组合从而确立有效前沿，如何从自身的效用偏好角度出发在有效前沿上选择最佳投资决策，以及如何通过分散投资来降低风险，从而促进了现代投资组合理论的产生。

一、马科维茨资产组合理论的基本假设

马科维茨的资产组合理论有很多假设，但这些假设基本上可以归为两大类：一类是关于投资者的假设；另一类是关于资本市场的假设。

（一）关于投资者的假设

(1) 投资者在投资决策中只关注投资收益这个随机变量的两个数字特征：投资的期望收益和方差。期望收益反映了投资者对未来收益水平的衡量，而收益的方差则反映了投资者对风险的估计。

(2) 投资者是理性的，也是风险厌恶的。也就是说，在任一给定的风险程度下，投资者愿意选择期望收益较高的有价证券；或者在期望收益一定时，投资者愿意选择风险程度较低的有价证券。

(3) 投资者的目标是使其期望效用函数 $E(U)=f(E(r),\sigma^2)$ 最大化，其中 $E(r)$ 和 σ^2 分别为投资的期望收益和方差。对于一个风险厌恶的投资者来说，其期望效用函数 $E(U)$ 是单调凸函数。

（二）关于资本市场的假设

(1) 资本市场是有效的。证券的价格反映了其内在价值，证券的任何信息都能够迅速地被市场上每个投资者所了解，不存在税收和交易成本。

(2) 资本市场上的证券是有风险的，也就是收益具有不确定性，证券的收益都服从正态分布，不同证券的收益之间有一定的相关关系。

(3) 资本市场上的每种证券都是无限可分的，这意味着只要投资者愿意，他就可以购买少于一股的股票。

(4) 资本市场的供给具有无限弹性，也就是说，资产组合中任何证券的购买和销售都不会影响到市场的价格。

(5) 市场允许卖空（市场不允许卖空的情况在此不做讨论）。

在所有的假设中，最值得我们注意的是马科维茨独创性地用期望效用最大化准则代替了期望收益最大化准则。在现代资产组合理论诞生之前，人们在研究不确定条件下的投资时，关于投资者的目标是假定他追求期望收益的最大化，但是这种假设却存在这样的问题：如果资本市场上仅存在一种具有最高收益的资产，投资者只需要将全部资金投资于该种资产即可实现期望收益最大化；如果同时有几种资产具有相同的最大收益，那么对投资者而言，在这些资产中进行组合投资与只投资于一种资产将毫无区别。因此，当资本市场上存在大量资产时，期望收益最大化准则就无法解释为什么要进行多元化的投资，也无法解释组合投资的效应。

针对这一问题，马科维茨假定投资者是追求期望效用最大化的。也就是说，理性的投资者不光追求高的期望收益，同时还要考虑风险问题，要在风险和收益之间做出权衡，选择能带来最大效用的风险和收益组合。因此，用期望效用最大化原则代替期望收益最大化原则是更符合实际的。

二、资产的收益和风险特征

（一）单个资产的收益和风险特征

1. 期望收益

对于风险资产而言，其未来的收益是一个随机变量。在不同的经济条件下，这个随机变量将取不同的值，而每一种经济条件的出现都有其概率。把资产收益的不同取值乘以不同经济条件出现的概率，就能够对该资产未来的收益做出估计，这实际上就是期望收益的含义。用公式表示就是：

$$E(r)=\sum_{i=1}^{n}p_i r_i \tag{4-1}$$

式中，r_i 为该资产收益的第 i 种状态的取值；p_i 为资产收益取值 r_i 的概率；$E(r)$为该资产的期望收益。

2. 收益的方差

在数学上，方差反映的是一个随机变量对于其数学期望的偏离程度。同时，由于我们把投资的风险定义为投资收益偏离预期收益的潜在可能性，因此我们可以用预期收益的方差来作为衡量风险的标准。用公式表示就是：

$$\sigma^2=\sum_{i=1}^{n}p_i[r_i-E(r)]^2 \tag{4-2}$$

方差的平方根就是标准差，即

$$\sigma=\sqrt{\sum_{i=1}^{n}p_i[r_i-E(r)]^2} \tag{4-3}$$

方差或者标准差的数值越大表示投资收益偏离预期收益的幅度越大，也就意味着投资的风险越大。

（二）市场资产组合的收益和风险特征

设有 n 种证券，其收益为 x_i（$i=1, 2, \cdots, n$），x_i 为随机变量，以向量的形式可表示为：

$$\boldsymbol{x}=(x_1, x_2, \cdots, x_n)'=\begin{pmatrix}x_1\\x_2\\\vdots\\x_n\end{pmatrix}$$

其数学期望和方差（协方差矩阵）分别为：

$$E(\boldsymbol{x})=\begin{pmatrix}E(x_1)\\E(x_2)\\\vdots\\E(x_n)\end{pmatrix}=\boldsymbol{\mu}=\begin{pmatrix}\mu_1\\\mu_2\\\vdots\\\mu_n\end{pmatrix}$$

$$\mathrm{var}(\boldsymbol{x})=E(\boldsymbol{x}-\boldsymbol{\mu})(\boldsymbol{x}-\boldsymbol{\mu})'=\boldsymbol{\Sigma} \tag{4-4}$$

设资产组合投资于第 i 种证券的比例为 ω_i（$i=1, 2, \cdots, n$），用向量表示就是：

$$\boldsymbol{\omega}=(\omega_1, \omega_2, \cdots, \omega_n)'=\begin{pmatrix}\omega_1\\\omega_2\\\vdots\\\omega_n\end{pmatrix}$$

根据前面的假设，由于约束条件为 $\sum_{i=1}^{n}\omega_i=1$，因此上式也可以写成下述向量的形式：

$$\mathbf{1}'\boldsymbol{\omega}=1 \tag{4-5}$$

其中，$\mathbf{1}'=(1, 1, \cdots, 1)$。

某投资组合的期望收益就是该组合中所有证券期望收益的加权平均。其数学表达式为：

$$E(\boldsymbol{\omega}'\boldsymbol{x})=\boldsymbol{\omega}'E(\boldsymbol{x})=\boldsymbol{\omega}'\boldsymbol{\mu} \tag{4-6}$$

投资组合的方差为：

$$\begin{aligned}\sigma^2(\boldsymbol{\omega}'\boldsymbol{x})&=E(\boldsymbol{\omega}'\boldsymbol{x}-E(\boldsymbol{\omega}'\boldsymbol{x}))(\boldsymbol{\omega}'\boldsymbol{x}-E(\boldsymbol{\omega}'\boldsymbol{x}))'\\&=E(\boldsymbol{\omega}'(\boldsymbol{x}-E(\boldsymbol{x}))(\boldsymbol{x}-E(\boldsymbol{x}))'\boldsymbol{\omega})\\&=\boldsymbol{\omega}'E(\boldsymbol{x}-E(\boldsymbol{x}))(\boldsymbol{x}-E(\boldsymbol{x}))'\boldsymbol{\omega}\\&=\boldsymbol{\omega}'\boldsymbol{\Sigma}\boldsymbol{\omega}\end{aligned} \tag{4-7}$$

说明：投资组合的方差表明，任一投资组合 $\boldsymbol{\omega}$ 的方差都是由投资组合 $\boldsymbol{\omega}$ 和它的市场协方差矩阵 $\boldsymbol{\Sigma}$ 决定的。

三、分散投资、资产相关性和风险的规避

由（4－7）式我们知道投资组合的方差为 $\sigma^2(\boldsymbol{\omega}'\boldsymbol{x})=\boldsymbol{\omega}'\boldsymbol{\Sigma}\boldsymbol{\omega}$，如果不写成向量的形式，则投资组合的方差 $\sigma^2(\boldsymbol{\omega}'\boldsymbol{x})$ 可以表示为（其实就是线性代数中的二次型）：

$$\sigma^2(\boldsymbol{\omega}'\boldsymbol{x})=\sum_{i=1}^{n}\sum_{j=1}^{n}\omega_i\omega_j\sigma_{ij} \tag{4-8}$$

当投资者对每种资产进行等额投资时，也就是 $\omega_i=\dfrac{1}{n}$，将其代入（4－8）式，可得：

$$\begin{aligned}\sigma^2(\boldsymbol{\omega}'\boldsymbol{x})&=\sum_{i=1}^{n}\sum_{j=1}^{n}\frac{1}{n^2}\sigma_{ij}\\&=\frac{1}{n^2}\sum_{i=1}^{n}\sigma_{ii}+\frac{1}{n^2}\sum_{i=1}^{n}\sum_{\substack{j=1\\j\neq i}}^{n}\sigma_{ij}\end{aligned} \tag{4-9}$$

如果将协方差的平均值（矩阵去掉对角线上的元素后剩下的 n^2-n 个）记为：

$$\bar{\sigma}=\frac{1}{n^2-n}\sum_{i=1}^{n}\sum_{\substack{j=1\\j\neq i}}^{n}\sigma_{ij}$$

那么（4－9）式可以进一步化简为：

$$\begin{aligned}\sigma^2(\boldsymbol{\omega}'\boldsymbol{x})&=\frac{1}{n^2}\sum_{i=1}^{n}\sigma_{ii}+\frac{n^2-n}{n^2}\bar{\sigma}\\&=\frac{1}{n^2}\sum_{i=1}^{n}\sigma_{ii}+\frac{n-1}{n}\bar{\sigma}\end{aligned} \tag{4-10}$$

当投资组合充分多元化时，也就是 $n\to+\infty$ 时，对（4－10）式求极限可得（当然假设各证券收益的方差有界）：

$$\begin{aligned}\lim_{n\to+\infty}\sigma^2(\boldsymbol{\omega}'\boldsymbol{x})&=\lim_{n\to+\infty}\left(\frac{1}{n^2}\sum_{i=1}^{n}\sigma_{ii}+\frac{n-1}{n}\bar{\sigma}\right)\\&=\bar{\sigma}\end{aligned} \tag{4-11}$$

当资本市场上的资产不是处于完全不相关状态时①，$\sigma_{ij}=0$ 不全成立，因而 $\bar{\sigma}=0$ 不一定成立。由此，我们可以得出重要的结论：当组合中包含很多风险资产时，对于整个组合

① 这也是资本市场上的一般情况。

的风险而言，个别资产的风险（σ_{ii}）将不再起作用，而各资产之间的协方差虽然存在着正负相抵的可能，但不能完全消除。

进一步，如果资产组合中的资产两两不相关，此时 $\sigma_{ij}=0$，资产组合的风险通过分散化投资可以完全消除。但是，这种情况在现实生活中不可能出现，因为资本市场上的资产价格不可避免地会受到某个共同因素的影响，不可能表现为完全不相关的情况。

现在考虑资本市场上的一般情况，即资产不是处于完全不相关时的情况。由（4-11）式，我们知道充分的分散化能够消除资产组合的部分风险，但不能消除组合的全部风险。可以消除的那部分风险称为非系统性风险，也就是（4-10）式中的第一项 $\frac{1}{n^2}\sum_{i=1}^{n}\sigma_{ii}$；不能够完全消除的那部分风险称为系统性风险，也就是（4-10）式中的第二项$\frac{n-1}{n}\bar{\sigma}$。

非系统性风险是某资产所特有的风险，它是影响特定资产收益的风险因素。例如，对于某发行证券的企业而言，该企业新产品开发的失败或者应收账款产生呆账等都是只对该企业所发行证券有影响的非系统性风险。而系统性风险则对市场上所有的资产都产生影响，如银行利率的下降或者通货膨胀率的上升都不可避免地会影响到整个市场。

试想一下，若有一名投资者构建了一个包括市场上所有资产的资产组合，而且存在一个包括所有资产的市场指数，那么投资者所要做的仅仅是让每种资产的投资比例等于计算市场指数时该资产的权重，就可以完全消除个别资产的非系统性风险。这名投资者所要承担的风险仅仅是指数的波动，也就是系统性风险。

为了说明多元化投资可以分散风险，做出如下假设：

（1）各证券收益的方差一致有界，$\sigma_{ii}<M$（$i=1, 2, \cdots, n$）。

（2）投资者对每种证券进行等额投资，也就是 $\omega_i=\frac{1}{n}$（$i=1, 2, \cdots, n$）。

那么，投资组合的方差为：

$$\begin{aligned}\sigma^2(\boldsymbol{\omega}'\boldsymbol{x}) &= \sum_{i=1}^{n}\sum_{j=1}^{n}\omega_i\omega_j\sigma_{ij} \\ &= \sum_{i=1}^{n}\sum_{j=1}^{n}\frac{1}{n^2}\sigma_{ij} \\ &= \frac{1}{n^2}\sum_{i=1}^{n}\sigma_{ii}+\frac{1}{n^2}\sum_{i=1}^{n}\sum_{\substack{j=1\\ j\neq i}}^{n}\sigma_{ij}\end{aligned} \tag{4-12}$$

如果将协方差的平均值记为：

$$\bar{\sigma}=\frac{1}{n^2-n}\sum_{i=1}^{n}\sum_{\substack{j=1\\ j\neq 1}}^{n}\sigma_{ij}$$

那么(4-12) 式可进一步化简为

$$\sigma^2(\boldsymbol{\omega}'\boldsymbol{x})=\frac{1}{n^2}\sum_{i=1}^{n}\sigma_{ii}+\frac{n-1}{n}\bar{\sigma} \tag{4-13}$$

由于各证券收益的方差一致有界，$\lim\limits_{n\to+\infty}\frac{1}{n^2}\sum\limits_{i=1}^{n}\sigma_{ii}=0$。由于 $\sigma_{ij}^2=\rho_{ij}^2\sigma_{ii}\sigma_{jj}\leqslant\sigma_{ii}\sigma_{jj}$，$\sigma_{ij}\leqslant M$，如果 $\bar{\sigma}$ 存在极限（或 $0\leqslant a\leqslant\sigma_{ij}\leqslant b$，则 $\bar{\sigma}\geqslant a$），那么当资产组合充分多元化，也就是 $n\to+\infty$ 时，对（4-13）式求极限可得：

$$\lim_{n\to+\infty}\sigma^2(\boldsymbol{\omega}'\boldsymbol{x})=\lim_{n\to+\infty}\frac{1}{n^2}\sum_{i=1}^{n}\sigma_{ii}+\lim_{n\to+\infty}\frac{n-1}{n}\times\bar{\sigma}=\bar{\sigma}$$

在充分分散化的过程中，各证券的自有风险（也就是方差部分）降为0，而各证券的相关风险（也就是协方差部分）却没有明显下降。事实上，当手中持有充分分散化的资产组合时，单个证券对于资产组合风险的影响取决于它与其他证券收益的协方差，而不是它自己的方差。

四、最小方差投资组合

由前面关于投资者的假设（2），我们知道马科维茨资产组合理论中的最优资产组合必须符合以下两个条件之一：

（1）在预期收益水平确定的情况下（即 $\boldsymbol{\omega}'\boldsymbol{\mu}=a$），求使风险达到最小的 $\boldsymbol{\omega}$，即 $\mathrm{var}(\boldsymbol{\omega}'\boldsymbol{x})=\boldsymbol{\omega}'\boldsymbol{\Sigma}\boldsymbol{\omega}$ 最小。

（2）在风险水平确定的情况下［即 $\boldsymbol{\omega}'\boldsymbol{\Sigma}\boldsymbol{\omega}=\sigma_0$（已知）］，求使收益达到最大的 $\boldsymbol{\omega}$，即 $\boldsymbol{\omega}'\boldsymbol{\mu}$ 达到最大。

将这两个条件写成数学表达式，即

$$\min\ \boldsymbol{\omega}'\boldsymbol{\Sigma}\boldsymbol{\omega}\quad \text{s. t.}\quad \mathbf{1}'\boldsymbol{\omega}=1,\ \boldsymbol{\omega}'\boldsymbol{\mu}=a \tag{4-14}$$

$$\max\ \boldsymbol{\omega}'\boldsymbol{\mu}\quad \text{s. t.}\quad \mathbf{1}'\boldsymbol{\omega}=1,\ \boldsymbol{\omega}'\boldsymbol{\Sigma}\boldsymbol{\omega}=\sigma_0 \tag{4-15}$$

实际上，这两个条件是等价的。

我们用拉格朗日乘数法对（4-14）式进行求解，可得（证明见本章附录）此证券组合的预期收益 $\omega_a'x$ 的方差为：

$$\sigma^2(\boldsymbol{\omega}_a'\boldsymbol{x})=\frac{A}{\Delta}\left(a-\frac{B}{A}\right)^2+\frac{1}{A} \tag{4-16}$$

其中

$$A=\mathbf{1}'\boldsymbol{\Sigma}^{-1}\mathbf{1}$$

$$B=\mathbf{1}'\boldsymbol{\Sigma}^{-1}\boldsymbol{\mu}$$

$$C=\boldsymbol{\mu}'\boldsymbol{\Sigma}^{-1}\boldsymbol{\mu}$$

$$\Delta=AC-B^2$$

说明1：最小方差资产组合是由给定的期望收益 a 确定的，故用 $\boldsymbol{\omega}_a$ 表示。对于不同的 a，有不同的 $\boldsymbol{\omega}_a$，它满足 $\boldsymbol{\omega}'\mathbf{1}=1$，$\boldsymbol{\omega}'\boldsymbol{\mu}=a$，并使得风险 $\boldsymbol{\omega}'\boldsymbol{\Sigma}\boldsymbol{\omega}$ 达到最小，相应的风险记为 $\sigma^2(\boldsymbol{\omega}_a'\boldsymbol{x})$。对于给定的收益（如 a），我们将所有大于最小方差 $\sigma^2(\boldsymbol{\omega}_a'\boldsymbol{x})$ 的资产组合 $\boldsymbol{\omega}$ 称为"可行组合"。

说明2：由（4-16）式可得：

$$\sigma^2-\frac{1}{A}=\frac{A}{\Delta}\left(\mu-\frac{B}{A}\right)^2 \tag{4-17}$$

因此

$$\sigma^2 \geqslant \frac{1}{A}$$

其中，μ 是任意的一个数（与 a 的含义相同），表示资产组合的预期收益水平，而 σ^2 则表示与 μ 相对应的证券组合的方差。

在（4－17）式两边同乘以$\frac{\Delta}{A}$，可得：

$$\left(\mu-\frac{B}{A}\right)^2=\frac{\Delta}{A}\left(\sigma^2-\frac{1}{A}\right) \tag{4-18}$$

两边开平方并移项，得：

$$\mu=\frac{B}{A}\pm\sqrt{\frac{\Delta}{A}\left(\sigma^2-\frac{1}{A}\right)}$$

在(σ^2,μ)平面上，（4－18)式表示一条抛物线，该抛物线的顶点为$\left(\frac{1}{A},\frac{B}{A}\right)$。现在我们要确定的是抛物线的开口方向。因为

$$A=\mathbf{1}'\boldsymbol{\Sigma}^{-1}\mathbf{1}>0\text{（正定）},\ C=\boldsymbol{\mu}'\boldsymbol{\Sigma}^{-1}\boldsymbol{\mu}>0$$

由柯西-施瓦茨不等式（Cauchy-Schwarz inequality），可得：

$$\begin{aligned}|\mathbf{1}'\boldsymbol{\Sigma}^{-1}\boldsymbol{\mu}|&=|\mathbf{1}'\boldsymbol{\Sigma}^{-\frac{1}{2}}\boldsymbol{\Sigma}^{-\frac{1}{2}}\boldsymbol{\mu}|\leqslant(\mathbf{1}'\boldsymbol{\Sigma}^{-\frac{1}{2}}\boldsymbol{\Sigma}^{-\frac{1}{2}}\mathbf{1})^{\frac{1}{2}}\ (\boldsymbol{\mu}'\boldsymbol{\Sigma}^{-\frac{1}{2}}\boldsymbol{\Sigma}^{-\frac{1}{2}}\boldsymbol{\mu})^{\frac{1}{2}}\\&=A^{\frac{1}{2}}C^{\frac{1}{2}}\end{aligned}$$

故 $B^2\leqslant AC$，可以进一步证明 $B^2<AC$，从而 $\Delta>0$，所以$\frac{\Delta}{A}>0$，即抛物线开口向右，同时也说明（4－17）式右边为大于或等于 0。

经过上面的分析，我们知道最小方差资产组合的图形在(σ^2,μ)平面上是一条抛物线，见图 4－1。

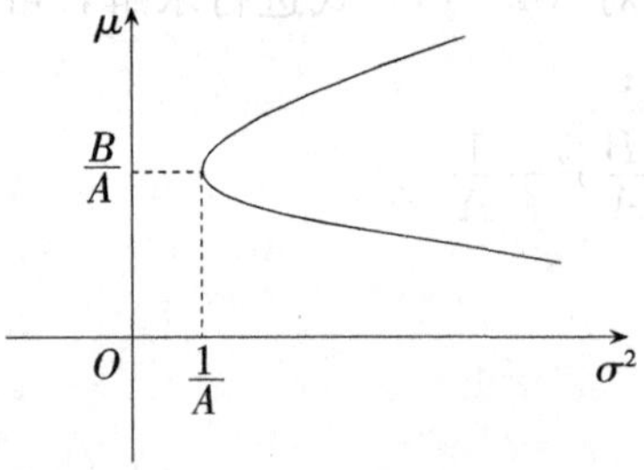

图4－1　最小方差资产组合在(σ^2,μ)平面上的图形

说明 3：在(σ^2,μ)平面上，由（4－17）式得：

$$\sigma^2=\frac{A}{\Delta}\left(\mu-\frac{B}{A}\right)^2+\frac{1}{A} \tag{4-19}$$

其图形如图 4－2 所示：

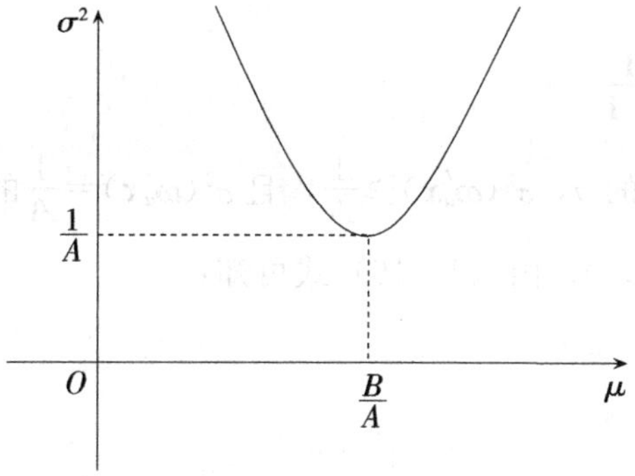

图 4-2 最小方差资产组合在(μ,σ^2)平面上的图形

对（4-19）式移项，可得：

$$\sigma^2-\frac{A}{\Delta}(\mu-\frac{B}{A})^2=\frac{1}{A}$$

$$\frac{\sigma^2}{\frac{1}{A}}-\frac{(\mu-\frac{B}{A})^2}{\frac{1}{A}\times\frac{\Delta}{A}}=1$$

$$\frac{\sigma^2}{\frac{1}{A}}-\frac{(\mu-\frac{B}{A})^2}{\frac{\Delta}{A^2}}=1 \tag{4-20}$$

在(σ,μ)平面上，（4-20）式为双曲线的标准型，中心在$(0,\frac{B}{A})$，对称轴为$\sigma=0$和$\mu=\frac{B}{A}$。由于$\sigma>0$，故只取双曲线在第一象限的那一支。

双曲线的图形如图 4-3 所示：

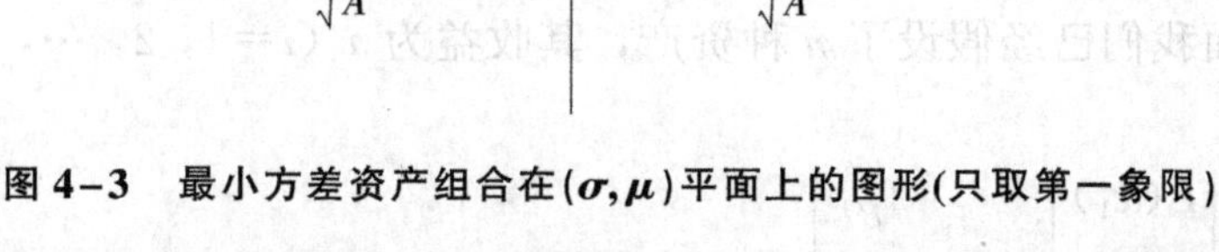

图 4-3 最小方差资产组合在(σ,μ)平面上的图形(只取第一象限)

说明 4：在图 4-3 中的 g 点是一个特殊的点，它是双曲线在第一象限中图形的顶点。由图可知，g 点所代表的组合是所有可行组合中方差最小的，我们将其称为“全局最小方差组合”。由（4-20）式及图 4-3 可知，g 点的组合是：

$$\mu_g=\frac{B}{A}\quad \sigma_g^2=\frac{1}{A}$$

且有

$$\omega_g=\frac{\boldsymbol{\Sigma}^{-1}\mathbf{1}}{A}=\frac{\boldsymbol{\Sigma}^{-1}\mathbf{1}}{\mathbf{1}'\boldsymbol{\Sigma}^{-1}\mathbf{1}} \tag{4-21}$$

命题 4-1 对于任意的 a，$\sigma^2(\boldsymbol{\omega}_a'\boldsymbol{x})\geqslant\frac{1}{A}$，且 $\sigma^2(\boldsymbol{\omega}_a'\boldsymbol{x})=\frac{1}{A}$ 的充分必要条件是 $a=\frac{B}{A}$。

证明：由于 $A>0$，$\Delta>0$，由（4-16）式可知：

$$\sigma^2(\boldsymbol{\omega}_a'\boldsymbol{x})\geqslant\frac{1}{A}$$

设

$$\sigma^2(\boldsymbol{\omega}_a'\boldsymbol{x})=\frac{1}{A}$$

由（4-16）式可知：

$$(a-\frac{B}{A})^2=0 \quad a=\frac{B}{A}$$

必要性得证。

反之，若 $a=\frac{B}{A}$，由（4-16）式可得：

$$\sigma^2(\boldsymbol{\omega}_a'\boldsymbol{x})=\frac{1}{A}$$

充分性得证。

这说明 g 点所代表的组合是全局最小方差组合。

g 点以下的边缘是所有可行组合中方差相同而期望收益较小的组合，任何一个理性的投资者都不会选择这样的组合。g 点以上的边缘是所有可行组合中方差相同而期望收益较大的组合，我们将这些组合称为有效组合，也就是投资者实际可以选择的组合。所有有效组合的总和称为有效前沿。

投资者在有效前沿上具体选择哪个投资组合，主要取决于他的期望效用函数 $E(U)=f(E(r),\sigma^2)$。期望效用函数在图形上可表示为一系列无差异曲线。同一条无差异曲线上的每一个组合对该投资者来说效用都是一样的，但不同无差异曲线所代表的效用是有差别的，位置越靠近左上的曲线代表的效用水平越高。一旦确定了投资者的无差异曲线，则投资者的最优投资组合就是无差异曲线和有效前沿的切点，该切点是所有可行组合中能给投资者带来最大效用的组合，图 4-4 中的 M 点就是这样一个最优组合。

说明 5：前面我们已经假设了 n 种资产，其收益为 $x_i(i=1,2,\cdots,n)$，x_i 为随机变量，且

$$E(\boldsymbol{x})=\begin{pmatrix}E(x_1)\\E(x_2)\\\vdots\\E(x_n)\end{pmatrix}=\boldsymbol{\mu}=\begin{pmatrix}\mu_1\\\mu_2\\\vdots\\\mu_n\end{pmatrix}$$

毫无疑问，$\mu_i>0$；否则，若 $\mu_i\leqslant0$，则此种证券无人投资。

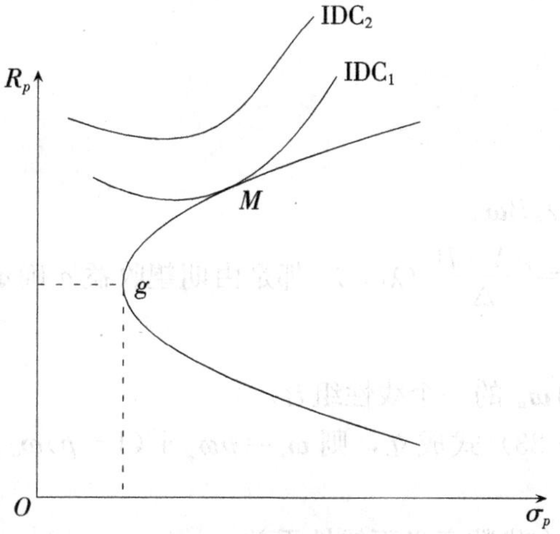

图 4-4　最优投资组合的确定

说明：σ_p 表示证券组合 p 收益的标准差，R_p 表示证券组合的收益，IDC$_1$、IDC$_2$ 分别表示两条无差异曲线。

记

$$\mu_* = \min_{1\leqslant i\leqslant n}\mu_i \quad \mu^* = \max_{1\leqslant i\leqslant n}\mu_i$$

由于 $\boldsymbol{\omega}'\boldsymbol{\mu}=a$ 是 μ_1，μ_2，…，μ_n 的加权平均，因此对于任意给定的 a，它一定在 $[\mu_*,\mu^*]$ 这个区间内。一般来说，μ_i 不全相等，因为当 μ_i 全相等时，就不存在选择的问题了。

命题 4-2　给定 $[\mu_*,\mu^*]$ 中的两个数 a 和 b，相应地有

$$\boldsymbol{\omega}_a=\frac{C-aB}{\Delta}\boldsymbol{\Sigma}^{-1}\mathbf{1}+\frac{aA-B}{\Delta}\boldsymbol{\Sigma}^{-1}\boldsymbol{\mu}$$

和

$$\boldsymbol{\omega}_b=\frac{C-bB}{\Delta}\boldsymbol{\Sigma}^{-1}\mathbf{1}+\frac{bA-B}{\Delta}\boldsymbol{\Sigma}^{-1}\boldsymbol{\mu}$$

则有

$$\operatorname{cov}(\boldsymbol{\omega}_a'\boldsymbol{x},\boldsymbol{\omega}_b'\boldsymbol{x})=\frac{A}{\Delta}\left(a-\frac{B}{A}\right)\left(b-\frac{B}{A}\right)+\frac{1}{A} \tag{4-22}$$

证明略。

五、两基金分离定理

命题 4-3　由（4-21）式，我们知全局最小方差组合为：

$$\boldsymbol{\omega}_g=\frac{\boldsymbol{\Sigma}^{-1}\mathbf{1}}{\mathbf{1}'\boldsymbol{\Sigma}^{-1}\mathbf{1}}$$

同时，令

$$d'=\frac{\boldsymbol{\mu}'\boldsymbol{\Sigma}^{-1}\boldsymbol{\mu}}{\mathbf{1}'\boldsymbol{\Sigma}^{-1}\boldsymbol{\mu}}=\frac{\boldsymbol{\mu}'\boldsymbol{\Sigma}^{-1}\boldsymbol{\mu}}{B}=\frac{C}{B} \qquad B\neq 0$$

我们有

$$\boldsymbol{\omega}_d=\frac{\boldsymbol{\Sigma}^{-1}\boldsymbol{\mu}}{\mathbf{1}'\boldsymbol{\Sigma}^{-1}\boldsymbol{\mu}}$$

则

$$\boldsymbol{\omega}_a=\lambda_1 A\boldsymbol{\omega}_g+\lambda_2 B\boldsymbol{\omega}_d \tag{4-23}$$

其中，$\lambda_1=\dfrac{C-aB}{\Delta}$，$\lambda_2=\dfrac{aA-B}{\Delta}$（$\lambda_1$，$\lambda_2$ 都是由期望收益 a 确定的）。

证明略。

因此，$\boldsymbol{\omega}_a$ 是 $\boldsymbol{\omega}_g$ 和 $\boldsymbol{\omega}_d$ 的一个线性组合。

说明 1：由于（4-23）式成立，则 $\boldsymbol{\omega}_a=p\boldsymbol{\omega}_g+(1-p)\boldsymbol{\omega}_d$。其中，$0<p<1$，$\boldsymbol{\omega}_a$ 是 $\boldsymbol{\omega}_d$ 和 $\boldsymbol{\omega}_g$ 的凸线性组合。

说明 2：$\boldsymbol{\omega}_d$ 与 $\boldsymbol{\omega}_g$ 在代数意义下线性无关。

说明 3：由（4-22）式可知，$\mathrm{cov}(\boldsymbol{\omega}_g'\boldsymbol{x},\boldsymbol{\omega}_d'\boldsymbol{x})=\dfrac{1}{A}=\sigma^2(\boldsymbol{\omega}_g)$。

说明 2 告诉我们，$\boldsymbol{\omega}_a(a\neq\dfrac{B}{A})$可由两个给定的线性无关（代数意义）的证券组合 $\boldsymbol{\omega}_g$ 和 $\boldsymbol{\omega}_d$ 的线性组合表示出来（实际上是它们的凸组合）。

命题 4-4 给定 $\boldsymbol{\omega}_a$ 可以由任意两个线性无关的证券组合线性表示出来。

证明： 设 $\boldsymbol{\omega}_l$ 和 $\boldsymbol{\omega}_k$ 为两个线性无关的最小方差的证券组合，则

$$\begin{cases}\boldsymbol{\omega}_k=(1-k)\boldsymbol{\omega}_g+k\boldsymbol{\omega}_d\\ \boldsymbol{\omega}_l=(1-l)\boldsymbol{\omega}_g+l\boldsymbol{\omega}_d\end{cases}$$

由此

$$\begin{cases}\boldsymbol{\omega}_g=\dfrac{k\boldsymbol{\omega}_l-l\boldsymbol{\omega}_k}{k-l}\\ \boldsymbol{\omega}_d=\dfrac{(1-k)\boldsymbol{\omega}_l-(1-l)\boldsymbol{\omega}_k}{l-k}\end{cases}$$

代入

$$\begin{aligned}\boldsymbol{\omega}_a&=\lambda_1 A\boldsymbol{\omega}_g+\lambda_2 B\boldsymbol{\omega}_d\\&=\frac{\lambda_2 B(1-l)-\lambda_1 Al}{k-l}\boldsymbol{\omega}_k+\frac{\lambda_1 Ak+\lambda_2 B(k-1)}{k-l}\boldsymbol{\omega}_l\end{aligned}$$

命题证毕。

由该命题可知，$\boldsymbol{\omega}_a$ 构成的空间的维数为 2。这就告诉我们，如果找到一个有效前沿的投资组合 $\boldsymbol{\omega}_M$，再找到一个与它不相关（代数意义上）的有效组合 $\boldsymbol{\omega}_{\sigma M}$，就可以表示出所有有效前沿的投资组合 $\boldsymbol{\omega}_p$。也就是说，在有效前沿上的任意一个投资组合都可以由有效前沿上两个线性无关的投资组合线性表示出来。这就是著名的“两基金分离定理”。

两基金分离定理对于证券投资策略的制定具有重要的意义。假设现在有两只共同基金，它们的经营都很好。在这里，“经营良好”意味着它们的收益-风险关系都处于有效前沿上。再假设有一个投资者，这两只基金的收益-风险关系都不符合其要求。也就是说，这两只基金所代表的有效组合都不是这个投资者的期望效用函数与有效前沿的切点。那

么，这名投资者是否需要重新构建自己的有效投资组合呢？两基金分离定理告诉我们，这是不需要的。投资者只需要将自己的资金按一定的比例分配于这两只基金，就可以获得让自己满意的风险-收益关系。

【本章附录】

1. 矩阵的微分运算

我们介绍在最小方差资产组合的建立过程中所必须用到的矩阵微分运算的知识。

设$\boldsymbol{T}=(t_1, t_2, \cdots, t_r)'$为一向量，$f(\boldsymbol{T})$是$\boldsymbol{T}$的函数，定义

$$\frac{\partial f}{\partial \boldsymbol{T}}=\left(\frac{\partial f}{\partial t_1}, \frac{\partial f}{\partial t_2}, \cdots, \frac{\partial f}{\partial t_r}\right)' \tag{4-24}$$

由此定义可得：

（1）若$\boldsymbol{\alpha}=(\alpha_1, \alpha_2, \cdots, \alpha_r)'$为常向量，而

$$f(\boldsymbol{T})=\boldsymbol{\alpha}'\boldsymbol{T}=\sum_{i=1}^{r}\alpha_i t_i$$

则

$$\frac{\partial f}{\partial \boldsymbol{T}}=\boldsymbol{\alpha}$$

（2）若$\boldsymbol{A}$为r阶对称矩阵，$f(\boldsymbol{T})=\boldsymbol{T}'\boldsymbol{A}\boldsymbol{T}$，则

$$\frac{\partial f}{\partial \boldsymbol{T}}=2\boldsymbol{A}\boldsymbol{T}$$

（3）若$\boldsymbol{A}$为一般r阶方阵，$f(\boldsymbol{T})=\boldsymbol{T}'\boldsymbol{A}\boldsymbol{T}$，则

$$\frac{\partial f}{\partial \boldsymbol{T}}=(\boldsymbol{A}+\boldsymbol{A}')\boldsymbol{T}$$

$$\frac{\partial^2 f}{\partial \boldsymbol{T}\partial \boldsymbol{T}'}=\boldsymbol{A}+\boldsymbol{A}'$$

2. 用拉格朗日乘数法对（4-14）式进行求解

令

$$L=\boldsymbol{\omega}'\boldsymbol{\Sigma}\boldsymbol{\omega}-2\lambda_1(\boldsymbol{\omega}'\boldsymbol{1}-1)-2\lambda_2(\boldsymbol{\omega}'\boldsymbol{\mu}-a)$$

则

$$\frac{\partial L}{\partial \boldsymbol{\omega}}=2\boldsymbol{\Sigma}\boldsymbol{\omega}-2\lambda_1\boldsymbol{1}-2\lambda_2\boldsymbol{\mu}=0$$

解得：

$$\boldsymbol{\omega}=\boldsymbol{\Sigma}^{-1}(\lambda_1\boldsymbol{1}+\lambda_2\boldsymbol{\mu}) \tag{4-25}$$

对（4-25）式两边同乘$\boldsymbol{1}'$，得：

$$\boldsymbol{1}'\boldsymbol{\omega}=\boldsymbol{1}'\boldsymbol{\Sigma}^{-1}(\lambda_1\boldsymbol{1}+\lambda_2\boldsymbol{\mu})$$

由约束条件可得：

$$1=\lambda_1\boldsymbol{1}'\boldsymbol{\Sigma}^{-1}\boldsymbol{1}+\lambda_2\boldsymbol{1}'\boldsymbol{\Sigma}^{-1}\boldsymbol{\mu} \tag{4-26}$$

(4-25)式两边同乘以μ'，可得：

$$\boldsymbol{\mu}'\boldsymbol{\omega}=\boldsymbol{\mu}'\boldsymbol{\Sigma}^{-1}(\lambda_1\mathbf{1}+\lambda_2\boldsymbol{\mu})=\lambda_1\boldsymbol{\mu}'\boldsymbol{\Sigma}^{-1}\mathbf{1}+\lambda_2\boldsymbol{\mu}'\boldsymbol{\Sigma}^{-1}\boldsymbol{\mu}$$

由约束条件可知：

$$a=\lambda_1\boldsymbol{\mu}'\boldsymbol{\Sigma}^{-1}\mathbf{1}+\lambda_2\boldsymbol{\mu}'\boldsymbol{\Sigma}^{-1}\boldsymbol{\mu} \tag{4-27}$$

令

$$A=\mathbf{1}'\boldsymbol{\Sigma}^{-1}\mathbf{1}$$
$$B=\mathbf{1}'\boldsymbol{\Sigma}^{-1}\boldsymbol{\mu}$$
$$C=\boldsymbol{\mu}'\boldsymbol{\Sigma}^{-1}\boldsymbol{\mu}$$

由(4-26)式和(4-27)式可得方程组：

$$\begin{cases}\lambda_1 A+\lambda_2 B=1\\ \lambda_1 B+\lambda_2 C=a\end{cases}$$

解得：

$$\lambda_1=\frac{\begin{vmatrix}1 & B\\ a & C\end{vmatrix}}{\Delta}=\frac{C-aB}{\Delta} \tag{4-28}$$

$$\lambda_2=\frac{\begin{vmatrix}A & 1\\ B & a\end{vmatrix}}{\Delta}=\frac{aA-B}{\Delta} \tag{4-29}$$

其中

$$\Delta=AC-B^2$$

将λ_1，λ_2的值代入(4-25)式，可得：

$$\begin{aligned}\boldsymbol{\omega}_a&=\boldsymbol{\Sigma}^{-1}\left(\frac{C-aB}{\Delta}\right)\mathbf{1}+\frac{aA-B}{\Delta}\boldsymbol{\Sigma}^{-1}\boldsymbol{\mu}\\&=\frac{C-aB}{\Delta}\boldsymbol{\Sigma}^{-1}\mathbf{1}+\frac{aA-B}{\Delta}\boldsymbol{\Sigma}^{-1}\boldsymbol{\mu}\end{aligned}$$

即

$$\boldsymbol{\omega}_a=\lambda_1\boldsymbol{\Sigma}^{-1}\mathbf{1}+\lambda_2\boldsymbol{\Sigma}^{-1}\boldsymbol{\mu}$$

此证券组合预期收益$\boldsymbol{\omega}'_a\boldsymbol{x}$的方差为：

$$\begin{aligned}\sigma^2(\boldsymbol{\omega}'_a\boldsymbol{x})&=\boldsymbol{\omega}'_a\boldsymbol{\Sigma}\left(\frac{C-aB}{\Delta}\boldsymbol{\Sigma}^{-1}\mathbf{1}+\frac{aA-B}{\Delta}\boldsymbol{\Sigma}^{-1}\boldsymbol{\mu}\right)\\&=\frac{C-aB}{\Delta}\boldsymbol{\omega}'_a\mathbf{1}+\frac{aA-B}{\Delta}\boldsymbol{\omega}'_a\boldsymbol{\mu}\\&=\frac{C-aB}{\Delta}+\frac{aA-B}{\Delta}a\\&=\frac{1}{\Delta}(Aa^2-2Ba+C)\\&=\frac{A}{\Delta}(a^2-2a\frac{B}{A}+\frac{C}{A})\\&=\frac{A}{\Delta}(a-\frac{B}{A})^2+\frac{1}{A}\end{aligned} \tag{4-30}$$

【本章小结】

传统的资产组合管理是以描述性研究和定性分析为主，人们在选择证券构建资产组合时所运用的方法主要是基本面分析和技术面分析。现代资产组合理论有狭义和广义之分。狭义的现代资产组合理论是指20世纪50年代由美国的马科维茨提出的资产组合理论。广义的现代资产组合理论是建立在狭义的现代资产组合理论基础上，并包括了一些与狭义的现代资产组合理论密切相关的理论，其中最主要的是资本资产定价理论和有效市场理论。

建立在一系列严格假设之上的马科维茨的资产组合理论得出了以下两个结论：①适当地分散投资可以有效地消除组合的系统性风险；②投资者的期望效用曲线和有效前沿的切点是理性投资者所能选择的唯一组合。

【本章要点】

- 传统的资产组合管理
- 狭义和广义的资产组合理论
- 马科维茨资产组合理论的假设前提
- 资产的收益和风险特征
- 分散投资以及资产相关性对风险规避的影响
- 最小方差资产组合的推导和最优投资组合的确定
- 两基金分离定理的证明和意义

【本章关键术语】

资产组合理论	期望收益	方差
标准差	系统性风险	非系统性风险
最小方差资产组合	有效前沿	两基金分离定理

【本章思考题】

1. 传统的资产组合管理方法有什么缺点？

2. 简述马科维茨资产组合理论的分析思路。

3. 为什么分散投资能够消除系统性风险却不能消除非系统性风险？试用数学方法予以证明。

4. 试证明在方差相同的条件下，收益最大的资产组合位于最小方差资产组合的边界上。

5. 试证明两基金分离定理，并简述你对这个定理的理解。

第五章

资本资产定价理论

第一节 资本资产定价模型

与资产组合理论一样，资本资产定价模型（CAPM）也是对现实世界的抽象研究，因而它也是建立在一系列严格的假设条件之上。由于 CAPM 是以资产组合理论为基础，因此它除接受了马科维茨的全部假设条件以外，还附加了一些自己的假设条件，主要有：

（1）投资者具有同质预期，即市场上的所有投资者对资产的评价和对经济形势的看法都是一致的，他们对资产收益和收益概率分布的看法也是一致的。

（2）存在无风险资产①，投资者可以无风险利率无限制地借入或者贷出资金。

一、存在无风险资产时，金融市场的证券组合选择

设金融市场上有一种无风险证券，其收益率为 R_0；

① 在通货膨胀率和市场利率水平不变的情况下，国债可以被近似地看作一种无风险资产。

有 n 种风险资产（即有 n 种股票可以投资），投资的收益仍用 x_1，x_2，…，x_n 表示：

$$\boldsymbol{x}=(x_1, x_2, \cdots, x_n)'$$

$$E(\boldsymbol{x})=\boldsymbol{\mu}=(\mu_1, \mu_2, \cdots, \mu_n)'$$

$$\text{var}(\boldsymbol{x})=E(\boldsymbol{x}-E(\boldsymbol{x}))(\boldsymbol{x}-E(\boldsymbol{x}))'=\boldsymbol{\Sigma}$$

$$\mu_i \geqslant R_0 \quad i=1, 2, \cdots, n$$

式中，“′”表示矩阵的转置。

设投资组合为 $(\omega_0, \omega_1, \cdots, \omega_n)=(\omega_0, \boldsymbol{\omega}')$。$\omega_0$ 是在无风险证券上的投资份额[①]，显然：

$$\omega_0=1-\boldsymbol{\omega}'\mathbf{1} \tag{5-1}$$

这是一个包含无风险证券的投资组合，其期望收益为：

$$\begin{aligned}(\omega_0, \boldsymbol{\omega}')\begin{bmatrix}R_0\\ \boldsymbol{\mu}\end{bmatrix}&=\omega_0R_0+\boldsymbol{\omega}'\boldsymbol{\mu}\\ &=R_0(1-\boldsymbol{\omega}'\mathbf{1})+\boldsymbol{\omega}'\boldsymbol{\mu}\\ &=R_0+\boldsymbol{\omega}'(\boldsymbol{\mu}-R_0\mathbf{1})\end{aligned}$$

若给定收益为 a，则上式变为：

$$\boldsymbol{\omega}'(\boldsymbol{\mu}-R_0\mathbf{1})=a-R_0 \tag{5-2}$$

风险资产组合的方差为[②]：

$$\sigma^2(\boldsymbol{\omega}'\boldsymbol{x})=\boldsymbol{\omega}'\boldsymbol{\Sigma}\boldsymbol{\omega} \tag{5-3}$$

投资者所要求的最优资产组合仍然必须满足下面两个条件之一：

(1) 在预期收益水平确定的情况下，即 $\boldsymbol{\omega}'(\boldsymbol{\mu}-R_0\mathbf{1})=a-R_0$，求可以使风险达到最小的 $\boldsymbol{\omega}$，即 $\sigma^2(\boldsymbol{\omega}'\boldsymbol{x})=\boldsymbol{\omega}'\boldsymbol{\Sigma}\boldsymbol{\omega}$ 最小。

(2) 在风险水平确定的情况下，即 $\sigma^2(\boldsymbol{\omega}'\boldsymbol{x})=\boldsymbol{\omega}'\boldsymbol{\Sigma}\boldsymbol{\omega}=\sigma_0^2$，求可以使收益达到最大的 $\boldsymbol{\omega}$，即 $R_0+\boldsymbol{\omega}'(\boldsymbol{\mu}-R_0\mathbf{1})$ 达到最大。

这两个线性规划问题是等价的，其求解结果为（参见参考文献 [49]）：

$$\omega_a=\frac{(a-R_0)\boldsymbol{\Sigma}^{-1}(\boldsymbol{\mu}-R_0\mathbf{1})}{(\boldsymbol{\mu}-R_0\mathbf{1})'\boldsymbol{\Sigma}^{-1}(\boldsymbol{\mu}-R_0\mathbf{1})} \tag{5-4}$$

为了表明所求的证券组合与 a 有关，故在（5-4）式中用 $\boldsymbol{\omega}_a$ 表示（参见参考文献 [49]）。

$$\sigma^2(\boldsymbol{\omega}_a'\boldsymbol{x})=\frac{(a-R_0)^2}{C-2R_0B+R_0^2A} \tag{5-5}$$

在 (σ, a) 平面上，(5-5)式可以表示为两条直线。但是，显然向下倾斜的那条直线是无效的，因为理性的投资者不可能选择在同等风险条件下收益较小的组合。

(5-5) 式可写成直线：

$$a=R_0+\sigma\sqrt{C-2R_0B+R_0^2A} \tag{5-6}$$

---

① 在存在无风险资产和允许卖空的假设条件下，不存在预算限制 $\boldsymbol{\omega}'\mathbf{1}\leqslant 1$，投资者可以通过卖空无风险资产来购买有风险的证券。

② 加入无风险资产以后对资产组合的方差并没有影响，因此其方差等于第四章（4-7）式中我们介绍的风险资产组合的方差。

上式说明，如果金融市场存在无风险资产，那么在证券组合投资收益为 a 的条件下，若风险最小的投资组合的风险为 σ，则（a，σ）满足方程（5-6），其直线如图5-1所示。由于在这个条件下存在最小方差证券组合，因而如果（a，σ）满足（5-6）式，则它对应的证券组合就是最小方差证券组合。

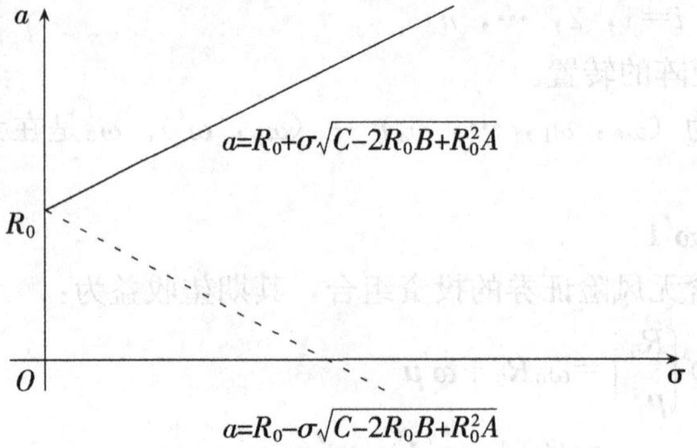

图 5-1 两条直线

二、资本市场线

在给定投资目标、证券组合收益的情况下，我们讨论了如何寻找最小方差证券组合，结论是其方差及证券组合的收益必须满足一直线方程。无风险资产和风险资产之间的组合有很多种。现在，我们继续讨论当金融市场存在无风险资产时如何进行投资组合的选择。为了说明这个问题，我们先引入下面的定义：

定义 5-1 称$\dfrac{a-R_0}{\sigma(\omega_a)}$为夏普比（Sharpe ratio），记为 S. R.，如图 5-2、图 5-3 所示。

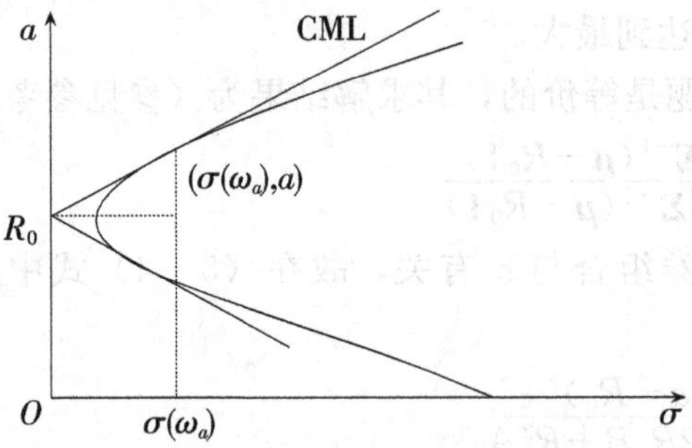

图 5-2 (0, R_0)与有效前沿连线交于切点

S. R. 表示承担每一单位的风险所得到的超额回报，它是点（0，R_0）与双曲线 $\sigma^2=\dfrac{A}{\Delta}(a-\dfrac{B}{A})^2+\dfrac{1}{A}$上的点（$\sigma$，$a$）连线的斜率（如图 5-3 所示）。

随着该点在双曲线上不断上升，这个数值也越来越大，这表明投资者承担单位风险时获得的收益也越来越大。容易看出，当直线过点（0，R_0）并与有效前沿相切时，夏普比$\dfrac{a-R_0}{\sigma(\omega_a)}$达到最大值。理性的投资者必然会选择单位风险回报最大的投资组合，因而理性人

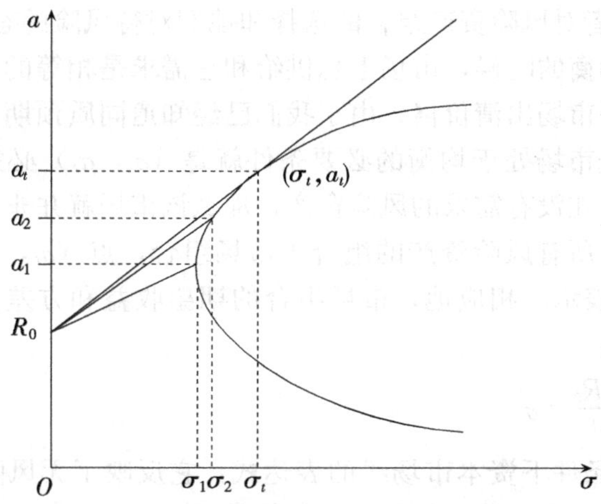

图 5-3　点$(0, R_0)$与双曲线上点的连接情况

在投资时，一部分资金会投放在无风险债券上（回报为 R_0），一部分资金会投放在过点（0，R_0）并与有效前沿曲线相切的直线所代表的资产组合上。也就是说，在市场线上选择的投资组合是最佳的［在这条直线上每一点的斜率都一样，与连接点（0，R_0）和有效前沿上其他点的连线相比，它的斜率最大，即夏普比最大］。

可以证明（参见参考文献［49］），直线 $a=R_0+\sigma\sqrt{C-2R_0B+R_0^2A}$ 就是与有效前沿相切并过点（0，R_0）的直线。

我们称（5-6）式所表示的直线为资本市场线（CML）。在任意给定证券收益 a 的情况下，其最优（方差最小）证券组合是无风险证券与（σ_t，a_t）的线性组合。

由于资本市场线同时过点$(0,R_0)$和点(σ_t,a_t)，因此其方程又可表示为：

$$a=R_0+\frac{a_t-R_0}{\sigma_t}\times\sigma \tag{5-7}$$

点（0，R_0）表示投资者将全部资金投资于无风险资产；点（σ_t，a_t）表示投资者将全部资金投资于风险资产组合；点（0，R_0）和点（σ_t，a_t）之间的线段表示投资者在无风险资产和风险资产之间进行了适当的资金配置；点（σ_t，a_t）之后的射线部分表示投资者卖空无风险资产之后全部投资于风险资产。① 从理论上讲，投资者可以投资于资本市场线上的任意一个组合，不过在实际中如何具体选择则取决于投资者的风险偏好：风险厌恶的投资者可以选择接近点（0，R_0）的组合；风险偏好的投资者可以在直线上选择点（σ_t，a_t）右上方的组合。

三、市场组合

由于前面已经假设所有的投资者都具有相同的预期，因此当市场上的所有投资者都采用马科维茨的组合理论来构建风险资产的组合时，他们必定会选择同一个风险资产组合，也就是图 5-3 中的点（σ_t，a_t），从而保证其风险资产组合和无风险资产的组合最优（方

---

① 由于卖空是没有限制的，因此该射线无限延长。

差最小）。此时，投资者对风险资产组合的选择和他们对待风险的态度是无关的。

当资本市场处于均衡的时候，市场上总供给和总需求是相等的，而且每种资产都存在一个均衡价格，也就是市场出清价格。由于我们已经知道同质预期下的投资者都将选择市场组合（σ_t，a_t），因此市场处于均衡的必要条件就是（σ_t，a_t）必须包括市场上所有的风险资产。如果市场上存在没有需求的风险资产，那么该市场就并非处于均衡状态。

我们称包含市场上所有风险资产的组合为市场组合，点（σ_t，a_t）就是这样的市场组合，我们一般用M来表示。相应地，市场组合的期望收益和方差分别为a_M和σ_M，因而（5－7）式可以改写为：

$$a=R_0+\frac{a_M-R_0}{\sigma_M}\times\sigma \qquad (5-8)$$

（5－8）式是市场均衡条件下资本市场线的表达式，它反映了无风险资产和市场组合进行再组合后所产生的最优组合的收益与风险之间的关系。

四、证券市场线

资本资产定价模型所要回答的问题是在市场均衡状态下，某风险资产的收益和风险之间的关系，也就是如何给风险资产进行定价。我们前面做的工作只是一个铺垫，在本节将导出证券市场线，并由证券市场线来解释如何给风险资产定价。

对于市场上的风险资产组合x而言，它与点（σ_t，a_t）所对应的证券组合ω_t有什么样的关系呢？

可以证明（参见参考文献［49］）：

$$\mu-R_0\mathbf{1}=\beta(a_t-R_0) \qquad (5-9)$$

其中

$$\beta=\frac{\mathrm{cov}(x,\omega_t'x)}{\mathrm{var}(\omega_t'x)}$$

进一步，我们引进上述市场组合的概念，并用a_M代替a_t①、β_M代替β，以表示风险资产x与市场组合M之间的关系，则（5－9）式可写为：

$$\mu=R_0\mathbf{1}+\beta_M(a_M-R_0) \qquad (5-10)$$

（5－10）式就是著名的证券市场线（security market line，SML），也就是传统CAPM的公式表示。由证券市场线可以看出，风险资产的收益由两部分组成：一部分是无风险资产的收益；另一部分是市场风险补偿额。运用证券市场线，我们就可以确定风险资产自身的风险和收益关系。也就是说，我们可以对其进行定价。

五、对证券市场线的进一步说明

（一）对于任意的风险资产 x_i

根据（5－10）式，我们可以得到：

$$\mu_i=R_0+\beta_{Mi}(a_M-R_0) \qquad (5-11)$$

① 在市场均衡的条件下，$a_M=a_t$。

式中，$\beta_{Mi}=\dfrac{\mathrm{cov}(x_i, \omega_M' x)}{\mathrm{var}(\omega_M' x)}$ 表示风险资产 x_i 与市场组合 M 之间的关系。[①] 威廉·夏普将 a_M-R_0 看作市场对投资者承担的风险所给予的报酬，β_{Mi} 代表风险资产 x_i 的风险大小，从而 $\beta_{Mi}(a_M-R_0)$ 可以看作风险资产 x_i 的风险溢价。值得注意的是，衡量风险的标准并不是风险资产的方差，而是 β_{Mi}。

（1）当 $\beta_{Mi}>1$ 时，我们称风险资产 x_i 为进攻性的，即当市场价格上涨时，它的价格上涨得更快。

（2）当 $\beta_{Mi}<1$ 时，我们称风险资产 x_i 为防御性的，即当市场价格下跌时，它的价格下跌得较慢。

（3）当 $\beta_{Mi}=1$ 时，我们称风险资产 x_i 为中性的，即它的价格与市场价格同步变化，而且变化幅度一致。

β_{Mi} 还有一个很有意思的性质，它正好是风险资产 x_i 的一元线性回归方程的回归系数。由（5－10）式可得线性回归方程：

$$x_{it}=a_i+b_i a_{Mt}+\varepsilon_{it} \tag{5-12}$$

其残差项的方差为：

$$\mathrm{var}(\varepsilon_{it})=E(x_{it}-a_i-b_i a_{Mt})^2$$

若回归是显著的，则应该使得残差项的方差最小。此时，有

$$\frac{\partial \mathrm{var}(\varepsilon_{it})}{\partial a_i}=0$$

和

$$\frac{\partial \mathrm{var}(\varepsilon_{it})}{\partial b_i}=0$$

由此可得：

$$\begin{cases} E(x_{it})=a_i+b_i E(a_{Mt}) \\ E(x_{it}a_{Mt})=a_i E(a_{Mt})+b_i E(a_{Mt}^2) \end{cases}$$

从而

$$\begin{cases} a_i=E(x_{it})-b_i E(a_{Mt}) \\ b_i=\dfrac{E(x_{it}a_{Mt})-E(x_{it})E(a_{Mt})}{E(a_{Mt}^2)-[E(a_{Mt})]^2} \end{cases}$$

$$b_i=\frac{\mathrm{cov}(x_{it}, a_{Mt})}{\sigma_{Mt}^2} \tag{5-13}$$

即 β_{Mi} 为线性回归方程（5－12）式的回归系数。

由（5－11）式可知，我们通过 β_{Mi} 可以确定 μ_i。若 P_{1i} 表示第 i 种股票现在的价格，P_{0i} 表示该股票的初始价格，则我们可以用 $\dfrac{P_{1i}-P_{0i}}{P_{0i}}$ 表示第 i 种股票的平均收益率，将其与（5－11）式所确定的 μ_i 比较，就可判断出股票价格的高低。如果 $\mu_i>\dfrac{P_{1i}-P_{0i}}{P_{0i}}$，说明资产

① 由于 R_0 和 a_M 是确定的，因而 μ_i 的值就依赖于 β_i，我们将 β_i 称为 β 系数，它反映了某种风险资产的收益对市场的依赖程度。

x_i 的价格被低估，应该买进；如果 $\mu_i < \frac{P_{1i}-P_{0i}}{P_{0i}}$，说明资产 x_i 的价格被高估，应该卖出。

（二）对于任意一种投资组合 p

设该投资组合的投资权重为：

$$\boldsymbol{\omega}_p = \begin{pmatrix} \omega_p^1 \\ \omega_p^2 \\ \vdots \\ \omega_p^n \end{pmatrix}$$

则

$$\begin{aligned} \mu_p &= E(\boldsymbol{\omega}_p' x) = \boldsymbol{\omega}_p' E(x) = \boldsymbol{\omega}_p' \mu = \boldsymbol{\omega}_p' [R_0 \mathbf{1} + \beta_M (a_M - R_0)] \\ &= R_0 + \boldsymbol{\omega}_p' \beta_M (a_M - R_0) \\ &= R_0 + \beta_p (a_M - R_0) \end{aligned} \tag{5-14}$$

其中

$$\beta_p = \boldsymbol{\omega}_p' \beta_M = \sum_{i=1}^{n} \boldsymbol{\omega}_{pi} \frac{\text{cov}(x_i,\ \boldsymbol{\omega}_M' x)}{\text{var}(\boldsymbol{\omega}_M' x)}$$

也就是该组合中每种资产 β 值的加权平均（参见参考文献［49］）。

关于对传统 CAPM 的改进，参见参考文献［49］。

六、β 系数的估计与 CAPM 的应用

要运用 CAPM 公式，就需要了解并估计公式中的 3 个参数，它们分别是资产的 β 系数、无风险利率 R_0 和市场风险溢价 $a_M - R_0$。在得到这 3 个参数的估计值之后，问题往往就会变得非常简单。在实际中，运用 CAPM 的难点就在于如何计算或估计这 3 个参数。

（一）β 系数的估计

在证券市场中，由于受到各种证券的收益及其相互关系的多种因素影响，所以它处于变动之中，因而没有理由认为证券或证券组合的 β 系数恒定不变。事实上，整个证券市场是一个面向未来的市场，所以形成投资决策的依据是“未来情况如何”，因而我们需要真正了解的 β 系数的取值是未来某一相关时期的 β 系数。只有在认为未来的情况不会有大的差别时，我们才将现在的 β 系数代替未来的 β 系数，这就形成了解决这类问题的基本思路：先看过去和现在 β 系数的变化情况，再预期将来 β 系数会发生什么变化。

对 β 系数进行预测的方法有很多，而且新的预测方法也在不断涌现。对于不同的市场、不同的时期，有不同的方法与之相适应。几种最基本的方法是：①用过去历史数据估计出的 β 值作为 β 系数的预测值；②用根据历史 β 值调整后得到的值作为 β 系数的预测值；③用最近一段时间的事后 β 系数估计值作为未来某个时间段的 β 系数的预测值。

（二）对 R_0 和 $a_M - R_0$ 的估计

无风险资产的最大特点是没有风险，即收益是确定的。由于需要强调无风险的特性，我们需要寻找无风险的对象。在实际的投资对象中，“最无风险”的投资工具是国债。因此，用债券收益率作为 R_0 的替代物，应该是可以接受的。

对风险溢价的估计主要是对 a_M 的估计，也就是对市场组合收益率的估计。如果按照

市场组合的准确定义进行计算，真正的市场组合应该包括所有资产。如果严格遵循这样的定义，基本上这是不可能完成的任务，因为它的定义是“理想化的”。这些资产中的某些资产（如公司自己持有的不进行交易的债券、无形资产、不动产等）的收益率是不确定的（或者说得不到相应的数据），故难以得到真正的市场组合 M，即市场组合的收益率是不可测的。

一般来说，可以考虑用市场价格指数作为市场组合 M 的替代物。如果组合中所含的资产仅仅包含股票，一般做法是用股票价格指数作为市场组合的替代物。如果组合中还含有债券，就可以用股票价格指数和债券指数一起构造一个综合的指标作为市场组合的替代物。按照同样的思路，如果组合中含有多种类型的资产，还可以用反映每种类型资产的指数构造一个综合指标。

当然，用指数作为市场组合的替代物也存在使用上的难点。价格指数的种类繁多，选用哪个指数本身就是一个问题。以股票价格指数为例，中国就有成分股指数和综合指数等多种。因此，选择股票价格指数有一定的灵活性。美国股市通常选用标准普尔 500 指数作为市场组合的替代物。而我国在这方面的研究历史短，关于选择哪个指数会更好的问题还有待进一步观察和了解。

估计 a_M 需要考虑历史的风险溢价，以历史的风险溢价作为分析的基础。需要注意的是，无论采用哪种方法，市场风险溢价都是变化的，而且极不稳定。

第二节　套利定价模型

CAPM 问世以后取得了巨大的成功，但由于该模型是建立在一系列严格的假设条件之上，并且许多假设与现实经济生活的差距太大，因此该模型也受到了不少批评和质疑。1976 年，斯蒂芬·罗斯（Stephen Ross）发表《收益、风险和套利》一文，系统地提出了套利定价理论，从而将资本资产定价理论的研究推向了一个新阶段。

一、套利定价模型的分析思路

套利定价模型与资本资产定价模型相同的假设有：①资本市场是完全竞争和有效的，不存在交易成本；②投资者的目标是实现期望效用最大化；③所有投资者对于资产的收益分布具有一致的预期。

但与资本资产定价模型不同的是，套利定价模型并不要求投资者能以无风险的利率借入和贷出资金，也不要求投资者以资产组合的收益和方差为基础进行投资决策。套利定价模型最重要的一点是假设风险资产的收益受到市场上几种不同风险因子的影响，而到底是哪几种风险、这些风险具体是什么则无关紧要。

设市场上风险资产的收益一共受到 k 个风险因素的影响，可表示如下：

$$R_i=E(R_i)+b_{i1}F_1+b_{i2}F_2+\cdots+b_{ik}F_k+\varepsilon_i \tag{5-15}$$

（5-15）式用矩阵形式表示就是：

$$\boldsymbol{R}=E(\boldsymbol{R})+\boldsymbol{BF}+\boldsymbol{\varepsilon} \tag{5-16}$$

在（5-16）式中，$\boldsymbol{R}$ 是资产收益向量，$E(\boldsymbol{R})$是期望收益向量，$\boldsymbol{B}$ 是因子敏感度矩阵，$\boldsymbol{F}$ 是公共风险因子向量，$\boldsymbol{\varepsilon}$ 是残差向量。

在（5-15）式中，R_i 是任意一种风险资产的收益，$E(R_i)$是该风险资产的预期收益，$F_j(j=1, 2, \cdots, k)$ 是影响风险资产收益的公共风险因子，$b_j(j=1, 2, \cdots, k)$是风险资产对不同公共风险因子的敏感度，ε_i 是残差项。

（5-15）式还同时满足下列两个条件：

$$E(\varepsilon_i)=0 \quad i=1, 2, \cdots, n \tag{5-17}$$

$$\text{cov}(\varepsilon_i, \varepsilon_j)=0 \quad i,j=1, 2, \cdots, n \text{ 且 } i\neq j \tag{5-18}$$

这两个条件一方面是为了符合统计学中多元线性回归模型的要求而设定的，另一方面在套利定价模型中也有着特殊的解释意义。（5-17）式表示残差项的期望为零，从而表明残差项只对资产的风险有贡献，它考虑了公共风险因子未包括进去的风险，但是它对资产的收益没有贡献。（5-18）式表示除了公共风险因子以外，模型中不再存在同时影响两种或两种以上资产收益的共同因素。也就是说，模型已经分离了所有影响资产收益的公共风险因子。

（5-15）式所表示的模型是单指数模型的一个推广。但与单指数模型不同的是，该模型表明资产的期望收益率受一组公共风险因子影响，市场组合可能只是其中的一个风险因子，其他风险因子（诸如利率、通货膨胀率、GDP 增长率等）也可能包括在内。简单地说，市场组合在套利定价理论中并没有特殊作用，它只是可能影响资产收益的因素之一。

二、套利和套利定价模型

设 x_i 为投资组合中资产 i 的投资权重，则由自融资的特点（在整个投资过程中不注资也不撤资），我们可以得到：

$$\sum_{i=1}^{n} x_i = 0 \tag{5-19}$$

又由于套利组合是无风险的，意味着它对任何一个公共风险因子都没有敏感性，也就是公共风险因子的加权平均应该为零，即

$$\sum_{i=1}^{n} x_i b_{il} = 0 \quad l=1, 2, \cdots, k \tag{5-20}$$

由于所有投资者对资产的收益分布都有着相同的预期，这就意味着套利机会一旦出现就会被市场上所有的投资者知晓。对于理性的投资者而言，他们一旦发现套利机会就会充分利用，直至套利机会消失、市场重新达到均衡。由此可见，在有效市场上是不存在套利机会的。也就是说，零投资、零风险套利组合的期望收益也将为零，这可用数学公式表示为：

$$\sum_{i=1}^{n} x_i E(R_i) = 0 \tag{5-21}$$

根据（5-19）式、（5-20）式、（5-21）式可知，套利组合的投资比例向量分别与元素全为 1 的向量、公共风险因子敏感度向量以及期望收益向量正交。由线性代数的知识可知，若某一向量正交于 $M-1$ 个向量，并能由此推得它与第 M 个向量正交，那么第 M

个向量可以表示为这 $M-1$ 个向量的线性组合。也就是说，资产的期望收益向量可以表示为元素全为 1 的向量以及公共风险因子敏感度向量的线性组合。因此，存在常数 λ_0 以及 $\lambda=(\lambda_1, \lambda_2, \cdots, \lambda_k)$，使得：

$$E(\boldsymbol{R})=\lambda_0\mathbf{1}+\boldsymbol{\lambda B} \tag{5-22}$$

对于任意的风险资产 i 而言，有

$$E(R_i)=\lambda_0+\lambda_1 b_{i1}+\lambda_2 b_{i2}+\cdots+\lambda_k b_{ik} \tag{5-23}$$

（5-22）式和（5-23）式就是套利定价模型的标准表达式。其中，λ_0 表示对所有公共风险因子敏感度为零的资产组合的收益率，当存在无风险资产时，λ_0 就是无风险资产的收益率 R_f；λ_j（$j=1, 2, \cdots, k$）为第 j 个风险因子的风险溢价。

若存在无风险资产，令 δ_j 表示某资产对其他所有风险因子的敏感度均为零，而对第 j 个风险因子的敏感度为 1 时的期望收益率，则

$$\lambda_j=\delta_j-R_0 \tag{5-24}$$

将（5-24）式代入（5-23）式，得到：

$$E(R_i)=R_f+(\delta_1-R_0)b_{i1}+(\delta_2-R_0)b_{i2}+\cdots+(\delta_k-R_0)b_{ik} \tag{5-25}$$

在资产的收益率服从联合正态分布和公共风险因子不相关的情况下，根据多元线性回归方程，（5-25）式中的 b_{ij} 可以解释为：

$$b_{ij}=\frac{\mathrm{cov}(R_i, \delta_j)}{\mathrm{var}(\delta_j)} \tag{5-26}$$

由此可见，b_{ij} 的形式与资本资产定价模型中 β_i 的定义形式完全相同。

三、套利定价模型和资本资产定价模型的比较

APT 一般假设资产的期望收益率受到 k 个风险因子的影响。当只存在一个表示市场风险的风险因子时，（5-25）式简化为：

$$E(R_i)=R_0+(\delta_1-R_0)b_{i1} \tag{5-27}$$

式中，$\delta_1=R_M$；b_{i1} 等同于 β_{Mi}。因此，（5-27）式实际上就是 CAPM 的标准形式。也就是说，CAPM 实际上是 APT 的一个特例。

APT 与 CAPM 最大的区别就在于：前者采用的是无套利的分析方法，而后者采用的是风险-收益分析方法。APT 的出发点是排除市场的套利机会，只要市场存在套利机会，投资者的套利行为就会使套利机会趋于消失，市场重新实现均衡。风险-收益分析方法则假设投资者在风险和收益之间进行综合衡量以使自己的效用最大化，在投资者都有同质预期的假设下，投资者都会拥有同样的资产组合，这一资产组合就称为市场组合，而风险资产的价格主要受市场组合的影响。

与 CAPM 相比，APT 是在更弱的假设条件下推导出的更为一般的资本市场定价模型。在 CAPM 中，风险资产的价格是通过市场的内在因素确定的，即某种资产的价格是由资本市场上现有的所有资产共同确定的；对于 APT 而言，资产的合理价格是通过外在的因素确定的，即资本市场上某种资产的价格可以由资本市场以外的其他因素确定。正因为如此，市场组合在 APT 中没有特殊的作用，只是影响资产价格的一个可能的风险因子。

APT 的局限性主要表现在两个方面：①APT 没有说明决定资产定价的风险因子的数

目和类型，也没有说明各个因子风险溢价的符号和大小，这就使得 APT 在实际应用中有一定的困难；②由于 APT 中包含了残差风险，而残差风险只有在组合中存在大量的分散化资产时才能被忽略，因此 APT 实际上是一种极限意义上的资产定价理论，对于实际生活中资产数目有限的资产组合而言，其指导意义受到一定的限制。

【本章小结】

在马科维茨创造性地提出资产组合理论之后，一些学者开始在马科维茨理论的基础上探讨资本市场的资产定价问题。在 20 世纪 60 年代中期，威廉·夏普、约翰·林特纳和简·莫辛分别对资本市场的均衡定价问题进行了研究，并分别独立设计出了资本资产定价模型。

CAPM 以资产组合理论为基础，因而它除接受了马科维茨的全部假设条件以外，还附加了一些假设条件，主要有：投资者具有同质预期；存在无风险资产；允许卖空。根据这些假设条件，CAPM 首先对资本市场线进行了推导，并在此基础上又得到了证券市场线的方程，也就是风险资产的定价方程。

与 CAPM 相比，APT 不以市场组合为基础，也不要求投资者从预期收益率和风险关系的角度来选择资产组合。APT 只要求投资者偏好较高的收益率，显然这是符合现实的。对于资产的预期收益率，APT 从更一般的角度出发，认为除市场风险之外，资产的均衡收益还受到其他很多因素的影响。由于套利定价模型的假设条件较资本资产定价模型的假设条件更为合理、更贴近现实生活，因此套利定价模型具有更广泛的现实意义，但它在理论的严密性上相对不足。

【本章要点】

- 资本市场线的推导过程
- 对市场组合的理解
- 证券市场线的推导以及如何运用证券市场线对风险资产（资产组合）进行定价
- 套利定价模型的分析思路
- 套利定价模型和资本资产定价模型的比较

【本章关键术语】

资本资产定价模型(CAPM)	资本市场线
β 值	市场组合
证券市场线	套利组合
套利定价模型(APT)	公共风险因子

【本章思考题】

1. 资本市场线与证券市场线是一条线吗？请说明理由。
2. 什么是市场组合？市场组合存在的条件是什么？现实生活中存在这样的市场组合吗？
3. 如何运用证券市场线给风险资产进行定价？
4. 传统 CAPM 的缺点是什么？请说明假设条件严格性和模型有效性两者之间的辩证关系。
5. 比较 APT 和 CAPM 的异同。
6. 如果用 APT 对股票进行定价，应该考虑的风险因子有哪些？请说明理由。

第六章

有效市场理论

第一节　有效市场假设概述

一、有效市场假设的理论渊源

第一篇讨论市场有效问题的文章可追溯到 1900 年，即法国数学家巴舍利耶（Bachelier）所发表的博士学位论文《投机理论》。他在其中写道："过去的，现在的，甚至是将来可预期到的事情都反映在市场价格中，但是与未来的价格变化没有明显的联系。"他认为股票期货价格是不能预测的，买卖双方的盈亏机会均等，在任何一个时刻价格升降的可能性同时存在，因此投机者的预期收益是零，但没有什么经验证明来支持他的假设。可惜巴舍利耶的观点在当时并没有引起人们的重视，直到 20 世纪 50 年代，保罗·萨缪尔森（Paul Samuelson）才第一个认识到他的贡献。

1933 年，经济学家考尔斯（Cowles）发表了论文《股市预测者能预测吗》，他通过大量统计数据表明无法准确预测大市走势。考尔斯发现：找不出任何证据来预测市场的价格变化。1944 年，考尔斯在《计量经济学报》第

12卷第3期及第4期合刊上发表了论文《股市预测》，他通过分析1929—1944年15年内专家所做的6 904次预测，统计出看好与看淡的比率为4∶1，可是期内股市跌掉一半。虽然这篇文章只是从投资专家的角度分析了他们预测的准确度，但也间接说明了市场的不可预测。

1934年，斯坦福大学统计学教授沃金·霍尔布鲁德（Working Holbrood）在《美国统计学会学报》3月号上发表了《供时间序列分析用的随机差系列》一文，他用大量的统计数据证明了股票和期货价格预测不准确。沃金以每次成交的价位为基准，把股票及商品期货的价格变动绘成走势图。通过这样的图表，他发现价位变化在很大程度上是随机游走的，这证明价格趋向是不可测的。同时，他还通过以随机过程求出随机数的方法，证明根据每手成交价位绘制的图表所显示的价格变化与随机数生成的图表没有任何不同。也就是说，每个价位都是独立的个体，与过去并没有任何关联。

在20世纪50年代，人们开始运用计算机来研究长时间的价格数据系列。经济学家的假设是，人们能够“理性地追求自身利益最大化”。1953年，伦敦经济学院统计学教授肯杜尔在《皇家统计学会学报》第96卷第1期发表了题为《时间序列分析》的论文。他研究了英国的22种股票和商品的价格，然而研究结果却让他感到吃惊。他得出的结论为：“在相隔较短的时间内不断观察价格的变化，随机性的变化非常大，相比之下能观测到的系统效应是非常小的，价格数据非常像随机游走序列。”

1959年，美国学者哈里·罗伯茨（Harry V. Roberts）和奥斯伯恩（M. F. M. Osborne）在研究中也得出了类似的结论。罗伯茨指出：“从一组随机数字产生的时间序列与美国一种股票价格的记录是不能区分开来的。”他写道：“这篇文章的主要目的是想引起金融学家们对实证数据的重视，这些实证数据过去一直被忽视了，同时还指出这些结果对证券研究方法的启示。”奥斯伯恩发现，股市日常的波动就像物理实验中出现的布朗运动一样，遵循着一种随机游走的规律。

1965年1月，法马在《商务学刊》上发表了论文《股票市场价格的行为》，他仔细验证了过去有关股市以及个别股价的预测，并通过自己的实验再次证实股市和个别股价都不可测！随后，在1965年9月和10月，他在《金融分析家杂志》（*Financial Analysts Journal*）上发表了文章《随机游走的股价》（Random Walks in Stock Market Prices）。在这篇文章中，他第一次提出了有效市场（efficient markets）的概念。他指出：有效市场是这样一个市场，在这个市场上，存在着大量理性的、追求利益最大化的投资者，他们积极参与竞争，每一个人都试图预测单只股票未来的市场价格，每一个人都能轻易获得当前的重要信息。他还指出，在一个有效市场上，众多精明投资者之间的竞争导致这样一种状况：在任何时候，单只股票的市场价格都已反映了已经发生的和尚未发生的，但市场预期会发生的事情。也就是说，在一个有效市场上，股票的内在价值都通过其市场价格表现出来了。该理论认为，在一个有效的资本市场上，与某种资产相关的全部信息都能迅速、完全和准确地被投资者获得，资产的价格反映了所有信息。根据这个理论，在有效的资本市场上，某种资产在某一时刻的价格都充分反映了该资产的所有信息，从而使资产的真实价值都通过价格表现出来，社会资本就在这种追逐价值的过程中得到了有效配置。

为了判断市场的行为类型和具体的运行特征，1967年哈里·罗伯茨进一步提出了市场有效性的三种形式：①弱式有效市场。在符合这种假设条件的市场里，现行价格已凝聚了所有历史记录的信息。②半强式有效市场。在该市场条件下，价格不仅反映了过去的信息，而且反映了所有公之于众的当前信息，如公司收益、红利分配、股息增长率、公司间的兼并等。③强式有效市场。在这种假设市场条件下，价格的确定不仅包含了弱式有效市场和半强式有效市场的内容，而且还包含了内幕信息。在这种市场里，任何人都无法拥有对信息的垄断权，投资者不能支配和影响价格的形成，他们只能根据给定的价格做出自己的行为选择。

1970 年，法马采用公平博弈模型来描述有效市场假设。公平博弈模型的假设前提是：在任一时点，有关某种证券的所有信息都已充分反映在股票价格中。公平博弈模型对信息的处理是非常详尽的，目的是达到“充分反映”的要求。我们用数学公式可将此描述为：

$$E(\overline{P}_{j,t+1}|\phi_t)=[1+E(\overline{r}_{j,t+1}|\phi_t)]P_{j,t}$$

式中，E 表示预期价值；$P_{j,t}$ 表示证券 j 在 t 时刻的价格；$P_{j,t+1}$ 表示证券 j 在 $t+1$ 时刻的价格；$r_{j,t+1}$ 表示证券 j 从 t 时刻到 $t+1$ 时刻的收益率；ϕ_t 表示在 t 时刻充分反映在股价中的信息集。

这个方程表示的意思是：给定 t 时刻的所有可获得的信息集，证券 j 的预期价格等于证券 j 的当前价格乘以 1 加上证券 j 的预期收益率的积。预期的未来收益率应该充分反映 t 时刻所有可获得的信息，包括当前和过去的所有有关变量，如通货膨胀、利率、GDP 等。另外，公平博弈模型还假设这些变量之间的相互关系以及它们与股票价格的关系也都包含在信息集里。

如果市场均衡价格是由充分反映现有信息的预期收益来决定，那么试图利用现有信息来赚取超额收益是不可能的。因此，如果用 $x_{j,t+1}$ 表示 $t+1$ 时刻的实际价格与 t 时刻所预期的 $t+1$ 时刻的价格之差，那么

$$x_{j,t+1}=P_{j,t+1}-E(P_{j,t+1}|\phi_t)$$

上述公式可以看成是对超额收益的表述，它等于实际价格与预期价格之差。在有效市场上，有

$$E(x_{j,t+1}|\phi_t)=0$$

该方程反映了基于信息之上的“公平博弈”，它意味着股票价格充分反映了所有信息并与其所包含的风险保持一致。

二、有效市场假设的含义

举例说明：假设有一个 ABC 公司，这是一个生产电视机的上市公司。ABC 公司的股票价格是由什么决定的呢？假设 ABC 公司可能生产出一种最新的、最受市场欢迎的电视机。我们知道，在一个有效的资本市场里，如果 ABC 公司生产这种电视机的可能性增加，那么 ABC 公司的股票将上升。假设 ABC 公司聘用了一个知名的科学家来研究这种电视机，当该信息传递到资本市场上时，它对 ABC 公司的股票价格会有什么影响呢？如果这个科学家对 ABC 公司的贡献等于 ABC 公司支付给他的报酬，那么公司并未因聘用他而改善经营状况，因此股票价格有可能不会变化。但是，如果科学家做出的贡献大于他所获得的报酬，那么 ABC 公司的股票价格将会上升。现在我们想讨论的问题是：ABC 公司的股票价格将在什么时候上升？假设这个聘任消息是在周一上午发布的。在一个有效的资本市场上，ABC 公司的股票价格将根据这一信息迅速做出调整。如果一个投资者想在周一下

午买入ABC公司的股票，然后以较高的价格在周二卖出，并从中获得超额利润，这种想法显然是不能实现的。因为市场很快就消化了这一信息，其周一下午的股票价格里已经包含了这一信息。这就是有效市场假设的含义。

图6-1表示了股票价格几种可能的调整方向。实线表示在有效市场下的股票价格调整方向。在这种情况下，股票价格会根据信息及时做出调整，因而其价格可以迅速调整。点线表示了反应推迟的情况。在这种情况下，市场花了很长时间才消化信息，也就是价格的调整花了很长时间。而虚线表示市场对信息有过度反应，随后经过调整回归到真实的水平。点线和虚线表示的是无效市场。

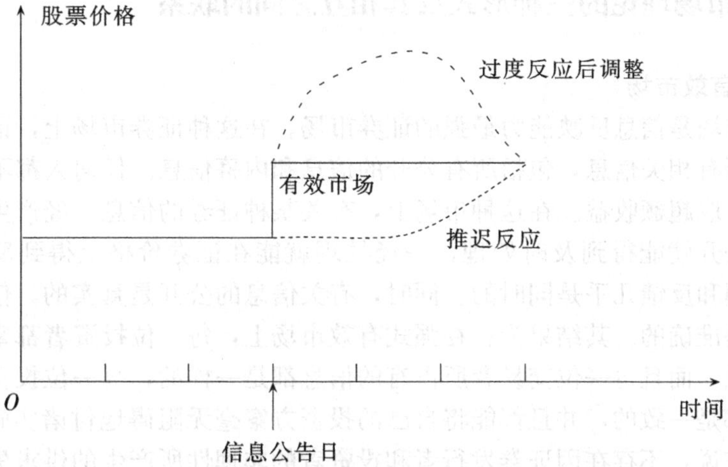

图6-1 在有效市场和无效市场上价格对新信息的反应

在有效的市场里，在信息产生和公布以前，下一时刻股票价格的变化是随机的、不可预测的。股票价格的随机性，绝不是表明市场的无效，而恰恰说明了市场的高效率运行。在市场上，高明的投资者会力图在其他投资者注意到信息以前发现信息，并且在此基础上进行相应的购买或卖出股票行为，以赚取超额收益。同时，投资者之间的相互竞争提高了市场的效率，导致了股价变化的不可预见性。举例来说，在上述聘任信息公布后，市场上所有的投资者都获得了这一信息，买者愿意在原有价格上买入股票，但卖者不愿意卖出，股票价格迅速上升到新的均衡水平。而在招聘信息产生和公布之前，谁也无法预测股价的变化趋势。

三、有效市场理论的假设前提

有效市场必须满足以下几个前提条件：

(1) 信息公开的有效性。也就是所有与某种资产相关的信息都能够及时、完全、准确地在市场上公开，不存在任何尚未公开的内幕信息。

(2) 信息从公开到接受也是有效的。这就是说，上面说到的跟某种资产相关的信息公开以后，每个投资者都能够及时获得，所有投资者掌握的信息都是同样充分的。

(3) 投资者对信息做出的判断是有效的。这就是说，每个投资者都能根据所获得的信息对资产的价格做出正确的、及时的判断，每个投资者对某种资产的价格判断都是一样的。

(4) 投资者都能有效地根据自身的判断进行投资，每个投资者都能做出及时准确的投资行为。

如果证券市场满足了上述条件，那么所有投资者对一种资产的价格判断都是一样的，结果将是市场实现了买卖双方都认可的价格。只要证券市场是有效的，那么任何人都不可能获得超额收益。此外，无论投资者投资哪种证券，他们只能获得与该证券的风险相适应的均衡收益。

四、有效市场理论的三种形式及其相互之间的联系

(一) 强式有效市场

强式有效市场是信息反映能力最强的证券市场。在这种证券市场上，证券价格总能及时充分地反映所有相关信息，包括所有公开的信息和内幕信息。任何人都不可能利用公开或内幕信息来获取超额收益。在这种市场上，有关某种证券的信息一经产生，就能得到及时公开，一经公开就能得到及时处理，一经处理就能在证券价格上得到反映。信息的产生、公开、处理和反馈几乎是同时的。同时，有关信息的公开是真实的，信息的处理是正确的，反馈也是准确的。其结果为：在强式有效市场上，每一位投资者都掌握了有关证券产品的所有信息，而且每一位交易者所占有的信息都是一样的，每一位投资者对该证券产品的价值判断都是一致的，并且都能将自己的投资方案毫无阻碍地付诸实施。因此，对于强式有效市场来说，不存在因证券发行者和投资者的非理性所产生的供求失衡，也不存在因这种供求失衡而导致的证券产品价格波动，其证券的价格反映了所有信息。这是一种理想的经济状态，其市场非常完善，市场中的证券价值和价格总是相等的，并随着新信息的出现而随机波动。

(二) 半强式有效市场

在这种市场上，与证券相关的信息在其公开的过程中受到了某种程度的限制。也就是说，信息公开的有效性遭到破坏，存在某种尚未公开的内幕信息。但是，所有投资者占有的公开信息是一样的。也就是说，除了内幕信息以外，只要是被公开的信息，就可以被所有投资者获得。同时，所有投资者对公开信息会做出一致的、准确的判断，并通过投资行为引起市场价格的变化。其结果是，在半强式有效市场上存在着两类信息：公开信息和内幕信息。极少数人掌握着内幕信息，而大部分人只能获得公开信息。如果掌握内幕信息的人不能参加交易，那么所有参与交易的人都能通过公开信息进行投资，而证券的市场价格就反映了全部投资者对所有公开信息的理性价值判断。如果少数既掌握内幕信息又拥有公开信息的人也参与交易，那么掌握内幕信息的人就可以从中赚取超额收益。

强式有效市场和半强式有效市场的区别在于，信息公开的有效性是否遭到破坏。也就是说，是否存在未公开的内幕信息。在强式有效市场上，信息产生后就立即公开，任何处于信息源头的人都不可能获得额外利润。而在半强式有效市场上，关于有效市场的第一个条件被破坏。强式有效市场和半强式有效市场的共同点是：这两个市场都满足有效市场的第(2)、(3)、(4) 个假设条件。也就是说，在半强式有效市场上，投资者能够迅速获得公开信息，并根据公开信息做出及时准确的判断，然后按照自身的价值判断进行证券买卖。

（三）弱式有效市场

弱式有效市场的信息处理能力次于半强式有效市场。在弱式有效市场上，市场行为的历史资料已经充分发挥了作用，不能再继续影响证券市场的价格走势。也就是说，证券价格充分反映了历史上一系列交易价格和交易量中所隐含的信息；或者说，有关证券的历史交易信息已经被充分披露和完全使用，任何投资者都不可能通过分析这些历史交易信息来获取超额收益。

在该市场上，不仅是信息从产生到公开的效率受到损害（即存在内幕信息），而且投资者对信息进行价值判断的效率也受到损害，并不是每一位投资者对所披露的信息都能做出全面、正确、及时和理性的解读及判断。只有那些掌握了专门分析工具的专业人员才能对所披露的信息做出全面、正确、及时和理性的解读及判断，并在此基础上做出有效的投资决策，再通过他们的买卖行为把自己对全部公开信息的解读及判断贯彻到市场中去。一般的投资公众很难把握全部公开信息所包含的真正价值，他们对分析工具的应用水平也不如专业投资者，因此他们解读和判断信息价值的能力以及做出有效投资决策的可能性都不如专业投资者。这样一来，一般公众投资者对公开信息的解读和判断都打了折扣，他们由此做出的投资决策并不能体现出市场所提供的全部公开信息的内涵，而根据这种投资决策所采取的投资行为以及由此导致的市场价格的变化也就不可能反映全部的公开信息。然而，一般公众投资者对于历史信息的分析和判断是完全准确的，因此弱式有效市场可以反映历史信息。

（四）三种形式的有效市场之间的关系

若某个市场上的证券价格反映了所有信息（如图 6－2 中的大圆所示），即包括公开信息和内幕信息，那么这种市场就是“强式有效市场”；若证券价格反映了所有公开信息（如图 6－2 中的中圆所示），即包括公司新公布的财务报表等信息和历史信息，那么这种市场就是“半强式有效市场”；若证券价格反映了所有历史信息（如图 6－2 中的小圆所示），那么这种市场就是“弱式有效市场”。从图 6－2 所示信息之间的关系可以看出，强式有效市场包含着半强式有效市场，即一个强式有效市场也是一个半强式有效市场；半强式有效市场包含着弱式有效市场，即一个半强式有效市场必定是一个弱式有效市场；反之，不成立。

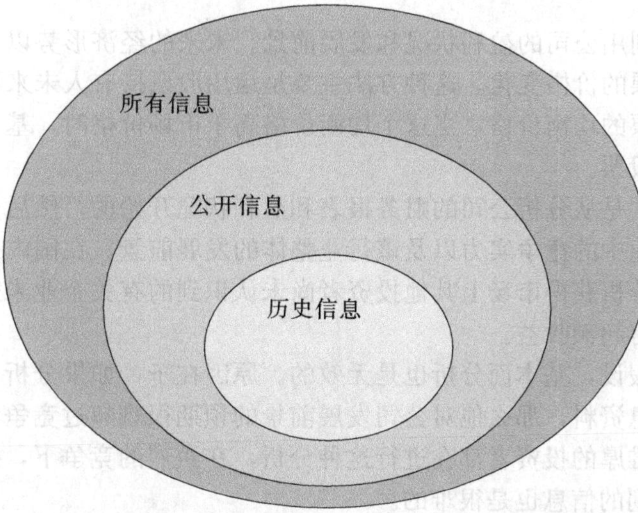

图 6－2　有效市场的三种形式所反映的信息之间的关系

五、有效市场如何形成

为什么股票价格能够及时反映信息？这是因为，如果某投资者愿意在收集信息上多花费一些时间和金钱，那么该投资者就有可能获得一些被其他投资者忽略的信息，并从中获得超额收益。例如，假设有一只资产规模为 100 亿元的证券投资基金，它只要每年获得 0.1%的超额利润率，其最终所获得的投资收益就能达到100 亿元×0.001＝1 000万元。因此，基金经理愿意花费不超过1 000万元的成本来收集和获得能带来 0.1%超额利润的信息。在未来收益不确定的情况下，我们不难理解为什么有那么多的人（特别是手中掌握大量资产的投资者）愿意花费昂贵的成本来收集和研究信息。这是投资者之间的相互竞争，他们都想获得超过其他人的超额收益，也正是投资者之间的这种相互竞争导致了市场效率的提高。

第二节　有效市场假设下的投资管理

一、有效市场假设下的技术分析

技术分析的本质是通过对股票历史价格变化的分析来预测其未来的价格。有效市场理论意味着技术分析只是浪费时间而已。因为有效市场假设认为历史信息（如过去的股价变化）已经反映在价格中了，不能再用来预测未来的股价，而技术分析恰恰是想利用历史的股价变化来寻找股价变化的趋势和周期。因此，在有效市场假设下，利用历史数据预测股价的技术分析是不可能成功预测股价变化的。

二、有效市场假设下的基本面分析

基本面分析是利用公司的盈利状况和发展前景、未来的经济形势以及公司所承担的风险等因素来分析股票的价格变化。这种方法主要是运用股票持有人未来可以获得的所有收益的现值来计算股票的均衡价格，当这个均衡价格高于市场价格时，基本面分析的支持者认为应该购进该种股票。

基本面分析通常是从分析公司的财务报表和盈利状况开始的，然后分析公司的管理团队、公司在所属行业中的竞争实力以及该行业整体的发展前景、在国内外市场上的发展潜力等。目的是通过分析获得市场上其他投资者尚未认识到的有关企业未来前景的信息，从而在证券投资中获得超额收益。

根据有效市场假设，基本面分析也是无效的。原因在于，如果分析者依靠那些公开的财务报表和行业信息资料，那么他对公司发展前景的预期很难超过竞争者。这是因为有大量信息灵通、资金雄厚的投资者都在进行这种分析，在激烈的竞争下，投资者要想由此挖掘出别人尚未认识到的信息也是很难的。

基本面分析并不是简单地找出经营状况良好、有发展前景的公司。当市场上所有的投资者都知道哪些公司经营良好的时候，这些公司的股票价格早已达到了一个相当高的水平，此时再投资这类股票，并不能获得超过市场其他投资者的超额收益。

因此，基本面分析的关键之处并不在于发现公司的经营状况是否良好，而是发现别人尚未注意到的信息、做出比别人更精确的判断。一个经营不善的公司也可能具有投资价值，只要它不像股价所暗示的那么糟糕就可以了。如前所述，当均衡价格高于市场价格时，这种股票就具有投资价值。

三、有效市场假设下是否还需要投资组合管理

理解了前文所述的有效市场理论以后，也许有读者会想：既然市场是有效的，那么是否可以随便选择一些股票来代替理性的投资组合管理呢？答案是否定的，因为即使是在有效市场中，理性地选择投资组合仍然具有重要意义。

我们知道，投资组合管理中的一个最基本原则就是风险分散化。即使所有股价都处在均衡的水平上，每一种股票也都包含着一定的非系统性风险，而非系统性风险是可以通过分散化投资来规避的。因此，理性的投资管理的首要意义在于它能分散非系统性风险。

其次，理性的投资策略应该是将税收因素考虑到资产选择的过程中。承受高税率的投资者和享受低税率的投资者在选择证券时的偏好是有所差别的。承受高税率的投资者往往偏好免税的市政债券，尽管这些债券的税前收益率比较低；而低税率者并不看好这些市政债券。

组合管理的第三个意义与投资者所承受的特定风险有关。例如，一位万科的经理人，他（她）的收入与房地产市场的发展有着直接的关系，他（她）已经在万科公司里进行了过度投资，从分散风险的角度来讲，他（她）自然没有必要再去购买其他房地产上市公司的股票。

因此，即使在有效市场中，组合管理仍是有意义的。由于年龄、税负、风险偏好和职业的差别，各个投资者之间的最佳投资组合也是有差别的。组合管理的意义不在于是否能获得超额收益，而在于能否满足投资者本身的特定需要。

四、被动投资策略——指数基金

我们已经知道，随机选择股票是不理性的。同时，投资者之间的相互竞争保证了任何比较容易实现的股票估价方法都会得到广泛的运用。只有实施起来难度非常大的投资方法才有可能获得超额收益。

此外，从成本收益来分析，只有在投资规模非常大的情况下，其管理人才会花费巨额成本来研究投资策略。如果投资规模为1 000 000元，即使每年业绩能提高1%，其成本也应控制在1 000 000元×1%=10 000元以下。但是，对于控制10亿元资产的基金经理来说，即使只能提高0.1%的收益率，只要成本控制在1 000 000元以内，那么研究就是值得的。因此，对于小额投资者来讲，基金不失为一种较好的选择。

有效市场假设的支持者认为，主动管理都只是白费心机，而且还要花费巨额的成本。他们提倡的是被动投资策略，这种策略并不试图战胜市场，而是建立一个充分分散化的证

券投资组合，并在购入以后做长期持有的打算。因为在有效市场中，股价都是均衡的，频繁地买入卖出只是浪费佣金而已，并没有任何好处。

近年来，国际资本市场上兴起了一种被动投资策略——指数基金。这种基金所持有的股票种类以及各种股票之间的比例与某种指数相同，基金的净值随着指数的涨跌而涨跌，是一种典型的被动投资策略。由于不用经常调整基金的资产组合，因此指数基金的管理费用也比一般主动管理型基金的费用低得多。

第三节　有效市场假设的实证检验

与其他经济学假设一样，很多经济学家提出了一系列方法来对这一假设进行检验。一些研究结果支持这种假设，认为市场是有效的；而另一些研究结果揭示了与有效市场假设相矛盾的情况，导致有效市场假设受到了挑战和质疑。

一、有效市场假设的支持性证据

（一）投资基金的业绩表现

按照有效市场假设，在证券买卖中获得超额收益是不可能的。检验市场是否有效的方法很简单，只需观察市场专业人员的业绩，看看他们的业绩是否比大盘的表现要优越。在研究基金的业绩时，研究者根据基金在选定时期内的业绩表现进行分类，再比较它们在下一阶段的业绩，结果显示：在第一阶段内表现优异的基金并不一定在后来依然表现优异。对于希望通过投资基金来获取超额收益的投资者来说，这是一个不好的消息，但这个结果正是有效市场理论所预示的。

（二）股价对公开信息的充分反映

有效市场理论预示着股价会反映所有公开的信息。如果信息已经被公众获得了，即使是一个利好消息的发布也不能再提高股票的价格，因为信息已经反映在股票价格中了。早期的实证分析证实了有效市场假设的推断：收益良好的信息发布从整体上看并不能引起股价上涨。

（三）股价的随机游走

股价变化的随机性是指，在任何时候，我们都无法预测股票在下一时段内的变化趋势，股价上升和下降的可能性是一样的。有效市场假设的一个重要预示是，股价基本上是随机变化的。我们经常可以在媒体上见到“股价随机变化”的字样，这实质上就是来自有效市场理论。

研究者用两种方法来检验股价是否是随机变化的。首先，第一种方法是检验股价的变化与历史股价变化之间的相关性。正相关意味着正收益有被正收益跟随的倾向，负相关意味着正收益有被负收益跟随的倾向。这种类型的检验只运用了股票的交易数据，它通过过去的价格数据来预测未来的价格，因而被看成是对弱式有效市场的检验。第二种方法是检验是否可以通过公开信息来预测股价的变化。这种检验要复杂一些，除了需要运用历史股价变化以外，还要运用其他信息，如货币供给增长率、政府支出、利率、公司收益状况等来预测股票的价格变化。很显然，这种检验可看成是对半强式有效市场假设的检验。根据早期检验的结果，这两种类型的有效市场假设都得到了支持。

（四）技术分析的无效性

金融学家采用两种方法来检验技术分析的价值。第一种方法是从实证的角度评估技术分析专家的业绩。其结果就像有效市场假设所预期的那样：技术分析专家并不能击败市场，他在某段时间内的成功预测并不意味着他在未来还能有同样成功的表现，他在某段时间内的成功可能仅仅是幸运而已。第二种方法是运用技术分析关于何时买入、何时卖出的规则，将这些规则运用到新的数据里，然后通过运用这些规则所获得的收益来评价这些规则的有效性。这些检验也表明：技术分析并不能击败市场。

二、有效市场假设的反对性证据

早期的证据基本上都是支持有效市场假设的。1970 年，著名的经济和金融学家尤金·法马在他的论文《有效资本市场：一个理论和经验研究的回顾》（Efficient Capital Markets：A Review of Theory and Empirical Work）中提道：支持有效市场假设的证据是非常广泛的，反对性证据很少。但是近年来，却出现了很多反对有效市场假设的实证证据。

（一）小公司效应

小公司效应是最早出现的反对有效市场假设的报道之一。许多实证研究表明，小公司能在长时间内获得非正常的高收益，这种高收益是指超过了与其较大风险相对应的较高收益的非正常收益。小公司效应近年来已经消除了，但它依然是对有效市场理论的一大挑战。目前已经出现了很多理论来解释小公司效应，有的把它归因于机构投资者的资产调整，有的把它归因于税收因素，还有的把它归因于小公司股票的低流动性、小公司业绩的高成本以及对小公司的风险评估方法不合适等。

（二）一月效应

长期以来，从十二月到来年一月，股票价格都会经历一个不正常的上涨，这是可以预见的，这与有效市场理论的不可预见相抵触。近年来，一月效应在大公司已经消失了，但在小公司依然存在。一些经济和金融学家认为，一月效应是由税收因素造成的。投资者喜欢在年底之前卖出股票，因为他们在股票上的损失可以让他们少交一些税，从而降低税收负担。到了来年一月，他们又重新买入股票，把股价推上去，从而产生了非正常的高收益。这个解释听起来很有道理，但奇怪的是，为什么不用缴纳所得税的机构投资者（如私人养老基金）不在十二月买入股票然后在一月卖出，从而消除一月的非正常收益呢？

（三）市场的过度反应

近期的研究表明，股票价格会对信息公布做出过度反应，价格误差的调整是相当缓慢的。例如，当公司宣布利润大幅下降时，股票价格会过度下降，但在最初的大幅下降之后，股价会在几个星期之内逐步回到正常水平。这也违背了有效市场假设，因为投资者可以在利空消息宣布之后买入股票，然后在几个星期之后以正常价格卖出，这样就可以从中获得超额收益。

三、市场是否有效

有一个关于经济学家的笑话。有两个经济学家在街上散步，他们发现地上有一张 10 美元的钞票，其中一位想去捡它，另一位说："别费劲了，这是假钞，如果是真的，早被别人捡走了。"

它的寓意是很明显的。过于相信有效市场会让人觉得努力研究是没有必要的，如果所有人都这样做，市场反而会变成无效的。而在无效市场中，努力研究显然是可以获得超额收益的。如果众多投资者都想获得超额收益并展开相互竞争，最终又会导致超额收益的消失和市场效率的提高。

第四节　研究市场有效性的重要方法——事件研究①

有效市场理论提供了一个新的研究方法，既然证券价格反映了所有信息，那么价格变化的大小也可以用来衡量事件的重要与否。

事件研究就是分析事件对公司股价的影响。例如，一个分析专家也许想研究红利变化对于股价的影响。利用这个研究的结果，再加上较好地预测红利变化的手段，分析专家就可以从中赚取超额收益。

但是，要分析红利变化对于股价的影响并不是一件容易的事情。因为在任何一天，股价的变化可能都要受到很多因素的影响，如通货膨胀、利率、公司盈利能力等。怎样才能确定哪部分股价变化是源自红利变化？

在此，我们把影响股价变化的因素分为两项：一项是市场因素，另一项是厂商特定因素。在一定时间 t 上，股价的收益可以表示为：

$$r_t = a + b r_{mt} + \varepsilon_t$$

上述公式可以变形为：

$$\varepsilon_t = r_t - (a + b r_{mt})$$

在这里，r_{mt} 是该时间段内市场的收益率，$\varepsilon_t = r_t - (a + b r_{mt})$ 是由厂商特定事件引起的股价收益率。系数 b 可以看成该股票对市场收益的敏感程度，a 是该股票在市场收益为 0 时的收益率。因此，上述方程把影响收益的因素分成了市场因素和厂商特定因素两部分。由市场因素引起的收益称为正常收益，由厂商特定因素引起的收益称为非正常收益。

在事件研究中，我们通常是在某个新信息发布的那几天对非正常收益进行估计，并且把非正常收益看成由该信息所产生的。首先，我们需要利用事件发生前一段时间的数据来估算系数 a 和 b 的值。然后，我们再计算信息发布日前后每一家公司的非正常收益，并评估有代表性的非正常收益的统计显著性和规模，从而确定新信息的影响力。

---

① 关于事件研究的方法和原理，参见 Campbell J Y. The Econometrics of Financial Markets. Princeton University Press，1997。

例如，假定 $a=0.4\%$，$b=1.2$。在某一天，市场价格上涨了 1%，我们可以从方程中计算出，股票将会有一个上升的预期 $0.4\%+1.2\times1\%=1.6\%$，如果股票实际上涨了 2%，那么分析专家可以计算出，由信息引起的非正常收益为 0.4%。

然而，事情并不是这么简单，因为在信息发布之前经常会发生信息泄露，一部分人会通过各自所获得的内幕信息进行股票买卖，股价可能在官方公布日之前就会上升或者下降。这样一来，官方公布日所发生的非正常收益便不足以反映事件的影响，分析专家通常采用累积非正常收益来计算。累积非正常收益是指将信息公布期间的非正常收益累加起来，这样在市场对新信息做出反应时，累积非正常收益便可以较好地反映该事件的影响力。

在证券市场上，单个公司的事件除了能对该公司的股票价格产生影响以外，有些事件的发生能够对所有股价产生影响，如重要宏观事件的发生。如果我们要研究某些事件对于整个大盘价格变化的影响，通常要采用固定平均收益模型。固定平均收益模型假定：在没有该事件发生的情况下，大盘指数按照某一固定趋势变化，即固定平均收益，也就是正常收益。实际收益与正常收益之差就是非正常收益。同样，根据累积非正常收益，我们就可以较好地衡量该事件对于整个市场的影响力。

第五节　我国股市有效性的游程检验

游程检验是检验股价变化相关性的方法之一，通常用来检验市场的弱式有效性。本节首先介绍游程检验的基本原理和方法，然后根据我国股市交易制度的变化将我国股市的发展分为三个阶段，并运用游程检验分别对这三个阶段股市的弱式有效性进行检验。

一、游程检验的原理和方法

游程检验的思想是：在研究的时间区间内，收盘价格高于或等于前一日收盘价格时，用“+”号表示；收盘价格低于前一日时，用“-”表示。连续在一起的“+”或者“-”表示同一个游程。例如，在连续 20 天内，如果股市收盘价格的变化标记依次为：

+ ++ + - - - - - + + + + - - + - + + + +

则总游程的个数为 7 个。如果股票价格是随机变化的，那么当样本足够大时，总游程的个数应该服从正态分布。我们可以通过构造统计量并对其进行检验，然后依据检验结果来判断游程个数是否服从正态分布，从而判断股票市场是否达到弱式有效。1965 年，在《股票市场价格行为》这篇文章里，法马对这种方法进行了详细阐述。

以 N 表示考察时段内交易日的个数，即样本总容量；以 N_1 表示股价上升或者不变的天数，以 N_2 表示股价下降的天数，以 m 表示实际的游程个数。例如，在上述例子中，$N=20$，$N_1=12$，$N_2=8$，$m=7$。

游程的期望值和标准差分别为：

$$E(m)=\frac{2N_1N_2}{N}+1$$

$$\sigma_m=\left[\frac{2N_1N_2(2N_1N_2-N)}{N^2(N-1)}\right]^{\frac{1}{2}}$$

在样本足够大的情况下，构造统计量

$$Z=\frac{m-E(m)}{\sigma_m}$$

假设 Z 服从 $N(0, 1)$ 分布，在一定的显著性水平下，如果 $|Z|$ 不大于临界值，则接受原假设，表明股价序列通过游程检验，股价变化没有明显的趋势，弱式有效市场假设成立。否则，拒绝原假设，游程检验不能通过，表明股价变化存在着明显的趋势，弱式有效市场假设不能成立。

二、数据处理

我们以上证综合指数和深圳成分指数的每日收盘价作为研究对象，考察的时间区间为1990年12月19日（开始交易日）至2004年3月16日和1991年11月9日至2004年3月16日。①

在中国股票市场的发展过程中，交易规则发生了两次大的变化：第一次是1992年5月20日，中国在当天宣布放开股价；第二次是1996年12月16日，中国宣布实行涨跌幅限制。由于股价涨跌幅是否受限对股价波动有直接影响，因此本节将总体样本区间分为三个子区间：第一阶段是从起始日至1992年5月19日，第二阶段是从1992年5月20日至1996年12月15日，第三阶段是从1996年12月16日至2004年3月16日。

三、检验结果

（一）上证综合指数

通过对上证综合指数的统计分析，这三个阶段的检验结果如下：

1. 第一阶段：1990年12月19日—1992年5月19日

$N=354$，$N_1=250$，$N_2=104$，$m=45$

$E(m)=147.89$，$\sigma_m=7.79$，$Z=-13.20$

在 $\alpha=0.01$ 的显著性水平下，标准正态分布的临界值为2.58，由于 $|Z|>2.58$，说明第一阶段上证指数未能通过游程检验，股价变化存在明显趋势性，市场未能达到弱式有效。同时，统计量为负数，说明在这个区间段内，上海股市的价格变化存在一定程度的“惯性”，前一天的价格变化可能导致后一天的价格遵循同样的变化。

2. 第二阶段：1992年5月20日—1996年12月15日

$N=1\,132$，$N_1=532$，$N_2=600$，$m=588$

$E(m)=564.96$，$\sigma_m=16.75$，$Z=1.38$

---

① 所有数据均来自西南证券飞虎超强版股市行情分析软件。

在 $\alpha=0.01$ 的显著性水平下，标准正态分布的临界值为 2.58，由于 $|Z|<2.58$，说明第二阶段上证指数能通过游程检验，股价变化不存在明显趋势性，市场达到弱式有效。

3. 第三阶段：1996 年 12 月 16 日—2004 年 3 月 16 日

$N=1\,741$，$N_1=902$，$N_2=839$，$m=850$

$E(m)=870.36$，$\sigma_m=20.83$，$Z=-0.98$

在 $\alpha=0.01$ 的显著性水平下，标准正态分布的临界值为 2.58，由于 $|Z|<2.58$，说明第三阶段上证指数能通过游程检验，股价变化不存在明显趋势性，市场达到弱式有效。

（二）深圳成分指数

通过对深圳成分指数的统计检验，三个阶段的统计结果如下：

1. 第一阶段：1991 年 11 月 9 日—1992 年 5 月 19 日

$N=140$，$N_1=84$，$N_2=56$，$m=53$

$E(m)=68.20$，$\sigma_m=5.66$，$Z=-2.69$

在 $\alpha=0.01$ 的显著性水平下，标准正态分布的临界值为 2.58，由于 $|Z|>2.58$，说明第一阶段深圳成分指数未能通过游程检验，股价变化存在明显趋势性，市场未能达到弱式有效。同样，负号说明深圳股市的价格变化也存在着一定程度的“惯性”。

2. 第二阶段：1992 年 5 月 20 日—1996 年 12 月 15 日

$N=1\,119$，$N_1=522$，$N_2=597$，$m=539$

$E(m)=557.99$，$\sigma_m=16.64$，$Z=-1.14$

在 $\alpha=0.01$ 的显著性水平下，标准正态分布的临界值为 2.58，由于 $|Z|<2.58$，说明第二阶段深圳成分指数能通过游程检验，股价变化不存在明显趋势性，市场达到弱式有效。

3. 第三阶段：1996 年 12 月 16 日—2004 年 3 月 16 日

$N=1\,741$，$N_1=868$，$N_2=873$，$m=878$

$E(m)=871.49$，$\sigma_m=20.86$，$Z=0.32$

在 $\alpha=0.01$ 的显著性水平下，标准正态分布的临界值为 2.58，由于 $|Z|<2.58$，说明第三阶段深圳成分指数能通过游程检验，股价变化不存在明显趋势性，市场达到弱式有效。

四、分析结论

根据上述游程检验的结果，对我国股票市场的弱式有效性可做出如下判断：

（1）上海股市和深圳股市在第一阶段都未通过游程检验，因此上海股市和深圳股市都没能达到弱式有效。

（2）在第二阶段和第三阶段，深圳股市和上海股市都通过了游程检验。也就是说，从 1992 年 5 月起，中国股市基本上达到了弱式有效。

（3）无论是深圳股市还是上海股市，在上述三个阶段中，统计量 Z 的值都逐渐缩小，这也说明我国股市的有效性在不断加强。

【本章小结】

本章首先介绍了有效市场理论的含义和有效市场的三种形式，并说明了这三种形式所反映的信息类型以及这三种市场之间的差别。第二节介绍了由有效市场假设所衍生的投资策略，有效市场假设的支持者认为技术分析和基本面分析无效，提倡被动投资策略——指数基金。第三节介绍了众多经济和金融学家对有效市场假设的检验，支持性证据有股价的随机游走、技术分析的无效性等；反对性证据有小公司效应、一月效应等。关于市场是否有效的争论仍在进行之中。第四节简单介绍了研究市场有效性的一种重要方法——事件研究，并就事件研究的基本原理进行了简单阐述。第五节介绍了游程检验的基本原理和方法，并对我国股市进行了分析，所得出的结论为：自 1992 年 5 月起，我国股市基本达到弱式有效，而且股市的有效性在不断加强。

【本章要点】

- 统计研究表明，股票价格似乎遵循随机游走的变化方式，这可以看成市场有效性的证据
- 有效市场有三种形式：在弱式有效市场中，股价反映历史信息；在半强式有效市场中，股价反映公开信息；在强式有效市场中，股价反映所有信息
- 技术分析是通过股价的历史变化预测未来，基本面分析是通过公开信息分析股票价值的决定因素，在有效市场中，两者都不能产生额外收益
- 在有效市场中，投资组合管理仍是有意义的。有效市场假设的支持者支持被动投资策略，目前最常见的一种被动投资策略是指数基金
- 事件的重要性可以通过它所引起的股票价格的变化来估计
- 经济学家采用了各种方法来检验有效市场假设，正反两方面的证据都存在。市场对有效市场假设的过度信奉反而会导致市场的无效性

【本章关键术语】

随机游走	有效市场假设	弱式有效市场	半强式有效市场
强式有效市场	被动投资策略	技术分析	基本面分析
指数基金	小公司效应	超额收益	

【本章思考题】

1. 有效市场理论的基本思想是什么？

2. 有效市场的三种形式之间有什么区别和联系？

【本章练习题】

A、B两个公司打官司，法院将在今天做出判决结果。A公司今天的收益率 $r_A=3\%$，B公司今天的收益率 $r_B=2.5\%$，市场收益率 $r_M=2.6\%$。这两只股票与市场收益率之间的关系为：

$$r_A=0.3\%+1.5r_M$$
$$r_B=-0.1\%+0.6r_M$$

根据有效市场假设，哪家公司将赢得这场官司？

第七章

无套利分析方法

第一节　MM定理

一、传统资本结构理论

资本结构是指企业各种长期资金来源的构成和比例关系。通常说来，长期资金来源包括长期债务资本和股权资本，因此资本结构通常是指企业长期债务资本与股权资本的构成比例关系。资本结构理论认为，企业的财务目标就是使企业价值最大化。而企业价值是由股权资本价值和债务资本价值构成的，股权资本和债务资本之间的比率称为企业的融资结构或资本结构。企业财务目标就是要确定两者之间的最佳比例结构，从而使企业价值达到最大化。对这一问题的研究形成了资本结构理论。在西方国家，先后出现过净收益理论、营业净收益理论和折中理论，这三种理论都属于传统资本结构理论。

（一）净收益理论

净收益理论认为，利用债务可以降低企业的加权平均资本成本。负债程度越高，加权平均资本成本就越低，企业价值就越大。

（二）营业净收益理论

营业净收益理论认为，企业在增加成本较低的债务资本的同时，企业的风险也增加了，这会导致股权资本成本的提高，一升一降，企业的加权平均资本成本没什么变动。因此，该理论认为企业并不存在最优的资本结构。

（三）折中理论

折中理论是净收益理论和营业净收益理论的折中。该理论认为，企业负债多、风险大的同时，尽管会导致股权成本的上升，但在一定程度内不会完全抵消利用成本较低的债务所带来的好处，因此会使加权平均资本成本下降、企业价值上升。但一旦超过其限度，股权资本成本的上升就无法再由债务的低成本所抵消，此时加权平均资本成本又会上升。由下降变为上升的转折点，便是加权平均资本成本的最低点。此时，企业的资本结构达到最优。

到了 1956 年，人们对于资本结构理论的研究开始进入一个全新的阶段。在这一年，莫迪利安尼和米勒发表了著名的论文——《资本成本、公司财务与投资管理》，现代资本结构理论就此诞生。在这篇影响深远的论文中，莫迪利安尼和米勒考察了企业资本结构和企业价值之间的关系，他们认为在一系列假设条件约束下的完美市场中，企业的价值和其资本结构无关。这一观点后来被人们用他们姓名的首字母命名为“MM 定理”，有时又称“无关性定理”（irrelevance theorem）。

二、无公司所得税和个人所得税情况下的 MM 定理

（一）基本假设

（1）市场是无摩擦的，也就是交易成本、代理成本和破产成本均为零，不存在公司所得税和个人所得税。

（2）个人和公司可以按同样的利率进行借贷，同时不论举债多少，个人和公司的负债都不存在风险。

（3）经营条件相似的公司具有相同的经营风险。

（4）不考虑企业增长问题，所有利润全部作为股利分配。

（5）同质性信息，即公司的任何信息都可以无成本地传递给市场的所有参与者。

（二）分析过程

假设有 A、B 两家公司，其资产性质完全相同，经营风险也一样，两家公司每年的息税前收益都为 100 万元。在没有所得税的情况下，公司所有的净收益都将以股利形式分配给股东。A、B 两家公司的唯一区别就在于公司资本结构的不同。A 公司全部采用股权融资，股权资本的市场价值为1 000万元，其股权资本的投资收益率为 10%；B 公司存在一部分负债，其负债价值为 400 万元，负债的利率为 5%，假设 B 公司剩余的股权价值被高估，为 800 万元，则 B 公司总的市场价值为1 200万元。[①]

莫迪利安尼和米勒认为，由于企业的资产性质、经营风险和每年的息税前收益是一样

① 从后面的分析过程中我们将会看到，上面对 B 公司股权价值的假设是随意的，并不影响分析结果。

的，因此B公司价值高于A公司价值的情况并不会长期存在下去，投资者的套利行为将使两家公司的价值趋于相等。

投资者可以通过下面的交易实现这一无风险套利行为：卖空1%的B公司股权和债权，买入1%的A公司股权。下面简单解释一下为什么这一交易过程会使投资者在不承担风险的情况下得到额外的收益。

1. 交易发生时

该投资者卖空1%的B公司股权和债权可以获得的收入为1%×800+1%×400=12万元；买入1%的A公司股权所需要付出的资金为−1%×1 000=−10万元。因此在交易完成时，投资者获得的净收益为12−10=2万元。

2. 未来的每年

由于该投资者卖空了1%的B公司股权和债权，相应地，他要承担起偿付这部分股权和债权的股利及利息的义务，因此该投资者在未来每一年都要付出的现金为(−1%)×(100−20)+(−1%)×20=−1万元。另外，该投资者买入的1%的A公司股权使得他每年都可以获得1%×100=1万元的股利。

由此可见，该投资者在当前通过这样一笔交易可以获利2万元；同时在未来的每一年他获得的股利又刚好可以弥补其承担的股利和利息的偿付义务。这名投资者并不需要为他当前的收益承担任何风险。这一交易过程所产生的所有现金流如表7-1所示：

表7-1　无风险套利行为的现金流情况　单位：万元

头寸情况	当前的现金流	未来每年的现金流
卖空1%的B公司股权	8	−0.8
卖空1%的B公司债权	4	−0.2
买入1%的A公司股权	−10	1
净收益	2	0

由于我们在前面做出了市场上所有投资者都可以无成本地获得公司信息的假定，因此可以想象所有的投资者都趋于做出同样的投资决策。投资者竞相卖出被高估的B公司股权，从而B公司的股权价值下降到600万元，最终使得A、B两公司的市场价值趋于相等。

如果在前面的假设中，我们设定B公司的股权价值被低估，最终也会得到相同的结果，只不过投资者的套利过程将相反而已。

（三）结论

1. MM定理Ⅰ：任何公司的市场价值都与其资本结构无关

这一定理同时也意味着杠杆公司的市场价值等于无杠杆公司的市场价值。进一步，无杠杆公司的市场价值等于该公司息税前收益除以股东的期望收益率。[①] 在前面的例子中，A公司的市场价值应该为100÷10%=1 000万元。如果A公司的市场价值高于1 000万元，则公司价值被高估；如果A公司的市场价值低于1 000万元，则公司价值被低估。设V_L为杠杆公司的价值，V_U为无杠杆公司的价值，则$V_L=V_U$。

---

① 从公司的角度来说，股东的期望收益率也就是公司股权资本的成本。

2. MM 定理Ⅱ：股东的期望收益率随着公司财务杠杆的上升而增加

由于杠杆公司的风险显然要比无杠杆公司的风险大，因此杠杆公司的股东理所当然地会要求更高的期望收益率。在前面的例子中，A 公司股东的期望收益率为 10%，而 B 公司股东的期望收益率为 13.33%。[①] 下面，我们将对股东期望收益率和公司财务杠杆比率之间的具体关系进行推导。

由基本的公司财务知识可知，公司的加权平均资本成本 r_{WACC} 可表示为：

$$r_{WACC}=\frac{B}{B+S}\times r_B+\frac{S}{B+S}\times r_S \tag{7-1}$$

式中，B 为债务的价值；S 为股权的价值；r_B 为利率，即公司的债务资本成本；r_S 为股东的期望收益率，即公司的股权资本成本。

(7-1) 式很直观地告诉我们，公司的加权平均资本成本等于公司的债务资本成本与公司的股权资本成本的加权平均。两者适用的权重分别为债务资本和股权资本在整个资本结构中的比重。我们运用 (7-1) 式可以很容易地计算出 A、B 两公司的加权平均资本成本。

(1) A 公司：

$$r_{WACC}=\frac{0}{1\,000}\times 5\%+\frac{1\,000}{1\,000}\times 10\%=10\%$$

(2) B 公司：

$$r_{WACC}=\frac{400}{1\,000}\times 5\%+\frac{600}{1\,000}\times 13.33\%=10\%$$

由此可见，在没有税收的情况下，无杠杆公司和杠杆公司的加权平均资本成本是相等的。这一点毫不为奇，事实上，这种现象的出现也可归因于“无套利”的原因。如果我们把公司想象成一个“套利者”的话，若无杠杆公司的加权平均资本成本高于杠杆公司，那么就会有更多的公司倾向于借入债务资本，这必然使得债务资金的成本（即利率）上升，进而促使杠杆公司的加权平均资本成本上升到无杠杆公司的水平，反之亦然。

现在假设无杠杆公司的 $r_{WACC}=r_0$，那么 r_0 必然就是杠杆公司的加权平均资本成本。对于杠杆公司而言，有

$$\frac{B}{B+S}\times r_B+\frac{S}{B+S}\times r_S=r_0$$

$$\frac{B}{S}\times r_B+r_S=\frac{B+S}{S}\times r_0$$

$$r_S=\frac{B+S}{S}\times r_0-\frac{B}{S}\times r_B$$

$$r_S=r_0+\frac{B}{S}\times r_0-\frac{B}{S}\times r_B$$

$$r_S=r_0+\frac{B}{S}\times(r_0-r_B) \tag{7-2}$$

(7-2) 式表明，杠杆公司股东的期望收益率是公司债权-股权比的线性函数，债

---

① 计算过程如下：

$$\frac{\text{息税前收益}-\text{负债利息}}{\text{股权价值（实际价值）}}=\frac{100-400\times 5\%}{800-200}=0.133\,3$$

权-股权比称为公司的“财务杠杆比率”。在一般情况下，同一公司的股权要比债权承担更多的风险，因此 r_0 是大于 r_B 的。进而，我们可以得出结论：杠杆公司股东的期望收益率与公司的财务杠杆比率成正比。(7-2) 式也正是无税条件下 MM 定理Ⅱ的表述公式。

三、存在公司所得税情况下的 MM 定理

1958 年的 MM 定理完全没有考虑税收的因素，这与现实世界是完全不一样的。到了 1963 年，莫迪利安尼和米勒将公司所得税的因素纳入考虑范围，他们经过一番分析后得出了与无税情况下完全不同的结论。

(一) 修正后的 MM 定理Ⅰ

由基本的公司财务知识可知，债务的利息是税前支付的，而股利则是税后支付的。如果杠杆公司的息税前利润为 EBIT，公司所得税税率为 T_c，那么无杠杆公司的税收支出是 $\text{EBIT}\times T_c$，杠杆公司的税收支出是 $(\text{EBIT}-r_BB)\times T_c$。比较一下可以看出，杠杆公司的税收支出比无杠杆公司要少 T_cr_BB，这部分价值就是由于利息的“税盾作用”而使杠杆公司价值增加的部分。

设 V_L 为杠杆公司的价值，V_U 等于无杠杆公司的价值，那么 V_L 就必然等于 V_U 加上 T_cr_BB 的折现值，否则市场上必然会出现套利行为。[①] 现在要考虑的就是为 T_cr_BB 这一税减价值寻找合适的折现率。

由于公司所获得的税减价值依赖于债务资本的使用，因此我们有理由相信它与债务资本的利息收入具有相同的风险；同时，我们假设 T_cr_BB 这笔现金流是永续的（无限期的现金流），所以我们可用利率 r_B 对 T_cr_BB 进行折现，从而得到：

$$V_L=V_U+\frac{T_cr_BB}{r_B}=V_U+T_cB \tag{7-3}$$

(7-3) 式即为修正后的 MM 定理Ⅰ的公式表述。也就是说，杠杆公司的价值等于无杠杆公司的价值加上负债节税作用的价值。

(二) 修正后的 MM 定理Ⅱ

对于杠杆公司的股权和债权持有人而言，其所能获得的价值总量是 Sr_S+Br_B；从另一个角度来看，也等于无杠杆公司股东所获得的价值分配总量加上税减价值，所以

$$Sr_S+Br_B=V_Ur_0+T_cBr_B \tag{7-4}$$

对 (7-4) 式两边除以 S，并移项得：

$$r_S=\frac{V_U}{S}\times r_0+(T_c-1)\times\frac{B}{S}\times r_B \tag{7-5}$$

由 (7-3) 式，可得：

$$V_U=V_L-T_cB=B+S-T_cB=S+(1-T_c)B \tag{7-6}$$

将 (7-6) 式代入 (7-5) 式，化简得：

$$r_S=r_0+\frac{B}{S}\times(1-T_c)(r_0-r_B) \tag{7-7}$$

① 关于这一点的分析过程与前面没有税收情况下的分析过程基本是一样的，有兴趣的读者可以自己完成这一分析过程。

(7-7) 式为修正后的MM定理Ⅱ的表达公式，它表明杠杆公司股东的期望收益率等于无杠杆公司股东的期望收益率加上一笔风险收益，这笔风险收益的多少取决于公司的负债程度和公司所得税的水平。

四、米勒模型：对MM定理的再次修正

修正后的MM定理在引入公司所得税的因素之后，结论为负债越多的公司价值越大。然而，在现实生活中，并没有任何公司能无限地增加负债。对于这一现象，米勒在其1977年发表的《负债与税收》一文中，通过引入个人所得税因素进行了解释。

按照修正后的MM定理，一家公司要想获得额外的税减价值的话，必须用一部分负债融资代替股权融资。在不存在个人所得税的情况下，公司的这种想法是行得通的，因为总会有一部分投资者愿意投资于风险较低的公司债券，同时获取较低的收益（相对于股权投资而言）。但是，如果考虑个人所得税的因素，那么情况就不一样了。在一般情况下，股利收入是不征税的，或者即使征税，其税率也比公司债券利息收入的税率要低。[①] 因此，公司要想吸引投资者购买公司的债券，就必须相应地提高债券的利率。在公司增加的利息支出小于公司获得的税减价值之前，公司是愿意这样做的。随着公司使用债务资本的增多，公司的价值随之增加，同时为了吸引越来越多的投资者转换到债券投资上，公司债券的利率也会越来越高。当税减价值无法抵补公司利息支出的增加时，它就会停止提高利率以增加公司债务融资的做法。此时，公司的资本结构达到了最优水平。

米勒根据无套利原则，通过分析公司可以通过增加负债来提高公司价值和个人投资债券多交所得税之间的矛盾，提出了经过再次修正的MM定理，即米勒模型：

$$V_L = V_U + \left[1 - \frac{(1-T_c)(1-T_s)}{1-T_b}\right]B \tag{7-8}$$

式中，T_s 为股利所得的应税税率；T_b 为债券利息收入的所得税税率。

下面，我们对 (7-8) 式进行简单的分析：

(一) $T_c = T_s = T_b = 0$

公司处于无税的环境中，米勒模型相应地转变为不考虑所得税因素的MM定理，此时 $V_L = V_U$。

(二) $T_s = T_b = 0$

个人所得税为零，模型变为考虑公司所得税情况下的MM定理，此时 $V_L = V_U + T_c B$。

(三) $(1-T_c)(1-T_s) = 1-T_b$

在这种情况下，公司增加负债获得的税减价值正好被投资者投资于公司股票和债券所缴纳的所得税支出抵消，类似于公司不能从负债的增加中获得任何公司价值的增加，因而此时的米勒模型类似于无税环境中的MM定理，即 $V_L = V_U$。

(四) $T_s = T_b$

在这种情况下，投资者对于股票投资或债券投资无倾向性，他们只是根据各自的风险承受能力做出选择。相应地，公司无须为增加债务融资而提高债券利息。此时的米勒模型类似

---

① 目前，在中国的情况是对股利收入暂不征收所得税，对公司债券的利率收入征收20%的所得税。

于只存在公司所得税情况下的 MM 定理，即 $V_L = V_U + T_c B$。

第二节 状态价格定价法

状态价格是指一种有价证券在经过一段时间以后，其价值会出现两种可能：一种可能是向上，另一种可能是向下。如何为这种证券确定当前的价格，就是状态价格定价法所要研究的问题。从本质上说，状态价格定价法运用的是无套利的分析方法。下面将对这一点进行说明，我们用来举例的有价证券是以零息债券为标的的期权。

一、零息债券

零息债券是指在债券的存续期内不支付利息，但在债券发行时采用折价发行的方式以代替利息支付的债券。对于零息债券来说，到期价值就是其面值，然后在存续期的每一个时点上，其价格依赖于利率的变动情况。

为了说明这个问题，首先我们必须对半年期和一年期即期利率变化过程做一些假定。为此，我们假设半年期和一年期的即期利率分别为 3.99％和 4.16％。与此同时，再假设六个月之后半年期利率将以同样的概率上升到 4％或 4.5％。这种假设可以用二叉树[①]来表示。

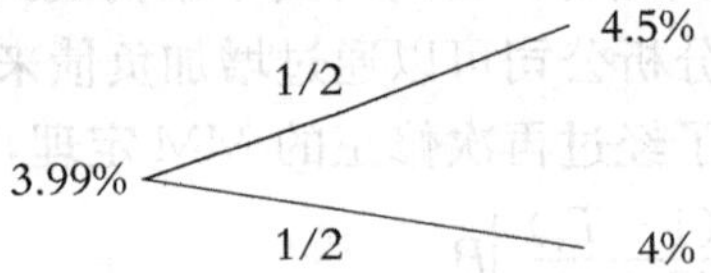

进而，我们可以求得半年期零息债券的当前价格，并得到其价格树。1 000元面值的半年期零息债券的价格是980. 440 2元，这是因为：

$$\frac{1\ 000}{1+\frac{0.039\ 9}{2}}=980.440\ 2(\text{元})$$

其价格树如下所示：

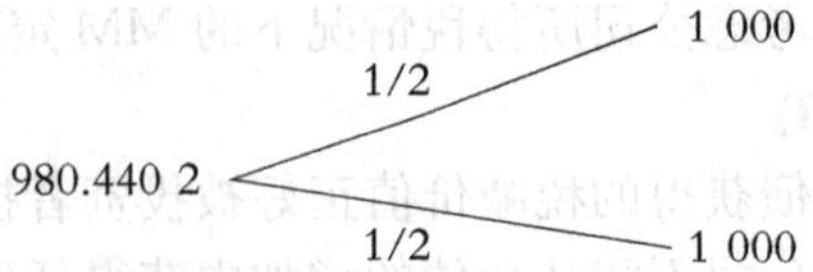

价格树中的列表示日期，980. 440 2是债券在初始日的价格，我们在此将该日期假定为 2016 年 2 月 15 日，并称这个日期为 0；而两个1 000元表示下一个日期的价格，也就是在日期 1 或 2016 年 8 月 15 日债券的价格。价格树的行表示特定日期的利率或金融产品价

① 在此，“二叉”是指利率将来有两种可能的值。

值可能出现的不同结果。在 2016 年 8 月 15 日它们都有两种结果或两种状态，也就是半年期利率上升到 4.5%或 4%的状态。然而，在这两种状态下，零息债券到期的价格都为 1 000元。在日期 0，价格树表示的是一个半年期零息债券。然而，在 2016 年 8 月 15 日，价格树表示的是一个到期零息债券。

同样地，我们可以得到面值为1 000元的一年期零息债券的价格树如下：

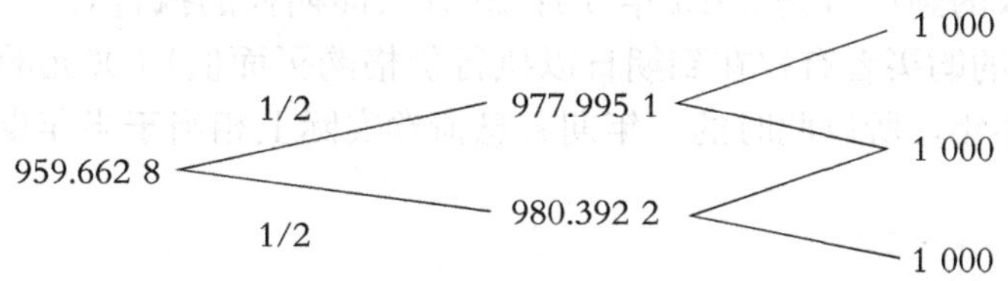

在 0 时刻，因为一年期的即期利率是 4.16%，故一年期零息债券的价格为：

$$\frac{1\ 000}{\left(1+\frac{0.041\ 6}{2}\right)^2}=959.662\ 8(\text{元})$$

它位于价格树的第一列。在日期 1，一年期的零息债券变成了半年期零息债券。如果半年期利率上升到 4.5%，则半年期零息债券的价值为：

$$\frac{1\ 000}{1+\frac{0.045}{2}}=977.995\ 1(\text{元})$$

然而，如果半年期利率在日期 1 是 4%，则半年期零息债券的价格为：

$$\frac{1\ 000}{1+\frac{0.04}{2}}=980.392\ 2(\text{元})$$

在到期日，其价格当然是零息债券的面值1 000元。

这个利率波动的模型说明了债券市场上的一个特别重要的性质。在日期 1，一年期零息债券的平均价格是：

$$\frac{977.995\ 1+980.392\ 2}{2}=979.193\ 7(\text{元})$$

将所得的值以半年期利率折现到日期 0，可以得到期望折现值为：

$$\frac{979.193\ 7}{1+\frac{0.039\ 9}{2}}=960.04(\text{元})$$

但是，一年期零息债券的市场价格是959.662 8元。为何这两个数不同？

这是因为投资者不是用债券价值的期望值经折现后给债券定价的。在随后的六个月中，一年期零息债券是风险债券，它有一半的可能价值977.995 1元，有一半的可能价值980.392 2元，其平均值或期望值是979.193 7元。但是，投资者不喜欢风险。也就是说，他们宁愿在日期 1 以979.193 7元为确定的价格购买，而不愿意承担价格变动的风险，因此证券在日期 0 的价格就是 960.04 元。由于一年期零息债券具有风险，故必须有所惩罚[①]，因此它

① 对于债券的购买者来说是一种补偿。

的价格是959.662 8元，其差价就是对债券购买者的补偿。

二、以零息债券为标的的期权

有了上述内容作为基础，现在我们可以讨论看涨期权的价格，该期权的标的资产是一年期的零息债券，期权的到期日是 2016 年 8 月 15 日（即期权的执行日），期权的执行价格为 978.50 元。期权的购买者有权在到期日以执行价格购买面值1 000元的一年期零息债券。因为已经过去了半年，所以此时的一年期零息债券实际上相当于半年期零息债券。该看涨期权的价格树为：

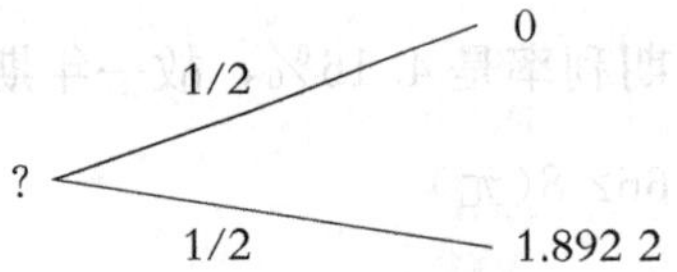

我们对该价格树的解释如下：在日期 1，如果半年期利率为 4.5%，而半年期零息债券的价格为977.995 1元，则以 978.50 元去购买这只零息债券的价值为 0。如果半年期利率是 4%，则半年期零息债券的价值为980.392 2元，此时以 978.50 元去买这只债券的价值为980.392 2−978.50＝1.892 2元，其中 978.50 元为期权的执行价格。

如上面的价格树所示，以一年期零息债券作为标的的看涨期权，在到期后具有两种状态价格。为了确定它的当前价格，我们必须复制其证券组合并对它进行估价。我们现在的目的是在时刻 0 构造一个由半年期零息债券和一年期零息债券组成的证券组合，并使它在半年期利率上升到 4.5%时价值为 0，但当利率下降到 4%时，其价值为1.892 2。设 $F_{0.5}$ 和 F_1 分别表示复制证券组合中半年期和一年期债券的面值，则它们必须满足下列两个方程：

$$\begin{cases} F_{0.5}+0.977\,995\,1\,F_1=0 \\ F_{0.5}+0.980\,392\,2\,F_1=1.892\,2 \end{cases}$$

对这两个方程的解释如下：利率上升到 4.5%，复制证券组合的半年期零息债券每一元的面值价值为一元（指的是日期 1），一年期零息债券每一元的面值（现在为半年期零息债券）价格是0.977 995 1元。由于复制证券组合包含面值分别为 $F_{0.5}$ 和 F_1 的半年期和一年期的零息债券，因此在利率处于 4.5%的状态时，复制证券组合的价值为 $F_{0.5}+0.977\,995\,1\,F_1$。而利率处于 4.5%时期权的价值为零，因此得到方程 $F_{0.5}+0.977\,995\,1\,F_1=0$。用类似的推理方法，第二个方程要求在利率处于 4%时，证券组合的价值等于1.892 2，也就是处于这个状态下期权的价值。

解这个方程组可得到：

$$F_{0.5}=-772.000\,5(\text{元})$$

$$F_1=789.370\,5(\text{元})$$

简而言之，就是在 2016 年 2 月 15 日购买约 789.37 元面值的一年期零息债券，同时卖空约 772 元面值的半年期零息债券就可以复制该期权在日期 1 的价值。从经济意义上讲，该复制证券组合等价于期权本身。按照一价定律，期权价格必须等于复制证券组合的价格。而这个证券组合的价格是已知的，它等于当前六个月期零息债券每一元的面值价格乘以 $F_{0.5}$ 加上一年期零息债券每一元的面值价格乘 F_1，其数学表达式为：

$$0.980\,440\,2\times(-772.000\,5)+0.959\,662\,8\times789.370\,5=0.63(\text{元})$$

故期权的价格是 0.63 元。

让我们回忆一下整个过程，一年期零息债券和半年期零息债券当前价格的确定是建立在无套利分析的基础上。如果期权的价格低于 0.63 元，那么套利者购买这个期权且卖空复制证券组合，就会获得额外的收益，而且到期时没有明显的负债。同样，如果期权的价格高于 0.63 元，套利者就卖空期权且购买复制证券组合，这样也会获得额外的收益，并且到期时没有明显的负债。因此，如果要排除潜在的套利机会，则期权的价格应为 0.63 元。

必须强调，期权的价格不是由期权的最终期望收益经折现而得到的，这一点非常重要。由于在 2016 年 8 月 15 日期权的可能取值为 0 元或1.892 2元，它的期望平均收益为：

$$0.5\times0+0.5\times1.892\,2=0.946\,1(\text{元})$$

将其折现到 2016 年 2 月 15 日，其价值为：

$$0.946\,1/(1+0.039\,9/2)=0.927\,6(\text{元})$$

由于看涨期权具有风险①，因此期权的真实价格应低于它的期望收益的折现，其结果是投资者购买期权的支付应少于期望平均价值的折现值。

细心的读者一定注意到了利率上下波动的概率不包含在期权价格的计算中。对这个有点令人吃惊的观察结果，其解释来源于无套利定价的真正含义。无套利定价要求复制的证券组合不论利率处于两种状态的哪一种，它的价值都必须与期权价值相同。因此，不论利率上升的概率是 20%、50%还是 80%，复制证券组合的成分都是一样的。特别地，复制证券组合中的证券价格只依赖于当前（日期 0）的债券价格。因此，计算复制证券组合的价格或等价的期权价格，不需要用到利率波动发生的概率。

但是，期权的价格并非与利率的波动概率无关，只是在计算价格的过程中无须涉及这一概率而已。这是因为此概率已经嵌入到一年期零息债券的价格中了。如果利率向上变动的概率突然增加（利率上升的可能性大了），那么一年期零息债券的当前价格将会减少，而复制证券组合中包含了一年期零息债券，在其价格减少的同时，期权的价格也会相应减少。总之，期权的价格也依赖于利率上下波动的概率，但它是通过当前的债券价格来体现的。因此，在给定债券价格时，人们无须知道这一概率就能得到无套利的期权价格。

第三节　对可赎回债券价格的简单分析

一、可赎回债券的价格

如果在债券发行的时候，事先约定发行者可以在一定条件下以约定的价格赎回债券，这样的债券就是可赎回债券。例如在 1995 年 1 月 15 日，A 公司发行了 2025 年 1 月 15 日

① 即存在期权到期后价值为 0 的可能。

到期、年利率为 7%的附息债券，该债券在前 10 年不可以赎回，一般在债券上标明“NC10”，读成“10 年不赎回”。这意味着 A 公司在这 10 年不具备对这些债券的选择权。然而，从 2005 年 1 月 15 日开始，A 公司就有权赎回这些债券，也就是有权从投资者手中重新购回这些债券，其购买价格如表 7-2 所示。

表 7-2　A 公司 2025 年 1 月 15 日到期的票息率为 7%的债券的赎回价格

日期	赎回价格（元）
2005 年 1 月 15 日	103.60
2006 年 1 月 15 日	103.24
2007 年 1 月 15 日	102.88
2008 年 1 月 15 日	102.52
2009 年 1 月 15 日	102.16
2010 年 1 月 15 日	101.80
2011 年 1 月 15 日	101.44
2012 年 1 月 15 日	101.08
2013 年 1 月 15 日	100.72
2014 年 1 月 15 日	100.36
2015 年 1 月 15 日	100.00

表中第一行表明 A 公司在 2005 年 1 月 15 日到 2006 年 1 月 14 日之间的任何时间，有权以 103.60 元的价格将其发行的面值为 100 元的债券赎回。然后，随着时间的推移，赎回价格下降了，2006 年 1 月 15 日到 2007 年 1 月 14 日，债券的赎回价格为 103.24 元。最后一行表明，从 2015 年 1 月 15 日到更远的时间，A 公司可以以面值回购。另外，如果 A 公司在债券两次付息之间进行了赎回，那么除了规定的赎回价格之外，它还要支付应付的利息。

从 A 公司债券赎回价格的变化中，我们可以看出明显的规律：赎回价格开始时位于某一个高于平价的溢价水平上，然后逐年下降，最后下降到平价，并且一直保持到到期日。这种逐年下降的赎回价格的变化过程通常是线性的。也就是说，其每年下降的数量都一样，如 A 公司债券的赎回价格每年大约下降 0.36 元。

在债券发行后的可赎回期间，如果利率上涨，债券价格低了，那么发行者可以选择不赎回，其筹资成本仍是原来较低的利率。从这个意义上讲，债券发行者获利。然而，在另一种情况下，当市场利率下降到一定程度时，债券价格高了，债券发行者会选择赎回。此时，发行者可以以新的较低利率重新筹资，从而使债券投资者在利率下降时的获利有上限的限制。

可以想象，市场上还存在这样一种债券，它除了不可赎回之外，其他特征和 A 公司的长期债券完全一样。假设 2005 年 1 月 15 日的利率远低于 7%，且这种不可赎回债券的出售价格为 110 元。很可能与预期一样，A 公司将决定赎回债券，这使得债券的市场价格将接近赎回价格 103.60 元。如果 2005 年 1 月 15 日的利率高于 7%，而不可赎回债券的价格下降到 95 元，那么 A 公司将不会赎回其债券，且该债券在那时的市场价格将低于 103.60 元。现在让我们总结一下：当利率下降时，赎回条款限制投资者获益；但是当利率上升时，投资者却没有一个损失的底线。这是因为赎回条款这一选择权是给予债券发行者的，因此它必然更有利于发行者。

二、可赎回债券和不可赎回债券价格之间的关系

可赎回债券的价格与同质的不可赎回债券的价格之间存在一个重要的关系。在这里，“同质的”意指：除了赎回性质之外，不可赎回债券与可赎回债券完全一样。令 P_c、P_{nc} 分别表示可赎回债券和同质的不可赎回债券的价格，C 为发行者选择权的价值，则有

$$P_c = P_{nc} - C \tag{7-9}$$

由于发行者有选择权，因此我们要将选择权的价值从不可赎回债券的价值中减去。对于投资者来说，赎回性质减少了不可赎回债券的价值，这个价值恰好等于可赎回债券中嵌入的选择权的价值。

(7-9) 式之所以成立，完全是以无套利分析为基础的。例如，假设 $P_c < P_{nc} - C$，一个套利者将执行下列交易策略：

(1) 以价格 P_c 购买可赎回债券。

(2) 以价格 C 购买以该债券为标的的看涨期权，执行价格为债券的赎回价格。

(3) 以价格 P_{nc} 卖出不可赎回债券。

从这些交易中得到的现金流为 $P_{nc} - C - P_c$，由假设可知它是正的。

如果市场利率最终下降了，可以预期债券发行者将行使赎回的权利，该套利者必须将其购买的可赎回债券以赎回价格交割给债券发行者。与此同时，套利者将执行其购买的看涨期权，购买“同等的”不可赎回债券以平掉其空头头寸。在这种情况下，该套利者在未来没有净现金流，但在期初有正的现金流，从而产生了套利。如果市场利率上升，债券发行者将不赎回它的债券，套利者购买的期权也将作废，毫无价值。但是，他可以在债券到期日，用他所购买的可赎回债券来平掉其空头头寸。在这种情况下，也产生了套利。这两种情况的分析都证明了在 $P_c < P_{nc} - C$ 的情况下，存在一个无风险套利机会。为了排除这种套利机会的存在，由无套利定价原理可知，原定价关系是不可能的，因此 $P_c \geqslant P_{nc} - C$。同样，我们可以证明：P_c 严格大于 $P_{nc} - C$ 也是不可能的，故 (7-9) 式成立。

【本章小结】

金融学在研究方法上完全从经济学中独立出来，是借助 20 世纪 50 年代后期莫迪利安尼和米勒在研究企业资本结构和企业价值的关系时所提出的“无套利”分析方法。此方法研究的一项核心内容是对金融市场中的某项“头寸”进行估值和定价，其分析的基本方法是将这项头寸与市场中其他金融资产的头寸组合起来，构建一个在市场均衡时不会产生无风险利润的组合头寸，并由此测算出该项头寸在市场均衡时的价值（即均值)，这就是“无套利”分析方法。

MM 定理主要分析了公司的价值和公司资本结构之间的关系，以及股东的期望收益率和公司的财务杠杆之间的关系，并分别就无税环境和只存在公司所得税的情况进行了探讨。此后，米勒又就存在个人所得税的情况对 MM 定理进行了修正。

随着 MM 定理引入无套利的分析方法以后，此方法逐渐成为金融工程领域中最常用

的分析方法之一，它主要用于金融产品的定价。例如，我们在具有状态价格性质的有价证券的定价中以及在可转换债券的定价中都运用了无套利的分析方法。

【本章要点】

- 传统资本结构理论关于企业负债和企业价值的探讨
- 无税收情况下的 MM 定理
- 存在公司所得税情况下的 MM 定理
- 同时考虑个人所得税和公司所得税情况下的 MM 定理，即米勒模型
- 无套利分析方法在标的为零息债券的期权定价过程中的运用
- 可赎回债券和同质的不可赎回债券价格之间的关系

【本章关键术语】

资本结构	资本结构理论	净收益理论	营业净收益理论
折中理论	MM 定理	米勒模型	状态价格
零息债券	复制证券组合	可赎回债券	

【本章思考题】

1. 举例说明 MM 定理中无套利分析方法的运用。

2. 什么是复制证券组合？在以一年期零息债券为标的的期权价格的确定中，复制证券组合起到了怎样的作用？

3. 可赎回债券和同质的不可赎回债券之间的价格保持什么样的关系才能保证不会发生套利行为？

【本章练习题】

假设有 A、B 两家公司，其资产性质完全相同，经营风险也一样，两家公司每年的息税前收益都为 100 万元。在没有所得税的情况下，公司所有的净收益都将以股利形式分配给股东。A、B 两家公司的唯一区别就在于公司资本结构的不同。A 公司全部采用股权融资，股权资本的市场价值为1 000万元，其股权资本的投资收益率为 10%；B 公司存在一部分负债，其负债价值为 400 万元，负债的利率为 5%。假设 B 公司剩余的股权价值被低估为 400 万元，试分析投资者如何通过套利行为使得两家公司的价值趋于相等。

第八章

期权的损益及二叉树模型

以金融资产为标的的期权称金融期权（financial option），简称期权，是主要的金融衍生产品。它是金融工程的主要工具，也是构成金融工程其他金融衍生产品的基础。我们在第三章中简要介绍了期权的定义和期权的种类。期权合约是买卖双方签订的一种协议，该协议赋予期权购买者在未来某时刻以事先约定的价格购买（或出售）某资产的权利。但在履约过程中，期权买方可以行使他的权利也可以不行使这个权利。如果到了规定的时间而不行使这种权利，那么这种权利就失效了。协议中还规定了购买（或出售）该资产的价格水平和购买（或出售）该资产的时间。期权的头寸有期权的多头与期权的空头之分，它们分别表示买入期权和卖出期权。协议中约定购买（或出售）的资产称为标的资产，购买时间称为执行时间，购买价格称为执行价格。具有以一定价格购买标的资产权利的期权称为看涨期权，具有以一定价格出售标的资产权利的期权称为看跌期权。本章将在第三章的基础上进行以下几个方面的论述：①讨论期权的损益，主要分析欧式期权及其组合的损益，并以简明的图像表示出来。②介绍期权定价的二叉树模型。③介绍以债券为标的资产的期权。④讨论 n 期二叉树模型。

第一节　期权及其组合的损益

本节将在第三章的基础上，首先讨论欧式期权的损益，并以简明的图像把它们表示出来；其次将构造一个无风险证券组合，然后介绍一些典型的证券组合和它们的损益图像。

一、期权交易到期日的损益分析

分析期权合约双方通过交易所产生的损益状态，将有助于了解期权市场存在及发展的意义，它同时也是确定期权价格的基础。值得注意的是，在其他条件相同时，欧式期权和美式期权在到期日的价值是完全一样的，而美式期权在到期日前的损益要复杂得多。本节在进行期权交易到期日的损益分析时，只对欧式期权的损益进行分析。同时，我们将以股票为标的资产的期权作为讨论的对象，并且假设执行该期权时所交割的股票为 1 股。

为分析方便起见，我们首先给出关于期权的一些符号规定，即 S_t 表示 t 时刻标的资产的市场价格；X 表示期权到期时的执行价格；T 表示期权的到期日，$t<T$；C_t 表示以股票为标的资产、执行价格为 X、执行时间为 T，在 t 时刻看涨期权（买权）的价格；而 P_t 表示以股票为标的资产、执行价格为 X、执行时间为 T，在 t 时刻看跌期权（卖权）的价格。这些符号统一地应用于本书的各个章节。

（一）看涨期权（买权）到期日的损益分析

我们首先对看涨期权做多方在到期日的损益（收益）状况进行分析。假设某投资者在 t 时刻买入了一个股票买权合同，相应地，他获得了在到期日按照事先约定的执行价格 X 购入 1 股标的股票的权利。显然，在合约到期日 T，只有当标的股票的市场价格 S_T 超过执行价格 X 时，该投资者才会执行该买权合约。与该股票当时的市场价格 S_T 相比，他获得了 S_T-X 的价差。如果 S_T 小于 X，则看涨期权做多方将放弃这一权利，因为他们可以在股票市场上以更便宜的市场价格 S_T 买到标的股票。这就是说，看涨期权（买权）合约在到期日的损益要么是 0（当 $S_T\leqslant X$ 时），要么是 S_T 减去 X 的差额。看涨期权多头损益的数学表达式为（如图 8-1 所示）：

$$\text{看涨期权多头的损益}=(S_T-X)^+=\max(S_T-X,0)=\begin{cases}S_T-X & S_T>X\\0 & S_T\leqslant X\end{cases}\qquad(8-1)$$

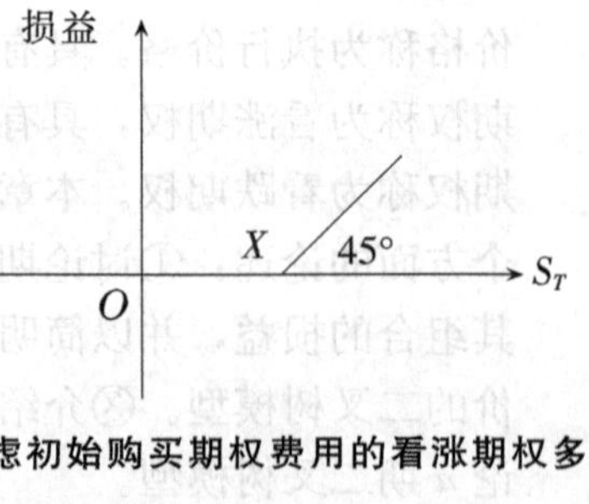

图8-1　不考虑初始购买期权费用的看涨期权多头的损益

如果我们考虑看涨期权做多方在购买期权时所要支付的期权费用 C_t，那么他在到期日的损益就是（不考虑 C_t 的时间价值，如图 8－2 所示）：

$$\text{看涨期权多头的损益} = \max(S_T - X, 0) - C_t \tag{8-2}$$

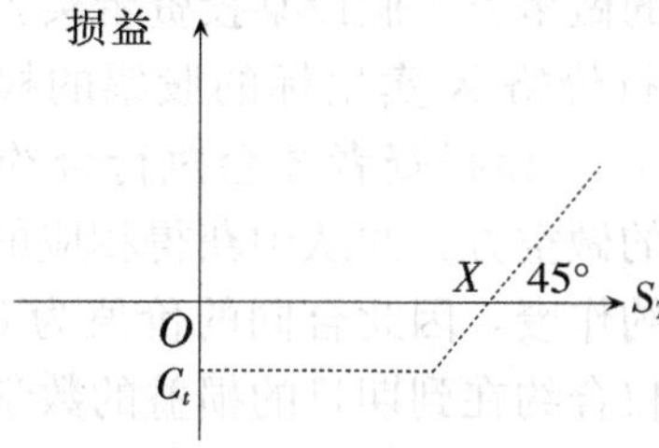

图8－2　考虑初始购买期权费用的看涨期权多头的损益

由此可知，对于看涨期权合约做多方而言，其收益从理论上讲是无限的，它将随着标的股票价格的上涨而增加。但是，其损失却是有限的，当标的股票价格下跌时，其最大损失也就是期初所支付的期权费用。

由于期权交易是一项零和游戏，做多方的收益就是做空方的损失，反之亦然。因此，对于看涨期权合约的做空方来讲，其看涨期权合约的价值及其损益正好与做多方相反。

例如，假设某投资者卖出了一个股票看涨期权合约。如果合约的做多方执行合约，他就必须按执行价格 X 将标的股票卖给对方。如前所述，当该看涨期权合约到期时，如果标的股票的市场价格 S_T 高于执行价格 X，合约的做多方将执行合约。对做空方来讲，其损失为 $S_T - X$。这是因为，此时他如果将股票在市场上卖出，其损益将为 S_T，而不是 X。反之，如果 S_T 低于 X，做多方将放弃权利，做空方则无损失。因此，对于看涨期权做空方来讲，其损益的数学表达式为：

$$\begin{aligned}\text{看涨期权空头的损益} &= -(S_T - X)^+ = -\max(S_T - X, 0) = \min(X - S_T, 0)\\ &= \begin{cases} X - S_T & S_T > X \\ 0 & S_T \leqslant X \end{cases}\end{aligned} \tag{8-3}$$

由此可见，看涨期权合约的做空方不能从合约的执行过程中获利，但他在出售看涨期权合约时，可以从做多方那里得到一笔期权费用 C_t 作为他承诺履行合约的报酬。考虑到这一点，在到期日看涨期权做空方的损益就应该是（不考虑 C_t 的时间价值）：

$$C_t - \max(S_T - X, 0) \tag{8-4}$$

看涨期权空头（承担义务）的损益如图 8－3 所示。

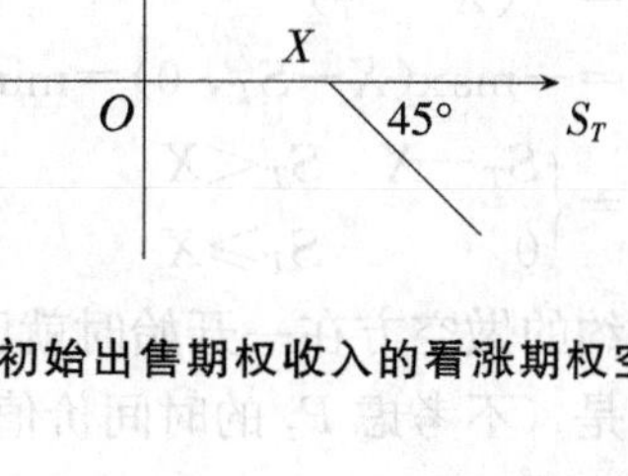

图8－3　不考虑初始出售期权收入的看涨期权空头的损益

考虑初始出售期权收入的看涨期权空头的损益图，请读者自己完成。

(二) 看跌期权到期日的损益分析

下面从做多方和做空方这两个角度对看跌期权（卖权）合约的到期损益进行分析。

首先看一下看跌期权合约的做多方。假设某投资者买入一个股票看跌期权合约，他因此获得了在到期日或之前按执行价格 X 卖出标的股票的权利。那么，在合约到期时，只有当标的股票市场价格低于 X 时，该投资者才会执行合约，将标的股票以高于市场价格的执行价格卖给看跌期权合约的做空方，并从中获得相应的收益 $X-S_T$。如果 S_T 高于 X，投资者将选择让该看跌期权合约作废，因此合同的价值为 0。综合起来看，对于看跌期权合约的做多方而言，该看跌期权合约在到期日的损益的数学表达式为：

$$\text{看跌期权多头的损益}=(X-S_T)^-=\max(X-S_T,\ 0)=\begin{cases}X-S_T & S_T<X\\ 0 & S_T\geqslant X\end{cases} \tag{8-5}$$

另外，如果考虑到看跌期权合约的做多方在期初必须向做空方支付一定的期权费用 P_t，那么其在到期日的损益就为（不考虑 P_t 的时间价值）：

$$\text{损益}=\max(X-S_T,\ 0)-P_t \tag{8-6}$$

看跌期权多头的损益如图 8-4 所示。

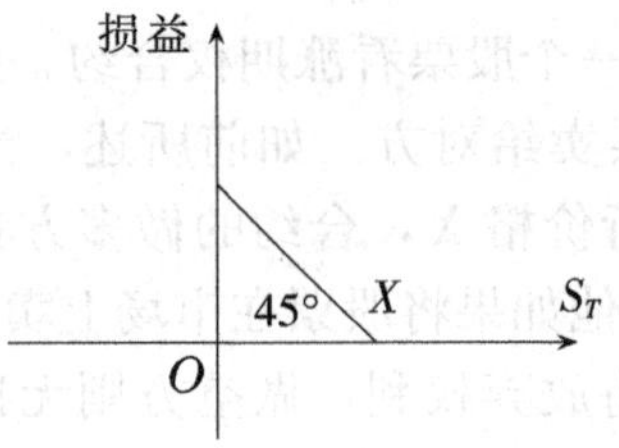

图 8-4　不考虑初始购买期权费用的看跌期权多头的损益

考虑初始购买期权费用的看跌期权多头的损益图，请读者自己完成。

显然，看跌期权合约做多方的损益有以下特点：①其收益随着标的股票价格 S_T 的下降而增加；②损失是有限的，其最大损失就是所支付的期权费用 P_t。

同看涨期权合约一样，对于看跌期权合约的做空方来说，其损益恰好与做多方相反。在到期日，如果标的股票的市场价格低于执行价格，做多方将执行合约。也就是说，看跌期权做空方必须按照执行价格从对方手中买入标的股票。显然，此时他的损失是 $X-S_T$。如果标的股票市场价格高于执行价格，做多方将放弃行使权利，此时看跌期权合约的价值为 0。因此，对看跌期权合约的做空方而言，其在到期日的看跌期权的损益为：

$$\begin{aligned}\text{看跌期权空头的损益}&=-(X-S_T)^-\\&=-\max(X-S_T,\ 0)=\min(S_T-X,\ 0)\\&=\begin{cases}S_T-X & S_T<X\\ 0 & S_T\geqslant X\end{cases}\end{aligned} \tag{8-7}$$

另外，考虑到看跌期权合约的做空方在一开始时就已获得了由做多方支付的一笔期权费用，因而其在到期日的损益是（不考虑 P_t 的时间价值）：

$$P_t - \max(X - S_T,\ 0) \tag{8-8}$$

看跌期权空头的损益如图 8－5 所示。

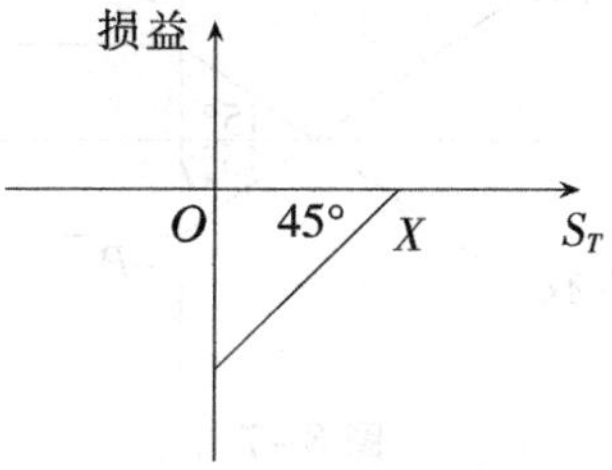

图 8－5　不考虑初始出售期权收入的看跌期权空头的损益

考虑初始出售期权收入的看跌期权空头的损益图，请读者自己完成。

二、在（ΔS，ΔW）平面上欧式看涨期权和看跌期权的损益表示

设股票的初始价格为 S，期权的执行价格为股票的初始价格，令 $\Delta S = S_T - S$，ΔW 为期权的收益，C 为看涨期权的价格。

（一）看涨期权多头和空头的损益

看涨期权多头和空头的损益如图 8－6 所示。

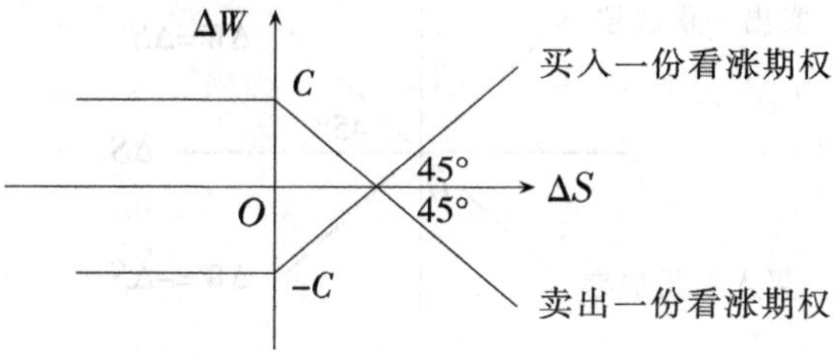

图 8－6

买入一份看涨期权的损益的数学表达式为：

$$\Delta W = \Delta S^{+} - C = \begin{cases} \Delta S - C & \Delta S > 0 \\ -C & \Delta S \leqslant 0 \end{cases}$$

卖出一份看涨期权的损益的数学表达式为：

$$\Delta W = C - \Delta S^{+} = \begin{cases} C - \Delta S & \Delta S > 0 \\ C & \Delta S \leqslant 0 \end{cases}$$

请注意，在这里没有考虑未来价值的折现。

（二）看跌期权多头和空头的损益

看跌期权多头和空头的损益如图 8－7 所示。

买入一份看跌期权的损益的数学表达式为：

$$\Delta W = \Delta S^{-} - P = \begin{cases} -P & \Delta S \geqslant 0 \\ -\Delta S - P & \Delta S < 0 \end{cases}$$

卖出一份看跌期权的损益的数学表达式为：

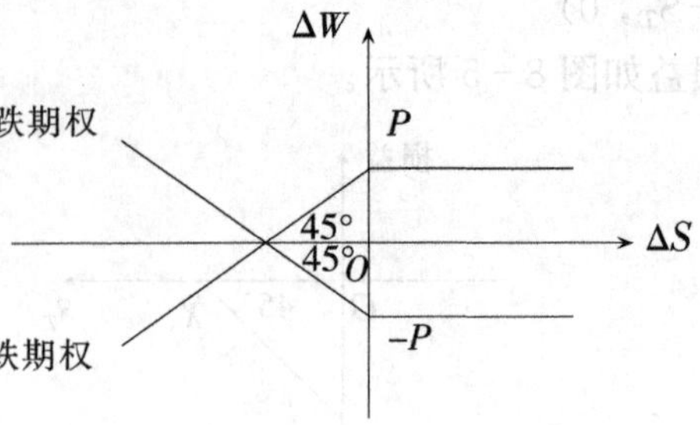

图 8-7

$$\Delta W = P - \Delta S^- = \begin{cases} P & \Delta S \geqslant 0 \\ P + \Delta S & \Delta S < 0 \end{cases}$$

请注意，在这里也没有考虑未来价值的折现。

三、在（ΔS，ΔW）平面上股票和债券的损益[①]

（一）股票买卖的损益

股票买卖的损益如图 8-8 所示。

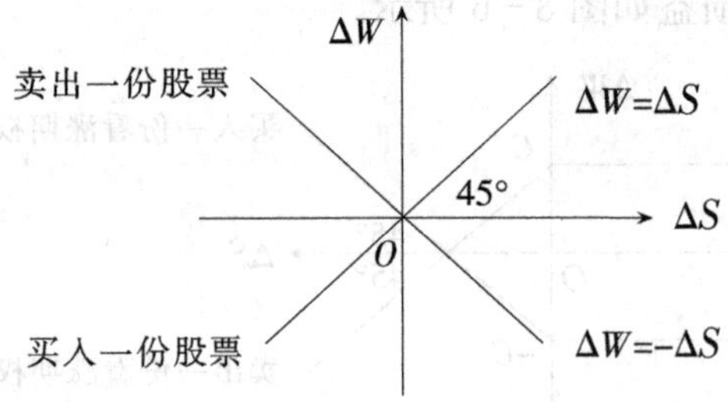

图 8-8

（二）债券买卖的损益

债券买卖的损益如图 8-9 所示。

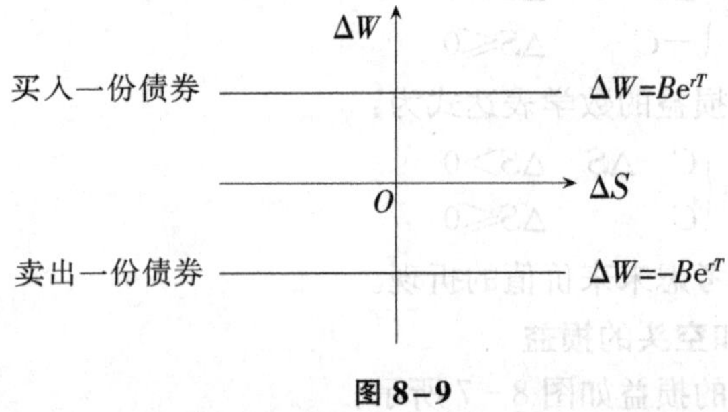

图 8-9

图 8-9 中的 r 为无风险利率，T 为债券到期时间。股票和债券损益的表达式略。

① 为了说明问题方便，这里考虑无风险收益率因素。

（三）无风险证券组合的构造

（1）购入一份股票和一份以此股票为标的的看跌期权的损益。设看跌期权的执行价格为股票的初始价格 S，其损益如图 8-10 所示。

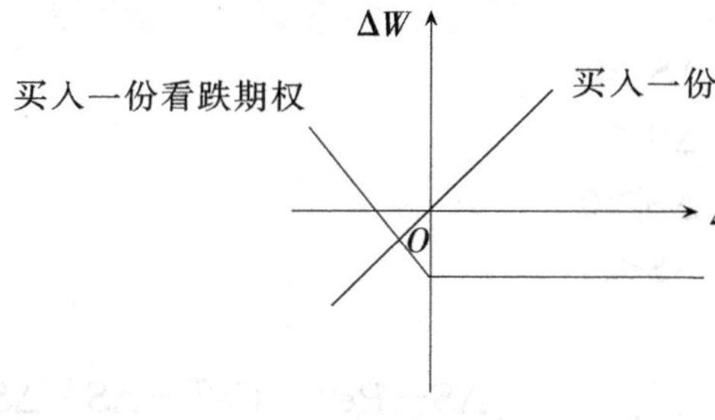

图 8-10

图 8-11 表示购入一份股票和一份以此股票为标的的看跌期权的证券组合的损益。

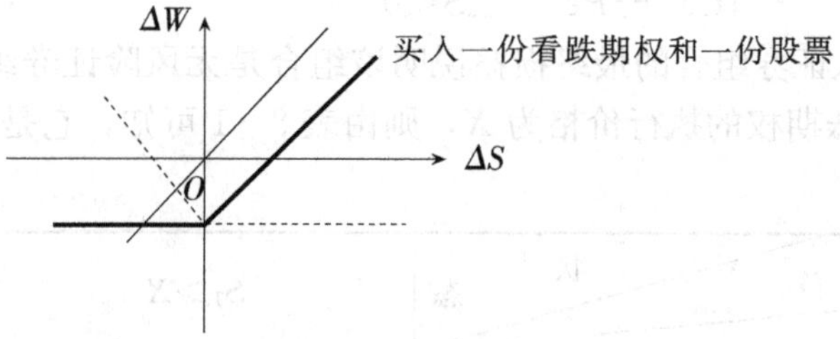

图 8-11

（2）卖出一份以此股票为标的资产的看涨期权的损益。设看涨期权的执行价格为股票的初始价格，其损益如图 8-12 所示。

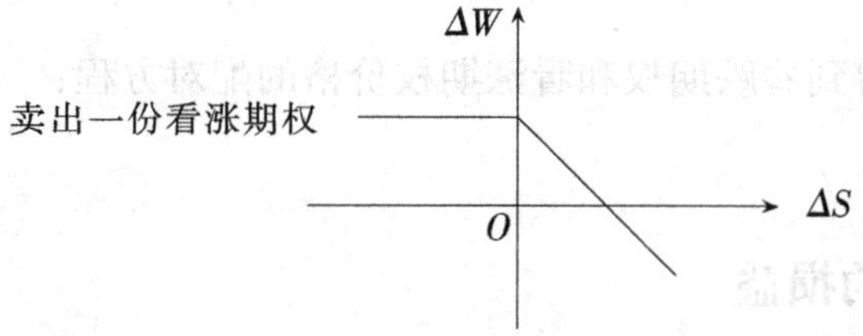

图 8-12

（3）购入一份股票和一份以此股票为标的的看跌期权并卖出一份看涨期权的损益，其损益如图 8-13 所示。

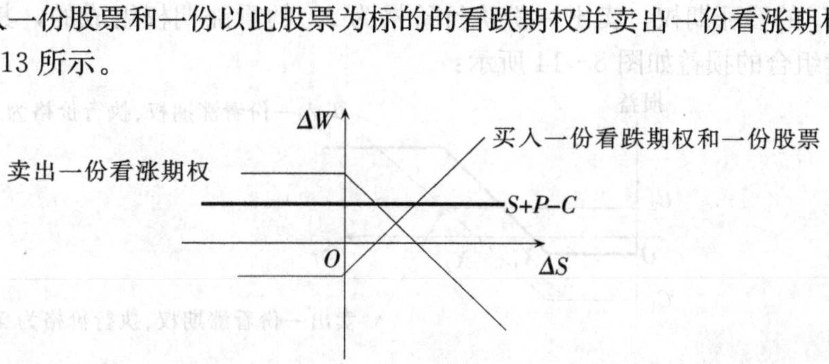

其中，$S+P-C$ 表示购入一份股票、一份以此股票为标的的看跌期权和卖出一份看涨期权的损益。

(4) $S+P-C$ 损益的数学表达式。

由前所述，我们有

$$\Delta W_P=\begin{cases}-Pe^{rT} & \Delta S\geqslant 0\\ -\Delta S-Pe^{rT} & \Delta S<0\end{cases}$$

$$\Delta W_{-C}=\begin{cases}Ce^{rT}-\Delta S & \Delta S\geqslant 0\\ Ce^{rT} & \Delta S<0\end{cases}$$

故有

$$\Delta W_{S+P-C}=\Delta W_P+\Delta S+\Delta W_{-C}=\begin{cases}\Delta S-Pe^{rT}+Ce^{rT}-\Delta S & \Delta S\geqslant 0\\ \Delta S-\Delta S-Pe^{rT}+Ce^{rT} & \Delta S<0\end{cases}$$

$$=\begin{cases}Ce^{rT}\ Pe^{rT} & \Delta S\geqslant 0\\ Ce^{rT}-Pe^{rT} & \Delta S<0\end{cases}=Ce^{rT}-Pe^{rT}$$

(5) 直接从证券组合的最终损益说明该组合是无风险证券组合。设以此股票为标的的看跌期权和看涨期权的执行价格为 X，则由表 8-1 可知，它是一个无风险的证券组合。

表 8-1

最终损益 \ 状态 / 证券组合	$S_T>X$	$S_T\leqslant X$
购买一份股票	S_T	S_T
购买一份看跌期权	0	$X-S_T$
出售一份看涨期权	$X-S_T$	0
证券组合最终损益	X	X

由此，我们可以很快得到看跌期权和看涨期权价格的配对方程：

$$P+S-C=Xe^{-rT}$$

四、其他期权组合的损益

(1) 牛市垂直价差（bullish vertical spread）组合。牛市垂直价差组合是由购买一份执行价格为 X_1 的看涨期权、卖出一份执行价格为 X_2 的看涨期权组成的，其中 $X_2>X_1$。牛市价差买卖组合的损益如图 8-14 所示：

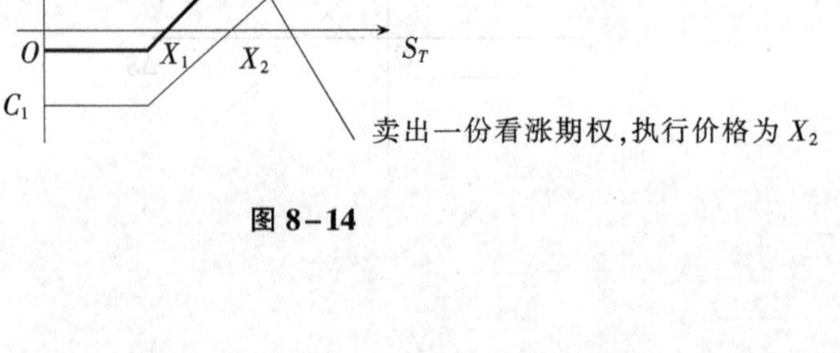

图 8-14

该证券组合损益的数学表达式为：

$$\text{出售期权 } C_2 \text{ 的损益}=\begin{cases}C_2 & S_T<X_2\\ X_2-S_T+C_2 & S_T\geqslant X_2\end{cases}$$

$$\text{购买期权 } C_1 \text{ 的损益}=\begin{cases}-C_1 & S_T<X_1\\ S_T-X_1-C_1 & S_T\geqslant X_1\end{cases}$$

$$\text{证券组合的损益}=\begin{cases}C_2-C_1 & S_T<X_1\\ S_T-X_1-C_1+C_2 & X_1\leqslant S_T<X_2\\ X_2+C_2-X_1-C_1 & S_T\geqslant X_2\end{cases}$$

【例 8-1】 设执行价格是 X_1 的看涨期权价格 $C_1=7$，$X_1=95$；执行价格是 X_2 的看涨期权价格 $C_2=3$，$X_2=105$，则牛市垂直价差组合的损益为（如图 8-15 所示）：

$$\begin{aligned}\text{证券组合的损益}&=\max(S_T-95,0)-\max(S_T-105,0)-C_1+C_2\\&=\begin{cases}S_T-95-S_T+105-7+3 & S_T\geqslant 105\\ S_T-95+3-7 & 95\leqslant S_T<105\\ -4 & S_T<95\end{cases}\\&=\begin{cases}6 & S_T\geqslant 105\\ S_T-99 & 95\leqslant S_T<105\\ -4 & S_T<95\end{cases}\end{aligned}$$

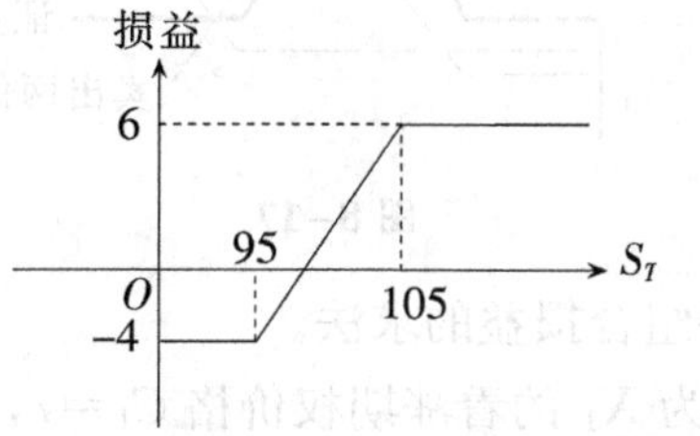

(2) 熊市垂直价差（bearish vertical spread）组合。熊市垂直价差组合是由卖出一份执行价格为 X_1 的看涨期权、买入一份执行价格为 X_2 的看涨期权构成的，其中 $X_2>X_1$。熊市垂直价差组合的损益如图 8-16 所示：

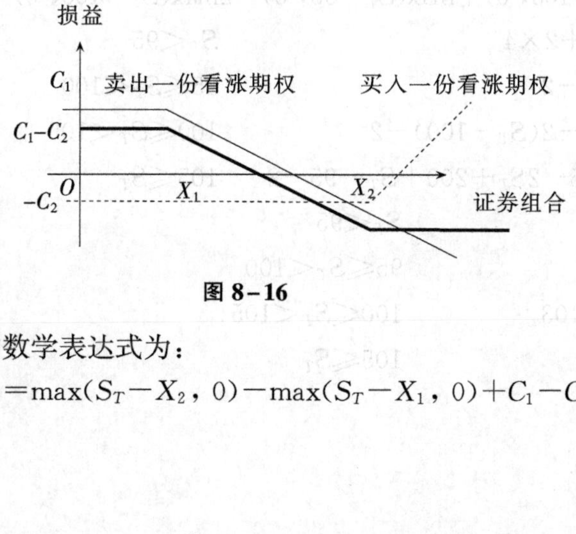

图 8-16

该证券组合的损益的数学表达式为：

$$\text{证券组合的损益}=\max(S_T-X_2,0)-\max(S_T-X_1,0)+C_1-C_2$$

$$=\begin{cases} C_1-C_2 & S_T<X_1 \\ -S_T+X_1+C_1-C_2 & X_1\leqslant S_T<X_2 \\ S_T-X_2-(S_T-X_1)+C_1-C_2 & X_2\leqslant S_T \end{cases}$$

$$=\begin{cases} C_1-C_2 & S_T<X_1 \\ -S_T+X_1+C_1-C_2 & X_1\leqslant S_T<X_2 \\ -X_2+X_1+C_1-C_2 & X_2\leqslant S_T \end{cases}$$

式中，C_1 为执行价格为 X_1 的看涨期权的价格；C_2 为执行价格为 X_2 的看涨期权的价格。

（3）蝶式价差（butterfly spread）组合。蝶式价差组合是由牛市价差买卖组合与熊市价差买卖组合经再次组合而成的，即购入一份执行价格为 X_1 和一份执行价格为 X_2 的看涨期权，再卖出两份执行价格为 X_3 的看涨期权。其中，$X_2>X_3>X_1$，且 $X_3=\dfrac{X_1+X_2}{2}$。蝶式价差组合的损益如图 8－17 所示。

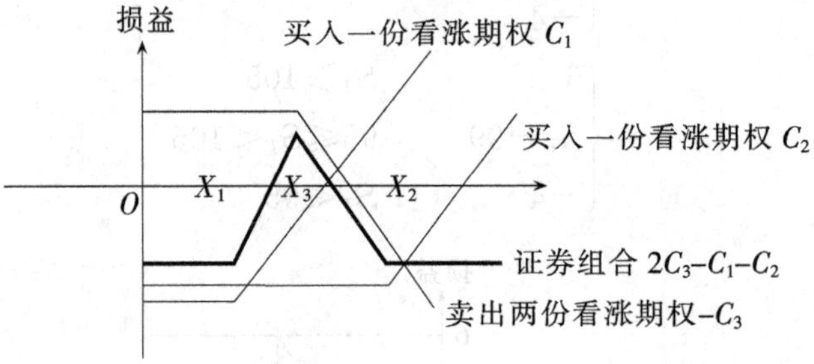

图 8－17

下面用例子说明蝶式价差组合损益的求法。

【例 8－2】 设执行价格为 X_1 的看涨期权价格 $C_1=7$，$X_1=95$；执行价格为 X_2 的看涨期权价格 $C_2=3$，$X_2=105$；执行价格为 X_3 的看涨期权价格 $C_3=4$，$X_3=100$，则蝶式价差组合的损益为（如图 8－18 所示）：

证券组合的损益

$$=\max(S_T-105,0)+\max(S_T-95,0)-2\max(S_T-100,0)-3-7+4\times 2$$

$$=\begin{cases} -3-7+2\times 4 & S_T<95 \\ S_T-95-2 & 95\leqslant S_T<100 \\ S_T-95-2(S_T-100)-2 & 100\leqslant S_T<105 \\ S_T-105-2S_T+200+S_T-95-2 & 105\leqslant S_T \end{cases}$$

$$=\begin{cases} -2 & S_T<95 \\ S_T-97 & 95\leqslant S_T<100 \\ -S_T+103 & 100\leqslant S_T<105 \\ -2 & 105\leqslant S_T \end{cases}$$

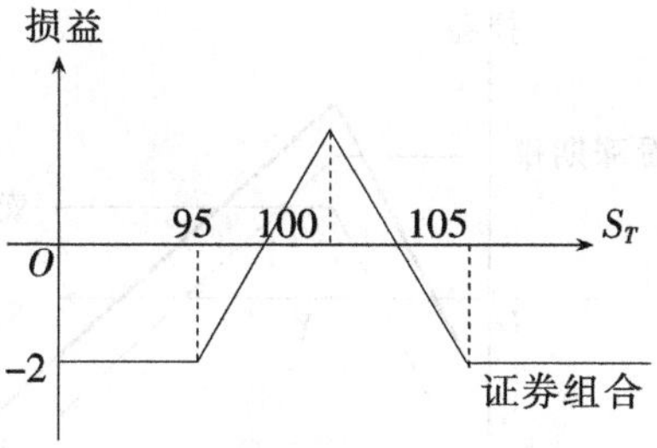

图 8-18

(4) 底部马鞍式组合（bottom straddle，又称买马鞍式）。底部马鞍式组合是由购入一份看涨期权和一份看跌期权组成的证券组合，期权执行价格均为 X。底部马鞍式组合的损益如图 8-19 所示。

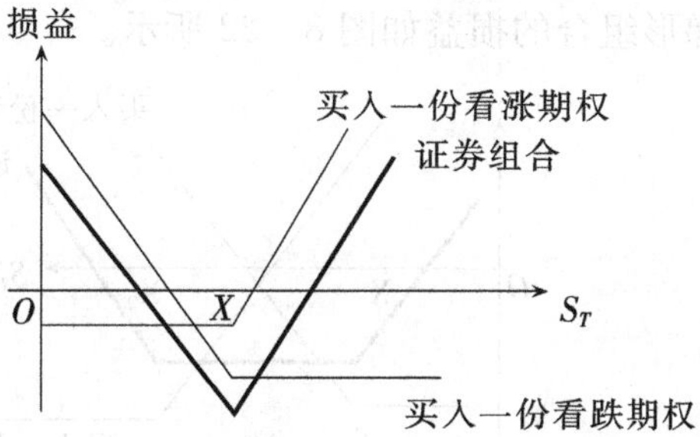

图 8-19

这表明股票价格大涨大跌时投资者均能获利。

【例 8-3】 设看涨期权价格 $C=10$，看跌期权价格 $P=11$，执行价格 $X=100$。求底部马鞍式组合的损益（见图 8-20）。

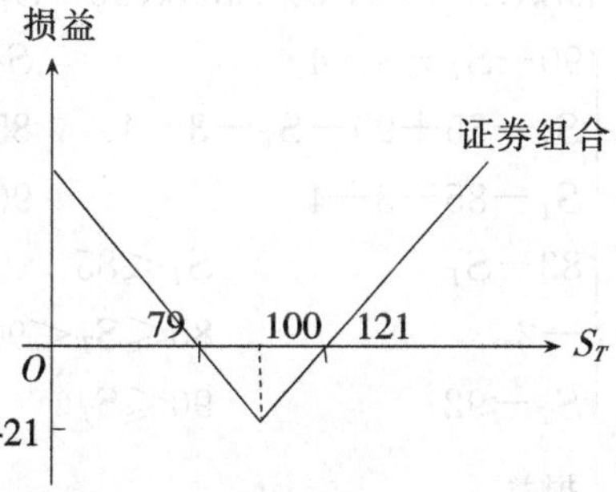

图 8-20

$$
\begin{aligned}
\text{证券组合的损益} &= \max(S_T-100, 0)+\max(100-S_T, 0)-C-P \\
&= \begin{cases} 100-S_T-10-11 & S_T<100 \\ S_T-100-10-11 & S_T\geqslant 100 \end{cases} \\
&= \begin{cases} 79-S_T & S_T<100 \\ S_T-121 & S_T\geqslant 100 \end{cases}
\end{aligned}
$$

(5) 顶部马鞍式组合（top straddle，又称卖马鞍式）。顶部马鞍式组合是由卖出一份看涨期权和一份看跌期权组成的证券组合，期权执行价格均为 X。顶部马鞍式组合的损益如图 8-21 所示。

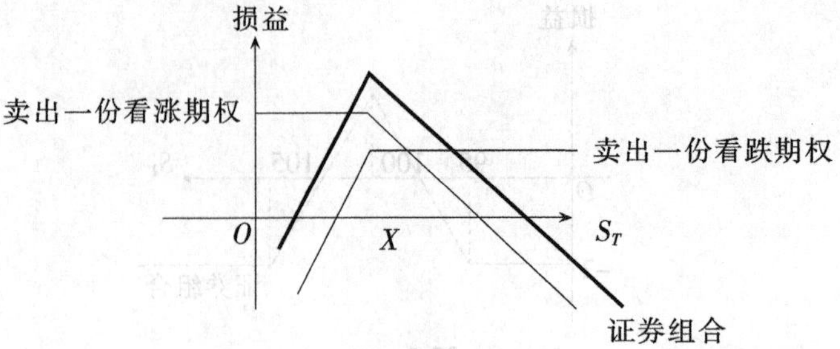

图 8-21

请注意，图 8-21 与图 8-19 形状相反。该证券组合损益的数学表达式留给读者自己完成。

（6）底部梯形组合（bottom vertical combination，又称买入梯形组合）。底部梯形组合是由买入一份看涨期权和一份看跌期权组成的证券组合，其执行价格分别是 X_1 和 X_2，其中 $X_2>X_1$。底部梯形组合的损益如图 8-22 所示。

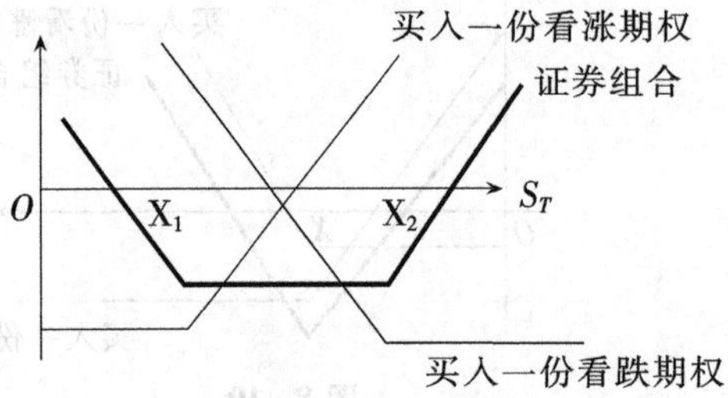

图 8-22

【例 8-4】 设看涨期权价格 $C=3$，执行价格 $X_1=85$；看跌期权价格 $P=4$，执行价格 $X_2=90$。求底部梯形组合的损益，见图 8-23。

$$证券组合的损益=\max(S_T-85,0)+\max(90-S_T,0)-3-4$$

$$=\begin{cases}90-S_T-3-4 & S_T<85\\ S_T-85+90-S_T-3-4 & 85\leqslant S_T<90\\ S_T-85-3-4 & 90\leqslant S_T\end{cases}$$

$$=\begin{cases}83-S_T & S_T<85\\ -2 & 85\leqslant S_T<90\\ S_T-92 & 90\leqslant S_T\end{cases}$$

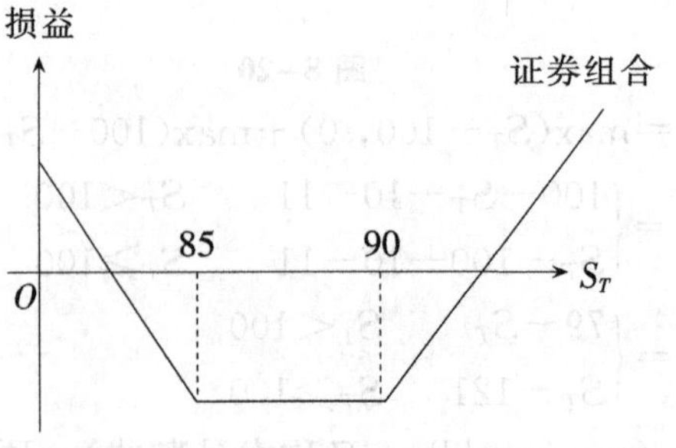

图 8-23

该证券组合损益的数学表达式留给读者自己完成。

(7) 顶部梯形组合(top vertical combination,又称卖出梯形组合)。顶部梯形组合是由卖出一份看涨期权和一份看跌期权组成的证券组合。其执行价格分别为 X_1 和 X_2,其中 $X_2>X_1$。顶部梯形组合的损益如图 8-24 所示。

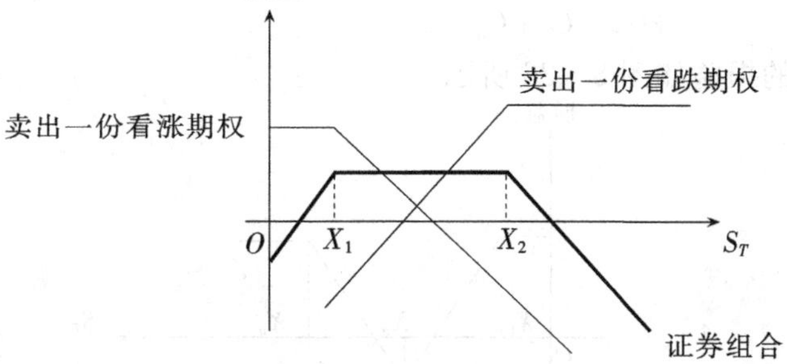

图 8-24

该证券组合损益的数学表达式留给读者自己完成。

(8) 叠做期权(straps)。叠做期权是由购进两份看涨期权和一份看跌期权组成的证券组合,它们的执行价格相同。叠做期权组合的损益示意图请读者自己完成。

$$\begin{aligned}\text{证券组合的损益}&=2\max(S_T-X,\ 0)+\max(X-S_T,\ 0)-2C-P\\&=\begin{cases}X-S_T-2C-P & S_T<X\\2(S_T-X)-2C-P & S_T\geqslant X\end{cases}\end{aligned}$$

【例 8-5】 设看涨期权价格 $C=2$,看跌期权价格 $P=1$,执行价格 $X=15$,求叠做期权的损益(见图 8-25)。

$$\begin{aligned}\text{证券组合的损益}&=2\max(S_T-X,\ 0)+\max(X-S_T,\ 0)-2C-P\\&=\begin{cases}15-S_T-4-1 & S_T<15\\2(S_T-15)-4-1 & S_T\geqslant 15\end{cases}\\&=\begin{cases}10-S_T & S_T<15\\2S_T-35 & S_T\geqslant 15\end{cases}\end{aligned}$$

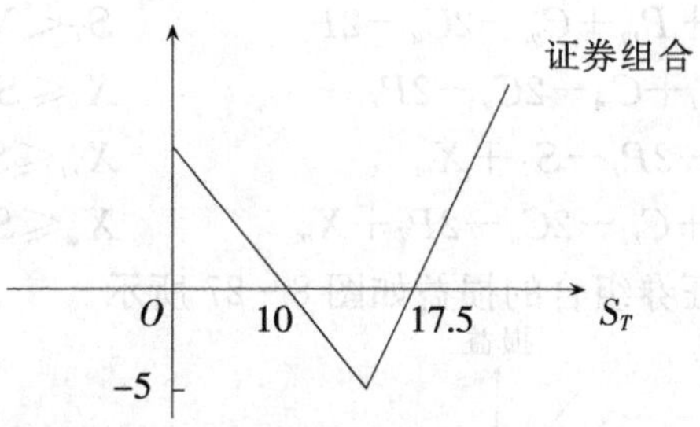

图 8-25

(9) 逆叠做期权(strip)。逆叠做期权是由购买两份看跌期权和一份看涨期权组成的证券组合,它们具有相同的执行价格。逆叠做期权损益的数学表达式如下:

$$\text{证券组合的损益}=2\max(X-S_T,\ 0)+\max(S_T-X,\ 0)-2P-C$$

请读者自行画图并举例。

(10) 三明治买卖组合(sandwich)。三明治买卖组合是由买入两份执行价格为中间值 X_m 的看涨期权、卖出一份执行价格为较低值 X_l 的看涨期权、卖出一份执行价格为较高值 X_u 的看涨期权(即 $X_l<X_m<X_u$)组成的证券组合。三明治买卖组合损益的数学表达式如下:

$$\text{证券组合的损益}=2\max(S_T-X_m,0)-\max(S_T-X_l,0)-\max(S_T-X_u,0)-2C_m+C_l+C_u$$

三明治买卖组合的损益如图 8-26 所示。

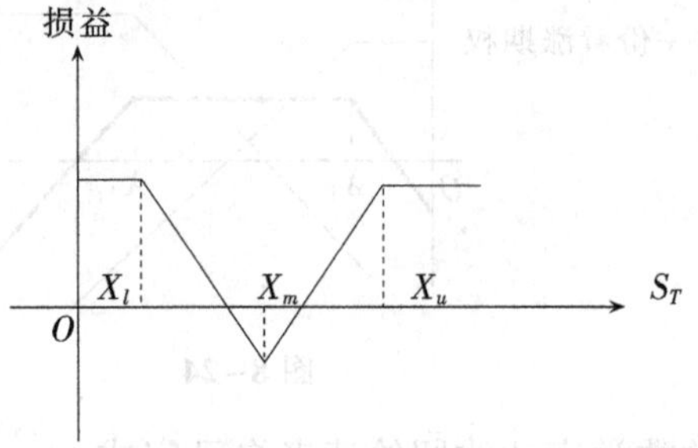

图 8-26

(11) W 形证券组合。我们在这里以例子说明该证券组合的损益,请读者给出 W 形证券组合的定义。

【例 8-6】 卖出执行价格为 $X_m=61.5$ 的顶部马鞍式组合(卖出一份看涨期权和一份看跌期权,其执行价格相同),买进执行价格为 $X_u=63.00$ 的看涨期权两份,买进执行价格为 $X_l=60$ 的看跌期权两份,即 $X_l<X_m<X_u$,求 W 形证券组合的损益。

证券组合的损益

$$=2\max(S_T-X_u,0)+2\max(X_l-S_T,0)-\max(S_T-X_m,0)-\max(X_m-S_T,0)+P_m+C_m-2C_u-2P_l$$

$$=\begin{cases}2(X_l-S_T)-(X_m-S_T)+P_m+C_m-2C_u-2P_l & S_T<X_l\\-(X_m-S_T)+P_m+C_m-2C_u-2P_l & X_l\leqslant S_T<X_m\\P_m+C_m-2C_u-2P_l-S_T+X_m & X_m\leqslant S_T<X_u\\S_T-2X_u+P_m+C_m-2C_u-2P_l+X_m & X_u\leqslant S_T\end{cases}$$

$$=\begin{cases}2X_l-S_T-X_m+P_m+C_m-2C_u-2P_l & S_T<X_l\\-X_m+S_T+P_m+C_m-2C_u-2P_l & X_l\leqslant S_T<X_m\\P_m+C_m-2C_u-2P_l-S_T+X_m & X_m\leqslant S_T<X_u\\S_T-2X_u+P_m+C_m-2C_u-2P_l+X_m & X_u\leqslant S_T\end{cases}$$

期权费为零的 W 形证券组合的损益如图 8-27 所示。

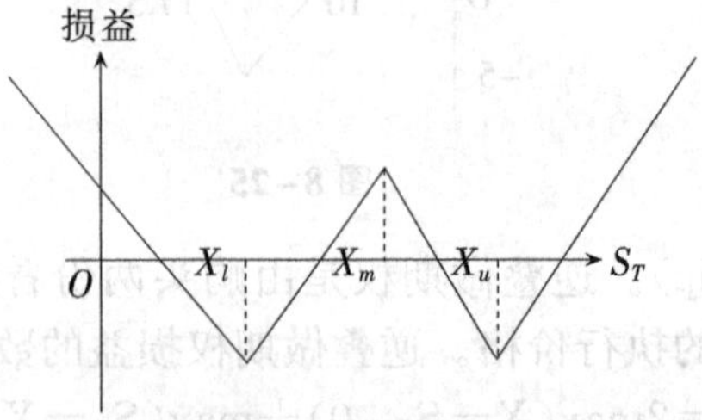

图 8-27

请读者给出 C_m、C_u、P_m、P_l 的具体值，并根据例题所给定的执行价格 X_l、X_m、X_u，计算出 W 形证券组合的损益。

第二节　期权定价的二叉树模型

一、期权定价的一期模型

Cox-Ross-Rubinstein 二叉树期权定价模型：设资本市场是竞争的和无摩擦的（不存在交易费用和税收）、不存在无风险套利机会、股票和期权是无限可分的，那么股票在下一期的价格只能取两种可能，如图 8－28 所示。

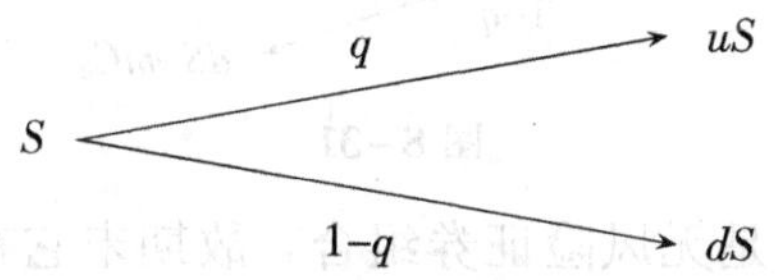

图 8－28

其中，$0<q<1$，$u>1+r>d>0$，r 为无风险利率。

我们用一个例子来介绍一期模型的期权定价方法。

【例 8－7】　设股票价格 $S=21.00$，股票价格以 $q=0.5$ 的概率向上和向下波动，无风险利率为 0.15，$1+r=1.15$，$u=1.4$，$d=1.1$，如图 8－29 所示。

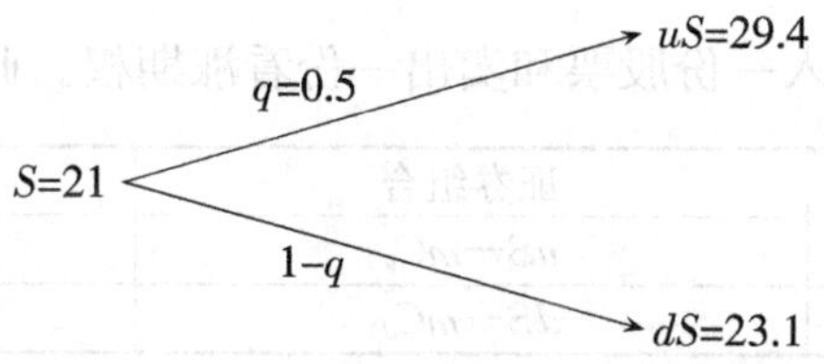

图 8－29

如果 $0\leqslant d<1$，则 $\lim_{n\to\infty} d^n=0$。

请注意：条件 $u>1+r>d$ 必须成立，否则可能会出现套利机会。

例如，当 $1+r<d$ 时，套利者从银行贷款 S 元，并以此购买一份股票，到第一期末可获得 dS 的价值，在归还银行贷款和支付利息后，套利者可得 $dS-(1+r)S>0$ 的收益。

如果 $1+r>u$，套利者可先卖空一份股票，获取资金 S，把此资金存入银行，到第一期末可获得的本金和利息之和为 $(1+r)S$。用 uS 资金购买一份股票平仓，剩下的 $(1+r)S-uS>0$。这说明上述两种情况都可能产生套利机会。

假设以该股票为标的的看涨期权的价格为 C，执行价格为 22，则看涨期权的价值变化如图 8－30 所示。

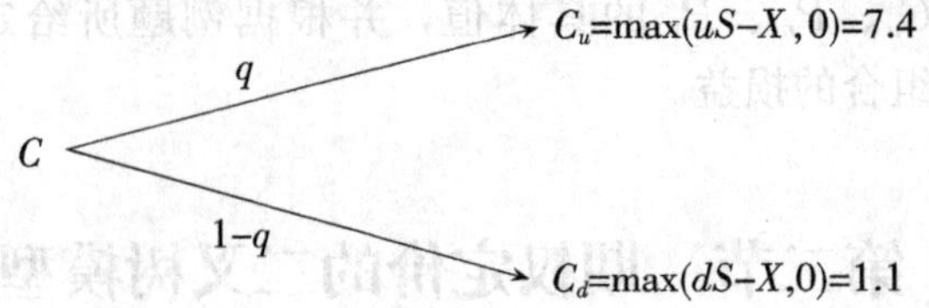

图 8-30

此期权如何定价？为了解决这个问题，我们需要构造一个无风险套期保值的证券组合：购买一份股票，卖掉 m 份期权，这个证券组合的价值如图 8-31 所示。

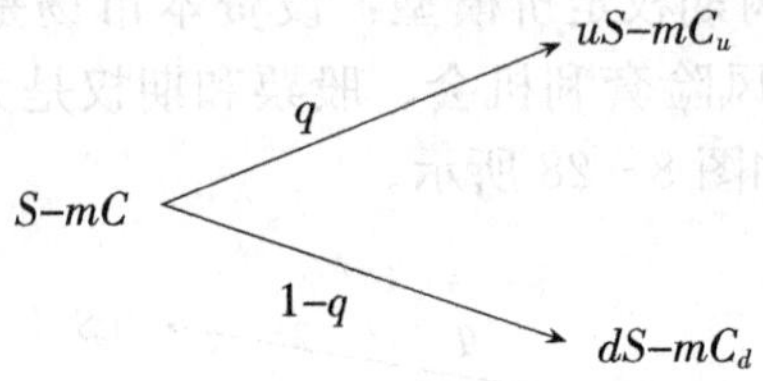

图 8-31

由于我们构造的证券组合是无风险证券组合，故期末它在各个状态的损益是一样的。由无风险证券组合的条件，有

$$uS-mC_u=dS-mC_d$$

由此得到：

$$m=\frac{S(u-d)}{C_u-C_d} \tag{8-9}$$

因而证券组合中的 m 为：

$$m=\frac{21\times(1.4-1.1)}{7.4-1.1}=1$$

即此无风险证券组合包括买入一份股票和卖出一份看涨期权。此证券组合的期末损益为：

股票价格状态	证券组合	损益
价格处于上升状态	$uS-mC_u$	$1.4\times21-1\times7.4=22$
价格处于下降状态	$dS-mC_d$	$1.1\times21-1\times1.1=22$

下面求期权的价格 C。

由于我们构造的证券组合是无风险证券组合，故有

$$(1+r)(S-mC)=uS-mC_u$$

$$C=\frac{S[(1+r)-u]+mC_u}{m(1+r)} \tag{8-10}$$

将 (8-9) 式代入 (8-10) 式，有 [m 称为套期保值率 (hedge ratio)]：

$$C=\frac{C_u\times\frac{(1+r)-d}{u-d}+C_d\times\frac{u-(1+r)}{u-d}}{1+r} \tag{8-11}$$

令

$$p=\frac{(1+r)-d}{u-d}\qquad 1-p=\frac{u-(1+r)}{u-d}$$

则有

$$C=\frac{pC_u+(1-p)C_d}{1+r} \tag{8-12}$$

p 称为套期保值概率，显然 $0<p<1$。

事实上，若投资者是风险中性的，则有

$$(1+r)S=quS+(1-q)dS$$

由此得到：

$$q=\frac{(1+r)-d}{u-d}$$

因此

$$p=q$$

我们通常也将 p 称为风险中性概率。(8-12) 式给出了看涨期权的价格，它也可以解释为在风险中性概率条件下，期权价格是其收益期望值的折现。

当 $S=21$ 元，$1+r=1.15$，$u=1.4$，$d=1.1$，$X=22$ 元时，有

$uS=1.4\times21=29.4$(元)

$C_u=\max(uS-X,0)=29.4-22=7.4$(元)

$dS=1.1\times21=23.1$(元)

$C_d=\max(dS-X,0)=23.1-22=1.1$(元)

由此可知期权的价格为：

$$C=\frac{pC_u+(1-p)C_d}{1+r}=\frac{7.4\times\frac{1.15-1.1}{1.4-1.1}+1.1\times\frac{1.4-1.15}{1.4-1.1}}{1.15}=1.869\,565\text{(元)}$$

说明 1：由此可知，套期保值证券组合所需要的投资 $21-1\times1.869\,565=19.13$ 元，而在期末投资所得到的总价值为 22 元，也就是：

$S-mC=21-1\times1.869\,565=19.13$(元)

$uS-mC_u=1.4\times21-1\times7.4=22$(元)

说明 2：此套期保值的证券组合为买入一份股票和卖出一份看涨期权。

说明 3：投资的收益率 $\frac{22}{19.13}=1.15=1+r$。

说明 4：由上面推导期权定价的过程可知，期权的价值依赖于所构造的一个套期保值的证券组合价值，同时期权的价格要使此套期保值组合获得无风险收益率，即债券投资的收益率。

如果期权价格高了(或者低了)，那么套期保值证券组合的收益率就会比无风险收益率高(或低)，此时就存在无风险套利机会。

例如，上面求得 $C=1.869\,565$ 元，若 C 使得（C 价格高了）$S-mC=18$ 元时，那么采取下列投资策略可获得套利机会。投资者先从银行借入购买证券组合的资金 18 元，然后在市场购买此证券组合，该证券组合到期末的收益为 22 元，扣除还银行贷款 20.7

元，还剩余 1.3 元，从而投资者获得 1.3 元的套利机会。

一期模型的期权定价公式有三个有趣的性质：

(1) 期权的价格不依赖于股票价格上升的概率。尽管投资者对股票价格上升的概率有不同的判断，但他只接受与 u、d、S、X、r 相关联的期权价值，而股票价格本身是引起投资者对 q 的不同判断的根源。

(2) 投资者对风险的态度与期权定价公式无关，我们所得的结果只假设人们偏好更多的财富。

(3) 股票价格是期权价值唯一依赖的随机变量。

二、期权定价的二期模型

为了得到多期期权价格公式，我们先讨论二期模型，如图 8－32 所示。设二期的无风险利率也为 r 且每期复利一次，则一元钱的投资到二期后有 $(1+r)^2$ 元，而股票的初始价格为 $S=21$ 元，在二期末到期的看涨期权的执行价 $X=22$ 元。

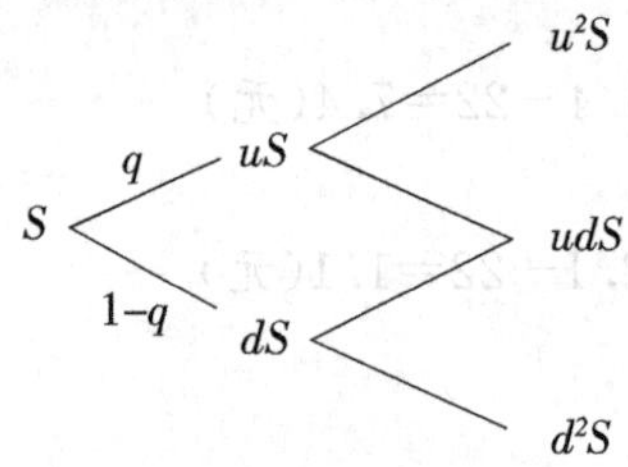

图 8－32

将例 8－7 的具体数据代入，可得到如图 8－33 所示的二叉树：

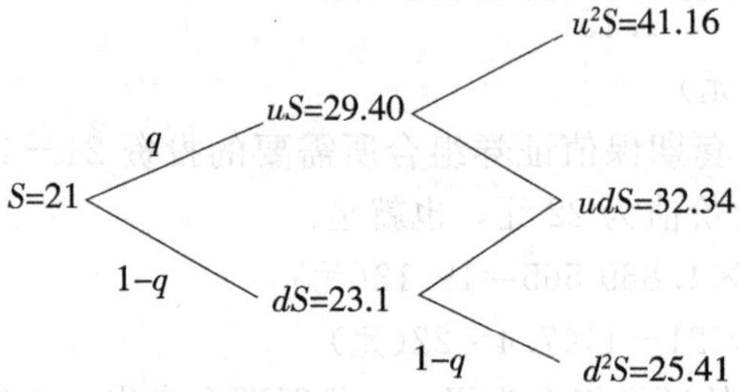

图 8－33

其中，$u=1.4$，$d=1.1$。以该股票为标的的二期看涨期权的价值如图 8－34 所示。

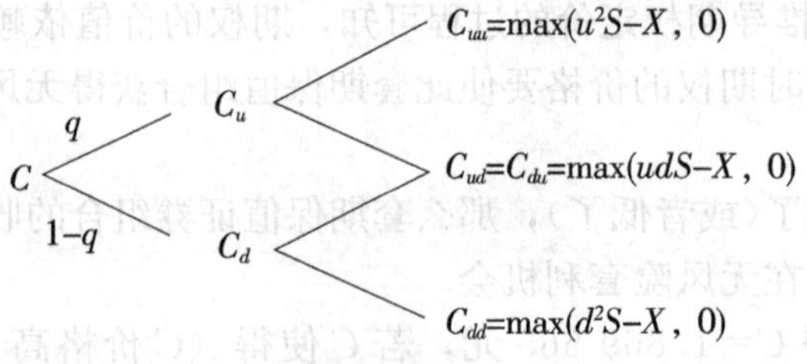

图 8－34

由 (8－12) 式可得：

$$C_u=\frac{pC_{uu}+(1-p)C_{ud}}{1+r} \tag{8-13}$$

$$C_d=\frac{pC_{du}+(1-p)C_{dd}}{1+r}$$

类似于一期模型，为了得到期权的价格，需要构造无风险套期保值证券组合，从而得到：

$$C=\frac{pC_u+(1-p)C_d}{1+r}$$

将（8－13）式得到的 C_u、C_d 代入上式，有

$$C=\frac{p^2C_{uu}+p(1-p)C_{ud}+p(1-p)C_{du}+(1-p)^2C_{dd}}{(1+r)^2} \tag{8-14}$$

其中

$$p=\frac{(1+r)-d}{u-d} \qquad 1-p=\frac{u-(1+r)}{u-d}$$

实际上，（8－14）式是两次应用一期模型定价公式得到的。分子是 $[pC_u+(1-p)C_d]^2$ 的二项式（有时又称二项式模型），只不过 C_uC_u、$C_uC_d(C_dC_u)$、C_dC_d 分别用二期之后期权可能取得的三个值 C_{uu}、C_{ud}、C_{dd} 代替，它们分别是：

$$C_{uu}=\max(u^2S-X,0)$$

$$C_{ud}=C_{du}=\max(udS-X,0)$$

$$C_{dd}=\max(d^2S-X,0)$$

从另一个角度看，（8－14）式表明：期权价值等于在风险中性概率下二期收益的期望值折现。

由前面所给的条件可得：

$$C_{uu}=\max(u^2S-X,0)=41.16-22=19.16(\text{元})$$

$$C_{ud}=\max(udS-X,0)=32.34-22=10.34(\text{元})$$

$$C_{dd}=\max(d^2S-X,0)=25.41-22=3.41(\text{元})$$

$$C=\frac{1\times 19.16+2\times 1\times 5\times 10.34+5\times 5\times 3.41}{6\times 6\times (1+0.15)^2}$$

$$=\frac{19.16+103.4+85.25}{36\times 1.3225}$$

$$=4.3648(\text{元})$$

如果执行价格为 30 元，则

$$C_{uu}=41.16-30=11.16(\text{元})$$

$$C_{ud}=32.34-30=2.34(\text{元})$$

$$C_{dd}=\max(d^2S-X,0)=\max(25.41-30,0)=0(\text{元})$$

故

$$C=\frac{11.16+23.4+0}{36\times 1.3225}$$

$$=0.7259(\text{元})$$

第三节　以债券为标的资产的期权定价二叉树模型

本节主要讨论以债券为标的资产的看涨期权定价模型。

一、债券价格的二叉树模型

就债券支付状态的变化规律而言，它与股票支付状态的变化规律正好相反，股票支付状态随着时间的推移逐渐分叉，如图 8-35 所示。

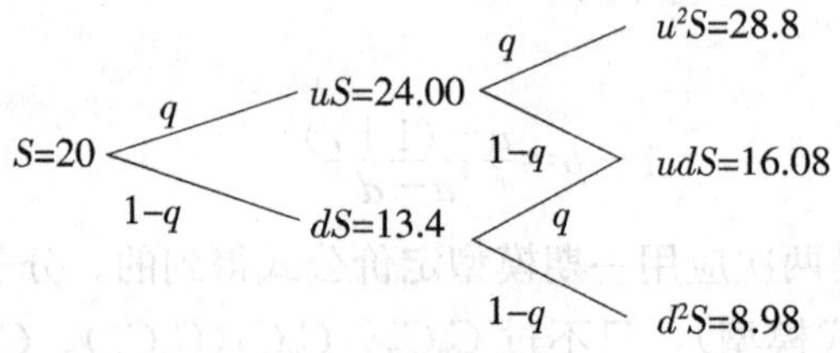

图 8-35

而债券支付（收益）在到期日收敛于它的面值。例如，面值为1 000元的一年期零息债券的价格树（以半年为一期）如图 8-36 所示：

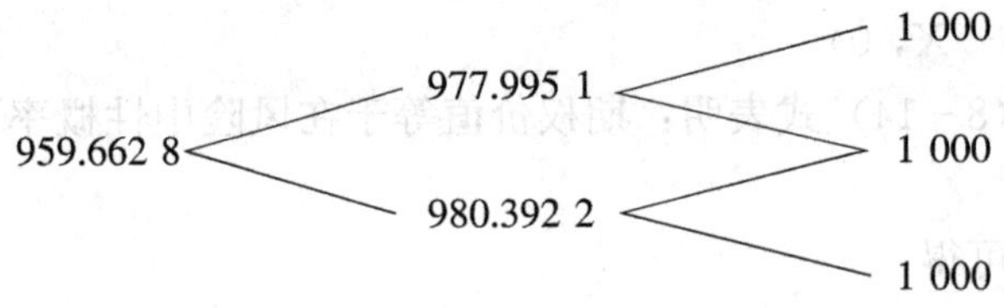

图 8-36

此外，多数债券还有票息支付。如果每半年支付票息 C，则债券价格树将增加一项票息的折现，如图 8-37 所示。图中的 C_0 是$\dfrac{C}{1+\frac{r_{11}}{2}}$、$\dfrac{C}{1+\frac{r_{10}}{2}}$经过最初半年期利率折现后的期望值。$r_{11}$、$r_{10}$为半年以后的半年期利率。为了讨论以债券为标的资产的期权定价问题，我们首先要弄清楚债券定价的方法。

假设某债券的面值为 D，每隔半年支付一次票息，该债券 n 年到期，如果给定利率期限结构就可以给该债券定价。已知半年期利率变化模型，如何求出此债券的价格树以及以该债券为标的资产的期权价格？

假设债券面值为 D，半年的票息为 C_i（$i=1, 2, \cdots, 2n$）。若把此债券看成面值与票息分离的债券，则债券的现金流相当于 $2n$ 份面值为 $C_i(i=1, 2, \cdots, 2n)$的零息债券和一份面值为 D 的零息债券。对于每一只零息债券，我们由所给的利率期限结构和半年期利率树的条件可以求出相应债券的价格及价格树，从而可求出以该债券为标的资产的衍生产品价格。下面以面值为 100 元、期限为一年半期的债券为例，简要介绍两种构造零息债券价格树的方法。

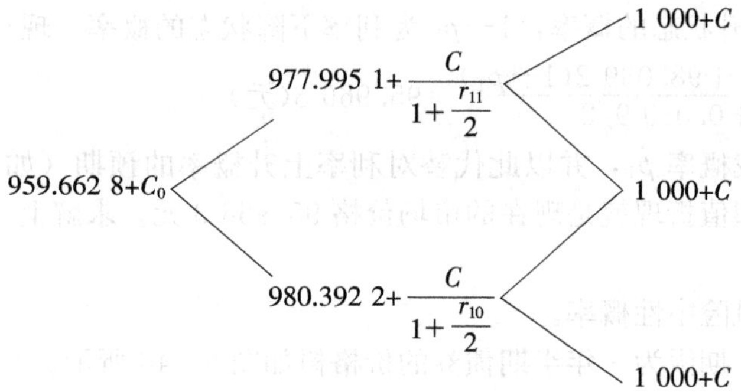

图 8-37

（一）风险中性方法

假设半年期利率为 3.99%，一年期利率为 4.16%，一年半期利率为 4.33%，而半年期的利率树如图 8-38 所示。

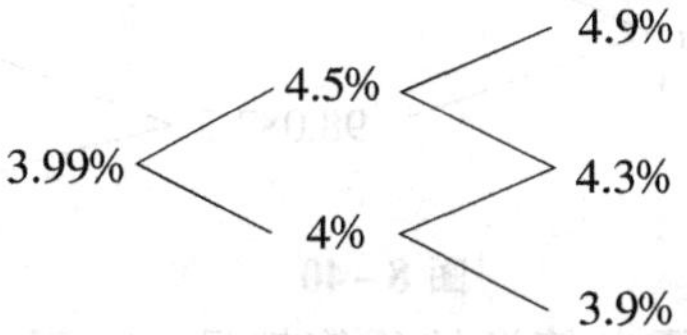

图 8-38

以面值为 100 元、期限为一年期的债券为例，求第一个半年期利率变化的风险中性概率，其价格树如图 8-39 所示。

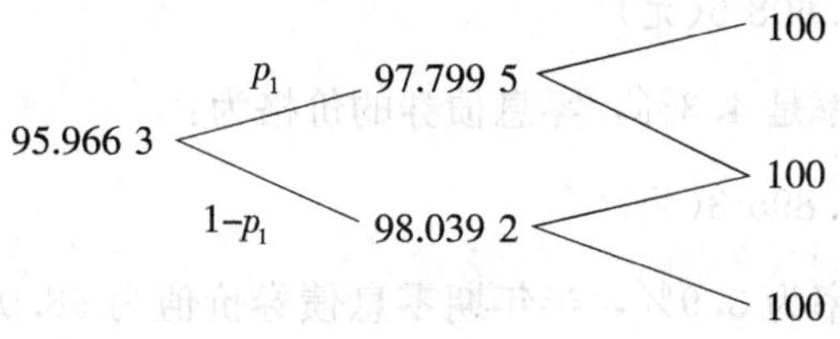

图 8-39

由于日期 0 的一年期即期利率是 4.16%，故一年期零息债券的价格为：

$$\frac{100}{\left(1+\frac{0.041\ 6}{2}\right)^2}=95.966\ 3(\text{元})$$

它位于价格树的第一列。在日期 1，一年期零息债券变成了半年期零息债券。如果半年期利率上升到 4.5%，则半年期零息债券的价格为：

$$\frac{100}{1+\frac{0.045}{2}}=97.799\ 5(\text{元})$$

如果半年期利率在日期 1 是 4%，则半年期零息债券的价格为：

$$\frac{100}{1+\frac{0.04}{2}}=98.039\ 2(\text{元})$$

在到期日，其价格当然是零息债券的面值 100 元。

设 p_1 为利率上升状态的概率，$1-p_1$ 为利率下降状态的概率。现在选择 p_1，使得：

$$\frac{97.7995p_1+98.0392(1-p_1)}{1+0.0399/2}=95.9663(\text{元})$$

也就是说，寻找概率 p_1，并以此代替对利率上升概率的预期（如 0.5），使得在此概率下债券价格的期望值折现就是现在的市场价格 95.966 3 元。求解上述方程可得：

$$p_1=0.661$$

我们将此概率称为风险中性概率。

面值为 100 元、期限为一年半期债券的价格树如图 8-40 所示。

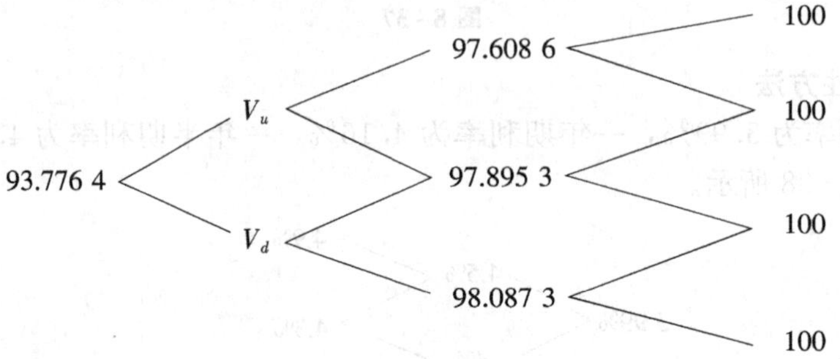

图 8-40

经过一年半之后，一年半期零息债券的价值都是 100 元。在日期 2（即一年后），一年半期零息债券变成半年期零息债券，其价格可用相应的半年期利率计算得到。在状态 2，半年期利率是 4.9%，因此半年期零息债券价格为：

$$\frac{100}{1+0.049/2}=97.6086(\text{元})$$

在状态 1，半年期利率是 4.3%，零息债券的价格为：

$$\frac{100}{1+0.043/2}=97.8953(\text{元})$$

在状态 0，半年期利率为 3.9%，半年期零息债券价值为 98.087 3 元。最后，在日期 0，一年半期零息债券的价格是由一年半期即期利率 4.33%决定的现值：

$$\frac{100}{(1+0.0433/2)^3}=93.7764(\text{元})$$

V_u 和 V_d 表示六个月后一年半期零息债券可能的价格，此时它已成为一年期零息债券。因为半年后的一年期即期利率是多少还不知道，所以 V_u 和 V_d 的值未知。

风险中性定价技术需要计算第二期利率变化的概率，并用此概率来计算债券未来价值的期望值，再把债券的未来期望价值折现就产生了 V_u 和 V_d 的值。

由一年期债券的价格树可知，第一期市场利率向上波动的风险中性概率为 0.661。设 p_2 为第二期利率向上波动的风险中性概率，则一年半期债券的价格树如图 8-41 所示。

由此方法可得到风险中性概率序列，我们用它和利率树就可以对市场上的任一种债券进行合理定价。

（二）利率期限结构模型方法

我们在风险中性方法中介绍了在给定利率期限结构以及半年期利率变化规律的情况下，如何寻找风险中性概率序列并且应用该序列给债券定价的方法。下面介绍另一种债券

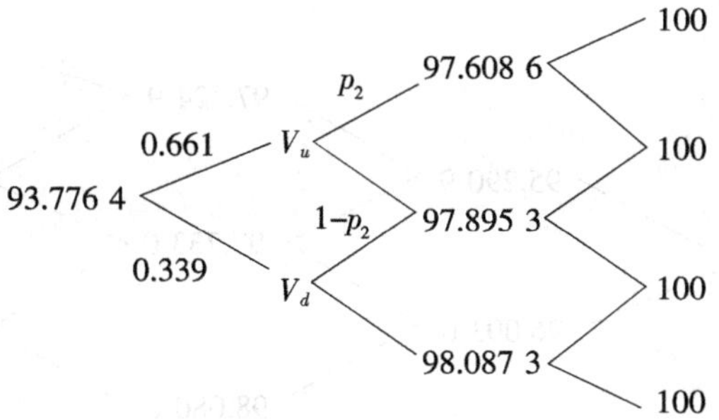

图 8-41

定价方法，我们将其称为利率期限结构模型方法：先固定半年期利率，在下一期以同样的概率分别取两个值，然后利用利率期限结构模型计算半年期利率值，从而构成一个利率树，实际上是调整利率模型中的某些参数，使利率变化的概率成为风险中性概率。再用所得到的利率树对债券未来的价值折现就可得到债券的价格。

假设半年期利率为 3.99%，一年期利率为 4.16%，一年半期利率为 4.33%，应用 Salomon-Brothers 模型①得到时间为一年半的半年期利率树及一年半期零息债券价格树。

先看一年的半年期利率树及一年期零息债券价格树，如图 8-42 和图 8-43 所示。

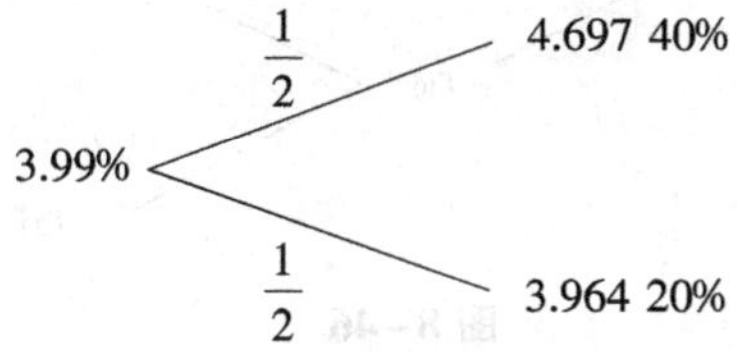

图 8-42

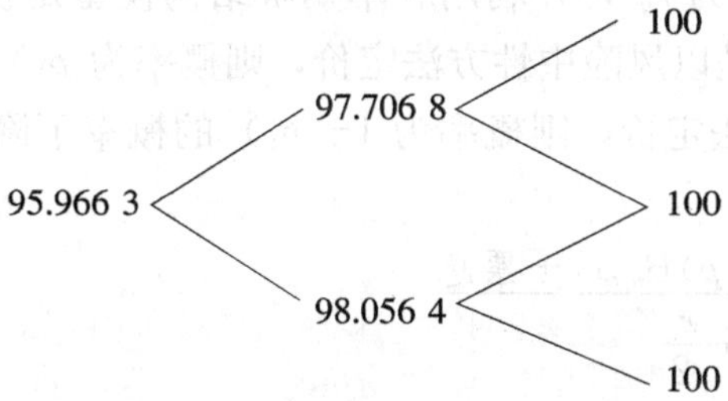

图 8-43

用 Salomon-Brothers 模型可得到一年半的半年期利率树，我们由此可得到一年半期零息债券价格树，如图 8-44 和图 8-45 所示。

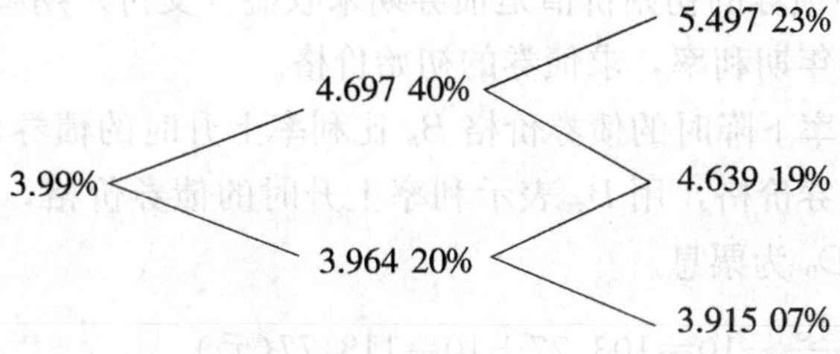

图 8-44

① Tuckman B. Fixed Income Securities—Tool for Today Markets. John Wiley & Sons, Inc., 1995.

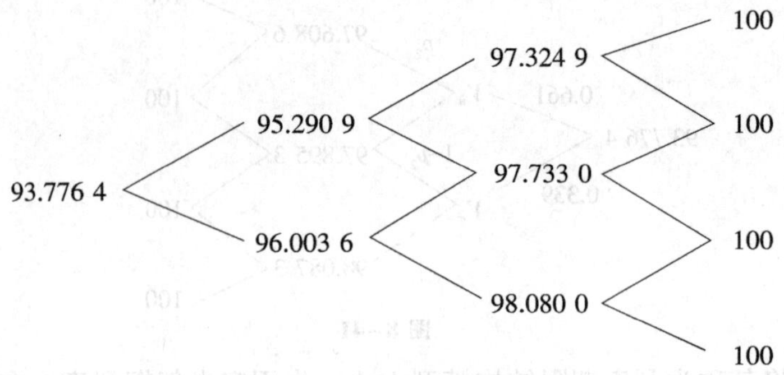

图 8-45

设利率变化过程可用二叉树表示，如图 8-46 所示。

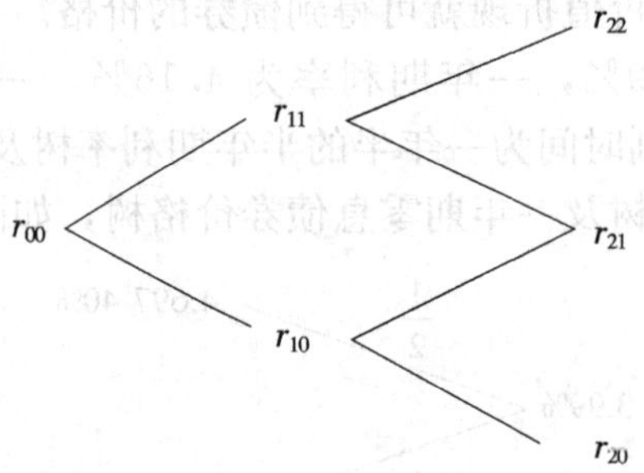

图 8-46

也就是说，若假设初始利率为 r_{00}，并利用利率期限结构模型定价方法，那么利率在第二期有可能以 $p=0.5$（如果是以风险中性方法定价，则概率为 p_1）的概率上升到 r_{11}，或以 0.5（如果是以风险中性方法定价，则概率为 $1-p_1$）的概率下降到 r_{10}。因此，该债券的价格可用递归公式表示为：

$$B_t=\frac{pB_{d,t+1}+(1-p)B_{u,t+1}+\text{票息}}{1+\frac{r_t}{2}} \tag{8-15}$$

式中，$p=0.5$（或相应期限的风险中性概率）。

【例 8-8】 设初始利率 $r=10\%$（半年期），利率在第二期有可能以 $q=0.5$ 的概率上升到 0.12，或以 0.5 的概率下降到 0.085。债券的面值 $D=100$ 元，每半年支付的红利为 10 元，（8-15）式中债券的初始价值是债券期末收益（支付）期望值的折现，（8-15）式中 r_t 表示 t 时刻的半年期利率，求债券的初始价格。

我们注意到，利率下降时的债券价格 B_u 比利率上升时的债券价格高，因此我们用 B_u 表示利率下降时的债券价格，用 B_d 表示利率上升时的债券价格，相应的债券价格树如图 8-47 所示。其中，D_0 为票息。

$$B_d+D_0=\frac{110}{1.06}+10=103.77+10=113.77(\text{元})$$

$$B_u+D_0=\frac{110}{1.0425}+10=105.52+10=115.52(\text{元})$$

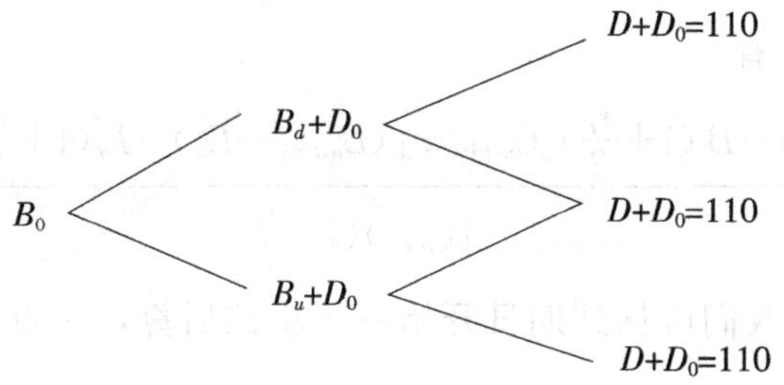

图 8-47

$$B_0=0.5\times\frac{113.77}{1.05}+0.5\times\frac{115.52}{1.05}=109.19(\text{元})$$

如果利率树不是由利率期限结构构成的，则 $q=0.5$ 应该是风险中性概率。

二、以债券为标的资产的期权定价

设以例 8-8 中的债券为标的资产、执行价格 $X=100$ 元的看涨期权，在 t 期的市场价格为 C_t。当 $t=1$ 时，它的收益如图 8-48 所示。

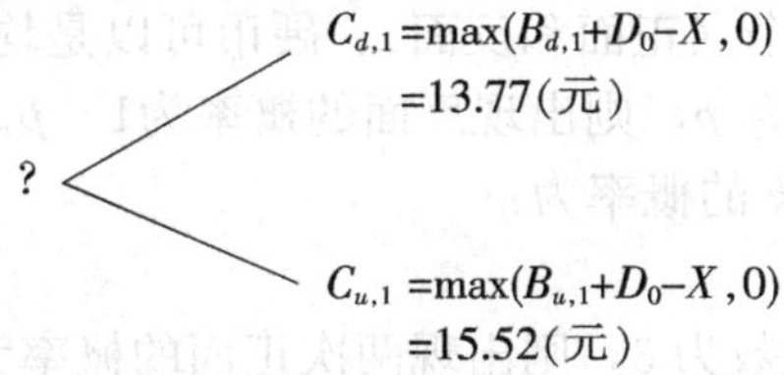

图 8-48

其价格应该是多少？如何给此期权定价？

当期权的期限与债券的期限相同时，由于债券在到期日的支付都一样，因而以此债券为基础资产的看涨期权价值为 0。当债券为零息债券且执行价格为债券面值时，以此债券为标的资产的看涨期权的期限一定要比债券的期限短，图 8-48 是以债券为标的资产的看涨期权的一期模型。

为了达到期权定价的目的，类似于我们讨论过的以股票为标的资产的看涨期权定价理论，首先需要构造一个无风险证券组合：购买一份债券，出售 m 份看涨期权（以该债券为标的的看涨期权）。由于它是无风险证券组合，因此它在到期时的支付（收益）是一样的。设看涨期权在 t 期执行，则该证券组合在 $t+1$ 期两个状态的收益相等。

$$B_{d,t+1}+D_0-mC_{d,t+1}=B_{u,t+1}+D_0-mC_{u,t+1}$$

则

$$m=\frac{B_{d,t+1}-B_{u,t+1}}{C_{d,t+1}-C_{u,t+1}} \quad (8-16)$$

由于我们构造的证券组合是无风险证券组合，故有

$$(B_t-mC_t)\left(1+\frac{r_t}{2}\right)=B_{d,t+1}+D_0-mC_{d,t+1}$$

式中，r_t 为无风险利率。

将 m 的值代入上式，有

$$C_t=\frac{\left[(B_{d,t+1}+D_0)-B_t(1+\frac{r_t}{2})\right]C_{u,t+1}-\left[(B_{u,t+1}+D_0)-B_t(1+\frac{r_t}{2})\right]C_{d,t+1}}{(B_{d,t+1}-B_{u,t+1})(1+\frac{r_t}{2})} \tag{8-17}$$

为了得到上式的值，我们可从到期日开始一步步往后算，一直算到获得 C_0 为止。在上例中：

$$C_0=\frac{(113.77-109.19\times1.05)\times15.52-(115.52-109.19\times1.05)\times13.77}{(113.77-115.52)\times1.05}$$

$$=13.951\,8(\text{元})$$

第四节　n 期欧式期权的定价模型

一、二项式及二项式试验

二项式试验（binomial trials）是指只有两个试验结果的试验。例如在抛硬币试验中，该试验可能出现的结果只有两个（正面和反面）。硬币可以是均匀的，也可以是不均匀的，假设抛硬币时出现正面的概率为 p，则出现反面的概率为$1-p$。假设我们用 ξ_n 表示 n 次试验中出现正面的次数，则 $\xi_n=k$ 的概率为：

$$C_n^k p^k(1-p)^{n-k}$$

记为 $P(\xi_n=k)$。例如，试验次数为 3，则出现两次正面的概率为 $P(\xi_3=2)$。当试验次数不多时，我们可以借助帕斯卡三角形（Pascal's triangle）求出试验中出现正面次数的概率。下面，我们首先介绍帕斯卡三角形的构造形式，帕斯卡三角形每一行的数据都是上一行相邻两个数之和。

试验次数 n	帕斯卡三角形
0	1
1	1　1
2	1　2　1
3	1　3　3　1
4	1　4　6　4　1
出现正面的次数 k	n　$n-1$　……　$n-n$

帕斯卡三角形的每一行都是一个二项式的系数，即 $[p+(1-p)]^n$ 的系数。例如，当 $n=3$ 时，我们知道 $[p+(1-p)]^3$ 的系数为 1，3，3，1，它的值为：

$$p^3+3p^2(1-p)+3p(1-p)^2+(1-p)^3$$

当试验次数为 n 时，则出现正面次数 ξ_n 的概率分布，也就是 $\xi_n=k$ 的概率为：

$$P(\xi_n=k)=\text{系数}\ p^k(1-p)^{n-k}$$

此系数可由帕斯卡三角形得到，如

$$P(\xi_3=2)=3\times0.5\times0.5^2=0.375$$

式中的系数“3”是帕斯卡三角形第三行的第二个数。当试验次数较大时，帕斯卡三角形的使用不太方便，此时系数可由下式计算：

$$\text{系数}=C_n^k=\frac{n!}{k!\ (n-k)!}$$

n 次试验中有 k 次出现正面的概率是：

$$P(\xi_n=k)=C_n^k p^k(1-p)^{n-k}$$

$$=\frac{n!}{k!\ (n-k)!}p^k(1-p)^{n-k} \tag{8-18}$$

如果试验为 n 次，那么在平均意义上出现正面的次数为：

$$E(\xi_n)=np$$

方差为：

$$D(\xi_n)=\mathrm{var}(\xi_n)=np(1-p)$$

二、n 期欧式看涨期权的定价公式

设股票的初始价格为 S，其变化规律与图 8-32 所示的相同，但期限为 n 期。其他的参数与本章第二节相同，所以股票价格的 n 次波动相当于试验次数为 n 的二项式试验。因此，n 期欧式看涨期权取值的分布如下：

$$\max(u^nS-X,\ 0),\ \max(u^{n-1}dS-X,\ 0),\ \cdots,\ \max(u^{n-k}d^kS-X,\ 0),\ \cdots,\ \max(d^nS-X,\ 0)$$

$$C_n^np^n(1-p)^0,\quad C_n^{n-1}p^{n-1}(1-p),\ \cdots,\quad C_n^kp^k(1-p)^{n-k},\ \cdots,\quad C_n^0\,p^0(1-p)^n$$

故

$$C=\frac{\sum\limits_{k=0}^{n}C_n^kp^k(1-p)^{n-k}\max(u^kd^{n-k}S-X,\ 0)}{(1+r)^n} \tag{8-19}$$

当 $0<d<1$ 时，因为 $\lim\limits_{k\to\infty}d^k=0$，我们设 a 表示可使看涨期权收益为正的最小整数，即当 $k<a$ 时，有

$$u^kd^{n-k}S-X\leqslant 0$$

即

$$\max(u^kd^{n-k}S-X,\ 0)=0$$

由此可得：

$$C=\frac{\sum\limits_{k=0}^{n}C_n^kp^k(1-p)^{n-k}\max(u^kd^{n-k}S-X,\ 0)}{(1+r)^n}$$

$$=\frac{\sum\limits_{k=0}^{a-1}C_n^kp^k(1-p)^{n-k}\max(u^kd^{n-k}S-X,\ 0)}{(1+r)^n}+\frac{\sum\limits_{k=a}^{n}C_n^kp^k(1-p)^{n-k}\max(u^kd^{n-k}S-X,\ 0)}{(1+r)^n} \tag{8-20}$$

$$=\frac{\sum\limits_{k=a}^{n}C_n^kp^k(1-p)^{n-k}\max(u^kd^{n-k}S-X,\ 0)}{(1+r)^n} \tag{8-21}$$

$$=\frac{\sum_{k=a}^{n}C_n^k p^k(1-p)^{n-k}(u^k d^{n-k}S-X)}{(1+r)^n}$$

$$=\frac{\sum_{k=a}^{n}C_n^k p^k(1-p)^{n-k}u^k d^{n-k}S}{(1+r)^n}-\frac{\sum_{k=a}^{n}C_n^k p^k(1-p)^{n-k}X}{(1+r)^n}$$

$$=S\sum_{k=a}^{n}C_n^k p^k(1-p)^{n-k}\frac{u^k d^{n-k}}{(1+r)^n}-\frac{X\sum_{k=a}^{n}C_n^k p^k(1-p)^{n-k}}{(1+r)^n} \tag{8-22}$$

式中，$\frac{X}{(1+r)^n}$为执行价格的折现值。

在n期模型中，股票价格上涨的次数（$\xi_n \geqslant a$）与下降次数（$\xi_n < a$）是对立事件，因此$P(\xi_n \geqslant a)$和$P(\xi_n < a)$是两个互补事件的概率，$P(\xi_n \geqslant a)$是看涨期权价值为正的累积概率。

在（8-22）式中，令

$$p'=p\times\frac{u}{1+r} \qquad 1-p'=\frac{d}{1+r}\times(1-p)$$

则有

$$\frac{u^k d^{n-k}}{(1+r)^n}\times p^k\times(1-p)^{n-k}=\left(\frac{u}{1+r}\times p\right)^k\left[(1-p)\times\frac{d}{1+r}\right]^{n-k}$$
$$=(p')^k(1-p')^{n-k}$$

因此，欧式看涨期权二项式定价模型可写成：

$$C=SP(\xi_n \geqslant a\,|\,p')-\frac{X}{(1+r)^n}P(\xi_n \geqslant a) \tag{8-23}$$

其中

$$p=\frac{(1+r)-d}{u-d} \qquad p'=\frac{u}{1+r}\times p$$

式中，a是大于$\frac{\ln(X/Sd^n)}{\ln(u/d)}$的最小非负整数。如果$a>n$，则$C=0$。

$$P(\xi_n \geqslant a\mid p')=\sum_{k=a}^{n}C_n^k\,(p')^k(1-p')^{n-k}$$

$$P(\xi_n \geqslant a)=\sum_{k=a}^{n}C_n^k p^k(1-p)^{n-k}$$

式中，n为总的时间期限；r为每期的无风险利率。

结果分析：

（1）由（8-23）式可知，看涨期权的价值随着股票价格的上涨而上涨，当执行价格升高时，它的价值随之降低。另外，无风险利率、期权到期期限n、二项分布的方差$\sigma^2=np(1-p)$也影响着看涨期权的价值。

（2）当无风险利率上升时，它的主要影响是降低执行价格的折现值$\frac{X}{(1+r)^n}$。尽管r的上升会引起p和p'的变化，但依然可以提高看涨期权的价值。

（3）延长到期期限同样提高了看涨期权的价格。我们知道看涨期权的价值等于最终收益的折现乘以套期保值的概率。时间期限的数值虽然不改变套期保值的概率，但它增加了正收益的项数，而且二项分布收益也随着期望值 $E(\xi_n)=np$ 的增加而增加。

（4）看涨期权价值随着二项分布方差 $D(\xi_n)=\mathrm{var}(\xi_n)=np(1-p)$ 的增加而增加。

【本章小结】

期权是主要的金融衍生产品，是金融工程的主要工具，也是构成金融工程其他产品的基础。本章较为详细地介绍了几种主要的期权及其执行价格的表达形式，如欧式期权、美式期权、二值期权、复合期权、选择期权、亚式期权、回看期权。一个期权协议的内容包括标的资产、执行时间和执行价格等要素。本章以欧式期权为例详细介绍了各证券组合的收益图，读者可以从中分析出投资的结果。本章的另一个重要内容是讨论标的资产价值为离散情况的期权定价——二叉树模型，还讨论了以债券为标的资产的期权及其定价理论，并讨论了 n 期二叉树模型。

【本章要点】

- 欧式期权、美式期权、二值期权、复合期权、选择期权、亚式期权、回看期权的定义
- 欧式期权及其各种组合的损益分析，针对不同的投资要求构造出相应的投资组合
- 标的资产价格为离散（本书主要是指二值）的期权定价的理论根据和方法
- 以债券为标的资产的期权定价方法
- 二叉树从二期模型到 n 期模型的扩展

【本章关键术语】

期权	欧式期权	美式期权	二值期权	复合期权	选择期权
亚式期权	回看期权	二叉树模型	无套利机会		

【本章思考题】

1. 试给出欧式期权的各种组合损益分析结果的经济解释。
2. 标的资产价格为离散（本书主要是指二值）的期权定价的根据是什么？
3. 如何将二叉树从二期模型向 n 期模型进行扩展？由此导出布莱克-斯科尔斯期权定价公式。
4. 以股票为标的资产的欧式期权定价方法与以债券为标的资产的欧式期权定价方法有什么不同？

第九章

期权定价公式及其应用

第一节 布莱克-斯科尔斯期权定价公式

一、引 言

金融资产的定价问题（asset valuation）是现代财务金融理论的一个基本问题。对于具有固定现金流的金融产品（如债券等金融工具），其价格都是通过净现值方法来确定的。人们为什么不用此方法对期权进行定价呢？其主要原因在于，运用净现值方法需要事先确定一个适当的折现率，即资本成本和未来的现金流。按照财务理论，该折现率的大小应该与投资风险的大小成正比，也就是它应该由无风险利率和风险溢价组成。对于期权来讲，其风险究竟有多大？如何计算出相应的风险溢价以及未来的现金流？这些都是较难解决的问题。

既然现金流和净现值方法行不通，那就只有另辟蹊径。关于期权定价问题的研究，最早可以追溯到1900年。当时，法国有位不出名的天才巴舍利耶，他在爱因斯坦（Einstein）之前就已认识到维纳（Wiener）函数的一些重要性质，并在其博士学位论文《投机理论》（The Theory of Speculation）中首次给出了欧式买权的定价公式。可惜的是，他在建立模型时有 3 个假设与现实不符：①他假设标的股票的价格服从标准正态分布。这使得股价出现负值的概率大于零，从而与现实明显不符。②他认为在离到期日足够远的时候，买权的价值可能大于标的股票的价值，这显然也是不可能的。③他假设股票的期望收益（即股价变化的平均值）为零，这也违背了股票市场的实际情况。尽管如此，巴舍利耶的研究结果（特别是他提出的效率市场的概念）还是为后人的研究指明了方向。

在巴舍利耶的研究基础上，人们对期权定价问题进行了长期的研究。1964 年，斯普伦克尔（Sprenkle）提出了“股票价格服从对数正态分布”的基本假设，并肯定了股价发生随机游走的可能性。同年，博恩斯（Boness）将货币时间价值的概念引入了期权定价过程，但他没有考虑期权和标的股票之间风险水平的差异。1965 年，著名经济学家萨缪尔森（Samuelson）把上述成果综合到一个模型中。1969 年，他又与其研究生默顿（Merton）合作，提出了把期权价格作为标的股票价格的函数的思想。在 1973 年布莱克（Black）和斯科尔斯（Scholes）提出布莱克-斯科尔斯期权定价模型（以下简称“B-S 模型”）之前，虽然学者们已建立了各种各样的期权定价模型，但这些模型在实际应用中有一定的局限性，因为这些模型仍或多或少地包含一些主观的参数，如投资者个人对风险的态度、市场均衡价格等。

20 世纪 60 年代末，布莱克在哈佛大学数学系取得博士学位后，没有继续其在纯数学领域的研究，而是到波士顿的一家管理咨询公司——Arthur Little 公司工作。在那里，他认识了麻省理工学院斯隆管理学院的年轻教师斯科尔斯，两人开始合作研究期权的定价问题，并找到了建立期权定价模型的关键突破点，即构造一个由标的股票和无风险债券的适当组合（买入适当数量的标的股票，同时按无风险利率借入适当金额的现金）。该组合具有这样的特点，即无论未来标的资产价格如何变化，其损益特征都能完全再现期权在到期日的损益特征。因此，该组合又称合成期权或人造期权。既然合成期权与我们所要定价的期权在到期日具有完全相同的损益特征，那么根据无套利定价原则，构造该合成期权所需的成本就应当等于期权当前的价值。

根据上述基本思路，布莱克和斯科尔斯得到了描述期权价格变化所满足的偏微分方程，即所谓的 B-S 方程。不过，在求解这一方程时，他们遇到了一定的困难。幸运的是，布莱克发现这一微分方程从形式上看与描述热传导过程的微分方程完全相同，而后者的解已经由物理学家得到。因此，布莱克和斯科尔斯很快找到了有关的参考资料，在经过一定的运算后，他们得出了期权定价模型的解析解，这就是 B-S 模型。

除了布莱克和斯科尔斯以外，默顿也对期权定价理论和实践的发展做出了独立的和开创性的贡献，他几乎是与布莱克和斯科尔斯同时得到了期权定价模型及其他一些重要的成果。例如布莱克和斯科尔斯只考虑了股票价格连续变化的情况，但在实际中股价并不是始终连续变化的，可能存在着一些非连续的跳跃点。另外，B-S 期权定价模型中没有考虑标的股票在合同有效期内发放股利的情况，这是该模型的又一局限性所在。1976 年，默顿把 B-S 期权定价模型推广到股票价格变化可能存在跳跃点的场合，并包含了标的股票连续支付股利的情况，从而把该模型的实用性又大大推进了一步，学术界将其称为默顿模型。

另外，考克斯（Cox）、罗斯（Ross）和鲁宾斯坦（Rubinstein）等人还提出了二叉树期权定价模型。他们最初的动机是以该模型为基础，从而为推导 B-S 模型提供一种比较简单和直观的方法。但是，随着研究的不断深入，二叉树模型不只是充当了解释 B-S 模型的一种辅助性工具，它已经成为建立复杂期权（如美式期权和非标准的变异期权）定价模型的基本手段。我们已在第八章第二节对二叉树期权定价模型进行了介绍。

二、布莱克-斯科尔斯期权定价公式

（一）基本假设

（1）股票价格满足的随机微分方程（9-1）中的 μ、σ 为常数。

（2）股票市场允许卖空。

（3）没有交易费用或税收。

（4）所有证券都是无限可分的。

（5）证券在有效期内没有红利支付。

（6）不存在无风险套利机会。

（7）交易是连续的。

（8）无风险利率 r 为常数。

（二）股票价格的轨道

在通常情况下，我们假设股票价格 S_t 满足下列随机微分方程：

$$dS_t = S_t\mu_t\,dt + \sigma_t S_t\,d\varpi_t \tag{9-1}$$

$$dS_t^0 = S_t^0 r_t\,dt \tag{9-2}$$

式中，ϖ 为概率空间 $(\Omega, \Im_t, P)$ 上的布朗运动。

$$E_t(d\varpi_t)=0 \qquad E_t(d\varpi_t^2)=dt$$

$$E_t\left(\frac{dS_t}{S_t}\right)=\mu_t\,dt \qquad \mathrm{var}_t\left(\frac{dS_t}{S_t}\right)=\sigma_t^2\,dt \tag{9-3}$$

式中，$\Im_t$ 为与时间 t 有关的信息流，E_t 表示在 $\Im_t$ 下的条件期望；σ_t 为股票的波动率（扩散系数）；μ_t 为漂移系数。

（9-1）式的解为：

$$S_t = S_0\exp\left\{\int_0^t\left(\mu_l - \frac{1}{2}\sigma_l^2\right)dl + \int_0^t \sigma_l\,d\varpi_l\right\} \tag{9-4}$$

对任意 t，令

$$x_t = \ln S_t = \ln S_0 + \int_0^t\left(\mu_l - \frac{1}{2}\sigma_l^2\right)dl + \int_0^t \sigma_l\,d\varpi_l \tag{9-5}$$

由于 x_t 是服从期望值为 μ_t^x、方差为 ϖ_t^x 的正态分布，故 S_t 称为对数正态过程。其中

$$\begin{aligned}\mu_t^x &= \ln S_0 + \int_0^t\left(\mu_l - \frac{1}{2}\sigma_l^2\right)dl\\ \varpi_t^x &= \int_0^t \sigma_l^2\,dl\end{aligned} \tag{9-6}$$

（三）期权套期保值

寻找期权定价公式（函数）的主要思路为：构造以某种股票和以该股票为标的的期权的一个证券组合，而且所构造的证券组合正好是一个无风险资产的复制。为防止套利机会，该证券组合每一时间单位的收益率都应等于无风险投资的收益率。

设 C_t 表示 t 时刻的期权价格，它是时间和股票价格的函数，即 $C_t=\Gamma(t, S_t)$，而 $\Gamma(t, x)$①的具体形式不知道，但它在 $[0, T]\times[0, +\infty)$ 上具有二阶可微性。

命题 9-1 设 $C_t=\Gamma(t, S_t)$ 为期权现价格（t 时刻的价格），$\Gamma(t, x)$ 关于 t 有一阶连续偏导数，关于 x 有二阶连续有界偏导数，且满足终值条件：

$$C_T=\Gamma(T, S_T)=h(S_T)$$

则 $\Gamma(t, S)$ 是下列偏微分方程的解：

$$\begin{cases}\frac{1}{2}\sigma^2 S^2\Gamma_{22}(t, S)+rS\Gamma_2(t, S)+\Gamma_1(t, S)-r\Gamma(t, S)=0 \\ \Gamma(T, S)=h(S)\end{cases} \tag{9-7}$$

为了套期保值此期权，投资者必须卖空 $\Gamma_2(t, S)$ 股此股票。反之，若 $\Gamma(t, S)$ 是方程 (9-7) 的解，则 $\Gamma(t, S_t)$ 是满足终值条件 $h(S_T)$ 的自融资证券组合的现值。

证明： 为构造一个无风险证券组合，投资者需要购买一份期权且卖空 n_t 股股票，则投资者的总支出为 V_t（即此证券组合在 t 时刻的价值）：

$$V_t=C_t-n_tS_t$$

假设在 $(t, t+\mathrm{d}t)$ 时间内没有注入资金，也没有抽出资金（即自融资），则

$$\mathrm{d}V_t=\mathrm{d}C_t-n_t\mathrm{d}S_t \qquad n_t \text{ 在}(t, t+\mathrm{d}t)\text{时间内不变}$$

由 Itô公式：

$$\begin{aligned}\mathrm{d}C_t &=\Gamma_1(t, S_t)\mathrm{d}t+\Gamma_2(t, S_t)\mathrm{d}S_t+\frac{1}{2}\Gamma_{22}\sigma_t^2S_t^2\mathrm{d}t \\ &=\Gamma_1(t, S_t)\mathrm{d}t+\Gamma_2(t, S_t)(\mu_tS_t\mathrm{d}t+\sigma_tS_t\mathrm{d}\hat{\omega}_t)+\frac{1}{2}\Gamma_{22}\sigma_t^2S_t^2\mathrm{d}t\end{aligned}$$

$$\mathrm{d}S_t=\mu_tS_t\mathrm{d}t+\sigma_tS_t\mathrm{d}\hat{\omega}_t$$

取 $n_t=\Gamma_2(t, S_t)$，则有

$$\begin{aligned}\mathrm{d}V_t &=\Gamma_1(t, S_t)\mathrm{d}t+\frac{1}{2}\Gamma_{22}\sigma_t^2S_t^2\mathrm{d}t+\Gamma_2(t, S_t)(\mu_tS_t\mathrm{d}t+\sigma_tS_t\mathrm{d}\hat{\omega}_t)-\Gamma_2(t, S_t)\mathrm{d}S_t \\ &=\Gamma_1(t, S_t)\mathrm{d}t+\frac{1}{2}\Gamma_{22}\sigma_t^2S_t^2\mathrm{d}t\end{aligned}$$

这说明此证券组合为无风险证券组合（含布朗运动项已经相互抵消）。由于 V_t 是无风险证券组合的价值，因此有 $\mathrm{d}V_t=r_tV_t\mathrm{d}t$，则

$$\Gamma_1(t, S_t)+\frac{1}{2}\Gamma_{22}\sigma_t^2S_t^2=r_tV_t=r_t(C_t-n_tS_t)=r_t[C_t-\Gamma_2(t, S_t)S_t]$$

故有

$$\frac{1}{2}\Gamma_{22}(t, S_t)\sigma_t^2S_t^2+\Gamma_1(t, S_t)-r_t\Gamma(t, S_t)+r_tS_t\Gamma_2(t, S_t)=0$$

即

$$\frac{1}{2}\Gamma_{22}(t, S)\sigma^2S^2+\Gamma_1(t, S)-r\Gamma(t, S)+rS\Gamma_2(t, S)=0$$

满足方程（9-7）。

---

① $\Gamma_1(t, x)$ 表示对第一个变量求偏导数，$\Gamma_2(t, x)$ 表示对第二个变量求偏导数，$\Gamma_{22}(t, x)$ 表示对第二个变量求两次偏导数。本节均采用这种表示方式。

下面是期权价格的分解：

$$\begin{aligned} dC_t &= n_t dS_t + r_t V_t dt \\ &= n_t dS_t + V_t \frac{dS_t^0}{S_t^0} \\ &= n_t dS_t + \frac{C_t - n_t S_t}{S_t^0} dS_t^0 \end{aligned}$$

因而，证券组合

$$C_t = n_t S_t + \frac{C_t - n_t S_t}{S_t^0} \times S_t^0$$

是自融资证券组合，且复制了期权 C_t。

反之，若 $\Gamma(t, x)$ 满足方程（9-7），由 Itô 公式可知，$C_t = \Gamma(t, S_t)$ 满足：

$$\begin{aligned} dC_t &= \Gamma_2(t, S_t) dS_t + \left[\frac{1}{2}\sigma_t^2 S_t^2 \Gamma_{22}(t, S_t) + \Gamma_1(t, S_t)\right] dt \\ &= \Gamma_2(t, S_t) dS_t + r_t [\Gamma(t, S_t) - S_t \Gamma_2(t, S_t)] dt \\ &= \Gamma_2(t, S_t) dS_t + [\Gamma(t, S_t) - S_t \Gamma_2(t, S_t)] \frac{dS_t^0}{S_t^0} \\ &= \Gamma_2(t, S_t) dS_t + \frac{C_t - \Gamma_2(t, S_t) S_t}{S_t^0} dS_t^0 \end{aligned}$$

则

$$C_t = \Gamma_2(t, S_t) S_t + \frac{C_t - \Gamma_2(t, S_t) S_t}{S_t^0} S_t^0$$

是一个自融资的证券组合，且复制了 $h(S_T)$。

（四）布莱克-斯科尔斯公式

方程（9-7）解的概率表示（参见参考文献［49］）：

$$\Gamma(t, S_t) = E_Q\left[e^{-\int_t^T r_s ds} h(S_T) \mid \mathfrak{I}_t\right]$$

定理 9-1 （1）设 S_t 所满足的方程中的系数均为常数，则期权价格可由下式给出：

$$\begin{aligned} \Gamma(t, S_t) &= E_Q\left(e^{-\int_t^T r_s ds} h(S_T) \mid \mathfrak{I}_t\right) \\ &= \int_{-\infty}^{+\infty} e^{-r(T-t)} h\left[S_t e^{\sigma\sqrt{T-t}\cdot y - (\frac{1}{2}\sigma^2 - r)(T-t)}\right] \frac{1}{\sqrt{2\pi}} e^{-\frac{y^2}{2}} dy \end{aligned} \quad (9-8)$$

对于看涨期权来说，此处的 $h(s) = (s - X)^+$。

$$\begin{cases} \Gamma(t, S_t) = S_t N(d_1(S_t)) - X e^{-r(T-t)} N(d_2(S_t)) \\ d_2(S_t) = \dfrac{1}{\sigma\sqrt{T-t}} \ln\left(\dfrac{S_t}{X e^{-r(T-t)}}\right) - \dfrac{1}{2}\sigma\sqrt{T-t} \\ d_1(S_t) = d_2(S_t) + \sigma\sqrt{T-t} \end{cases} \quad (9-9)$$

其中，N 为标准正态分布函数；X 为执行价格，当系数依赖于时间参数（不是随机变量）时也同样成立。此时，σ^2、r 变为：

$$\Sigma_t^2 = \frac{1}{T-t}\int^T \sigma_u^2 du$$

$$R_t = \frac{1}{T-t}\int^T r_u du$$

(2) 套期保值策略是持有 $\Gamma_2(t, S_t)$ 股股票，对于看涨期权来说，投资者所持的股票数目为 $N(d_1)$（参见参考文献［49］）。

说明 1：布莱克-斯科尔斯公式不仅表示了看涨期权的价格，而且还以证券组合的形式给出了［需要购买 $N(d_1(s))$ 股股票、$C_t - N(d_1(s))S_t$ 份债券］套期保值的具体形式，或者说复制了看涨期权的证券组合。

说明 2：设看涨期权和看跌期权的价格分别为 C_t 和 P_t，则有

$$C_t - P_t = S_t - Xe^{-r(T-t)} \tag{9-10}$$

这是因为在 T 时刻：

$$(S_T - X)^+ - (X - S_T)^+ = S_T - X$$

折现到 t 时刻

$$\begin{aligned} C_t - P_t &= E_Q(e^{-r(T-t)}(S_T - X)^+ \mid \Im_t) - E_Q(e^{-r(T-t)}(X - S_T)^+ \mid \Im_t) \\ &= E_Q(e^{-r(T-t)}(S_T - X) \mid \Im_t) \\ &= E_Q(e^{-r(T-t)} S_T \mid \Im_t) - E_Q(e^{-r(T-t)} X \mid \Im_t) \end{aligned}$$

即

$$C_t - P_t = S_t - Xe^{-r(T-t)}$$

第二节 期权价值的敏感性因素分析

影响期权价值变化的参数叫作“期权敏感性因素”①。期权敏感性因素通常都是用希腊字母来表示，所以人们又将其称为“Greeks 指标”。对这组指标进行研究，有助于我们了解期权的风险特征，把握期权的投资和套期保值策略。同时，也能使我们更容易地在期权交易中对其风险进行管理。

影响期权价值的因素一共有五个，即标的资产市场价格 S_t、执行价格 X、无风险利率 r、距离到期日时间 $T-t$ 和标的资产价格的波动率 σ。其中，执行价格 X 的变化也会引起期权价值的变化，但在这里我们将它视为期权合同规定的一个常数。因此，我们在对期权进行敏感性因素分析时，不将其考虑在内，只讨论与 S_t、σ、r 和 $T-t$ 这四个因素有关的敏感性因素即可。②

一、标的资产价格变化对期权价值的一阶影响

我们通常用 Delta 来表示期权价值对标的资产价格 S_t 变动的敏感性。标的资产价格对期权价值的影响，实际上就是期权价格关于标的资产价格的变化率，从数学的角度来看，也就是期权价值对于 S_t 的一阶偏导数。由上述定义和第一节得出的期权价格表达式，我们可推导出买权的 Delta 为：

$$\text{Delta}_c = \partial C_t / \partial S_t = N(d_1)$$

① 对于股票而言，其 Delta 为 1，其余的敏感性因素都为零。

② 在这里，我们所讨论的均为欧式期权，所适用的定价模型为 B-S 模型。

其中

$$d_1(s)=\frac{1}{\sigma\sqrt{T-t}}\ln\left(\frac{s}{Xe^{-r(T-t)}}\right)+\frac{1}{2}\sigma\sqrt{T-t}$$

在实际计算时，我们可以用相对变化来代替用导数得到 $Delta_c$ 的近似值。假设在 t_0 和 t_1 时刻，买权的价值分别为 C_0 和 C_1，标的资产价格分别为 S_0 和 S_1，从而 $Delta_c$ 可以近似地表示为：

$$\frac{C_0-\exp\{-r(t_1-t_0)\}C_1}{S_0-\exp\{-r(t_1-t_0)\}S_1}$$

由卖权价格和买权价格的关系（即它们的配对关系）可知，卖权所对应的 Delta 值为：

$$Delta_p=\partial p_t/\partial S_t=N(d_1)-1$$

对于期权组合而言，其 Delta 值为：

$$\Delta=\sum n_i\Delta_i$$

式中，n_i 为第 i 种期权在整个期权组合中所占的比重；Δ_i 为第 i 种期权的 Delta 值。

二、标的资产价格对期权价值的二阶影响

Gamma 是指期权 Delta 对于 S_t 的一阶偏导数，也就是期权价值对于 S_t 的二阶偏导数。买权 Gamma 的计算公式为：

$$Gamma_c=\frac{\partial^2 C_t}{\partial S_t^2}=\frac{e^{-d_1^2/2}}{S_t\sigma\sqrt{2\pi(T-t)}}$$

另外，由卖权 Gamma 的计算公式，我们可以知道卖权的 Gamma 值等于买权的 Gamma 值，即

$$Gamma_c=Gamma_p$$

（1）Gamma 值具有非负性。也就是说，无论对于买权还是卖权，在其他因素不变时，其 Delta 值都随 S_t 的上升而上升，随 S_t 的下降而下降。

（2）Gamma 值与 S_t 的关系。当期权处于平价状态附近（也就是 S_t 在 X 附近）时，其 Gamma 值相对较大；当期权处于较深的折价或溢价状态时，其 Gamma 值接近于零。

（3）Gamma 值与时间变量 $T-t$ 的关系。如果期权处于平价状态，在其他因素不变的情况下，其 Gamma 值会随着到期日的临近而变大。

三、无风险利率对期权价值的影响

买权价格对无风险利率变化的敏感度由 Rho 值来衡量，其公式为：

$$\begin{aligned}Rho_c&=\frac{\partial C_t}{\partial r}\\&=(T-t)Xe^{-r(T-t)}N(d_2)\end{aligned}$$

$$\begin{aligned}Rho_p&=\frac{\partial p_t}{\partial r}\\&=-(T-t)Xe^{-r(T-t)}N(-d_2)\end{aligned}$$

由上面的计算公式，我们可以得到 Rho 的下述特点：

(1) Rho_c 一般大于零，而 Rho_p 一般小于零。只有在到期日（$T=t$），Rho_c 和 Rho_p 才会等于零。

(2) 相对于影响期权价值的其他因素而言，r 的影响要小得多。

(3) 因为 Rho 的绝对值与 $T-t$ 成正比，因此对于距到期日时间较长的期权来说，r 对其价值的影响不容忽视。

四、标的资产价格波动率对期权价值的影响

方差或标准差是布莱克-斯科尔斯模型中的重要变量，又称波动率，是股票连续计息收益率的标准差，也是公式中唯一不可直接观测的变量。

买权价格对很小的波动率变化的反映被称为 Vega，即

$$\text{Vega}_c=\frac{\partial C_t}{\partial \sigma}=S_t(T-t)^{1/2}N'(d_1)$$

由买权和卖权的关系式可知，卖权 Vega 与买权 Vega 完全相同，即有

$$\text{Vega}_p=\text{Vega}_c$$

当期权处于平价状态时，其 Vega 值较大；当期权处于较深的溢价或折价状态时，相应的 Vega 值较小。因此，期权 Vega 随 S_t 变化的曲线是一个倒 U 形。

五、到期时间长短对期权价值的影响

随着到期时间的临近，期权的时间价值就会下降，从而造成期权的价格下降。时间价值的消耗用 Theta 表示，买权 Theta 的定义为 $-\partial C_t/\partial(T-t)$：

$$\text{Theta}_c=\frac{-S_tN'(d_1)\sigma}{2(T-t)^{1/2}}-rXe^{-r(T-t)}N(d_2)$$

$$\text{Theta}_p=\frac{-S_tN'(d_1)\sigma}{2(T-t)^{1/2}}+rXe^{-r(T-t)}N(-d_2)$$

Theta_c 始终是一个小于零的数。也就是说，对于买权而言，其时间价值总是随着到期日的临近而不断衰减。Theta_p 有可能大于零，但只出现在卖权处于较深的溢价状态时。

第三节 期权套期保值的基本原理

一、有关期权套期保值的一个例子

为了说明期权套期保值的原理，我们先给出一个例子。假设甲和乙进行下列简单的赌局：将一枚均匀的硬币连续掷 3 次，如果 3 次均为正面向上，那么甲要向乙支付 1 美元；否则，只要有一次反面向上，乙就一无所获。当然，要参加该赌局，乙必须支付一定的赌注。现在的问题是，从甲的角度出发，每一次赌注（即赌局的公平价值）应当是多少？

显然，一枚硬币连续掷 3 次的可能结果有 8 种，3 次均正面向上的概率为1/8。也就是说，对于赌局的参加者来说，获得 1 美元的可能性为 1/8，即其期望收益为 0.125 美元。从甲的角度看，如果参加赌局的人数足够多，则平均每进行 8 次这样的赌局，甲将支付 1 美元。如果每次收取 0.125 美元赌注的话，从长期来看，甲将不赢不亏。因此，从甲的角度看，0.125 美元是其能够接受的最低价格。

但是，从短期来看并非如此。在一段时间内，甲可能是幸运的，他从乙那里收到的赌注将多于乙赢得的现金。而在另一段时间，甲又可能是不走运的，乙赢得的现金将多于其支付的赌注。因此，此类赌局相当于一项风险性资产，为维持正常的经营，甲必须准备一定的现金以防不测。或者说，由于承担了一定的风险，甲需要一定的风险收益率作为补偿。

此时，对于甲来说，他可以通过套期保值的办法来避免承担上述风险。例如，他可以与另一个中介人进行接触，提出与对方进行以下赌局，而赌局的公平价值仍然按赌局的期望收益值确定。该赌局的具体赌法是：

首先，对第一次掷币的结果设赌：甲先向中介人支付赌注 0.125 美元，如果反面朝上，甲分文不得，赌局结束；如果正面朝上，中介人向甲支付 0.25 美元（即退还赌注，并另付出 0.125 美元），并继续对第二次掷币结果设赌。

对第二次掷币结果的设赌办法与前一次基本相同，只是赌注及盈利加倍，即甲向中介人支付赌注 0.25 美元，如果反面朝上，甲分文不得，赌局结束；如果正面朝上，中介人向甲支付 0.5 美元。

对第三次掷币结果的设赌方法仍是将赌注及盈利加倍，即甲向中介人支付赌注 0.5 美元，如果反面朝上，甲分文不得；如果正面朝上，中介人向甲支付 1 美元（扣除赌注，实际支付 0.5 美元）。该过程可用二叉树形式表示出来，如图 9 - 1 所示。

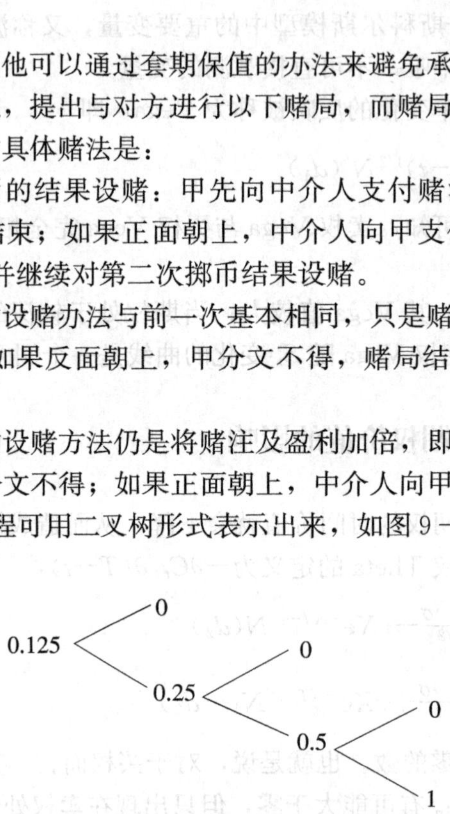

图 9 - 1

当第一次掷币出现反面时，甲没有从中介处得到任何回报，而损失了乙开始支付给他的 0.125 元（这时博弈结束，甲不需要支付乙任何报酬），因此甲不需要支付任何成本；当第一次掷币出现正面时，甲从中介那里得到 0.25 元的报酬（与乙方的博弈结果还没有确定）；在第二次掷币时，甲先付给中介 0.25 元，若反面朝上，甲损失 0.25 元（这时博弈结束，甲不需要支付乙任何报酬），若出现正面，甲从中介那里得到 0.5 元（与乙方的博弈结果还没有确定）；在第三次掷币时，甲先付给中介 0.5 元，若反面朝上，甲损失 0.5 元（这时博弈结束，甲不需要支付乙任何报酬），若出现正面，甲从中介那里得到 1 元，并把 1 元付给乙方，全部博弈结束。在整个博弈过程中甲没有任何支付。

因此，通过上述赌局的设计，甲已经把风险完全对冲掉了，即无论这 3 次掷币的结果如何，甲都不会发生任何损益。而且在整个套期过程中，甲不需要从自己的口袋里掏一分钱。

综上所述，甲所采取的上述套期策略具有以下两个特点：①自融资性（self-financing），即套期所需的资金只需期初一次性投入，此后在套期的整个过程中不需要增加新的外部融资。也就是说，套期策略只需要期初投入，不需要维持成本。②精确复制性（replicating），即套期策略能够精确地复制风险资产的收益和风险特征，从而将参与者所面对的风险完全抵消。

套期策略所具有的这两个特点具有十分重要的意义：①自融资性说明套期策略的成本可以在事先确定，即为期初所需的投入。②精确复制性说明套期策略组合应当与受险资产具有相同的价值，这是由无套利定价原则所决定的。③既然风险已经完全抵消，那么甲所要求的收益率就应该是无风险收益率。

上例可以直接用来解释期权市场上的套期策略。例如，一个欧式买权合同可以看成做多方和做空方对到期日标的资产价格的赌局，即双方赌标的资产价格是否大于执行价格。其中，做空方相当于出售赌局的甲，他在期初得到了由做多方支付的期权费；而做多方则相当于下注的乙，他在支付期权费后取得了在到期日可能获得收益的机会。由于买权价值将随着标的股票市场价格的上涨（下跌）而增加（减少），所以对于买权市场的多、空双方来说，他们都面临着一定的风险。例如，从买权做空方的角度看，如果在到期日买权处于溢价，他必须向做多方支付一定的收益；如果买权处于折价，则他可以坐收期权费所得。因此，做空方关心的问题是：在到期日，自己当初得到的期权费是否足以用来支付做多方应得的收益。不过，如果有中介愿意接受这种“赌局”，那么做空方可以设计一个具有精确复制性和自融资性的套期投资组合，从而将上述风险完全对冲。这样的组合可以由标的股票和无风险债券来构造，而股票市场和债券市场为其实现提供了理想的条件。按照无套利定价原则，只要该组合的构造成本可以在期初完全确定，那么该成本就是买权当前的公平价值。

二、期权套期保值的基本原理

期权套期保值的基本思想是构造一个头寸，并使其风险暴露与原组合的风险暴露相反，从而部分或者全部对冲掉风险。如果所构造头寸的风险性质与原组合的风险性质呈完全相反的状态，则原组合的风险可以全部消除，这称为完全对冲。

但在实际中，由于无法构造与原组合风险特性完全相反的头寸，或者由于投资者愿意承担一定的风险，或者由于构造完全对冲的成本太高，因此大多数对冲都是不完全的。如果投资者倾向于消除不利的价格变动所带来的大幅风险暴露，同时也可以容忍一定程度的不利价格变动，那么投资者在对冲时就可以只对超过一定水平的不利价格变动进行对冲，而对有利的价格变动不进行对冲，其结果是导致了一个具有风险暴露上限的组合。

对冲的基本思想是要构造一个头寸，以使对冲后的组合不受一种或多种风险因素变化的影响。考虑一个由 m 种期权 v_1，v_2，…，v_m 组成的投资组合，该投资组合的价值 V 可以表示为：

$$V=n_1v_1+n_2v_2+\cdots+n_mv_m$$

式中，n_j，v_j（$j=1, 2, \cdots, m$）分别是组合中第 j 种期权的权重和第 j 种期权的价值。

在构造对冲时，目的就是通过选择合适的 n_j，使组合价值 V 能够在风险因素变动时保持不变。对于一阶风险来说，构造对冲的目的就是选择 n_j，使得

$$\frac{\partial V}{\partial x}=n_1\frac{\partial v_1}{\partial x}+n_2\frac{\partial v_2}{\partial x}+\cdots+n_m\frac{\partial v_m}{\partial x}=0$$

因此，当 x 发生微小变化 Δx 时，组合的价值变化为：

$$\Delta V=\frac{\partial V}{\partial x}\Delta x=0$$

在此，风险因素 x 可以是标的股票价格的变化、无风险利率的变化、时间的变化或者是波动率的变化。当然，这样也可以使组合不受风险因素二阶变化的影响（即 Gamma 套期）。

一般来说，若需要对冲的风险因素的数目小于组合中所含资产的数量时，这种套期保值的方法就是可行的。[①]

第四节 连续调整的期权套期策略

一、Delta 套期（Delta 中性组合）

通过适当地调整不同期权及其标的资产的比例，我们可以将风险暴露降到较低的程度，甚至可以将该资产组合对于标的资产价格变动的风险降到零。对于这种资产组合，我们将其称为“Delta 中性组合”。

套期保值的目的是使投资者免于标的资产价格变动的风险，因此对于每一买权空头而言，投资者需持有 Δ 股股票。这里的 Δ 就是该买权的 Delta 值。对于这样一个投资组合而言，股票价格的任何波动都会被期权价格的变动所抵消，从而使得投资者对于任何股票价格风险都完全免疫。

期权价值随标的资产价格变化而变化的敏感程度是设计套期组合的关键参数。在期权定价理论中，这一参数被定义为 Delta，它决定了套期组合中标的股票的数量。例如，如果标的股票价格上涨（下跌）1 美元，买权的价值上涨（下跌）0.5 美元，即 Delta 等于 0.5，则买权的做空者可以按 2∶1 的比例构造套期组合中的标的股票数量。也就是说，如果他做空了 2 个买权，则应当做多 1 股股票。这样一来，由于标的资产价格上涨所造成的做空买权的损失，可以由做多标的股票的收益完全补偿，从而保证组合的价值不变。显然，这样的组合是无风险的。当然，为保证套期组合具有精确复制性和自融资性，我们还要卖出适当数量的无风险债券。

我们可以用公式来表示上述概念。假设构造这样一个投资组合：做空一个买权，其价格为 C_t，Delta 值为 $N(d_1)$；同时，买入数量为 $N(d_1)$ 的标的资产，其价格为 S_t。不难证明，该组合为一个 Delta 中性买权组合。事实上，这个组合当前的价值为：

① 对于多元齐次线性方程组而言，如果未知解的数目大于方程的数目，该方程组就有非零解。

$$V=-C_t+N(d_1)S_t$$

显然，V 关于 S_t 的偏导数为 0，即该组合是一个 Delta 中性组合，所以该组合的价值不受 S_t 变化的影响。

更一般地，对于任意一个资产组合 $V=n_1v_1+n_2v_2$[①] 而言，我们总能通过适当地选择 n_1 和 n_2，使得整个组合的 Delta_v 等于 0，即

$$\text{Delta}_v=n_1\text{Delta}_1+n_2\text{Delta}_2=0$$

容易解得：

$$n_1/n_2=-\text{Delta}_2/\text{Delta}_1$$

二、Delta-Gamma 套期策略

Delta-Gamma 套期策略是 Delta 套期策略的推广，它是指构造一个 Delta 和 Gamma 值都为 0 的组合，即通过构造一个 Delta-Gamma 的中性组合，从根本上回避价格风险。

假设在当前时刻，投资者手中持有的资产[②]价值为 n_1v_1。要构造一个 Delta-Gamma 中性组合，需要进行两种不同期权或者期权组合的交易。假设这两种期权或期权组合的价值分别为 n_2v_2 和 n_3v_3，连同投资者原先持有的 n_1v_1，共同构成了以下组合：

$$V=n_1v_1+n_2v_2+n_3v_3$$

式中，v_2 和 v_3 分别代表这两种期权或期权组合的价格，它们是 S_t 的函数；n_2 和 n_3 分别代表这两种期权交易的数量，其符号为正代表做多，符号为负代表做空。

同时对 $V=n_1v_1+n_2v_2+n_3v_3$ 关于 S_t 求一阶、二阶偏导数，有

$$\text{Delta}_v=n_1\text{Delta}_1+n_2\text{Delta}_2+n_3\text{Delta}_3$$

$$\text{Gamma}_v=n_1\text{Gamma}_1+n_2\text{Gamma}_2+n_3\text{Gamma}_3$$

令组合的 Delta_v、Gamma_v 同时等于零，可得到：

$$0=n_1\text{Delta}_1+n_2\text{Delta}_2+n_3\text{Delta}_3$$

$$0=n_1\text{Gamma}_1+n_2\text{Gamma}_2+n_3\text{Gamma}_3$$

在这个方程组中，投资者先前持有的资产数量 n_1 显然是已知的，Delta_1、Delta_2、Delta_3 以及 Gamma_1、Gamma_2、Gamma_3 都可以根据市场资料计算出来，因此方程组中只剩下 n_2、n_3 这两个未知数。我们可以根据上面的方程组很容易地求解出 n_2 和 n_3，而 n_2 和 n_3 的符号分别表明了对应的交易是做多还是做空。这样一来，投资者只要根据计算出来的 n_2 和 n_3 的值买卖相应的资产，就可以完全回避手中资产的价格风险。

三、Delta-Gamma-Vega 套期策略

如果投资者不愿意承担波动率 σ 的变化对套期结果的影响，他还可以在 Delta-Gamma 中性组合的基础上构造一个 Delta-Gamma-Vega 中性组合。为此，我们需要引进第三种期权的交易，记该期权的价格为 v_4、交易数量为 n_4。因此，新的组合为：

---

① 这里的 v_1、v_2 可以是任意一种期权或者期权组合。

② 这一资产可以是股票与期权的组合或期权组合。

$$V=n_1v_1+n_2v_2+n_3v_3+n_4v_4$$

在上式两端分别对 S_t 求一阶、二阶偏导数，并对 σ 求一阶偏导数，从而得到以下方程组：

$$\begin{cases}\text{Delta}_v=n_1\text{Delta}_1+n_2\text{Delta}_2+n_3\text{Delta}_3+n_4\text{Delta}_4\\ \text{Gamma}_v=n_1\text{Gamma}_1+n_2\text{Gamma}_2+n_3\text{Gamma}_3+n_4\text{Gamma}_4\\ \text{Vega}_v=n_1\text{Vega}_1+n_2\text{Vega}_2+n_3\text{Vega}_3+n_4\text{Vega}_4\end{cases}$$

令 Delta_v、Gamma_v 和 Vega_v 等于零，同时根据市场资料可以计算出 Delta_j、Gamma_j 和 Vega_j（$j=1, 2, 3, 4$），而投资者持有的初始资产数量 n_1 也是已知的。由上面的方程组可以解出 n_2、n_3 和 n_4，它们表示构造 Delta-Gamma-Vega 中性组合所需的三种期权的交易数量以及交易方式（做多还是做空）。这样一来，投资者只要根据 n_2、n_3 和 n_4 的值买卖相应的期权，就可以完全回避手中期权的价格风险以及该期权标的资产波动所带来的风险。

我们讨论了如何建立一个无风险的资产组合，但这样的资产组合对价格风险的规避只是暂时的，因为随着 S_t 的变化，期权敏感性因素的值也不断地变化。因此，上述套期策略要想在实际中发挥作用，有一个条件必须满足：投资者能够根据期权敏感性因素的变化而不断调整投资组合。然而，在现实生活中，要想实现完全的连续性套期会受到一些限制。这是因为：

（1）市场不具备充分的多样性。如果无风险资产组合是通过几种期权建立起来的，那么随着期权 Delta 值的变动，我们无法保证每次都能找到刚好能够互相对冲价格风险的期权。

（2）交易费用的存在。如果无风险资产组合是通过期权和标的股票建立起来的，那么投资者要随着期权 Delta 值的变化买卖相应数量的股票，但由于市场存在交易费用，因而投资者频繁买卖标的股票的成本将是巨大的。因此，投资者要用连续调整的套期保值策略构造证券组合就会面临交易费用带来的困难。

我们可以考虑用其他一些方法来降低期权组合的风险，但本书不做介绍。

第五节　组合套期策略

组合套期策略是指投资组合管理中所运用的套期策略。相对于一般的套期策略来说，组合套期策略更具战略色彩，此时需要套期保值的不再是单个资产，而是金额巨大的投资组合。同时，用于套期的工具不再是股票期权，而是某类股指期权或股指期货期权。因此，这些策略更适合机构投资者采用。

一、90/10 策略

90/10 策略又称保证回报基金（guaranteed return funds），它有狭义和广义之分。狭义的 90/10 策略是指机构投资者将暂时闲置资金的 90%用来购买无风险的货币市场工具，剩余的 10%用来购买期权。由于投资者从无风险货币工具投资中得到的利息收入可以用来补偿购买期权的期权费，因此既可以保证原有资产的价值不减少，同时也得到了从期权市场获利的机会。广义的 90/10 策略不限于上述投资比例的机械划分，而是允许根据情况适当进行调整。

下面通过一个例子来说明 90/10 策略的特点。假设某基金拥有 1 000 万美元的资产。基金管理人发现目前短期利率比较吸引人，6 个月期的市场利率为 6%。此外，当前的标准普尔指数为 844.72，预期股票市场在不久的将来可能出现一波上升的行情。因此，他可以将 1 000 万美元的 90%投资于货币市场，半年后可得到利息 900×6%/2＝27 万美元。剩下的 10%（即 100 万美元）则用来购买执行价格为 855、期限为 6 个月的标准普尔 500 期货买权。该买权价格为 16.42 美元，故可以购买 1 000 000/(16.42×500)＝121 份。因此，该基金管理人获得了购买价值为 855×500×121＝5 172.75 万美元的标准普尔 500 期货的权利，这相当于其管理的基金资产价值的 5 倍左右。

6 个月以后，最坏的可能性是他所购买的买权为折价（即标准普尔 500 期货价格低于 855)，因此买权到期作废，而其所剩的资产价值为投资货币市场的本金加利息——927 万美元。相反，如果标准普尔 500 期货价格 S_T 上涨，则基金管理人可以得到一定的收益。例如，假设 S_T＝895，则相应的收益是 500×(895－855)×121＝242 万美元，扣除期初期权费支出，可净得 142 万美元。此时，基金总资产增至 1 169 万美元。

该基金管理人也可以改变投资比例，将资产的 97.09%用于投资货币市场，6 个月后本利之和为 1 000 万美元，而将剩下的 2.91%（29.1 万美元）用来购买标准普尔 500 期货买权，共可以购买 35 份。这样，他一方面可以保证基金资产的价值不减少，另一方面又获得了购买价值为 855×500×35＝1 496.25 万美元的标准普尔 500 期货的权利，这相当于其管理的基金资产价值的近 1.5 倍。这就是广义的 90/10 策略，即投资比例并不限于 90/10，而可以根据自己对风险的态度加以调整。

90/10 策略可以确保组合资产的价值在股市下跌时的损失有限；同时，它又提供了在股市上涨时获得无限收益的机会。相对于直接投资股市而言，90/10 策略具有如下好处：①它避免了股市下跌的风险；②它具有很大的杠杆作用。

最后，我们分析一下运用 90/10 策略的前提条件。显然，由上述讨论可知，为保证 90/10 策略的两个基本目标（保证资本安全和得到足够的杠杆）得以实现，以下两个条件十分必要：①货币市场利率越高越好；②买权的价格越低越好。这样一来，既可以减少套期成本，又可以增加杠杆程度。

二、无成本期权套期

无成本期权是指两个期权的特殊组合，其中一个期权做多，因而需要支付相应的期权费，另一个期权做空，并因此得到相应的期权费。如果两个期权的期权费大致相同，则该组合的净成本就近似等于零。

无成本期权的推出主要是为了满足一部分投资者的特殊要求。对于这些投资者来说，他们一方面想采取一定的措施，保证自己的资产在市场下跌时只会出现有限的损失；另一方面，他们又不愿意支付相应的期权费。无成本期权能够同时满足上述两方面的要求。但是，正如下面所要指出的，这样做的结果，要以牺牲一般期权所具有的收益无上限的特征作为代价。

我们举例说明无成本期权套期策略的应用。假设当前标准普尔 500 指数为 918.70，某机构持有价值 500 万美元的美国股票组合，该组合价值 V_t 与当前标准普尔 500 指数 S_t 完全正相关，即 $V_t=100kS_t$，其中 $k=5\ 000\ 000/(918.7\times100)=54.4$。该机构想通过期权套期来保护该组合的价值不因股市的下跌而受损失，同时又不愿意支付套期所需的成本。为此，他们可以在期权市场上找到两个具有相同价格的标准普尔股指期权系列，其中一个是执行价格为 910 的卖权（以下简称“910 卖权”），另一个是执行价格为 930 的买权（以下简称“930 买权”），它们具有相同的到期日，且价格均为 6 美元。另外，这两个期权目前都处于折价状态。因此，为保护 500 万美元的组合价值，该机构应当买入 5 000 000/(910×100)=55 个 910 卖权，所支付的期权费为 6×55×100=33 000 美元。另外，为构造无成本期权，该机构同时需要卖出 930 买权，其数量为 5 000 000/(930×100)=54 个，得到的期权费为 54×6×100=32 400 美元。因此，上述组合的净成本为 33 000−32 400=600 美元，这是一个很小的数目。

不难看出，在到期日，无成本套期组合（做多 910 卖权和做空 930 买权）加上股票组合的总价值为：

$$TV=100\times54.4S_T+55\times100\max(0,\ 910-S_T)-54\times100\max(0,\ S_T-930)$$

其中，S_T 为到期日的标准普尔 500 指数，它的值为：

$$TV=\begin{cases}-60S_T+5\ 005\ 000 & S_T<910\\ 5\ 440S_T & 910\leqslant S_T<930\\ 40S_T+5\ 022\ 000 & S_T\geqslant930\end{cases}$$

第一种情况 TV 大于 495.04 万美元；第二种情况 TV 介于 495.04 万美元和 505.92 万美元之间；第三种情况 TV 大于 505.92 万美元。也就是说，通过运用该套期策略，当股市下跌时，该机构的损失是有限的。但是，由于不愿意支付套期成本，该机构放弃了股市上升可能带来的无限收益，即其可能的收益也是有限的。也就是说，当标准普尔 500 指数小于 910 或大于 930 时，其损益曲线近似为一直线。

总之，无成本套期策略一方面避免了出现巨大损失的风险，另一方面也失去了获得巨大收益的可能性，因此这是一种比较保守的选择。根据这一性质，该套期策略比较适合投资者预期市场会出现暴跌或缓升，且缓升的可能性更大的场合。

【本章小结】

本章在无套利原理框架下，应用随机分析的理论和方法导出了著名的布莱克-斯科尔斯期权定价公式。此外，本章还讨论了决定期权价格公式的几个参数对期权价格的影响，即期权的敏感度 Delta、Gamma、Rho、Vega、Theta 及它们的经济含义，并较为充分地讨论了一些套期保值的原理和方法，如 Delta 套期策略、Delta-Gamma 套期策略、Delta-Gamma-Vega 套期策略、组合套期策略和无成本期权套期。

【本章要点】

● 股票价格满足的随机微分方程

● 在一定的假设条件下，设欧式期权的价格 $C_t=\Gamma(t, S_t)$，则函数 $\Gamma(t, x)$ 是一个偏微分方程的解

● Itô 公式

● 套期保值原理及方法

● 期权的敏感度 Delta、Gamma、Rho、Vega、Theta 及它们的经济含义

● Delta 套期策略、Delta-Gamma 套期策略、Delta-Gamma-Vega 套期策略

● 组合套期策略和无成本期权套期

【本章关键术语】

欧式期权	布莱克-斯科尔斯期权定价公式	Itô 公式
Delta 套期策略	Delta-Gamma-Vega 套期策略	组合套期策略
无成本期权套期	Delta-Gamma 套期策略	

【本章思考题】

1. 对（9－4）式应用 Itô 公式，验证 S_t 满足的随机微分方程。
2. 讨论 Gamma 的性质。
3. 用二叉树模型表示第三节中所给范例的收益。
4. 讨论 Delta 套期策略、Delta-Gamma 套期策略的原理。
5. Delta-Gamma-Vega 套期策略的作用是什么？
6. 什么是组合套期策略和无成本期权套期？

第三篇　金融衍生产品篇

第十章 以货币为基础的金融衍生工具

第一节 远期外汇交易

一、远期外汇合约

远期外汇合约（forward exchange contract）是以汇率为基础的远期合约，它是最早出现的金融远期合约，即买卖双方约定在将来某一天或某一期限内以交易达成时规定的汇率买入或卖出一定数量外汇的业务。无论合约签订之后汇价如何变化，交易双方均有义务按协定汇率进行货币交割。合约期限一般为1~3个月，也可长至1年。

远期外汇交易按实际交割日的确定来划分，可以分为固定到期日的远期外汇交易（fixed forward transaction）和可变到期日的远期外汇交易（optioned forward transaction）两种。

固定到期日的远期外汇交易是外汇买卖双方按照成交日商定的具体日期进行实际交割的外汇交易。这类交易的交割日既不能提前也不能推迟，外汇市场上大部分外汇买卖都是固定到期日的交易。常见的外汇买卖期限为1个月、2个月、3个月、6个月或1年。成交后在1年以上进行实际交割的外汇买卖称为超远期外汇交易。在银行的正常交易日中，任何一个营业日都可以作为远期外汇买卖的交割日。

可变到期日的远期外汇交易称为择期远期外汇交易，它是指交易的一方（银行的客户）可以在成交日后的第二天起至约定期限内的任何一个营业日要求另一方（银行）按照双方约定的汇率进行实际交割的外汇交易。也就是说，这种外汇买卖的客户对交割日有选择权。可变到期日的远期外汇交易是银行的一种新业务，主要用于满足进出口商对交割日无法确定或不易确定的特殊要求。

二、远期外汇市场的组成

在外汇市场上，远期外汇卖出者除了有远期外汇收入的出口商以外，还有持有未到期外汇债权的债权人、输出短期资本的牟利者以及对远期汇率看跌的投机商等；远期外汇买入者除了有短期外汇支出的进口商外，还有负有短期外汇债务的债务人、输入短期资本的牟利者以及对远期汇率看涨的投机商等。类似于任何其他类型的外汇市场，银行不仅是远期外汇交易的中介，也是远期外汇买卖的主要参与者和市场的领导者。

由于远期外汇交易要在将来才进行交收清算，因此银行一般都要求与之进行交易的顾客支付保证金。保证金通常在交易达成时按买卖总额的某一百分比确定，并随着市场情况的变化而调整。一旦顾客不能履约，银行可用保证金补偿由此造成的损失。

除了保证金外，顾客还可以其他形式对其远期交易进行担保，担保的主要方式有：

（1）如果顾客是个人，那么其担保形式通常是资产抵押。抵押资产包括证券、贵重金属、账户余额、存款等。

（2）如果顾客是公司，银行会为其核定一个外汇买卖授信额度，但公司通常要向银行提供公司年度资产负债表以及利润表。

三、远期汇率的标价方法与计算

远期汇率的标价方法有两种，一种方法类似于即期汇率，它直接标出远期外汇的实际价格。例如，美元兑日元的即期汇率和3个月的远期汇率可如下表示：

	即期汇率	3个月远期
USD/JPY	116.50/60	115.70/90

现在采用这种标价方法的地方已越来越少。

远期汇率的另一种标价方法是在即期汇率上加升水或减贴水表示。目前，这种标价方法已被世界各地的主要外汇市场所采用。升水（premium）是远期汇率高于即期汇率时的差额，贴水（discount）是远期汇率低于即期汇率时的差额，升水和贴水合称远期汇水（forward margin）。

远期汇水也有两种表示方式：一种是直接用计价货币的币值表示，如表10-1所示；另一种是用点数表示，如表10-2所示。这两种表示方法的意思相同。

表 10-1 用计价货币的币值表示远期汇水

	即期汇率	1个月远期	3个月远期	6个月远期	12个月远期
GBP/USD	1.606 0/70	0.25/0.30 美分	0.64/0.79 美分	0.40/1.50 美分	2.30/2.60 美分
EUR/USD	1.274 0/50	0.49/0.44 美分	0.99/0.90 美分	2.85/2.70 美分	5.75/5.50 美分

表 10-2 用点数表示远期汇水

	GBP/USD	EUR/USD	USD/CHF	USD/JPY	USD/CNY
即期汇率	1.606 0/70	1.274 0/50	1.521 0/20	116.50/60	7.120 0/50
1个月	25/30	49/44	20/15	5/10	10/30
3个月	64/79	99/90	33/25	20/30	20/70
6个月	140/150	285/270	56/44	35/50	70/160

远期汇率与即期汇率的关系是：

远期汇率＝即期汇率±升(贴)水

当然，升水或贴水只是个相对的概念。在一个标价中，如果单位货币是升水，计价货币就是贴水；如果单位货币是贴水，计价货币就是升水。因为升水或贴水是指具体货币的价值上升或下降，两种货币的价值是相对变动的。

在直接标价法下，远期汇率等于即期汇率加升水或减贴水。在间接标价法下，远期汇率等于即期汇率减升水或加贴水。

在“美元汇率”标价法下，如果单位货币升水（计价货币贴水），远期汇率就等于即期汇率加上汇水数值；如果单位货币贴水（计价货币升水），远期汇率就等于即期汇率减去汇水数值。不过，如果标价中将买卖价格全部列出，并且远期汇水也有两个数值（如表10-1和表10-2），那么前面这些情况可以不去考虑，只要掌握了下述规则即可求出正确的远期外汇买卖价格。

从表10-1和表10-2中可以看出，远期汇水的排列有两种情况：一种是前大后小，如欧元兑美元的汇率（EUR/USD）及美元兑瑞士法郎的汇率（USD/CHF）；另一种是前小后大，如美元兑日元的汇率（USD/JPY）和英镑兑美元的汇率（GBP/USD）。标价中远期汇水前大后小时，表示单位货币的远期汇率呈贴水，计算远期汇率时应用即期汇率减去远期汇水，例如表10-2中欧元兑美元的1个月和3个月远期汇率分别是：

	EUR/USD		EUR/USD
即期汇率	1.274 0/1.275 0	即期汇率	1.274 0/1.275 0
一）1个月汇水	49/44	一）3个月汇水	99/90
1个月远期汇率	1.269 1/1.270 6	3个月远期汇率	1.264 1/1.266 0

标价中远期汇水前小后大时，表示单位货币的远期汇率呈升水，计算远期汇率时应把即期汇率和远期汇水相加。例如，表10-2中英镑兑美元3个月远期汇率是：

	GBP/USD
即期汇率	1.606 0/1.607 0
十）3个月汇水	64/79
3个月远期汇率	1.612 4/1.614 9

即期汇率、远期汇水与远期汇率的关系可归纳如下：

即期汇率		远期汇水		远期汇率
小/大	+	小/大	=	小/大
小/大	−	大/小	=	小/大

不论是即期汇率还是远期汇率，斜线左边的数字总是小于斜线右边的数字，即单位货币的买入价总是小于单位货币的卖出价。另外，与即期汇率相比，远期汇率的买入价与卖出价之间的汇差更大。如果计算中得出的结果与此相反，说明计算方法错误。

四、套　利

套利（interest arbitrage）又称利息套汇或时间套汇，是指利用在不同国家或地区进行短期投资的利率差异，将资金由利率较低的国家或地区转移到利率较高的国家或地区投放，以赚取利率差额的外汇交易。在国际金融市场上，大银行和大型金融机构经常进行套利活动。目前，套利活动仍非常盛行。套利有两种形式，一种叫作无抵补的套利（uncovered interest arbitrage），另一种叫作抵补套利（covered interest arbitrage）。我们常说的套利指的是后一种。

无抵补的套利是指交易者把资金由利率较低的货币兑换成利率较高的货币进行投资，以赚取利差，而不进行反方向的交易。

例如，某一段时间美国市场利率为 10%，英国市场利率为 15%，交易者借入美元资金，兑换成英镑，汇往英国，投资于英国的国债，就可赚取 5%的利差。无抵补的套利投资者要承担很大的汇率风险，因为将来投资者将英镑汇回美国时，不能确定到底能换回多少美元。如果英镑在这段时间贬值的幅度大于两国的利率之差，投资者将得不偿失。因此，现在国际市场上的套利大多以抵补套利的形式出现。

抵补套利是指投资者在即期外汇市场上将甲货币兑换成乙货币投资于乙国的同时，在远期外汇市场上卖出乙货币、买回甲货币，以防止汇率波动的风险。因此，抵补套利又称“保值的套利”。

拿上面的例子来说，如果市场上英镑兑美元的远期汇率与即期汇率相同，投资者在把美元资金兑换成英镑的同时，在远期外汇市场上卖出相应期限（与投资期限相同）的远期英镑，买回美元。这样一来，不论将来汇率如何变化，投资者都能稳获 5%的利差收益。

在通信技术异常发达的今天，世界各地的外汇市场之间联系十分密切，套利机会一旦出现，大银行或大公司便迅速投入大量资金，从而使得两国的利差与两国货币远期汇水的不一致被迅速消除。因此，套利活动现已成为联系即期汇率与远期汇率关系的一条有机的纽带。

五、远期汇率与利率的关系

由于国际套利活动的存在，远期汇率与利率之间必然存在着一种有机的联系。实际上，远期汇率与即期汇率的差异基本上是由两种货币不同的利率水平决定的。这是因为，如果高息货币不进行即期买卖而进行远期买卖，买方在这一段时间内可获得利息上的收益，而卖方须等到这段时间过后才能利用高息货币，因而造成了损失。这种损失应通过远期外汇的升贴水进行弥补。

假设英国伦敦市场上的利率为10%，美国纽约市场上的利率为5%，英镑兑美元的即期汇率为1英镑=2美元。假定英国某银行卖出即期外汇20万美元，向客户索要10万英镑。如果该行卖出3个月期的远期外汇20万美元，它能否只向客户索要10万英镑呢？答案是否定的。因为该行卖出了3个月期的远期外汇20万美元后，若不能在远期市场补进，它必须动用自己的资金10万英镑，按即期汇率1英镑=2美元的价格买入20万美元即期外汇，存放在美国纽约的银行，以备3个月后向顾客交割。由于美元利率低于英镑，银行卖英镑买美元要遭受一定的利息损失。

10万英镑存放在英国3个月的利息收益是：

$$100\ 000\times 10\%\times\frac{3}{12}=2\ 500\ (\text{英镑})$$

如果按即期汇率兑换成美元投资于美国，3个月期的利息收益是：

$$200\ 000\times 5\%\times\frac{3}{12}=2\ 500\ (\text{美元})$$

可见，投资英镑的利息收益远大于投资美元。银行在出售远期美元时，要把这些损失打入美元的远期价格，并在顾客那里得到弥补。在银行看来，3个月后美元的本利和与英镑的本利和应该是相等的，即

(英镑本金+英镑利息)×远期汇率=美元本金+美元利息

如果用x表示远期汇率，则

$$(100\ 000+2\ 500)\times x=200\ 000+2\ 500$$

$$x=1.975\ 6\quad(1\text{英镑}=1.975\ 6\text{美元})$$

这就是银行向顾客出售3个月远期美元的价格。与即期汇率相比，英镑兑美元的汇价下跌了。因此，顾客向银行购买3个月远期美元20万，应该付出的英镑金额是：

$$200\ 000\div 1.975\ 6=101\ 235\ (\text{英镑})$$

如果英镑兑美元3个月远期汇率高于这一水平，则说明投资于英国的收益大于投资于美国的收益，国际资本就会从美国转移到英国，结果是英镑的即期汇率会因购买增多而上升，而远期汇率会因出售增多而下跌；反之，如果英镑3个月远期汇率低于这一水平，国际资本就会出现反方向的流动，从而导致英镑的即期汇率下跌而远期汇率上升。因此，1英镑=1.975 6美元是3个月远期英镑的正常汇价。

由此可见，远期汇率、即期汇率和利率之间存在一个必然的关系，即远期汇率升水和贴水的大小主要取决于两种货币利率之差的大小：两种货币之间利率水平较低的货币，其远期汇率为升水；利率较高的货币，其远期汇率为贴水。远期汇率与即期汇率之差取决于两种货币利率差的大小，且大致与利率差异保持平衡。

第二节 货币互换

一、货币互换

货币互换（currency swap）是指将一种货币贷款的本金和固定利息与几乎等价的另一

种货币的本金和固定利息进行交换。货币互换交换的是以两个不同币种的货币计算的现金流。

图 10－1 说明了没有初始本金交换的货币互换中的现金流状况：

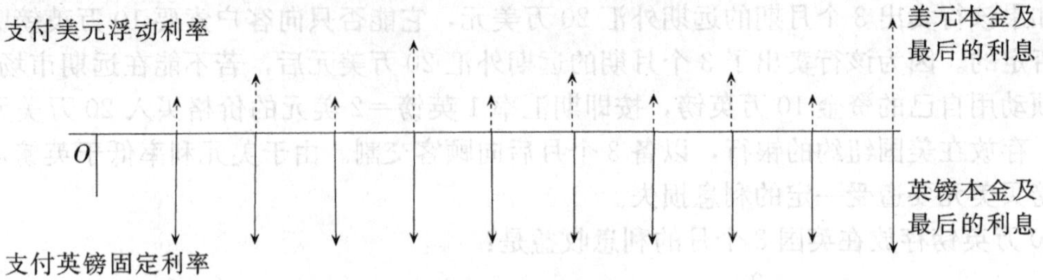

图 10－1　美元浮动利率与英镑固定利率互换(无初始本金交换)

关于货币互换，有几点需加以说明：

(1) 货币互换双方的利率支付形式可以是：均为固定利率，均为浮动利率，固定利率对浮动利率。

(2) 货币互换中所规定的汇率可以是：即期汇率（spot rate），远期汇率（forward rate），双方协定汇率，但不同汇率对应相同的利率水平。

(3) 货币互换可以有初始本金的交换，也可以没有初始本金的交换。在实践中，互换是否有初始本金交换并不重要，因为我们可以在互换开始时通过即期外汇交易实现所需要的本金交换；如果协议规定有初始本金的交换，我们也可以通过即期外汇交易将其抵消。标准的货币互换在互换结束时都必须进行本金的交换。在这种交换中，汇率风险将得到规避。

最著名的货币互换交易是在 1981 年 8 月，所罗门兄弟国际集团以未公开的费用安排了世界银行与 IBM 间的货币互换，这一交易是信用套利的典范。在美元融资方面，两者的成本相同，但是瑞士投资者给两者的评级却不一样，正是这一点促成了套利的可能性，使世界银行获得了原本不可能得到的低廉的瑞士法郎与德国马克债务。世界银行与 IBM 都从交易中获利。世界银行进入互换交易后获利是因为它通过将借入的美元互换成德国马克所获得的固定利率低，之所以存在这种信用套利，是由于投资者与贷款人对信用价格的看法不完全一致。也就是说，全球信用市场效率不高，而互换市场使借款人利用了这种低效率。

二、货币互换原理

货币互换主要是利用互换双方在各自国家中金融市场上的比较优势进行信用套利。假定英镑兑美元的汇率为 1 英镑＝1.5 美元。X 公司想借入期限为 3 年的2 000万英镑，Y 公司想借入为期 3 年的 3 000 万美元。两者在金融市场上的借款成本（以固定利率表示）分别为（如表 10－3 所示）：

表 10－3　　X、Y 公司借款利率

公司	美元	英镑
X	8.0%	11.6%
Y	10.0%	12.0%

在美元市场上，X公司较Y公司的优势为2.0%（=10.0%-8.0%），在英镑市场上，X公司较Y公司的优势为0.4%，所以X公司在美元市场上有比较优势。因此，通过互换，X公司向Y公司提供美元贷款，Y公司向X公司提供英镑贷款，双方都分享到1.6%的互换收益，从而降低了各自的融资成本。

假定X、Y公司商定平分这1.6%的互换收益，则X、Y公司都使其融资成本降低了0.8%，即双方最终的融资成本为：X支付10.8%的英镑利率，Y支付9.2%的美元利率。

互换的过程是：首先，双方交换本金，即X公司给Y公司3 000万美元，Y公司给X公司2 000万英镑；然后，计算双方需要支付给对方的利息现金流，即X公司支付给Y公司10.8%×2 000万=216万英镑的利息，Y公司支付给X公司9.2%×3 000万=276万美元。如果最终汇率不变，在期末交换回本金后，双方的实际融资成本X公司为10.8%（=11.6%-0.8%），Y公司为9.2%（=10.0%-0.8%），我们用图10-2来表示X、Y公司的利息支付状况。

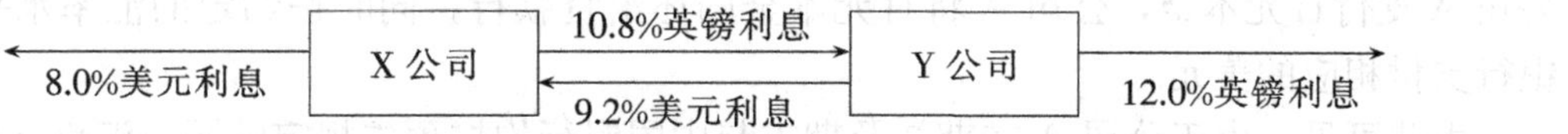

图10-2　X、Y公司货币互换的利息支付

三、货币互换的运用

(一) 控制风险

互换本质上是防范风险的一种工具。在过去的二十年里，通过互换交易可以改变的风险范围已逐步扩大。20世纪70年代末期，人们首先进行了货币互换，1981年进行了利率互换，股权与商品互换产生于20世纪80年代中期，而信用衍生产品互换则在1990年产生。

通过互换交易可以规避以下风险：利率风险、汇率风险和信用风险。但是，互换所能规避的风险却不局限于以上这几种，这些仅仅是指互换交易发生的主要市场。货币互换是一种常用的债务保值工具，主要用来控制中长期汇率风险，它把以一种外汇计价的债务或资产转换为以另一种外汇计价的债务或资产，达到规避汇率风险、降低成本的目的。早期的"平行贷款"和"背对背贷款"就具有类似的功能。但无论是"平行贷款"还是"背对背贷款"仍然属于贷款行为，它们都会在资产负债表上产生新的资产和负债。而货币互换作为一项资产负债表外业务，能够在不对资产负债表造成影响的情况下，达到同样的目的。

例如，公司A有一笔日元贷款，金额为10亿日元，期限为7年，利率为固定利率3.25%，付息日为每年6月20日和12月20日。1996年12月20日提款，2003年12月20日到期归还。公司A提款后，将日元兑换成美元，用于采购生产设备。但公司A的问题在于，其产品出口得到的收入是美元收入，而没有日元收入。

从以上情况可以看出，公司A的日元贷款存在着汇率风险。具体来看，公司A借的是日元，用的是美元，到2003年12月20日时，公司A需要将美元收入换成日元还款。那么，如果到时日元升值、美元贬值（相对于期初汇率），则公司A要用更多的美元来购买日元还款。这样一来，由于公司A的日元贷款在借、用、还上存在着货币不统一，因而存在汇率风险。公司A为控制汇率风险，决定与中国银行做一笔货币互换交易。双方规定，交易于1996年12月20日生效，于2003年12月20日到期，使用的汇率为USD 1=JPY 113。

这一货币互换可表示为：

(1) 在提款日（1996年12月20日），公司A与中国银行互换本金：公司A从贷款行提取贷款本金，并将贷款支付给中国银行，中国银行按约定的汇率水平向公司A支付相应的美元。

(2) 在付息日（每年6月20日和12月20日），公司A与中国银行互换利息：中国银行按日元利率水平向公司A支付日元利息，公司A将日元利息支付给贷款行，同时按约定的美元利率水平向中国银行支付美元利息。

(3) 在到期日（2003年12月20日），公司A与中国银行再次互换本金：中国银行向公司A支付日元本金，公司A将日元本金归还给贷款行，同时按约定的汇率水平向中国银行支付相应的美元。

由此可见，由于公司A在期初及期末与中国银行均按预先规定的同一汇率（USD 1=JPY 113）互换本金，且在贷款期间公司A只支付美元利息，而收入的日元利息正好用于归还原日元贷款利息，从而使公司A完全避免了未来的汇率变动风险。

（二）改变债务的结构

利率互换可以用来改变借款人债务组合中固定利率债务与浮动利率债务的比重。同样，货币互换可用来改变多种货币债务组合的各种货币比重。

假设一家公司所借债务一半为美元、一半为瑞士法郎，货币风险管理委员会出于风险管理的需要，认为该公司应该减少美元头寸、增加瑞士法郎头寸。为了达到这个目的所能采用的一种方法是，公司借入瑞士法郎，再用借入的瑞士法郎购买美元，然后用美元来预付现有的部分美元债务，从而减少公司的美元头寸而增加瑞士法郎头寸。虽然这一策略符合货币风险管理委员会的决策，但因为涉及提取新债务及预付现有债务的交易成本，所以要达到目的很难，成本也很高。

为了降低成本，该公司可以通过货币互换得到固定利率的美元，同时支付固定利率的瑞士法郎。这与上面的策略结果相同，都能使公司减少美元头寸、增加法郎头寸，可是成本却减少了。

因此，货币互换成为管理多种货币债务组合的非常灵活的工具，无论何时公司需要改变组合中的货币构成，只要对需要减少头寸的货币收取利息，对需要增加头寸的货币支付利息即可，如图10-3所示。

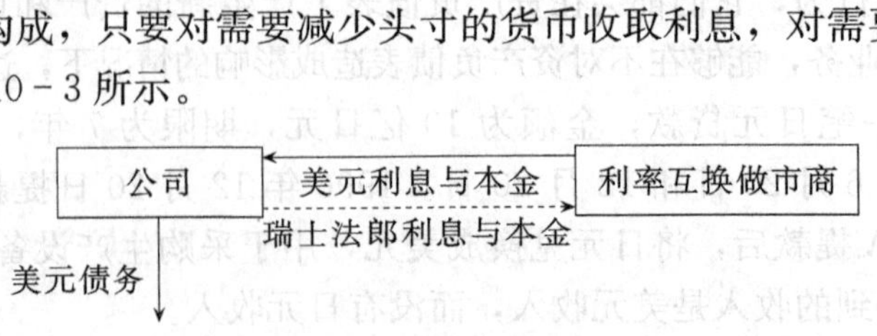

图10-3 用于改变债务结构的货币互换流程

（三）分散借款人的筹资渠道

公司通常在资金供给充分、对自己的信誉状况评级较高的市场借款，并使其借入的货币与期限符合借款人的整体融资策略，以降低公司所面临的中长期汇率风险。只要公司在该市场上有良好的声誉，公司就可以在这个市场上筹资，因而这种方法的融资成本比较低。同样，我们也可以通过货币互换来满足公司的策略，如图 10－4 所示。

图 10－4　分散筹资渠道的货币互换流程

例如，一家德国银行在澳大利亚没有业务、没有对澳元的需求，但该银行可能在澳元市场上有很好的声誉，而使其澳元融资成本很有竞争力，因而此银行可以通过该市场获得有价格竞争力的澳元，再通过货币互换市场来获得自己所需要的货币，如浮动利率美元。

公司最为合适的借款战略应该视公司在哪个市场上的信用评级更好、融资成本更低，而不必局限于符合风险管理目标的货币市场。因此，筹资与货币风险管理成为公司内部彼此独立的职能。

四、外汇掉期交易

在本节的最后，我们需要指出的是：在金融英语的翻译中，有时候把 swap 这个词翻译成“互换”，有时候又翻译成“掉期”。因此，国内有时候也把“货币互换”称为“货币掉期”，这很容易与国际金融里的“外汇掉期”混淆。中文里的“互换”与“掉期”这两个词与英文里的“swap”一个词相对应，但货币互换与外汇掉期有重要的区别，下面介绍一下外汇掉期交易。

外汇掉期交易（swap exchange transaction）是指在卖出某一交割日的甲货币（买入乙货币）的同时，买入另一交割日的甲货币（卖出乙货币），把持有甲货币的时间进行前后调整。两笔买卖的金额相同，方向相反。

例如，某银行因业务经营的需要，以瑞士法郎购买 1 亿欧元存放在米兰的银行，存期为 3 个月。为了防止 3 个月后欧元汇率下跌，存放在米兰的欧元不能换回原来数额的瑞士法郎而蒙受损失，因此该银行在买进 1 亿欧元现汇的同时，卖出 3 个月的欧元期汇，从而转移了此期间欧元汇率下跌的风险。

该银行在买进和卖出欧元的两笔交易中所使用的汇率是不同的，两者之间有个差额，这个差额便是这笔掉期交易的价格，称作掉期率（swap rate）。实际上，掉期率就等于远期汇水，它随着交易中两种货币的利率不同而变化：两种货币利差大时，掉期率就比较大；利差小时，掉期率就比较小；如果两种货币的利率水平相等，则掉期率趋于零。因此，两种货币的利差决定了掉期率的正负方向和大小。

按掉期的期限划分，最常见的掉期交易有：

（1）一天掉期（one-day swap），它又可以分为今日掉明日、明日掉后日和即期掉次日。

(2) 即期-远期掉期 (spot/forward swap)，即在买进或卖出即期外汇的同时，卖出或买进远期外汇。

(3) 远期-远期掉期 (forward/forward swap)，即买进或卖出两个不同时期的远期外汇合约。它的运作基础是不同时期的远期汇率之间的变动虽然大体相同，但绝不可能具有完全一致的性质，所以汇差的变动将可能给投资者带来额外收益。

远期-远期掉期又进一步衍生出了综合远期外汇协议，简称 SAFE (synthetic agreement for forward exchange)。综合远期外汇协议是一项标准化的交易，与远期-远期掉期的差别甚大。后者的特点是在两个不同时期的远期合约到期时必须进行交割，因而即使是金额相差不大、方向相反的两笔交易，交易双方也不得不发生现金流，从而占用资金。而前者仅是一种名义上的远期-远期掉期，交易双方均无须实际交换本金，只需结付远期汇价差即可，因此其合约的价值与远期汇差的变动密切相关。相形之下，它是比远期-远期掉期成本更低的交易方式。

不同的外汇交易者做掉期交易有不同的目的。企业做掉期交易有的是为了满足对不同货币资金的需求及防范汇率风险，有的是为了对外汇交易的交割时间进行调整。如果客户做完远期外汇买卖后，因故需要提前交割；或者由于资金不到位或其他原因，不能按期交割，需要展期时，都可以通过外汇掉期买卖对原交易的交割时间进行调整。

例如，一家美国贸易公司在 1 月份预计 4 月 1 日将收到一笔欧元货款，为了防范汇率风险，公司按远期汇率水平同银行进行了一笔 3 个月远期外汇买卖，买入美元卖出欧元，起息日为 4 月 1 日。但到了 3 月底，公司得知对方将推迟付款，在 5 月 1 日才能收到这笔货款。因此，公司可以通过一笔 1 个月的掉期外汇买卖，将 4 月 1 日的头寸转换至 5 月 1 日。

企业同银行做外汇交易，将把汇率波动的风险转嫁给银行，而银行为了避免风险，往往通过银行同业间掉期交易进行头寸调整。例如，当某种货币在即期出现多头、在远期出现空头时，银行可以做掉期交易，卖出该种货币的即期、买入该种货币的远期，使得该种货币的即期和远期头寸都得到平衡。反之，当某种货币即期空头、远期多头时，银行可做买入/卖出该种货币的掉期交易，以平衡头寸。

货币互换与外汇掉期的不同之处在于：掉期交易不发生分期的利息支付，但货币互换交易则发生分期的利息支付；掉期交易中的掉期率体现了这种利息的支付，而货币互换交易不存在掉期率。

第三节 外汇期货

一、外汇期货合约

外汇期货 (foreign exchange futures) 又称“货币期货”或“外币期货”，是指交易双方订立的标准化合约，约定在未来某个确定的日期以双方协商的汇率交易一定数量的某种外汇。外汇期货在集中性的交易市场以公开竞价的方式进行交易。

外汇期货是最早出现的金融期货品种。1972 年 5 月 16 日，美国芝加哥商品交易所

(CME)下设的国际货币市场(IMM)开始经营澳大利亚元、英镑、加拿大元、日元、瑞士法郎、德国马克6种硬通货的期货交易,这是最早的金融期货合约。

"货币期货"属于标准叫法,"外汇期货"属于符合中国习惯的叫法,因为外汇期货所包括的不仅仅是以各种外币为标的资产的期货合约,而且包括以外币计价的证券为标的资产的期货合约。外汇期货交易具有远期类合约的性质,但它与第一节中讲的远期外汇交易有很多区别,主要表现在以下几个方面:

(一)交易数量

外汇远期的交易数量由交易双方根据各自的需要自行商定,而外汇期货的交易数量被严格地加以标准化。例如,国际货币市场上交易较活跃的五种外汇期货的交易数量分别规定如下:

英镑:每合约 62 500 英镑;

欧元:每合约 125 000 欧元;

瑞士法郎:每合约 125 000 瑞士法郎;

加拿大元:每合约 100 000 加拿大元;

日元:每合约 12 500 000 日元。

交易数量的标准化一方面有利于对冲交易的进行,便于结算;另一方面,它限制了交易者在套期保值中根据具体的需要而进行选择的余地。从这一点来看,外汇远期交易与外汇期货交易是各有利弊、互为补充,交易者可以根据实际情况从这两种不同的交易方式中进行选择。

(二)交易方式

外汇远期交易是一种场外交易,它一般通过电话或电报成交,交易时间不受任何限制,全天24小时均可进行;而外汇期货交易则是一种场内交易,它是在集中性的交易场所通过公开喊价的方式成交的,交易的时间也由交易所统一规定。

(三)交割方式

外汇远期交易一般以实际交割为目的,90%以上的外汇远期合约于到期日被实际交割;而外汇期货交易一般并不以实际交割为目的,90%以上的外汇期货合约通过对冲交易来结清,实际交割率通常只有1%~2%。

(四)履约保证

外汇远期交易一般以客户的信用作为履约保证。外汇远期交易的交易者不必缴纳保证金,但这种交易的参与者通常只是一些实力雄厚、信誉卓著的大公司、大银行等,一般的中小企业或个人投资者往往难以涉足。外汇期货交易则以交易双方向交易所的结算单位缴纳保证金作为履约保证。除了按规定缴纳保证金之外,这种交易的参与者几乎不受任何限制。

(五)价格(汇率)及其变动

外汇远期交易中的远期汇率由银行报出,汇率的波动不受限制。有时,银行还将根据客户交易量的大小确定不同的汇率,而在外汇期货交易中,期货汇率是由交易双方通过讨价还价的方式确定,且在同一时间、同一交易所实行一价制。另外,交易所往往逐日规定汇率波动的幅度。

（六）结算业务

外汇远期交易的结算业务一般由经办这一远期交易的银行同经纪人直接进行，而没有专门的结算单位；但在外汇期货交易中，结算业务统一由专门的结算单位办理。这一结算单位可以是交易所所属的一个部门，也可以是与交易所无隶属关系的独立的结算公司。

外汇远期交易与外汇期货交易在结算业务上的这一区别还引起了其他方面的区别。例如，在外汇远期交易中，买卖双方均明确地知道交易的对方是谁以及交易对方的有关情况；而在外汇期货交易中，因结算单位充当了交易双方的中间人，即结算单位既是所有买者的卖者，又是所有卖者的买者，故交易者不可能、也不需要知道其实际上的交易对手究竟是谁，当然更不可能知道这一交易对手的有关情况。

二、外汇期货的合约规格

外汇期货交易区别于远期外汇交易的最重要特点在于其合约的标准化。外汇期货合约所包括的内容有交易单位、最小变动价值、每日价格波动限制、合约月份、交易时间、最后交易日及交易日期和交割地点等基本要素。除这些基本要素外，外汇期货合约还有一些不同于其他期货合约的独特内容。我们以 IMM 的外汇期货交易为例，对外汇期货的合约规格做具体的说明（如表 10－4 所示）。

表 10－4　　IMM 外汇期货合约规格

币种	交易单位	最小变动价位	每日价格波动限制	
			7:20—7:35	7:35 以后
英镑	62 500 英镑	0.000 2（每合约 12.50 美元）	400 点（每合约 2 500 美元）	无
欧元	125 000 欧元	0.000 1（每合约 12.50 美元）	150 点（每合约 1 875 美元）	无
瑞士法郎	125 000 瑞士法郎	0.000 1（每合约 12.50 美元）	150 点（每合约 1 875 美元）	无
加拿大元	100 000 加拿大元	0.000 1（每合约 10 美元）	100 点（每合约 1 000 美元）	无
日元	12 500 000 日元	0.000 001（每合约 12.50 美元）	150 点（每合约 1 875 美元）	无
澳大利亚元	100 000 澳大利亚元	0.000 1（每合约 10 美元）	150 点（每合约 1 500 美元）	无

（一）交易单位

外汇期货的交易单位都以各种货币的某一特定数量来表示。这一特定的数量是由交易所根据各种标的货币同结算货币之间的某一正常的汇率确定。例如，在 IMM 交易的各种外汇期货中，英镑兑美元的汇率一般最高，而日元兑美元的汇率一般最低。因此，英镑期货合约的交易单位最低，为 62 500 英镑，而日元期货合约的交易单位最高，为 12 500 000 日元（是英镑期货合约交易单位的 200 倍）。

（二）最小变动价位

外汇期货的最小变动价位通常以一定的“点”（point）来表示。“点”是指外汇市场所报出的外汇汇率中小数点之后最后一位的数字。但是，由于各种货币的汇率在小数点以后的位数不同，所以同为 1 个点，不同的货币有不同的含义。目前，在 IMM 交易的外汇期货合约的这几种标的货币中，英镑、欧元、瑞士法郎、加拿大元及澳大利亚元这五种货币同美元的汇率均报至小数点以后第四位；日元同美元的汇率报至小数点以后第六位。因此，同样的 1 个“点”，对英镑等五种货币而言，其含义为0.000 1；而对日元而言，其含义为0.000 001。

外汇期货的最小变动价位是指每一单位货币的汇率变动一次的最小幅度。这一最小幅度与交易单位的乘积便是每份外汇期货合约的最小变动价值。例如，加拿大元期货的最小变动价位为 0.000 1（通常称为 1 点），这表示在加拿大元期货交易中，每次价格变动的最小幅度是每加拿大元 0.000 1 美元。由于加拿大元期货合约的交易单位是 100 000 加拿大元，因此每份加拿大元期货合约的价格在变动时，每次至少达 10 美元（＝100 000×0.000 1）。

（三）每日价格波动限制

外汇期货的每日价格波动限制一般也以一定的点数来表示，如表 10－4 所示。但如前所述，不同货币的点数有不同的含义。因此，外汇期货的每日价格波动限制不能根据点数的绝对值来比较其大小。例如，欧元期货与日元期货的每日价格波动限制均为 150 点，但欧元期货的 150 点代表每欧元 0.015 0 美元，而日元期货的 150 点则代表每日元 0.000 150 美元。不过，由于一份日元期货合约的交易单位是一份欧元期货合约的 100 倍，因而这两种期货合约的每日价格波动限制同为每合约 1 875 美元。

值得注意的是，IMM 对各种外汇期货规定的每日价格波动限制只适用于开市后的 15 分钟，而 15 分钟以后则不再有任何限制。

（四）其他规定

除以上三个方面以外，IMM 还就合约月份、交易时间、最后交易日、交割日期及交割地点等方面做出了规定，但这几个方面的规定对于各种货币都是相同的。

上面是以 IMM 的外汇期货合约为例来说明的，事实上，在不同的交易所，同一种货币的期货合约规格也不尽相同。例如，中美洲商品交易所规定：瑞士法郎期货合约的交易单位为 62 500 法郎、加拿大元期货合约的交易单位为 50 000 加拿大元、英镑期货合约的交易单位为 12 500 英镑等，而且各种合约均无每日价格波动的限制。此外，它对于合约月份、交易时间及交割地点等也均与 IMM 有不同的规定。

第四节 外汇期权

一、外汇期权

外汇期权又称“货币期权”。顾名思义，外汇期权就是以外汇为基础资产的期权合约。外汇期权在 1982 年前后起源于欧美，目前费城证券交易所和芝加哥期权交易所是当今最具代表性的全球货币期权市场。

外汇期权交易可作为规避外汇汇率波动风险的有效保值工具。从这个意义上说，它是远期外汇抵补与期货交易保值的延伸，但它与后两者之间存在极其明显的差别。如果不行使期权，到期只是失效的问题，风险是有限度的，而且无须每日清算，到期前无现金流产生。此外，期权交易还具有其他一些优点：

(1) 风险小。期权买方一开始就能预知最坏的情形，即最大的损失就是其支付的期权费。因为不必支付其他现金，期权费便能锁定汇率行情不利的风险。

(2) 可综合保值。期权为企业财务经理和交易商们增加了新的保值或投机工具。他们可把它单独用于保值，也可将其与远期外汇交易或期货交易结合起来以达到综合保值及盈利的目的。

(3) 灵活性强。期权是保值交易中灵活性较大的一种，因为它能提供一系列的协定汇价，而远期外汇交易和期货交易只能在市场现有的某个远期汇价上成交。

(4) 可不履约。期权不存在必须履约的义务，因此它是对可能发生但不一定实现的资产或收益的最理想的保值工具。

二、外汇期权合约的内容

为了使期权买卖双方能在交易所内以公开竞价方式进行交易，并有助于外汇期权次级市场的活跃，外汇期权已有标准化契约，除“期权费”以外，其他条件均是固定的。现将外汇期权合同的要点介绍如下：

(一) 美元标价法

为了便于交易，所有的汇率均以美元表示，如1英镑等于多少美元，或1欧元等于多少美元等。场内交易货币期权适用于特定成对的货币，并且对每份合约的交易金额做了明确的规定。场外交易的货币期权可以针对任何基础货币，但前提条件是，客户必须找到愿意作为外汇期权卖方的银行。如果不幸遇到了流动性差的或者极少交易的货币，客户会发现安排期权合约是一件很困难的事。

(二) 履约价格

合同中规定了交易双方未来行使期权买卖外汇的交割汇价。日元期权价格以万分之一美元表示，其他外汇期权则以百分之一美元表示。

(三) 交易数量

交易数量固定，通常每一合同单位为12 500英镑、62 500瑞士法郎、6 250 000日元及50 000加拿大元。

(四) 到期月份和到期日

到期月份固定，通常为每年的3月、6月、9月及12月。到期日（即期权买方有权履约的最后一天）通常定于到期月份第三周的最后一个交易日。

(五) 保证金

卖方在买方要求履约时，有依履约价格进行交割的义务，而为确保合同义务的履约，须在订约时缴付保证金。卖方所缴保证金通过清算所会员缴存于清算所的保证金账户内，随市价而涨跌，并于必要时追加。

(六) 期权费

期权费又称权利金，于订约时由买方支付给卖方，是买方取得履约选择权的费用。由于买方除了支付期权费外，不承担任何义务，所以买方在订约时不必交保证金。买方在签订期权合同后，有权在他认为最佳的时机（美式期权）或特定日期（欧式期权）买进或卖出外汇，因此买方有机会获得无穷的利润。而当外汇行情走势对自己不利时，买方可放弃行使期权，其最大损失仅仅是支付的期权费而已。可见，期权交易与期货交易一样，均能以极少的钱来控制成千上万的外汇，具有财务杠杆作用。

期权费的表示方法通常有两种：①按履约价格的百分比表示；②以履约价格换算的每单位某种货币的其他货币数量表示。例如，一笔履约（执行）价格为每英镑 1.92 美元的看涨期权，其期权费可标为4%或每英镑0.076 8美元，即

$$1.92\times12\ 500=24\ 000(\text{美元})$$

$$24\ 000\times4\%=960(\text{美元})$$

$$960/12\ 500=0.076\ 8(\text{美元/英镑})$$

（七）交割

交割通常通过清算所会员进行。目前，全球最大的外汇期权市场——芝加哥证券交易所设有期权清算公司，以保证交易的顺利进行，使买卖双方不必做对方的信用调查工作。期权清算公司同时负责期权合同的清算事宜。

三、外汇期权的应用

（一）对货币敞口的套期保值

当企业预计将支付外币款项或收取外币款项时，就产生了货币敞口。支付外币需要买卖外汇，而汇率具有很强的波动性，而且在多数情况下不可预测。预期未来某时支付或收取外币的公司均会面临外汇风险。

例如，一家英国公司预计在 3 个月内收取 42 万美元，并准备兑换成英镑。当前的外汇汇率为 1 英镑=1.50 美元。该公司预计将得到 28 万英镑（=420 000/1.50），但在款项未到达的 3 个月内，英镑兑美元的汇率可能上下振荡。据推测，外汇汇率很可能在这 3 个月内发生不利变动从而使公司受损，除非公司采取措施对该敞口实行套期保值。

如果 3 个月后的外汇汇率为 1 英镑=1.60 美元，则公司的英镑收入就只有 26.25 万英镑（=420 000/1.6），比初始预期值少 1.75 万英镑（=28－26.25），这称为货币波动损失；如果 3 个月后的外汇汇率为 1 英镑=1.40 美元，则公司的英镑收入就是 30 万英镑（=420 000/1.40），比预期值多了 2 万英镑（=30－28），这可视为货币波动收益。由于相信货币波动损失不会很大，或是认为发生损失的可能性不如获利收益的可能性大，因此该公司可能已做好了承担风险的充分准备。但是，也有许多公司认为，应当使货币风险的重大敞口最小化，甚至完全避免。因此，采用一些手段去避免或者降低货币敞口，意味着对该敞口进行套期保值。

（二）对潜在货币敞口的套期保值

如果不能确定未来货币收支发生与否，那么货币期权将比远期合约更有吸引力。如果一家德国公司认为，它必须在 3 个月后支付 80 万美元，那么它可以做出一个远期合约安排，以便买入 80 万美元。但是该公司这样做了以后，即使该款项到期不需支付，这家公司仍有义务买进 80 万美元。因此，该公司不仅没有对支付美元的货币敞口进行

套期保值，反而又承担了买进 80 万美元的敞口，在银行对远期合约平仓以后，该公司就会出现损益。

显然，在未来货币的收支可能不发生的情况下，远期合约将导致货币敞口，而不是起到套期保值的作用。但是，货币期权恰恰解决了这个问题。因为在支付了期权费以后，这家公司可以得到以下权利：

(1) 如果货币收支不发生，将任由期权过期作废，或将期权卖还给银行，对于在交易所交易的期权，可以将期权卖回市场。

(2) 如果确实发生货币收支，但期权合约执行价格不如即期汇率有利，也可听任期权合约过期作废。

(3) 如果货币收支确实发生，同时执行价格比即期汇率更有利，执行期权就是必然的选择。

另外，尽管没有发生货币收支，但执行价格显然又比即期汇率更有利，我们就能通过执行期权，同时在现货市场上安排一个反向交易的办法来赢得一个立刻赚得价差的机会。

(1) 对看涨期权而言，期权买方可以履行以执行价格买进货币的权利，并且立刻以更高的即期价格卖出。

(2) 对看跌期权而言，期权买方应当以即期价格买进货币，同时有权以更高的执行价格卖出这些货币。

对以上两者而言，期权买方都会收到期权卖方支付的净收益现金结算额。

因此，公司对外币合同报价时，很可能会选择货币期权的方式。譬如一份出售货币的卖出期权合约，在合同已成交并获利时就会被执行，否则就让它过期作废。

(三) 对货币金额不确定的敞口的套期保值

当远期外汇收入或支出数额不确定时，远期外汇合约就会带来问题。安排远期合约，意味着买卖受到约束，在上述情况下会增加货币敞口，而不会发挥套期保值的作用，在很大程度上几乎等同于外币收支根本没有发生。举例来说，假设某公司 2 个月之后的预期收入约为 40 万美元，但无法确切知道具体的金额，于是制定一份远期合约，卖出 40 万美元。但是，由于实际收入金额可能超过或不足 40 万美元，因此就会造成新的货币敞口。而货币期权可用来对不确定的货币收支所引起的敞口进行套期保值。

例如，一家主营业务收入为美元的出口商估计 3 个月后的美元收入至少有 100 万美元，也有可能是 125 万美元或者更多。他的交易策略是：

(1) 安排 3 个月的远期货币合约，卖出 100 万美元。

(2) 买进 3 个月的美元看跌期权 25 万美元。

(3) 美元收入的其他任何剩余或亏空都通过现货市场轧平头寸。

当公司在海外市场以外币报价，而且只能对其货币收入做出大概估计时，运用货币期权来对不确定性货币敞口进行套期保值就显得特别有价值。

(四) 货币投机套利

如果不存在基本商品交易，货币期权合约也可以用于对远期汇率波动的投机套利，同时把买方面临的贬值风险限定在期权费范围之内。期权买方可以从有利的即期价格波动当中获取利润。

例如，一家英国公司以 1 英镑＝1.50 美元的执行价格买进 5 000 万美元的看涨期权，期权费为 40 万英镑，该公司希望从英镑兑美元的汇率下跌当中得到好处。如果汇率降到 1.40 美元，则期权合约就会按 1.50 美元的价格执行，买入5 000万美元，该公司只需付出 3 333.33万英镑（=5 000/1.5）的成本，然后这 5 000 万美元可以 1 英镑=1.40 美元的即期价格出售，收入 3 571.43 万英镑（=5 000/1.4），盈利为 238.1 万英镑（=3 571.43－3 333.33），扣减 40 万英镑期权费后的净利润为 198.1 万英镑。

由此可见，在支付期权费后，投资者就可以获得一个在风险资金和可能收入之间进行高效率调节的机会。在上例中，交易员只付出了 40 万英镑的赌注，却获利 238.1 万英镑。期权买方的成本是有限的，但收益却可能是无限的。

【本章小结】

本章主要讲述了以货币为基础的远期、互换、期货和期权的起源与发展、定义和特点，以及交易所对合约具体内容（包括交易单位、交易时间、合约月份）的规定。本章基本以介绍为主，以便让读者对以货币为基础的衍生工具的基础知识和基本应用有一定的了解。

【本章要点】

● 远期外汇交易分为固定到期日的远期外汇交易和可变到期日的远期外汇交易，远期外汇的标价方法有直接标价法和间接标价法

● 远期汇率、即期汇率和利率之间存在的必然联系是：远期汇率升水和贴水的大小取决于两种货币利率之差的大小，利率低的货币的远期汇率为升水，利率高的货币的远期汇率为贴水，而远期汇率与即期汇率之差取决于两种货币利率差的大小

● 货币互换是以不同的币种计算的两种不同现金流的交换，其利率支付形式有均为固定利率、均为浮动利率或固定利率对浮动利率。互换中的汇率既可以采用即期汇率，也可以采用远期汇率。第一笔货币互换的案例出现于 1981 年，发生在世界银行与 IBM之间

● 货币互换的实质是利用双方在各自金融市场上融资成本的比较优势，是一种信用套利行为。货币互换可以用来防范利率风险、汇率风险以及信用风险，它既可以用来改变资产结构，又可以用来改变债务结构

● 外汇掉期交易分为一天掉期、即期-远期掉期和远期-远期掉期。外汇掉期交易的重要作用在于防范汇率风险和改变外汇交易的期限结构

● 外汇期货是最早出现的金融期货。交易所对不同货币的外汇期货合约的具体内容都有明确的规定。合约所包括的内容有交易单位、最小变动价值、每日价格波动限制、合约月份、交易时间、最后交易日及交易日期和交割地点等

● 交易所对外汇期权合约的交易量、到期月份和到期日、交割方式、标价方法和期权费等都有明确的规定。与外汇期货相比，外汇期权具有风险小、可综合保值、灵活性强、可不履约等优点。外汇期权一般可用于以下几个方面：对货币敞口的套期保值，对潜在的

货币敞口的保值，对货币数量不确定的敞口的保值。此外，它还可用于投机套利

【本章关键术语】

外汇远期合约　　货币互换　　外汇掉期　　外汇期货　　外汇期权

【本章思考题】

1. 远期汇率与利率有何联系？如何计算远期汇率？
2. 货币互换与外汇掉期有何区别？
3. 如何理解货币互换是信用套利？货币互换与远期外汇合约有何联系？
4. 比较外汇期货和外汇期权。

第十一章 以利率为基础的金融衍生工具

利率衍生产品是指标的资产的价格仅依附于利率水平的金融衍生产品。利率是贷款人的资金在一定时期内的收益率，通常被看作借贷资金的价格。对于任何一个企业来说，它在任何时刻都会有资金的余缺问题。也就是说，企业在任何时刻都可能成为资金的供给方或需求方，因而借贷资金的价格——利率就会直接影响企业的收入或成本，从而使得利率风险成为企业必然要面对的风险。事实上，利率风险是企业必须管理和控制的主要风险之一。

随着现代金融的发展，目前已经出现了许多种管理和控制利率风险的方法及工具，利率衍生产品就是用来对冲利率风险的一类金融工具。这些工具主要有远期利率协议、利率期货、利率期权、利率互换等。下面分别介绍这些金融工具。

第一节　远期利率协议

利率作为资金的价格与一般的商品价格很不一样，这是因为完全描述利率水平需要整个利率的期限结构，而一般的商品价格可以由单一的数字来描述，这也说明了企业管理利率风险要比管理一般的商品价格风险（如大豆价格的风险）复杂得多，因为企业不仅要确定利率风险的期限，而且要知道所需管理的利率风险的起始和结束时点。

本节先介绍利率的一些相关概念，如即期利率、远期利率等，然后介绍与远期利率协议功能类似的远期对远期贷款，并说明这一金融工具与利率远期协议相比的不足之处，最后重点介绍利率远期协议。

一、即期利率和远期利率

n 年即期利率是指从即日起计算并持续 n 年的投资利率，这里考虑的投资是中间没有支付的“纯粹”投资，即所有的本金和利息在 n 年末一次性支付给投资者，一般又称为 n 年期零息票利率，即 n 年期零息票债券的收益率。

远期利率是指由当前的即期利率所隐含的将来一定期限内的利率。下面说明如何计算远期利率，如表 11－1 所示（即期利率见表 11－1 中第二列数据）：

表 11－1 远期利率的计算

年（n）	n 年期投资的即期利率（年率，%）	第 n 年的远期利率（年率，%）
1	8.0	—
2	8.4	8.8
3	8.8	9.6
4	9.2	10.4

表 11－1 中的第二年远期利率为每年 8.8%，这是由第一年和第二年的即期利率推算出来的隐含第一年末至第二年末这段期限的远期利率。正是这个远期利率和第一年的即期利率一起作用，导致两年期的即期利率为 8.4%。我们以 r_{12} 表示第一年末至第二年末这段期限的远期利率，以 r_1 表示一年期的即期利率，以 r_2 表示两年期的即期利率，则 r_2 的计算方法如下：

$$(1+r_2)(1+r_2)=(1+r_1)(1+r_{12}) \tag{11-1}$$

上式的含义为：由远期利率和第一年的即期利率所得的收益与采用两年期即期利率所得到的收益相同（为期两年的投资可按两种方法投资，第一种方法是先投资一年，然后将第一年投资的收益连同投资的本金一起再投资一年；第二种方法是直接投资两年，由于市场是无套利的，所以这两种投资收益是一样的）。我们可得：

$$r_{12}=\frac{(1+r_2)^2}{1+r_1}-1$$

同理，我们可以算出其他的远期利率，如表 11－1 所示。一般来说，如果用 r_1 表示 t_1 年期的即期利率，r_2 表示 t_2 年期的即期利率，显然 t_1 与 t_2 期间的远期利率 r_f 满足（$t_2>t_1$）：

$$(1+r_2)^{t_2}=(1+r_1)^{t_1}(1+r_f)^{t_2-t_1} \tag{11-2}$$

可得：

$$r_f=\left[\frac{(1+r_2)^{t_2}}{(1+r_1)^{t_1}}\right]^{\frac{1}{t_2-t_1}}-1$$

在实际的计算中，为了简便起见，一般都认为二次项以后可以忽略不计，所以可得：

$$1+t_2r_2=1+t_1r_1+(t_2-t_1)r_f$$

因而近似地有

$$r_f=\frac{t_2r_2-t_1r_1}{t_2-t_1} \tag{11-3}$$

在计算中，我们可以很方便地运用（11-3）式算出远期利率的近似值，从而对远期利率有大致的估计。

二、远期对远期贷款

商业银行的资金一般来自居民的存款、银行间同业拆借和货币市场，也就是说，商业银行的资金来源一般都是短期的。当客户需要比较长期的资金时，就导致银行的资产和负债出现期限不匹配的现象。自 20 世纪 60 年代至 70 年代以来，中长期贷款已经越来越流行，这就使得银行必须不断地借入短期资金，以便为中长期资产融资，但银行借入的短期融资需要支付市场利率，如果它们对客户贷款的利率事先确定的话，银行就会面临很高的利率风险。银行的解决方法之一就是不事先确定贷款利率，将短期融资的市场利率转嫁给客户，并使用市场利率为贷款进行定价，从而规避市场利率波动的风险。

但是到 20 世纪 70 年代以后，市场利率波动十分剧烈，这就使得以市场利率定价的贷款面临很高的利率风险，客户为规避未来某时期借款的利率风险，当然会要求银行提供利率比较固定的贷款，远期对远期贷款就是为适应这种需求而产生的。银行承诺在未来的某一时点向客户提供一定金额的贷款，其利率事先约定。正是由于贷款的实际行为（贷款的发放和回收）发生在未来的某一时点，所以这种贷款称为远期对远期贷款。

下面举例说明远期对远期贷款的具体操作。假设客户预期自己在一年后需要一年期的资金 1 000 万元，由于市场利率波动剧烈，因此客户希望现在就能将贷款利率确定下来。银行可以为客户提供一年后的一年期贷款，但是如何为这一远期对远期贷款定价就成为关键的问题。

既然是远期对远期贷款，那么公平的定价方法就是以远期利率为其定价。假设当前的一年期和两年期即期利率如表 11-1 所示，即一年期的即期利率为 8.0%，两年期的即期利率是 8.4%，那么客户所需要的这笔远期对远期贷款的利率就应定为 8.8%。此贷款的具体操作如下：

银行为了提供远期对远期贷款，同时为了规避利率风险，须于期初借入两年期资金，其利率为 8.4%，由于这笔两年期的负债包含了客户不需要资金的一年时间，所以银行可以在借入资金后以 8.0%的利率贷出，并于一年后收回，然后再借给承诺了远期对远期贷款的客户。这样一来，银行在期初所需借入的资金为1 000万元/1.08=925.925 9 万元，以 8%的利率贷出后，一年期满收回 1 000 万元，然后再贷给远期对远期贷款客户，其利率必须足以支付银行的借款成本，即必须使得银行在两年期末能够偿还 925.925 9 万元×1.084×1.084=1 088.014 8 万元的借款，所以贷款利率必须定为 1 088.014 8/1 000−1≈8.8%，显然这种定价方法就是远期利率定价方法。银行以 8.8%的利率将 1 000 万元贷给客户后，第二年末收回 1 088 万元，用以偿还银行融入的资金。

远期对远期贷款在 20 世纪 70 年代末出现后并没有流行起来，其原因就是，远期对远期贷款有一个很大的缺陷：远期对远期贷款需要银行从贷款承诺日起就借入资金，一笔一年期的贷款需要银行借入两年期的资金，这使银行处于十分被动的地位。在上述例子中，银行在借入资金后的第一年只能以8%的利率贷出，这种行为不但占用了银行的资金额度，而且会降低银行的利润率（这种借贷属于表内业务）。正是由于这一原因，使得后来出现的远期利率协议更有吸引力，因为远期利率协议避免了远期对远期贷款的上述缺陷。

三、远期利率协议（合约）

远期利率协议（forward rate agreement，FRA）是交易双方达成的一笔关于未来固定利率的名义远期对远期贷款协议。这里之所以称为“名义贷款”，是因为在整个交易过程中并没有实际贷款发生。

（一）一份远期利率协议包含的内容

（1）买方名义上答应去借款（向名义上的卖方借款）。

（2）卖方名义上答应去存款（向名义上的买方提供一笔贷款）。

（3）有特定数额的名义上的本金。

（4）以某一币种标价。

（5）固定利率。

（6）特定的期限。

（7）在未来某一双方约定的日期开始执行。

（二）远期利率协议的作用

一份远期利率协议是交易双方为规避未来利率波动风险，或是以未来利率波动为基础进行投机而签订的一份协议。

（1）作为避险者（hedger），他早已暴露在利率波动的风险中，但他希望能够避开这类风险。当他处于远期利率波动的风险中并持有远期利率协议头寸后，避险者的净风险就会降低或完全消失。

（2）作为投机者（speculator），他开始时不会面临利率波动的风险，但他希望能够从预期的利率波动中获取利润。对于投机者而言，持有远期利率协议的头寸，就会获得他所希望的利润。

（三）远期利率协议的特点

（1）远期利率协议是由银行提供的场外交易产品。远期利率协议市场是由各银行的交易室构成的全球性市场，这些交易室由电话线、信息站和计算机网络连在一起。交易的双方通常是银行和它们的客户或者是两家银行。银行可能是远期利率协议的买方和卖方，银行的客户也可能是买方和卖方。远期利率协议是银行提供的OTC市场工具。类似于其他金融市场，银行可为暴露在风险中的各方充当中介，或者是在金融市场中为客户承担风险。

（2）远期利率协议的交易属于表外业务。由于在远期利率协议的整个交易过程中不涉及本金和利息的流动，因而远期利率协议不必计入资产负债表内，只是相当于一种或有收益或损失。由于远期利率协议属于表外业务，因而不需要有资本充足率方面的要求（此要求影响了银行的收益率或利润），但仍需保留一定的资本，这个数额大约只是远期对远期贷款资本要求的1%。

(3) 对于以美元标价的远期利率协议而言，银行可为3个月期、6个月期、9个月期、12个月期（最长期限直到2年）的所有协议提供报价交易；而对于其他主要币种的远期利率协议，银行只提供最长期限为1年的报价交易。

(4) 远期利率协议是衍生品。这主要体现在整个交易过程中只涉及名义贷款，没有本金和利息的支付，交易双方名义上用一定数额的某种特定货币在未来某日进行贷款，并规定了一定的贷款期限。这实际上是一种远期对远期的贷款。因此，有实际借贷行为的远期对远期贷款就是远期利率协议的原生产品或称为基础资产（underlying asset）。

(四) 远期利率协议的时间简图

远期利率协议的流程图如图11-1所示。

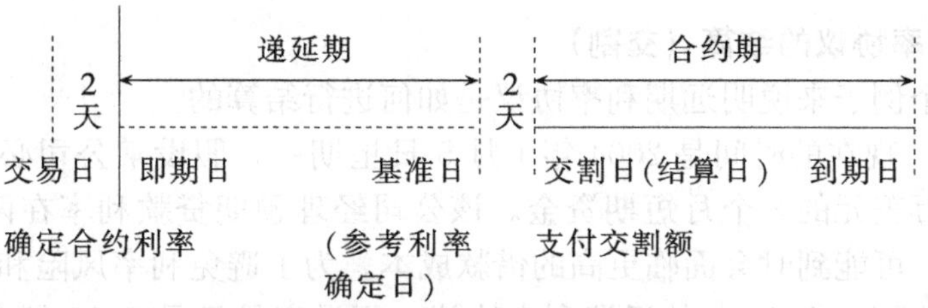

图11-1 远期利率协议的流程图

图11-1所示概念的定义如下：

交易日——远期利率协议成交的日期（确定合约利率的日期）。

即期日——远期利率协议成交后正式开始计算时间的日期。

基准日——参考利率确定的基准日期。

交割日——名义贷款或存款开始日（结算日）。

到期日——名义贷款或存款到期日。

参考利率——市场决定的利率，即用来计算结算金额的市场基准利率。

递延期——从即期日到参考利率确定日之间的期限。

(五) 远期利率协议的报价

远期利率协议的报价如表11-2所示。

表11-2 远期利率协议报价表（报价方式）

3个月期	利率（%）	6个月期	利率（%）	9个月期	利率（%）
1×4	4.53—58	1×7	4.59—64	1×10	4.71—76
2×5	4.52—57	2×8	4.59—64	2×11	4.71—76
3×6	4.53—58	3×9	4.62—67	3×12	4.74—79
4×7	4.54—59	4×10	4.64—69	4×13	4.80—85
5×8	4.57—62	5×11	4.70—75	5×14	4.90—95
6×9	4.61—66	6×12	4.75—80	6×15	4.99—04
9×12	4.85—90	9×15	5.13—18	9×18	5.34—39

表中第二行、第一列的1×4表示即期日与交割日（结算日）之间的期限为1个月、即期日与到期日之间为4个月的远期利率协议，其中合约期为3个月。即期日和结算日分

别为交易日及基准日（确定日）两天后的工作日。

表中的利率以 LIBOR 为基础利率。LIBOR 利率是通过计算许多指定银行在指定时间内的不同利率来决定的，它先将利率从低到高排列，然后去掉最高、最低利率，并计算出剩余数字的平均数，最后再将得到的平均数四舍五入精确到$\frac{1}{16}\%$。

在第二、四、六列的报价中，前一个数字表示买价，后一个数字表示卖价，两者之间的差价即为银行的利润。

在标准的远期利率协议中，合约期限一般为 3 个月、6 个月、9 个月、12 个月，从即期日到到期日最长的期限一般为 2 年。许多银行为满足市场上不同投资者的需求，也设计出了一些非标准的远期利率协议。为一些特殊的客户设计非标准化的合约是金融工程的一个重要内容。

（六）远期利率协议的结算（交割）

下面通过一个例子来说明远期利率协议是如何进行结算的。

【例 11-1】 现在的时间是 2004 年 1 月 5 日星期一，假设某公司必须在 3 月初筹集一笔金额为 500 万美元的 3 个月短期资金。该公司经理预期贷款利率在两个月后会上升，如果他不做安排，可能到时会面临更高的借款成本。为了避免利率风险和事先锁定借款利率，该经理决定购买一份 2×5 的远期利率协议。假设交易日是 2004 年 1 月 6 日星期二，合约的内容如表 11-3 所示。

表 11-3　合约的内容

币种	美元
合约金额	500 万美元
合约利率	7.2%
即期日	2004 年 1 月 8 日，星期四
（基准日）参考利率确定日	2004 年 3 月 8 日，星期一
结算日（交割日）	2004 年 3 月 10 日，星期三
到期日	2004 年 6 月 10 日，星期四

首先，我们可以计算出合约期为 92 天。根据上述远期利率协议的报价，该公司希望能将借款的利率锁定在 7.2%的水平上。假设到 3 月 8 日，市场的参考利率上升到 8.0%，那么如果没有购买远期利率协议，该公司必须为这笔 92 天期的 500 万美元贷款支付的额外利息为：

$$\text{多付利息}=(8\%-7.2\%)\times 5\ 000\ 000\times 92/360=10\ 222.22(\text{美元})$$

（注意：我们在计算日利息时，将一年看作 360 天。）

由于实际贷款本息的支付是在到期日（6 月 10 日），而远期利率协议的结算日是在参考利率确定日的两天后（即 3 月 10 日），所以我们在远期利率协议结算金额的计算中需要考虑整个合约期限的时间价值，即将到期日的额外利息按照确定的参考利率折现到远期利率协议中的结算日。由此得出的远期利率协议结算额的计算公式为：

$$\text{结算额}=\frac{(i_r-i_c)\times A\times\frac{\text{Days}}{\text{Basis}}}{1+i_r\times\frac{\text{Days}}{\text{Basis}}}$$

$$=\frac{(i_r-i_c)\times A\times\dfrac{D}{B}}{1+i_r\times\dfrac{D}{B}} \tag{11-4}$$

式中，i_r 为参考利率；i_c 为协议利率；A 为协议数额；Days（或 D）为协议期限天数；Basis（或 B）为转换的天数（如美元按一年 360 天计算，而英镑则按一年 365 天计算）。

根据（11-4）式，上例中远期利率协议的结算（交割）金额为：

$$\frac{10\ 222.22}{1+8\%\times\dfrac{92}{360}}=10\ 017.42\text{（美元）}$$

买方获得结算余额后，可以按照结算日（3 月 10 日）市场参考利率 8%的水平再投资 92 天，此举可获利息 10 017.42×8%×92/360=204.8 美元，两项相加即为10 222.22美元，正好抵补实际借款中因利息上升所导致的利息损失，即

$$\frac{(i_r-i_c)\times A\times\dfrac{D}{B}}{1+i_r\times\dfrac{D}{B}}\times i_r\times\frac{D}{B}+\frac{(i_r-i_c)\times A\times\dfrac{D}{B}}{1+i_r\times\dfrac{D}{B}}$$

$$=(i_r-i_c)\times A\times\frac{D}{B}$$

其中

$$\frac{(i_r-i_c)\times A\times\dfrac{D}{B}}{1+i_r\times\dfrac{D}{B}}\times i_r\times\frac{D}{B}$$

是结算金额再投资所获得的利息。

（七）远期利率协议的避险功能

由上面的交割过程可知，交割金额为 10 222.22 美元（没有折现时）。2004 年 3 月 10 日星期三是 3 个月借款利率被固定在 8.0%的日期。上例中的公司原本要在 3 月 10 日以 8.0%的利率借入资金，并于 2004 年 6 月 10 日星期四将利息 8.0%×5 000 000×92/360=102 222.22 美元一并归还。然而，由于该公司购买了远期利率协议，这将使最后的利息支付减少 10 222.22 美元，实际支付利息为102 222.22−10 222.22=92 000 美元，相当于以协议利率 7.2%进行融资（7.2%×5 000 000×92/360=92 000 美元）。

从该例可以看到，远期利率协议的购买者真正实现了将其实际借款成本降低到远期利率协议规定的协议利率水平，从而避免了利率波动的风险。对此，我们有几点说明：

（1）在上例中，我们假定市场利率如公司经理预期的那样上升，远期利率协议的出售者需要向购买者支付结算金，但是，如果市场利率不升反降，那么就应该由远期利率协议的购买者向出售者支付结算金。也就是说，如果市场参考利率 i_r 大于协议利率 i_c，则由远期利率协议的卖方补偿买方，其结算金额为正；反之，如果 i_r 小于 i_c，那么结算金额为负，应由买方支付给卖方；当借款人以市场参考利率进行借款时，虽然利率上升到 8.0%，但是由于远期利率协议结算金额的补偿，其实际借款成本被锁定在 7.2%，因而其有效融资成本被限制在了计划之内。

（2）值得一提的是，在远期利率协议的结算金额中，i_r 是市场上的基础参考利率，如

LIBOR 等。但是，借款人不可能总是以 LIBOR 平价进行借贷，在大多数情况下，借贷成本要在基础利率上再加几个百分点。这样一来，上例中的借款成本也要相应地加上几个百分点。这说明远期利率协议不能对基础利率的加价部分进行补偿。

(3) 此外，在上述远期利率协议最后金额的计算中，我们假定在结算日所获得的资金可以按基准利率进行再投资。但实际上除银行外，一般投资者只能以低于基准利率的利率进行再投资，这样也会带来抵补效率的损失。

【例 11-2】(续上例) 假定借款者进行借款时必须以 LIBOR+1.0%支付利息，但他们在投资时只能得到 LIBOR−0.5%的利率。借款人以 7.2%的利率购买远期利率协议，参考利率为 8.0%，并可得到与以前一样多的交割额，即$\dfrac{10\ 222.22}{1+8\%\times\dfrac{92}{360}}=10\ 017.42$ 美元。

交割额（所得到的资金）以利率 8%−0.5%=7.5%再投资 92 天所获得的利息为 10 017.42×0.075×92/360=192.00 美元。因此，从远期利率协议中得到的全部收入为 10 017.42+192.00=10 209.42 美元。在金融市场上，期限 92 天、利率 9.0%（=8.0%+1.0%）的借款 500 万美元，需要支付利息 5 000 000×0.09×92/360=115 000 美元，从中减去由远期利率协议中得到的全部收入后，公司净借贷成本为 115 000−10 209.42=104 790.58 美元。因此，实际贷款利率是$\dfrac{104\ 790.58}{5\ 000\ 000}\times\dfrac{360}{92}\approx 8.2\%$，比协议利率高出 1 个百分点。

上式中的约等号是因为我们省略了因公司再投资的收益率比 LIBOR 低 0.5%而减少的那部分收益（可以视为成本），即 204.8−192=12.8 美元，相对于实际的借款成本，这部分成本可忽略不计。

(八) 远期利率协议的定价

有关远期利率协议定价最简单的思路就是将其看作“填补”现金市场上不同期间差额的工具，也可以看作远期利率定价法，因为其计算方法与远期利率的计算方法类似，如图 11-2 所示。

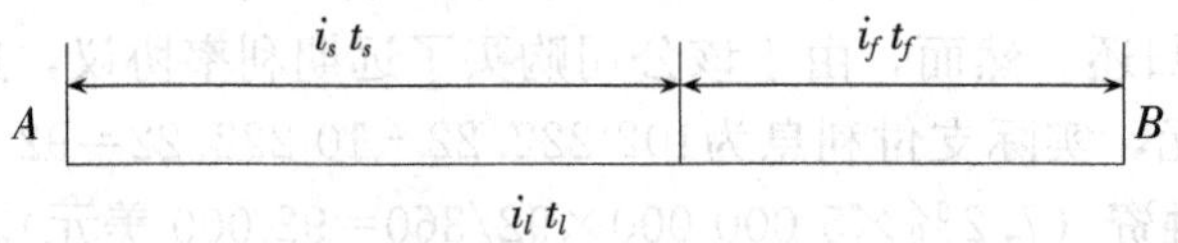

图 11-2 两种投资途径的利率

如果图 11-2 中所示两种投资途径得到的收益相等，则可得到有关方程为：

$$(1+i_st_s)(1+i_ft_f)=1+i_lt_l$$

式中，i_s 为即期日到交割日的现金市场利率；i_l 为即期日到到期日的现金市场利率；i_f 为交割日到到期日的远期利率协议的利率；t_s 为即期日到交割日的时间；t_l 为即期日到到期日的时间；t_f 为合同期。另外，所有的利率均以十进制单位计算，所有的时间均以年为单位计算。我们以天数作为时间计算单位，并将上式重写，可解出 i_f 为：

$$i_f=\frac{i_lt_l-i_st_s}{t_f(1+i_st_s)}$$

其中

$$t_l=\frac{D_l}{B}\quad t_s=\frac{D_s}{B}\quad t_f=\frac{D_f}{B}$$

若将时间折合成天数，可得：

$$i_f=\frac{i_lD_l-i_sD_s}{D_f\left(1+i_s\times\frac{D_s}{B}\right)} \tag{11-5}$$

下面比较一下实际现货市场利率和远期利率协议利率。表 11－4 给出了几个不同期限的英镑和美元的 LIBOR。

表 11－4　　英镑和美元 LIBOR

期限	英镑 LIBOR（%）	美元 LIBOR（%）
1 个月	13.687 5	6.500 0
2 个月	13.437 5	6.562 5
3 个月	13.125 0	6.625 0
6 个月	12.625 0	6.625 0
9 个月	12.250 0	6.687 5
12 个月	12.062 5	6.812 5

从这些数据可以先构建出英镑收益曲线，由此并结合（11－5）式就可以计算出英镑的远期利率协议（FRA）利率的理论值，表 11－5 将理论值与同日远期利率协议利率的实际值进行了比较。

表 11－5　　英镑 FRA 利率理论值与实际值的比较

FRA 期限	计算利率	市场利率	基差（基点）
1×4	12.60	12.68/73	－10
3×6	11.76	11.79/84	－5
6×9	10.83	10.83/88	－2
9×12	10.54	10.50/55	＋2
6×12	10.83	10.79/84	＋2

除 1×4 的情形以外，其他几种情形中的计算利率与市场上的实际利率仅有几个基点（basis point，bp）的偏差。在 1×4 的情况下，可能是由于 4 个月现金市场利率插值上的原因，而且它对 1×4 FRA 利率的计算值又有着巨大影响，所以缺口较大。从表中可见，这里的收益曲线发生了突然变化，1 个月的利率非常高，而 3 个月利率与 6 个月利率有 50 个基点的缺口，4 个月利率的插值出现在 13.125%与 12.625%之间（见表 11－4），具体数值取决于我们所采用的数学方法。如果这一利率为 13.03%，则 1×4 FRA 利率在 12.70%的水平上。

同一日美元 FRA 利率的结果也显示了很强的一致性。

毋庸置疑，欧洲货币市场利率和 FRA 利率之间的联系是非常紧密的。如果它们存在明显的不一致，则投资者可以通过一组无风险交易来弥合所有缺口并获益。实际上，FRA 是以利率期货而不是欧洲货币存款来定价和套期的，这就造成了 FRA 利率与期货价格之间更紧密的联系（如表 11－6 所示）。

表 11-6　　美元 FRA 利率实际值与理论值的比较

FRA 期限	计算利率	市场利率	基差（基点）
1×4	6.63	6.67/72	−6
3×6	6.52	6.50/55	0
6×9	6.59	6.66/71	−9
9×12	6.84	6.90/95	−8
6×12	6.77	6.83/88	−8

（九）FRA 利率的敏感性分析

我们通过举例来分析 FRA 利率是怎么变化的，以 6×9 FRA 为例，假设$i_s=8\%$，$i_l=9\%$，我们可计算出 $i_f\approx11\%$，如图 11-3 所示。

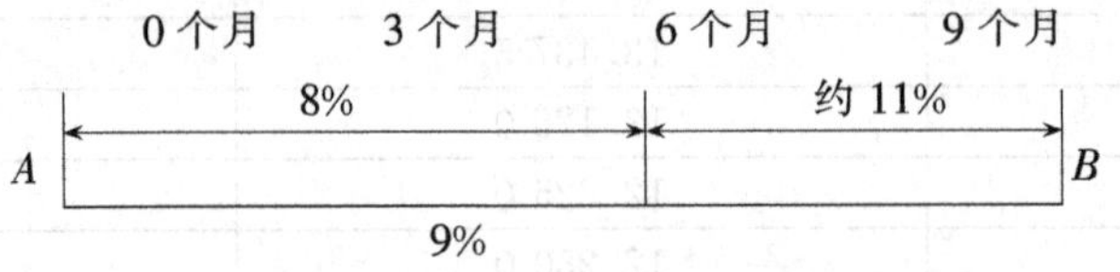

图 11-3　远期利率协议的定价

现在考虑如果这些因素发生了变化会有什么后果。图 11-4 分析了 6 个月利率上升了 1 个百分点、9 个月利率上升了 1 个百分点以及两者都上升后的影响。

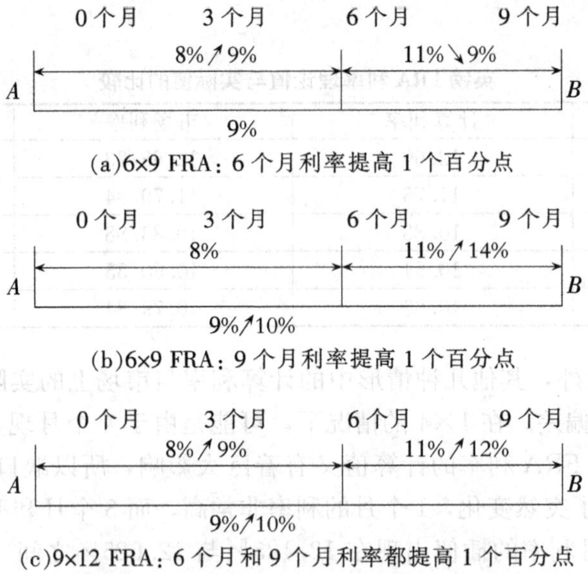

图 11-4　FRA 利率对利率变化的敏感性

要注意的是，无风险盈利原则要求：无论投资者通过何种途径由 A 到 B，其总收益必须一致。如果第一期利率发生了图 11-4（a）所示的增加，则 FRA 利率必须降低，至于降低多少则取决于递延期与合同期的比率。本例中 6 个月的递延期是 3 个月合同期的 2 倍。因为 6 个月利率提高了 1 个百分点，所以 FRA 利率应降低约 2 个百分点。

类似地，如果整个期限内的利率提高，则 FRA 利率也提高，其幅度取决于整个期限与合同期的比率。因此，对于 6×9 FRA 而言，如果 9 个月利率提高 1 个百分点，则 FRA

利率应提高 3 个百分点，如图 11－4（b）所示。

不难看出，FRA 利率一般是随利率变化而变化，如图 11－4（c）所示。如果利率均上涨 1 个百分点，则 FRA 利率也应该上涨大约 1 个百分点。不仅如此，考虑到前面那两种情况就不难发现，如果 6 个月和 9 个月利率都提高 1 个百分点，则 FRA 利率最终将上升 1 个百分点（由于 6 个月利率上升 1 个百分点，引起 FRA 利率下降 2 个百分点；由于 9 个月利率上升 1 个百分点，引起 FRA 利率上升 3 个百分点）。

从数学的角度来看，我们对（11－5）式求微分也可以得到相同的结果。具体说来，对（11－5）式关于 i_s 和 i_l 求偏导数，则有下列的近似值（假设$1+i_s\times\dfrac{D_s}{B}$和 $1+i_f\times\dfrac{D_f}{B}$近似为 1）：

$$\frac{\partial i_f}{\partial i_s}\approx-\frac{D_s}{D_f} \tag{11－6}$$

$$\frac{\partial i_f}{\partial i_l}\approx\frac{D_l}{D_f} \tag{11－7}$$

$$\frac{\partial i_f}{\partial i_a}\approx-\frac{D_s}{D_f}+\frac{D_l}{D_f}=1 \tag{11－8}$$

（11－6）式、（11－7）式和（11－8）式表明了 FRA 利率对利率变化的敏感性，它们不难由（11－5）式以及 $D_f=D_l-D_s$ 等条件得到。

第二节 利率期货

利率期货合约是指交易双方在约定的时间按照约定的条件买卖一定数量的同利率相关的金融工具的协议。实际上，这是一种将附有利率的有价证券作为期货合约标的的交易方式。由于这些长期或者短期的信用工具和利率的高低密切相关，所以称其为利率期货合约。

利率期货无论是在期货市场上还是在期权市场上都占有十分重要的地位。利率期货最初产生在美国，1975 年美国的芝加哥商品交易所首次推出了利率期货合约——政府全国抵押贷款协会的抵押证券期货合约。仅仅在利率期货推出的 8 年时间里，利率期货的交易量就占到了期货交易总量的 1/4，而且利率期货的品种也越来越多，几乎世界上所有主要的交易所都开展了利率期货交易。

利率期货合约根据基础证券期限的长短，可分为短期利率期货合约和中长期利率期货合约。短期利率期货合约是指标的证券的期限不超过 1 年的利率期货合约，如 3 个月期国债、90 天的商业票据、3 个月期定期存单、3 个月期欧洲美元存款凭证等。中长期利率期货合约是指标的证券的期限在 1 年以上的利率期货合约，如中期国债（期限在 1～10 年）、长期国债（期限在 10 年以上）、房屋抵押债券等。由于这两种期货合约在报价以及交割等方面有所不同，所以我们分别加以介绍。

一、短期利率期货

期货合约可以简明地定义为现在确定未来某一交易的价格和条件，并具有法律约束力的协议。短期利率期货交易的标的是某一名义定期存款（a notional fixed-term deposit），价格则是该名义定期存款的固定利率，而存款期是指将来某个时期。买入一份短期利率合约相当于客户到期时向银行存入一笔存款，而卖出一份利率期货合约则相当于客户到期时向银行借款。

（一）一个利率期货合约的典型例子

芝加哥商品交易所（Chicago Mercantile Exchange，CME）90 天短期利率期货的基本指标，如表 11-7 所示。

表 11-7　　CME 90 天国债期货合约的基本指标

交割单位（unit of trading）	1 000 000 美元面值的短期国债
交割月（delivery months）	3 月，6 月，9 月，12 月
交割日（delivery date）	合同到期月份的第三个星期三
最后交易日（last trading day）	交割日的前一天
报价（quotation）	100.00 减去未来利率的百分点数
最小波动点（tick）	0.01%（一个基点）
最小波动值（tick value）	25 美元
交易时间（trading hours）	08:20—14:00(芝加哥时间)

下面将短期利率期货同远期利率协议进行比较，并以此来说明短期利率期货的特点。

1. 两者持有价值的比较

由于利率期货是在交易所内进行交易的标准化产品，利率期货合约以“份”为单位进行交易，每份 3 个月期利率期货合约的价值为 100 万美元，那么利率期货合约的持有人所持有的价值肯定是 100 万美元的倍数，而远期利率协议的头寸价值没有上述限制，其合约价值由合约双方进行商定，但不一定是 100 万美元的整数倍。

2. 两者交割时间的比较

（1）远期利率协议的时间简图（见图 11-5）。

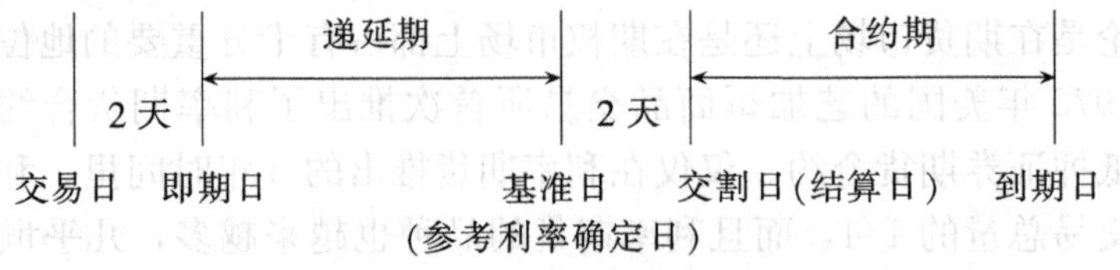

图 11-5　远期利率协议的时间简图

（2）短期利率期货的时间简图（见图 11-6）。

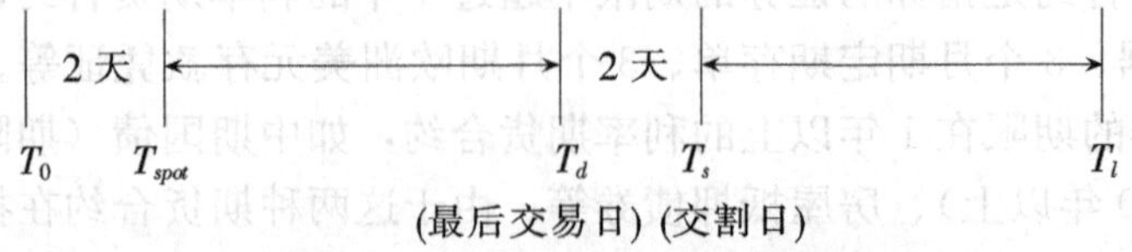

图 11-6　短期利率期货的时间简图

说明：①交割日、结算日和最后交易日都是确定何时交割，也就是现金结算的时间。

②期货的最后交易日类似于远期利率协议的参考利率确定日。

③期货的交割日类似于远期利率协议的结算日。

（二）短期利率期货的报价

短期利率期货采用间接报价形式，它是按指数价格进行交易，而不是按利率的高低进行交易。这一指数化价格的定义为：

$$P=100-i$$

式中，P 为短期利率期货的指数化价格；i 为短期利率期货在名义定期存款期内（未来）利率的百分数。

我们将期货合约定义为一种固定利率的存款。对于那些意图通过期货进行投机的人，他们希望以低利率借入资金（卖出期货），然后以高利率贷出资金（买入期货），即为“贵买贱卖”（很不自然），通过这种指数形式定价则可以转变为“贱买贵卖”，这与习惯相符。

（三）短期利率期货交易的一个简例及说明

某期货品种的价格是 96.08，与之对应的利率是 3.92%。某场内自营商预期利率将会上升、价格将要下降，他果断地在 96.08 的价位上卖出 50 份合约。几分钟后，利率上升到 4.05%，价格下降至 95.95，该交易商平仓后（出清头寸），每份合约有 13 个基点的盈利（即以 96.08 的价位卖出，以 95.95 的价位买入），这位自营商的总收益是 13×25×50＝16 250 美元。

下面，我们对短期利率期货交易做几点说明：

(1) 短期利率期货报价是指数性质的价格。例如，96.08 的价位并不表示 96.08 美元，而是隐含一种利率水平。

(2) 远期利率协议无须采用这种间接报价方式。根据定义，远期利率协议的买方是名义借款人，而不是名义存款人（贷款给别人）。如果当初人们以相同的方式对短期利率期货下定义的话，那么短期利率期货就可以像远期利率协议那样以利率直接进行报价了。

(3) 短期利率期货的利率相当于远期利率协议的参考利率（reference interest rate），而不是合同利率（contract interest rate）。因此在交割之前，短期利率期货的价格并非“固定”不变，而是随行就市、上下波动的。

（四）短期利率期货的最小变动价值

所有的合约都会指明其最小价格波动或最小变动价值，即连续两次报价之间的最小变化。如果最小价格波动为 0.01%、交易单位为 1 000 000 美元、合约期限为 3 个月，则最小变动价值为：

$$0.01\%\times 1\,000\,000\times\frac{3}{12}=25\text{（美元）}$$

最小波动价值的计算与远期利率协议中结算额的计算存在两点区别：

(1) 在期限问题上，短期利率期货最小波动价值是按月计算，而远期利率协议的结算额则是按日计算：

$$\text{交割额}=\frac{(i_r-i_c)\times A\times\frac{\text{Days}}{\text{Basis}}}{1+i_r\times\frac{\text{Days}}{\text{Basis}}}$$

虽然短期利率期货的名义存款期一般为 91 天，但在实际中可能少到 84 天或多到 98 天。若最小波动值也是按日计算，则最小波动值就会在一定的范围内波动。为了简化利率期货交易，一般将最小波动值定在 25 美元。

(2) 一般存款和借款都是在期末还本付息，而短期利率期货的现金交割和远期利率协议的结算都在名义存（借）款的期初进行。为此，远期利率协议必须将期末结算额折现为其期初结算额，而短期利率期货无须进行这样的折现（它支付的时间在期末）。

(五) 短期利率期货的定价

1. 套利定价基本原理

利率期货总是以现金清算的，因而发生在交割日的交易仅仅是名义上的而非实际的存款或贷款。尽管如此，期货价格还是类似于FRA价格，它们均与现货市场上的利率密切相关。这一关系保证了合同的最后清算价格并不是由交易点的价格而是参照现货市场上的一般利率决定的。通常说来，我们有如下结论：当短期利率期货合约期满时，期货价格恰好等于100减去现货市场利率，即

$$P_{edsp}=100-i_{ref} \tag{11-9}$$

式中，P_{edsp} 为交易交割清算价格；i_{ref} 为参考市场利率。这一定义说明，在期货合约的有效期内无论发生什么，该最后价格都将与现货市场利率保持一致。

需要注意的是，三个月现货市场利率好像具有磁性，吸引着期货价格不断靠近。可是在期满以前，期货价格并不取决于当前现货市场利率的水平，而是取决于合同期满时的利率水平，即远期利率。

我们先做如下假设：T_0 为期货最初买入或卖出的交易日；T_d 为期货合约的最后交易日；T_{spot} 为在 T_0 交易的现货市场储蓄的正常值日；T_s 为在 T_d 交易的现货市场储蓄的正常值日；T_l 为在 T_d 交易的三个月现货市场储蓄的到期日。第一节中的（11-5）式给出了远期利率协议的定价方法，由此并结合（11-5）式不难得到期满前的期货价格为：

$$P=100-\frac{i_l D_l-i_s D_s}{D_f(1+i_s D_s/B)}\times 100 \tag{11-10}$$

式中，P 为期货价格；i_s 为 T_{spot} 至 T_s 的现货市场利率；i_l 为 T_{spot} 至 T_l 的现货市场利率；D_s 为 T_{spot} 至 T_s 的天数；D_l 为 T_{spot} 至 T_l 的天数；D_f 为 T_s 至 T_l 的天数；B 为习惯年天数（大多数货币为360天，英镑为365天）。

假设 $D_s=36$ 天、$D_l=130$ 天、$D_f=94$ 天，并且假定现货市场利率分别为1个月、2个月、3个月及6个月LIBOR（$7\frac{1}{2}\%$、$7\frac{11}{16}\%$、$7\frac{3}{4}\%$以及$7\frac{7}{8}\%$）。由此可算出，36天利率为7.55%，130天利率为7.81%。代入（11-10）式便可得到3个月远期利率为4.51%，因而公平的期货价格应该是95.49。我们不妨将期货价格与实际现货市场利率进行比较，表11-8给出了某日英镑和美元现货市场利率以及由此计算出来的4种合同价格的公平值。

表11-8　实际利率与期货计算价格的比较

合同	英镑期货			美元期货		
	计算价格	实际价格	基差（bp）	计算价格	实际价格	基差（bp）
3个月	87.40	87.29	+11	93.37	93.31	+6
6个月	88.57	88.59	−2	93.47	93.41	+6
9个月	89.30	89.38	−8	93.34	93.27	+7
12个月	89.65	89.58	+7	93.12	92.95	+17

由表 11－8 可知，除了个别情况，绝大部分计算结果都没有超出实际结果的$\frac{1}{16}$%，之所以有偏差，主要是因为我们对现货市场利率插值，并且计算的基础 LIBOR 本身也只精确到$\frac{1}{16}$%。如果将 3 个月英镑期货价格 87.29 与同期的1×4 FRA的 12.68/73 相对比，我们会发现两者匹配得非常准确。对美元而言，情况也是如此：93.31 对 6.67/72。银行广泛地使用期货合约来套期它们的 FRA 账户，所以这两种工具的价格密切相关，甚至这种密切程度已超过了它们与现货市场的关系。

另外，需要注意的是，英镑在该日 13 $\frac{1}{8}$%的 3 个月利率对应着 86.88 的期货价格，但这与当日挂牌的期货价格相距甚远。如前所述，这是因为 13 $\frac{1}{8}$%这个数字是目前 3 个月储蓄的利率，不过这些期货合约所给出的是将来 3 个月的储蓄利率。因此，对于现货与期货市场的价格差异，我们不应感到奇怪。

2. 基差

到期前的期货价格与潜在的远期利率是相互匹配的，但在此远期利率与当前现货市场利率之间通常存在一个差额。现货价格与期货价格之间的缺口按照期货术语可称为基差(basis)，它一般定义为：

$$\text{基差}=\text{现货价格}-\text{期货价格} \tag{11-11}$$

我们先考虑图 11－7 所示的两种情形。在图 11－7（a）中，3 个月利率为 9%，而 6 个月利率为 10%。这时约 11%的 3×6 远期利率高于 9%的现货市场利率；在图 11－7（b）中，情况正好相反：11%的 3 个月利率和 10%的 6 个月利率所产生的 9%的 3×6 远期利率低于 11%的现货市场利率。

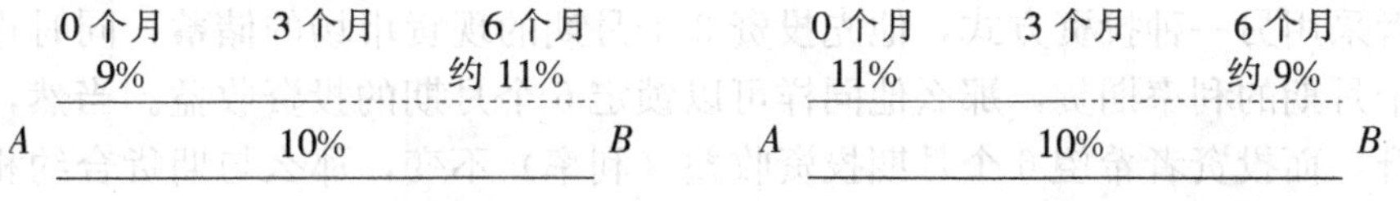

(a)上升的收益曲线　　(b)下降的收益曲线

图 11－7　收益曲线的上升与下降

由此，我们可以得到下述结论：“正”的收益曲线对应着远期利率高于现货利率；“负”的收益曲线对应着远期利率低于现货利率。同时，只要将上面的利率替换成价格，则上述结论将变成：“正”的收益曲线对应着现货价格高于期货价格，“负”的收益曲线对应着现货价格低于期货价格。按照（11－11）式中基差的定义，我们可以看到基差与收益曲线之间也是密切相关的：收益曲线为正时出现正的基差，收益曲线为负时出现负的基差。表 11－9 清楚地反映了某日英镑与美元的收益率、价格及基差之间的上述关系。

表 11－9　　利率期货基差的计算

	3 个月 LIBOR（%）	现货价格	期货价格	基差
英镑	13.125	86.88	87.29	－0.41
美元	6.625	93.38	93.31	＋0.07

3. 期货价格行为及其与远期市场利率的比较

(11-10) 式反映了期货价格与现货市场利率之间的关系。值得注意的是，这个公式与以现货市场利率来对 FRA 定价的 (11-5) 式非常类似（不同点在于期货价格是用指数形式定价的）。上一节探讨了当市场利率变动时 FRA 价格是如何反应的，下面将采用同样的方法来察看在类似环境中期货价格如何变动。

如果利率普遍上升，那么期货价格将等量普遍下降，这与 (11-9) 式所定义的期货价格是一致的。但是，如果收益曲线改变了形状（在不同期限的利率发生不等量的变化时），则期货价格变动的幅度就比较复杂。我们对 (11-10) 式中的 i_s、i_l 分别求偏导数并做相应的近似，便可看到期货价格 P 将如何对 i_s 与 i_l 的变化做出反应，我们得到的近似值为：

$$\frac{\partial P}{\partial i_s}\approx\frac{D_s}{D_f}\times 100 \tag{11-12}$$

$$\frac{\partial P}{\partial i_l}\approx-\frac{D_l}{D_f}\times 100 \tag{11-13}$$

$$\frac{\partial P}{\partial i_a}=\frac{\partial P}{\partial i_s}+\frac{\partial P}{\partial i_l}\approx-100 \tag{11-14}$$

(11-14) 式反映了利率与期货价格之间的反向关系，而 (11-13) 式则反映了长期利率变动时的类似效应。(11-13) 式显示，如果长期利率不变，那么短期利率的上升会伴随期货价格的提高。这一点恰好反映了“期货合约填补了短期利率与长期利率之间空白”的说法。

假定有一个在 3 个月后到期的期货合约，通过购买这一合约，投资者可以有效地锁定在 3 个月后的 3 个月固定利率。投资者通过期货投资同样可以锁定 3 个月利率（投资者收益率）。如果投资者投资于 6 个月现货市场的储蓄，那么他就确定了 6 个月后的投资收益；如果投资者采用另一种投资方式，他先投资 3 个月期的现货市场的储蓄，同时再购买一个第二个 3 个月期的利率期货，那么他同样可以锁定 6 个月期的投资收益。当然，如果 3 个月利率上升，而投资者希望 6 个月期投资收益（利率）不变，那么与期货合约相对应的利率必须减少，即期货价格必须提高。

表 11-10 总结了在短期利率 i_s 增加 1 个基点、长期利率 i_l 增加 1 个基点以及利率普遍增加 1 个基点三种情况下不同的期货合约所做出的反应，这与第一节所描述的远期利率协议的行为相似（表中期货合约的期限为 3 个月）。

表 11-10　利率期货的行为

期货合约生效时间	i_s 增加 1 个基点	i_l 增加 1 个基点	i_l 和 i_s 均增加 1 个基点
1 个月	+0.33	−1.33	−1
3 个月	+1	−2	−1
6 个月	+2	−3	−1
9 个月	+3	−4	−1

除了一般含义和操作上的区别以外，期货与远期利率协议之间还存在一些技术上的差异。期货合约的定义告诉我们，购入一个期货合约并持有到期所得到的回报 (PO) 为：

$$\text{PO}=(P_e-P_0)\times 100\times \text{TV}=(i_0-i_e)\times 100\times \text{TV} \tag{11-15}$$

式中，P_e 为交易交割清算价格；P_0 为原始购买价格；i_e 为用于决定 P_e 的参考利率；i_0 与期货合约所表示的原始利率（$100-P_0$）一致；TV 为合约的价值额度。

不难看出，(11-15) 式与传统的反映远期利率协议清算总额的计算式非常相似：参考利率 i_e 对应于 i_s，而原始利率 i_0 对应于 i_c。但它们有两点不同：①一个为（i_0-i_e），另一个为（i_s-i_c）。它们次序相反的原因是，购买期货属于储蓄，而购买远期利率协议则属于借款。②期货的结算额在期末支付时不需要折现，而我们在第一节中介绍的远期利率协议是根据所涵盖的时段来计算结算额，并且将其进行折现以使清算总额能在远期利率协议的期初（而不是在期末）进行支付。

到期的期货和远期利率协议的结算是按照天数与利息水平进行的，同一天到期的期货合约与远期利率协议的回报在极端情况下可相差10%。对于用期货套期大型远期利率协议账户的那些银行来说，这一问题可通过调整所购买的期货合约数加以解决。

另一方面的区别在于保证金账户的运作上。一般来说，变动保证金的流动迫使期货持有人在每日的基础上以现金实现其利润和损失。远期利率协议的头寸持有人也可以在每日基础上标示其头寸，但其利润与损失只能在清算日支付。这样一来，当某人考虑通过变动保证金的流动赚取利息时便会产生一个偏差。

例如，某银行预期三个月远期利率下降，因而买入了期货、卖出了远期利率协议，且它们的到期日相同。如果银行的预期正确，那么随着时间的推移，该银行在期货与远期利率协议上都能获利。然而，期货收益将作为变动保证金存入保证金账户，我们既可以将其以现金方式提取出来，也可以将其投资以赚取利息。而远期利率协议的利润只是市场标示利润，只有当头寸用完或远期利率协议到期时才能以现金的方式使用。

最后，远期利率协议多是固定期限的。例如，一个 3×6 FRA 涵盖了一个在即期日开始 3 个月后的 3 个月期限。因此，一个现在交易的 3×6 FRA 所涵盖的期限将不同于将来交易的 3×6 FRA 所涵盖的期限。而期货交易是建立在固定交割日（而不是固定期限）的基础上，随着交割日的临近，某特定合同的价格和 3 个月现货利率将趋于一致，而在 3×6 FRA 的价格与现货利率之间则不存在这样的"收敛"现象。

二、中长期利率期货合约

与短期利率期货合约不同，中长期利率期货合约的标的资产是标准化的长期附息证券。一般来说，中长期债券不以折现的方式发行，而是以半年一次的方式支付利息，在到期时再将最后一笔利息和本金一起支付给投资者。

由于中期与长期的利率期货合约比较类似，所以下面的讨论主要集中于长期的利率期货合约，然而其讨论的结论同样适用于其他中长期利率期货合约。

（一）长期国债期货合约

以芝加哥期货交易所（CBOT）的长期国债期货合约为例，其主要指标如表 11-11 所示。

表 11-11 芝加哥期货交易所的长期国债期货合约

交割单位（unit of trading）	面值为 100 000 美元的美国国债，息票率为 6%（2000 年 3 月以前是 8%）
交割等级（delivery level）	从交割月份的第一天至到期日或首次赎回日期的时间至少为 15 年的美国国债
交割月（delivery months）	3 月，6 月，9 月，12 月
交割日（delivery date）	交割月份的任意一个营业日
最后交易日（last trading day）	交割月份的最后一个营业日前的第 7 个营业日
报价（quotation）	以面值的百分比表示，即以百分点数与一个百分点的 1/32 标价，如 86－8 表示 86.25%
最小波动点（tick）	1/32%
最小波动值（tick value）	31.25 美元
交易时间（trading hours）	7:20—14:00(交易池交易，周一至周五) 8:00—16:00(电子屏幕交易，周六至周日)

与短期利率期货合约不同，中长期利率期货合约的最小价格波动幅度是1/32%，也就是每张合约的最小变动单位是 31.25 美元。另外，中长期利率期货合约的报价方式也与短期利率期货合约不同，前者以面值的百分比表示，如 96－08 就表示期货报价为 96 250美元（＝96.25%×100 000)。

（二）转换因子

合约规定的标准的用于交易的国债是最低有效交割期限为 15 年且息票率为 6%的国债，但只允许标准的国债进行交割可能会有一定的麻烦，因为这种债券在交割时的规模一般不会满足期货市场的交易规模，所以很容易导致价格操纵行为。

为了避免出现上述情况，期货交易所在设计期货合约时已经考虑到要防止任何人垄断市场，因此他们又规定空头方可以选择交割任何长于 15 年且在 15 年内不可赎回的债券。但在交割非标准的债券时，如何正确确定债券的价格就成为一个很重要的问题，由此就出现了转换因子（conversion factor，CF）这一参数，而且每种利率和期限的长期债券都有一个转换因子，用于计算实际的交割价格。在进行交割时，债券出售者出售债券所获得的金额等于债券对应的转换因子乘以期货价格，再将应计利息考虑在内，即

$$\text{空头方收到的金额} = FP \times CF + ACC \tag{11-16}$$

式中，FP 为期货价格（交割结算价格)；CF 为转换因子；ACC 为应计利息。

每种可交割债券都有相应的转换因子，其作用是弥补可交割债券在息票利率与交割时间上的差异。因为现货市场上的长期国债并非都是标准的长期国债，我们假定报出的期货价格是 88－00、所交割债券的转换因子为 1.41、交割时面值为 100 美元的债券的应计利息为 3.5，那么空头方在交割时，每 100 美元债券收到的现金为（多头方支付)：

$$1.41 \times 88 + 3.5 = 127.58(\text{美元})$$

因此对于每一份合约，空头方应交割面值为 100 000 美元的债券，收到127 580美元的现金。

下面给出一个具体的例子，假设 2002 年 12 月到期的美国长期国债期货合约的期货价格是 118－08，该合约到期时由于没有标准的长期国债，于是就交割一种息票利率为

6.25%、到期日为 2024 年 2 月 15 日的债券。查表可得债券的转换因子是 1.029 6，因期货价格为 118－08（即 118.25），故

$$\begin{aligned}FP\times CF&=118.25\times 1.0296\times 1000\\&=121\ 750.20\ (\text{美元})\end{aligned}$$

下面计算 ACC，由于债券的到期日是 2024 年 2 月 15 日，由此可以推出计息期间是 8 月 15 日到次年的 2 月 15 日。期权的交割日是 2002 年 12 月 31 日，而 2002 年 8 月 15 日到 2002 年 12 月 31 日的天数是 138 天，由此计算出应计利息 ACC 为：

$$\begin{aligned}ACC&=100\ 000\times 6.25\%\times\frac{1}{2}\times\frac{138}{184}\\&=2\ 343.75(\text{美元})\end{aligned}$$

由此可计算出 2002 年 12 月 31 日的交割额是：

$$FP\times CF+ACC=124\ 093.95\ (\text{美元})$$

即期货的多方应向空方支付 124 093.95 美元。

转换因子的计算公式可以表示为：

$$CF=\left[\frac{R}{r}\times\frac{(1+r/2)^{n}-1}{(1+r/2)^{m/6}}+\frac{100}{(1+r/2)^{m/6}}-R\times\frac{6-u}{12}\right]/100 \qquad (11-17)$$

式中，CF 为转换因子；R 为债券的票面年利率；r 为债券合约规定的息票率；n 为债券的剩余付息次数（每半年付息一次）；m 为债券的剩余月数（从交割结算日至到期偿还日的月数）；u 为从交割结算日到下次付息日的月数（参见参考文献 [49]）。

表 11－12 节选了芝加哥期货交易所的部分转换因子。

表 11－12　　芝加哥期货交易所的部分转换因子

息票利率＼剩余年限	21—9	21—6	21—3	21—0	20—9	20—6	20—3	20—0
5.5	0.939 6	0.940 0	0.940 3	0.940 7	0.941 0	0.941 5	0.941 7	0.941 5
5.625	0.954 7	0.955 0	0.955 2	0.955 6	0.955 7	0.956 1	0.956 3	0.956 7
5.75	0.969 7	0.970 0	0.970 1	0.970 4	0.970 4	0.970 7	0.970 8	0.971 1
5.875	0.984 8	0.985 0	0.985 0	0.985 2	0.985 2	0.985 4	0.985 4	0.985 6
6	0.999 9	1.000 0	0.999 9	1.000 0	0.999 9	1.000 0	0.999 9	1.000 0
6.125	1.015 0	1.015 0	1.014 8	1.014 8	1.014 6	1.014 6	1.014 4	1.014 4
6.25	1.030 0	1.030 0	1.029 7	1.029 6	1.029 3	1.029 3	1.029 0	1.028 9
6.375	1.045 1	1.045 0	1.044 6	1.044 4	1.044 1	1.043 9	1.043 5	1.043 3
6.5	1.060 2	1.060 0	1.059 5	1.059 3	1.058 8	1.058 5	1.058 0	1.057 8

说明：表中息票利率的单位是 1%，剩余年限的单位是年—月。

（三）交割最便宜的债券

要使所有可交割的债券能够互相替代，利用转换因子计算可以说是一种较好的方法，但这种方法并非完美无缺。考虑到息票利息和到期日的不同，即使使用转换因子进行交割的债券也并非完全等价。其中有些会比较昂贵，另一些会比较便宜。空头方可以从中选择最便宜的债券进行交割，即交割最便宜的债券（cheapest-to-deliver bond）。由于空头方收到的价款为 FP×CF＋ACC，而空头方为购买债券所支付的金额是 P＋ACC（其中 P 是债

券的市场价格），交割最便宜的债券就是使$(P+ACC)-(FP\times CF+ACC)=P-FP\times CF$最小的债券。

对所有的可交割债券进行计算，就可以找出交割最便宜的债券，我们通过下面的范例来说明。

假设空头方决定交割，并打算在表 11－13 列出的 3 个债券中进行选择，并假定报价为 88—00。

表 11－13 可交割债券

债券	国债现价（美元）	转换因子
1	90.5	1.01
2	103.625	1.17
3	112.25	1.26

下面计算表 11－13 中各种债券的成本：

对于债券 1：90.5－88×1.01＝1.62（美元）

对于债券 2：103.625－88×1.17＝0.665（美元）

对于债券 3：112.25－88×1.26＝1.37（美元）

可见，交割最便宜的债券是债券 2。

一般来说，当收益率高于 6%时，就转换因子而言，倾向于交割息票利率较低、期限较长的债券。当收益率低于 6%时，倾向于交割息票利率较高、期限较短的债券。其次，当收益率曲线向上倾斜时，倾向于交割期限（从交割起到债券到期的期限）较长的债券，当收益率曲线向下倾斜时，倾向于交割期限较短的债券。

（四）中长期利率期货合约的定价

前面讨论了如何确定交割最便宜的债券，但在实际中我们可以想象，如果上述方法可以使套利者获得利润，那么投资者必然会立即采取行动，大量的套利活动必然会使期货价格产生变化直至使用上述方法无法获利。

我们可以通过这种方法对期货进行定价（相当于套利定价的一种）。考虑下述套利策略：

（1）买入一种可交割债券。

（2）通过回购协议为债券融资。

（3）卖出一份期货合约。

（4）持有债券直至交割月份的最后一日。

（5）交割债券。

首先，我们知道空头方获得的结算金额为$FP\times CF+ACC_F$，套利者购入债券时的支出为$(P+ACC_D)(1+RT)$。其中 P 是债券的现价，ACC_F 是交割债券时的应计利息，ACC_D 是购买债券时的应计利息，R 是回购利率，T 是债券的回购期限占一年的比重。考虑到持有债券期间所获得的利息应该支付给持有人（即套利者），所以持有债券的总支出应该是

$$(P+ACC_D)(1+RT)-\sum_{s=1}^{S}I_s(1+RT_s)$$

式中，I_s 为每次支付的利息额；S 为债券持有期间的利息支付次数；R 为回购利率（我们假设利息可以获得与回购利率相同的收益率）；T_s 为每次付息至交割日的天数占一年天数的比重。

由此，我们算得这位套利者的利润为：

$$(P+\mathrm{ACC}_D)(1+RT)-\sum_{s=1}^{S}I_s(1+RT_s)-\mathrm{FP}\times\mathrm{CF}+\mathrm{ACC}_F$$

令此式为零，我们就得到了一个计算期货价格的公式：

$$\mathrm{FP}=\frac{(P+\mathrm{ACC}_D)(1+RT)-\sum_{s=1}^{S}I_s(1+RT_s)-\mathrm{ACC}_F}{\mathrm{CF}} \qquad (11-18)$$

由于这一套利策略要求用现金购入债券并持有一段时间，所以被称为现金-持有定价法。一般来说，上述策略购买的债券是交割最便宜的债券，因为只有让交割最便宜的债券可获得的利润为零，才会中止上述套利交易，真正达到无套利。

第三节 利率期权

利率期权合约是指在约定的期限内，以与利率相关的金融工具作为交易对象（标的资产），以商定的价格和数量进行买权或卖权交易的合约。在交易所（场内）和 OTC 市场（场外）有不同的利率期权品种进行交易，在场内交易的主要是利率期货期权，在场外交易的主要有利率上限、利率下限等。

利率期权交易的基本规则是，期权买方向卖方支付期权费后，在约定的期限内，当市场利率变化不利于自己的时候，可以不行使其权利；当市场利率变化有利于自己的时候，期权购买者可以选择行使权利，并按照合约的协议执行价格购入或卖出标的资产，以确保预期收益，而由市场利率变化产生的风险和损失将由期权卖方承担。

一、场内交易的利率期权

场内交易的利率期权一般都是利率期货期权合约。进行利率期货期权合约交易的交易所主要有芝加哥商品交易所（CME）、伦敦国际金融期货期权交易所（LIFFE）以及新加坡国际金融交易所（SIMEX）等。利率期货期权合约以利率期货作为标的资产，期权购买者在期权到期日有卖出或买入利率期货的权利。

（一）利率期权定义

交易最活跃和最普遍的利率期权是长期国债期货期权和中期国债期货期权等。前者主要在芝加哥期货交易所进行交易，后者主要在芝加哥商品交易所的国际货币市场进行交易。我们以芝加哥期货交易所的长期国债期权合约为例进行介绍，其主要的指标如表 11-14 所示。

表 11-14　　芝加哥期货交易所的长期国债期权合约

交割单位（unit of trading）	一份面值为 100 000 美元的 CBOT 长期国债期货合约
交割月（delivery months）	3 月，6 月，9 月，12 月
最后交易日（last trading day）	从相关的长期国债期货合约第一通知日往回数至少 5 个工作日前的第一个星期五中午
合约到期日（expiration day）	最后交易日之后的第一个星期六上午 10:00
报价（quotation）	以面值的百分比表示，即百分点数与一个百分点的 1/64 标价，如 86－8 表示 86.125%
每日价格最大波动限制（price limit）	价格浮动可达两个百分点，即不高于或低于上一交易日的结算权利金额的 2%
最小波动点（tick）	1/64%
最小波动值（tick value）	15.63 美元
交易时间（trading hours）	7:20—14:00（周一至周五，芝加哥时间） 17:00—20:30（晚场交易，周日至周四，芝加哥时间）

利率期货期权的多头方无论是否执行期权都必须在期权到期之前做出声明。多头方不履约的声明通常不做具体的规定，通常以到期日为限，但履约声明的日期一般在合约中事先加以规定。这段时期称为“通知日”，即多头方要求执行期权合同的同时，必须在通知日之前告知空头方，让空头方做好履约准备，如果多头方在通知日之前未发出履约声明，则视为自动放弃期权。如果多头方选择执行期权并在通知日之前声明，在期权到期之后，便与空头方构成利率期货买卖合同，由期权交易转入期货交易；如果选择不执行，那么双方的权利与义务到此一起终结。

场内交易期权的主要优点有：①利率期货期权采用预付保证金的方式签订合同，在期权执行时双方以轧差的方式清算，因此双方可以少量的资金签订数额较大的合同，从而提高资金的收益率；②利率期货期权主要在场内交易，交易的品种已经标准化，流动性高，交易的信用风险较小。但这个优点使得利率期货期权合约的投机性较强，并容易引起市场的大幅波动，这是利率期货期权的缺点之一。另外，由于它是场内交易，所以利率期货期权交易的品种较少，而且协议的期限和价格不能自主决定，这是利率期货期权的另一个缺点。

下面举例说明：

假设现在是 6 月份，在 CBOT 交易的长期国债期货合约的价格是 105－12（即 105.375）。长期国债的收益率大约是 5.2%，某位投资者预期这个收益率到 9 月份将会上升，于是该投资者可以选择购买 10 份执行价格为 103—00 的卖出期权。假设期权的价格是 1—16（即本金的 1.25%）。期权到期时会出现两种情况：

（1）如果长期利率像这位投资者所预期的那样上升，我们假定长期利率上升到 6%、长期国债期货合约的价格下降到 100—00，那么投资者将会选择执行期权，并以 103—00 的价格卖出 10 份利率期货合约，每 100 美元的期货将获得

$$103-100-1.25=1.75\text{（美元）}$$

的净利润。由于每份期货合约标的资产的面值是 100 000 美元，因此该投资者购买的 10 份期权合约将获利

$$1.75\times10\times100\,000/100=17\,500\text{（美元）}$$

（2）如果长期利率并未上升，我们假定其下降到 5%，而长期国债期货合约的价格上

升到 106—00，那么这位投资者不会执行合约，该投资者的收益为：

$$-1.25\%\times 10\times 100\ 000=-12\ 500 \text{（美元）}$$

相当于投资者付出 12 500 美元的成本。

事实上，与一般的卖出期权一样，只要长期利率的变化使得长期国债期货合约的价格下降到执行价格 103—00 以下，投资者就会选择执行卖出期权。在这种情况下，投资者的收益肯定会高于—12 500 美元。若长期利率的变化并没有使得长期国债期货合约的价格下降到 103—00 以下，投资者就不会执行期权合约。在这种情况下，投资者的收益是—12 500 美元。也就是说，投资者的收益肯定是—12 500 美元，即购买期权的成本。

（二）利率期货期权的定价

利率期货期权的定价相对来说比较复杂，目前在理论上存在许多定价模型。下面，本书简单介绍使用布莱克-斯科尔斯模型对利率期货期权进行定价的模型。对于比较复杂的模型，读者可以阅读相关的书籍和论文。

首先回顾一下 B-S 定价公式，最初的 B-S 公式用于对股票期权进行定价，其公式如下：

$$c=S_0N(d_1)-Xe^{-rT}N(d_2) \tag{11-19}$$

$$p=Xe^{-rT}N(-d_2)-S_0N(-d_1) \tag{11-20}$$

其中

$$d_1=\frac{\ln(S_0/X)+(r+\sigma^2/2)T}{\sigma\sqrt{T}}$$

$$d_2=\frac{\ln(S_0/X)+(r-\sigma^2/2)T}{\sigma\sqrt{T}}=d_1-\sigma\sqrt{T}$$

式中，c 为看涨期权价格；p 为看跌期权价格；S_0 为股票现价；X 为期权执行价格；σ 为股票价格的标准差；T 为交易日到期权到期日的时间；r 为无风险利率。

将其用于对利率期货期权进行定价，我们可以得出下面的公式：

$$c=e^{-rT}[F_0N(d_1)-XN(d_2)] \tag{11-21}$$

$$p=e^{-rT}[XN(-d_2)-F_0N(-d_1)] \tag{11-22}$$

其中

$$d_1=\frac{\ln(F_0/X)+\sigma^2T/2}{\sigma\sqrt{T}}$$

$$d_2=\frac{\ln(F_0/X)-\sigma^2T/2}{\sigma\sqrt{T}}=d_1-\sigma\sqrt{T}$$

式中，F_0 为利率期货期权的现价；σ 为利率期货期权价格的标准差；其他同上。

但是，上述定价公式的有效性存在一定的问题，如 B-S 模型假设股票价格服从对数正态分布，因而我们在将此公式用于利率期货期权的定价时，很自然地就相当于假设利率期货期权的价格服从对数正态分布，这与实际的分布可能不符。这些问题限制了上述公式的运用。

二、场外交易的利率期权

在场外交易市场交易的利率期权主要有利率上限（interest rate cap）、利率下限（interest rate floor）和利率双限（interest rate collar）等，一般由金融机构提供（如银行等）。

（一）利率上限

利率上限规定了利率的最高限，因此相当于为期权的购买者提供保险，保证浮动利率借款的利率不会超过某一确定的利率水平，即上限利率（cap rate）。如果利率上限和贷款本身由一家银行提供的话，那么利率上限的费用一般就直接加入期权和贷款的买方所需支付的利率中。如果利率期权和贷款的卖方不是同一个金融机构，那么为获得利率上限，购买者需要先支付一笔承诺费（相当于期权费）。

利率上限确保购买者在进行贷款时的利率是市场利率和上限利率中的较小者，这恰恰满足期权作为一种特殊保险的性质。

下面举例说明利率上限的运作过程。如表 11－15 所示，假设某个企业需要借入较长期的资金 100 万美元（比如 5 年），因为借款期限较长，所以如果利率固定，则风险太大，因此这个企业就以浮动利率向银行借款 100 万美元，而利率每过 3 个月就按 3 个月期 LIBOR 重新设定一次。另外，为了预防市场利率升得太高，该企业向另一家金融机构买入一项年利率为 8%的利率上限（由于是每季度支付一次利息，所以该期权也是按季度计算利息）。

如表 11－15 所示，卖出利率上限的银行的义务就是在 3 个月期 LIBOR 超过 8%时，向企业支付市场利率与 8%之间的利息差额；但是，如果 LIBOR 低于 8%，则无须对企业进行支付。用公式可表示为（以美元为单位）：

$$0.25\times 1\ 000\ 000\times \max(r-0.08,\ 0)$$

式中，r 为 3 个月期 LIBOR 利率。

表 11－15　利率上限的运作

企业的资金需求及市场情况 由于企业所需资金的期限较长，又预期未来的市场利率上升，因此以浮动利率向银行借款 100 万美元，期限为 5 年，贷款利率是 3 个月期 LIBOR。现在的利率设定是年利率 6%，企业希望将利率控制在 8%以下。
策略 该企业可向另一家金融机构购入年利率为 8%的利率上限协议，这家金融机构支付 LIBOR 上升至 8%以上的利息差额。利率上限可以看作一个基于 3 个月期利率的买入期权的组合。

例如，如果下个季度开始时的 3 个月期 LIBOR 是年利率 10%，那么卖出利率上限的金融机构必须在季末向企业支付

$$1\ 000\ 000\times(10\%-8\%)\times 3/12=5\ 000(\text{美元})$$

这样一来，虽然企业在此季度末必须向贷款银行支付 LIBOR 利率，即 10%的利率，也就是要支付利息 1 000 000×10%×3/12＝25 000 美元，但由于它可以从出售利率上限的银行获得 5 000 美元，所以其最终总的利息支出为 20 000 美元，相当于(20 000/1 000 000)×(12/3)＝8%的利率，即为上限利率。

如果下个季度的 LIBOR 利率低于 8%，假设为 7%，那么卖出利率上限的银行无须进行任何支付，而企业只需向贷款银行支付 LIBOR 利率，即以 7%的利率支付利息 1 000 000×7%×3/12＝17 500 美元。

显然，由上述分析可知，企业将借款的利率控制到了8%以下，而且我们可以把利率上限看成一个基于r的买入期权的组合，其收益在期权合约签订后的3个月才能获得。

（二）利率下限和利率双限

利率下限和利率双限的定义与利率上限类似。利率下限对应该支付的贷款利率设置了一个下限，而利率双限对应该支付的贷款利率不仅设置了上限还设置了下限。与利率上限的讨论一样，利率下限相当于基于利率的卖出期权的组合。利率下限的购买者一般是贷款者，他们是为了预防市场利率下降得过低，而出售利率下限的一般是借款人。

利率双限给借款的利率同时设置了一个上限和一个下限。对于借款者来说，给借款利率设置上限就相当于买入一份利率上限合约，因为这使得借款者避免了利率上升的风险，所以对借款者有利，因而借款者必须为此付出成本。而设置下限就相当于为借款利率设置下限，这使得借款者放弃了利率可能下降到下限以下的好处，而贷款者避免了利率下降过多的风险，因此对贷款者有利，所以贷款者必须为此付出成本，这相当于贷款者从借款者手中购入了一份利率下限合约。综上可知，利率双限对于借款者来说，相当于买入了一份利率上限合约，卖出一份利率下限合约。

（三）利率上限、利率下限与利率双限的定价

如前所述，利率上限、利率下限和利率双限都可以看作一系列利率期权的组合。比如说，上例所提及的年利率为8%的利率上限协议就可以看作一系列执行价格为8%的看涨欧式利率期权的组合，只不过这些期权的到期日不同。

下面以利率上限为例说明如何进行定价。既然利率上限可以看作一系列看涨期权的组合，那么只要我们能找到组合中每个期权的价格，然后求和，即可得到利率上限的价格。那么，如何获得组合中每个期权的价格呢？我们仍可以利用B-S模型进行定价。

假设利率上限的名义本金是P_N，上限利率是R，利率的重置日是T_1，T_2，…，T_n，R_k是T_k时的重置利率。那么利率上限购买者在T_{k+1}时所获得的收益是：

$$P_N(T_{k+1}-T_k)\max(R_k-R,\ 0)$$

利用B-S模型可以得出此期权的价值是：

$$P_N(T_{k+1}-T_k)e^{-rT_{k+1}}[F_kN(d_1)-RN(d_2)]$$

式中，r表示无风险利率；F_k表示T_k至T_{k+1}之间的远期利率；d_1表示$\frac{\ln(F_k/R)+\sigma_k^2T_k/2}{\sigma_k\sqrt{T_k}}$；$d_2$表示$\frac{\ln(F_k/R)-\sigma_k^2T_k/2}{\sigma_k\sqrt{T_k}}=d_1-\sigma_k\sqrt{T_k}$；$\sigma_k$表示期限为$T_k$的市场年利率的标准差。

如果是利率下限，则上述公式变为：

$$P_N(T_{k+1}-T_k)e^{-rT_{k+1}}[RN(-d_2)-F_kN(-d_1)] \tag{11-23}$$

对组合中每个期权计算出具体价值后进行加总，我们就可以得到利率上限的价格。

另外，我们也有一种比较简单的方法，但这种方法的局限性很大。这种方法要求寻找场内交易的具有相同到期日的利率期权价格，当组合中的每个期权都找到对应的场内利率期权之后，可使用下面的公式：

利率上限名义本金/场内利率期权名义本金×场内利率期权价格

在计算出组合中每个期权的价格后，进行加总即可得到利率上限的价格。对于利率下限和利率双限也可运用上述方法进行定价。

上述方法的最大缺陷就是不一定能为组合中的每一个利率期权找到相应的场内交易利率期权，从而大大限制了上述方法的运用。

三、嵌有期权的固定收益证券

有些利率期权直接包含在一些特殊的债券里，如可提前赎回债券（callable bond）给予发行债券的公司在未来某一时间以预先确定的价格购回债券的权利，这相当于债券的持有人出售给债券的发行人一个买入期权，而期权的执行价格通常在债券发行时就已经确定。一般来说，在债券发行的前几年，可提前赎回债券通常是不可以赎回的，而且随着时间的推移，赎回价格通常是减少的。一般来说，由于发行债券的公司获得了一个有价值的买入期权，所以必须付出成本，因此可提前赎回债券的收益率比一般债券的收益率要高。

另一个嵌有期权的债券是可提前退还债券（putable bond），它给予债券的购买者在未来某一时间以预先确定的价格退还债券取得现金的权利，这种债券为购买者提供了一个债券的卖出期权，其执行价格一般也是事先确定的。同样，由于债券的购买者获得了一个有价值的卖出期权，所以必须付出一定的成本，因此可提前退还债券的收益率比一般债券的收益率要低。

还有一种比较重要的嵌有期权的固定收益债券是抵押担保债券，即金融机构将住房抵押贷款进行组合后，以住房抵押贷款的组合进行抵押而发行的债券，债券的购买者可直接获得来自抵押组合的收益，而金融机构可以将流动性比较低的住房抵押贷款变现，从而获得流动性较高的现金。如果不考虑金融机构在其中的作用，其实就相当于债券的购买者直接向借款买房的借款人贷款。但是，抵押担保债券与一般的固定收益证券不同，由于抵押担保债券组合的抵押有提前偿付的特权，再加上它在美国随时可以进行偿付，因而就相当于借款人拥有一个与抵押贷款期限相同的美式期权，并可以按其面值将抵押提前偿还给贷款人，所以这种特性是很有价值的。

嵌有期权的固定收益证券还包括附有提前偿付存款特性的固定利率存款等，而银行或金融机构的贷款承诺也可以看作卖出期权。如果银行向潜在借款人提供了 2 年期、年利率为 10%的报价，并且保证报价在半年内有效，那么这个潜在借款人实际上取得了在其后半年内随时向银行出售利率为 10%的 2 年期债券的权利。

第四节　利率互换

利率互换是指交易双方同意以名义（或假设的）本金为基础交换现金流，一方支付固定利率，另一方支付浮动利率。利率互换主要用于交易者改变其自身的利息支付形式。例如，一方用固定利率支付方式换取另一方的浮动利率支付（如 LIBOR 等），或者用浮动利率支付方式换取固定利率支付。

一、互换的基本结构

最常见的利率互换只有两个参与者，双方将自身借款的利息支付形式进行交换。例如，如果一方（A公司）已经借入固定利率的资金，却想支付浮动利率的利息，而另一方（B公司）已经借入浮动利率的资金，却想支付固定利率的利息，那么两者就不必借入新的资金，只需将各自的负债进行交换，双方签订互换协议，由A公司向B公司支付以事先商定的固定利率为基础计算的现金流，而B公司向A公司支付按同一本金计算的以浮动利率为基础的现金流，双方无须进行本金的支付。这样一来，利率互换的双方就以可接受的条件得到了各自想获得的利息支付，其基本结构如图11-8所示。

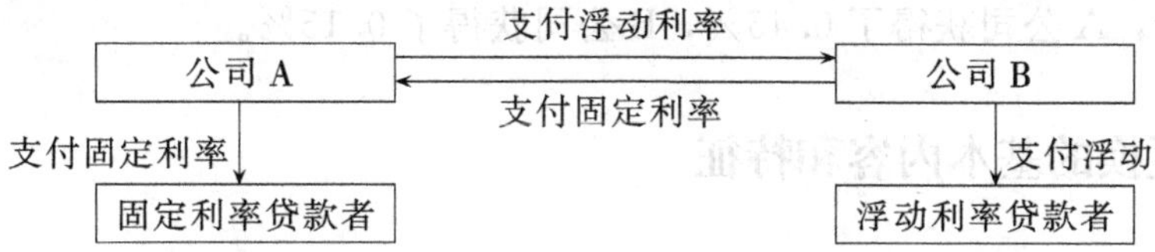

图11-8　利率互换的基本结构

二、利率互换存在的原因

利率互换的存在和发展是因为交易双方比较利益的驱动，即不同的融资者在不同的资金市场上有比较优势，下面举例分析利率互换的存在原因。

A公司的信用级别较高，如AAA级，它可以按LIBOR+0.2%的浮动利率借入资金，也可以按8%的固定利率借入资金；而B公司的信用级别较低，如BBB级，它可以按LIBOR+0.6%的浮动利率借入资金，也可以按9%的固定利率借入资金。从上述数据可以看出，由于B公司信用级别较低，因而其所需支付的借款利率也相应较高。但是通过仔细观察我们可以发现，A公司进行浮动利率借款的成本与进行固定利率借款的成本之差等于LIBOR+0.2%-8%=LIBOR-7.8%，而B公司对应的成本之差为LIBOR-8.4%。显然，LIBOR-8.4%比LIBOR-7.8%要小，因此我们可以认为B公司在进行浮动利率借款时存在比较优势。如果A公司需要浮动利率资金，B公司需要固定利率资金，那么我们就可以通过互换来降低双方的借款成本。下面具体说明。

假如A公司希望以浮动利率借入资金1 000万美元，而B公司希望以固定利率借入资金1 000万美元，则它们各自的融资成本为LIBOR+0.2%和9%。但是，由于市场的不完全性，因而存在套利的机会：A公司可以以8%的固定利率借入资金，而B公司可以以浮动利率LIBOR+0.6%借入资金，然后双方进行利率互换——由A公司按LIBOR向B公司定期支付浮动利息，同时B公司向A公司定期支付8.25%的固定利息。这样做的结果如图11-9所示（图中列出了由交易产生的现金流状况）。

从A公司来看，它支付8%的固定利率利息，收取8.25%的固定利率利息，再以LIBOR支付浮动利息，相当于以LIBOR-0.25%的浮动利率借款；同样，对于B公司来说，它以LIBOR+0.6%的浮动利率借款，然后收取LIBOR的浮动利息，再以8.25%支付固

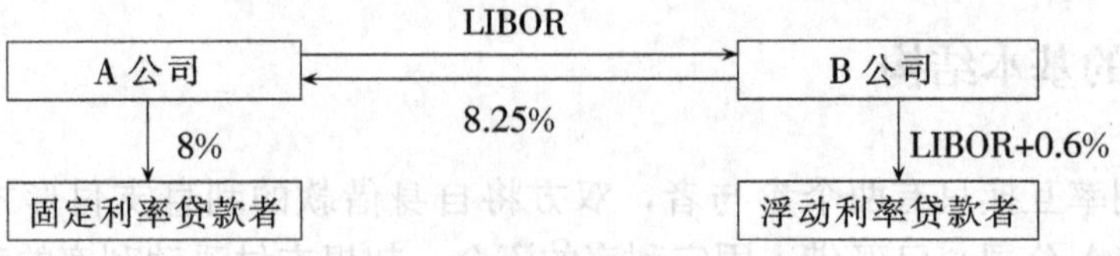

图 11-9 利率互换的现金流

定利率利息，相当于以 8.85%进行借款。由此可见，互换双方都以各自偏好的方式进行借款（不进行利率互换）的话，其最终的借款成本比进行利率互换时的借款成本都要高，其中 A 公司高出了 0.45%，而 B 公司高出了 0.15%。也就是说，A 公司和 B 公司通过利率互换可以从信贷市场的不完全性或市场的低效率中获利。在本例中，互换套利的数额为 0.6%的风险溢价，A 公司获得了 0.45%，B 公司获得了 0.15%。

三、利率互换的基本内容和特征

（一）利率互换的基本内容

一项标准的利率互换至少要包括以下几项内容：

（1）由互换双方共同签订协议，根据协议各自向对方支付利息。

（2）预先确定付息时期。

（3）付息金额由名义本金确定，以同种货币支付利息。

（4）互换的一方是固定利率支付者，固定利率在互换协议签订时商定，另一方是浮动利率支付者，浮动利率参照互换期内的种种特定的市场利率加以确定。

（5）双方互换利息，不涉及本金的交换。

（二）互换的基本特征

（1）互换的交易额称为名义本金，互换双方不必进行实际的本金交易，因为双方进行相同的本金互换毫无意义。名义本金只用于计算利息的支付。

（2）对于互换的任一方而言，互换与实际的借款行为相互独立，互换双方实际的借款来源、形式及时间与互换无关，互换双方最后只对利息支付的差额进行支付，从而使得互换双方获得各自偏好的利息支付方式。

（3）任何一个贷款人都不是互换的对手。每一个借款人均有义务向各自的贷款人进行利息和本金的偿付。贷款人不会关心借款人是否进行互换。互换的双方都承担了对方不如期支付的风险，即如果一方违约，另一方就不能收到互换的利息支付，但互换双方作为借款人向贷款人偿付的义务并不会受到影响。

四、实际交易中的互换结构

互换发展到现在已成为金融工程的主要工具之一。在其发展过程中，互换的结构已发生了许多变化，主要有互换交易商的介入、进行净额交换、借款人不一定进行互换、浮息-浮息、税率互换等。

(一) 互换交易商的介入

在上例中，两个借款人直接就各自贷款利息的支付进行了互换，并同时承担了对方违约的风险。这种交易在实际的互换交易中十分少见，其原因在于：①由于信息不对称，A公司和B公司互相了解对方资金需求的可能性很小；②由于双方的信用等级不同，这使得双方违约的可能性不同，即B公司违约的可能性更大，A公司可能不太愿意与B公司进行交易；③双方同时需要相同的本金和不同利率形式的可能性很小。然而，互换交易商的介入正好解决了这些问题。

互换交易商一般都是银行等金融机构，它们直接同借款人进行互换交易，成为互换交易的主体，并且承担利率风险（即交易对手违约的风险）。在现今互换市场的实际操作中，大多数互换是由银行或金融机构作为两个借款人的互换中介，借款人分别与中介进行互换支付。在这种情况下，借款人只与各自的互换中介交易，彼此无须认识。

互换交易商或者以固定利率支付人/浮动利率收取人，或者以浮动利率支付人/固定利率收取人的身份进入互换交易，并从其作为固定利率收取人的互换中得到的固定利率与其作为固定利率支付人的互换中支付的固定利率之间的微小差额中获利。

我们继续用上面的例子进行具体的说明，具体的支付如图 11-10 所示。通过分析可知，A公司最后的借款利率为 LIBOR－0.2%，B公司最后的借款利率为 8.9%。而互换交易商从中获得 0.1%的收益，互换套利的数额为 0.6%的风险溢价，A公司获得 0.4%，B公司获得 0.1%，银行获得 0.1%。

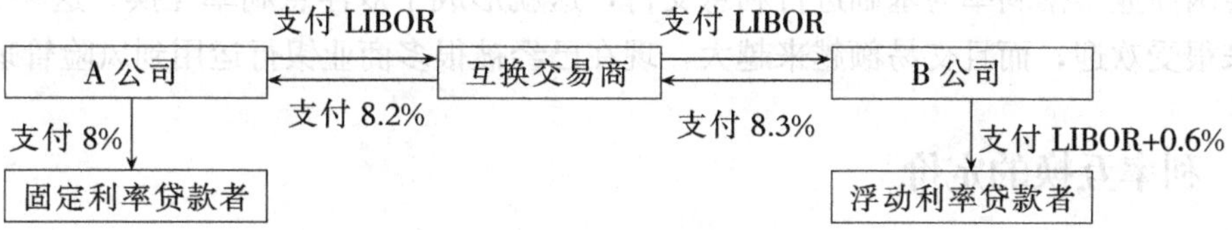

图 11-10 利率互换的具体支付示例

互换交易商介入的优点有：①可以提高信用度，因为A公司与B公司都分别与互换交易商进行互换交易，且两个互换互相独立，因而即使B公司违约，也不会影响A公司同互换交易商的交易。②由于互换交易商可以与大量的客户进行交易，它可以起到类似股票交易做市商的作用，并可以随时作为互换交易的另一方与客户进行交易，从而满足客户的需求。

(二) 互换交易进行净额交换

互换交易是进行净额交换而不是总额交换。这种做法是为了减少互换双方实际支付的现金流，它是将双方同时期的收益和支出进行轧差，最终由双方进行净额交换。

例如在上例中，假设半年支付一次利息，再假设进行支付时的 LIBOR 为 7.25%，那么A公司应向互换交易商支付的利息是 1 000×7.25%＝72.5 万美元，互换交易商应向 A公司支付 1 000×8.2%＝82 万美元，最后只需互换交易商向 A 公司支付净额 82－72.5＝9.5 万美元，最终使得A公司的实际借款利率为 (1 000×8%－9.5)/1 000＝70.5/1 000＝7.05%。B公司应该向互换交易商支付 1 000×8.3%＝83 万美元，互换交易商应向 B公司支付 1 000×7.25%＝72.5 万美元，最后只需 B 公司向互换交易商支付净额 83－72.5＝10.5 万美元，最终使得B公司的实际借款利率为[(7.25%＋0.6%)×1 000＋10.5]/1 000＝8.9%。互换交易商从中获利 10.5－9.5＝1 万美元。

(三) 借款人不一定进行互换

在一些利率互换的操作中，借款人没有必要成为利率交换的一方。比如说，在一些情况下(法律等原因)，一个借款人不想或者不能进行利率互换。但是，它可以进行一个特殊的互换，即由其贷款人与中介进行互换，并通过这一操作使得固定利率贷款的借款人从浮动利率贷款人那里得到固定利率资金，再由贷款人同中介进行互换，将其贷款的收益率转换为浮动利率，如图 11-11 所示。

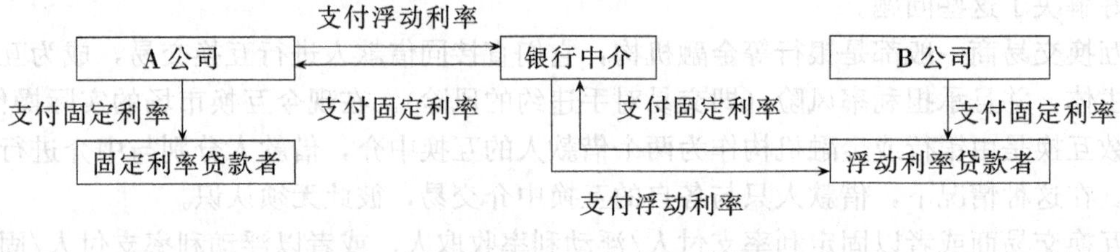

图 11-11 借款人不一定进行互换的情况

(四) 浮息-浮息利率互换

浮息-浮息利率互换(又称双浮息利率互换)是指互换双方进行利息支付时，均以浮动利率进行计算，只是浮动利率参照的浮动利率指数不同。常用的浮动利率指数有 LIBOR、美国商业票据利率、银行存款利率、信托票据和银行承兑票据利率等。

例如，互换双方在一定的名义本金下，一方以六个月 LIBOR 为基础进行利息支付，另一方以美国商业票据利率为基础进行利息支付，这就形成了双浮息利率互换。这一类互换自出现以来很受欢迎，而且交易额越来越大，现在已经被很多商业银行运用到风险管理中。

五、利率互换的定价

为了评估利率互换的价值，国外的研究者设计出了多种方法，但最常用的方法当属零息票定价法。为了说明零息票定价法的基本操作程式，我们必须先引入如下几个方面的概念。

(一) 确定相关货币的基准收益率曲线

每一种主要货币都存在一条基准收益率曲线，这可以通过研究一系列国债的到期收益率与其偿还期限之间的关系绘制出来。收益率曲线主要用来研究利率变动的趋势，同时也可用于对金融合约价值进行评估。为了确定相关货币的基准收益率曲线，我们必须在市场上按照一定的标准选择一系列的基准债券，并根据基准债券的报价推算出各种期限的即期基准债券的收益率。

为了简化推演的过程，我们可以选择一组零息债券为基准债券，并根据其报价来推导互换的定价模型。假设 $P(t)$ 表示以时点 t 为到期日、面值为 100 元的零息债券的市场价格，$R(t)$ 为对应的年收益率，t 以年为单位，那么 $P(t)$ 和 $R(t)$ 之间的关系可以用下列模型来确定：

$$P(t)=\frac{100}{1+R(t)\times d} \qquad 0<t\leqslant 1$$

$$P(t)=\frac{100}{[1+R(t)]^t} \qquad t>1$$

式中，d 为自起息日至时点 t 的时间(即债券的剩余期限，以年为单位)，使用实际天数/

365 的日期计算方法。

（二）根据基准债券收益率序列推算各期的折现因子

如果假设第 t 期的折现因子为 $D(t)$，那么 $D(t)$ 与 $R(t)$ 之间的数量关系可由下列模型来确定：

$$D(t)=\frac{1}{1+R(t)\times d} \qquad 0<t\leqslant 1$$

$$D(t)=\frac{1}{[1+R(t)]^t} \qquad t>1$$

（三）计算远期利率序列

我们设 $F(t)$ 为第 t 期的远期利率，它表示以时点 $t-1$ 为起息日、以时点 t 为到期日的远期年利率。在这样的假设下，将 F 按照同样的方法推算，我们可以得出其余各期远期利率的通式：

第一期：$F(1)=R(1)$

第二期：$[1+R(1)]\times[1+F(2)]=[1+R(2)]^2$

第三期：$[1+R(1)]\times[1+F(2)]\times[1+F(3)]=[1+R(3)]^3$

⋮

第 n 期：$[1+R(1)]\times[1+F(2)]\times[1+F(3)]\times\cdots\times[1+F(n)]=[1+R(n)]^n$

（四）求各期固定利率支付额和浮动利率支付额的现值

在一项利率互换协议中，一般不需要交换本金，但为了确定每期的支付额，我们必须在协议中约定名义本金的数额。假设名义本金为 S，互换利率为 A，第 t 期固定利率支付额的现值为 $\mathrm{PVA}(t)$，第 t 期浮动利率支付额的现值为 $\mathrm{PVF}(t)$，那么 $\mathrm{PVA}(t)$ 和 $\mathrm{PVF}(t)$ 可由下列模型来确定：

$$\mathrm{PVA}(t)=S\times A\times D(t)$$

$$\mathrm{PVF}(t)=S\times F(t)\times D(t)$$

（五）构建互换定价模型

对于一项 k 期互换的交易双方来说，互换协议的净现值（NPV）可用以下模型来确定：

$$\mathrm{NPV}=\sum_{t=1}^{k}[\mathrm{PVA}(t)-\mathrm{PVF}(t)] \tag{11-24}$$

在无套利的市场环境中，交易双方在签约时互换的价值应该为零，这是双方协议的基础。合约达成以后，由于市场基准利率的变动，互换的价值就会出现或正或负的情况。互换利率确定的过程，实质上就是要根据已知的一组浮动利率现金流量，找出在时间结构上与之相配且价值相等的一组固定利率现金流量。假如我们令模型（11-24）式的左边为零，稍做整理便可得出如下结论：

$$\sum_{t=1}^{k}[\mathrm{PVA}(t)-\mathrm{PVF}(t)]=0$$

即

$$A=\frac{\sum_{t=1}^{k}F(t)D(t)}{\sum_{t=1}^{k}D(t)} \tag{11-25}$$

从（11－25）式中可以看出，互换利率是以折现因子为权数的各远期利率的加权算术平均数。

【本章小结】

利率风险的普遍存在使得利率风险管理对于企业（尤其是金融机构）十分重要。现代金融发展出许多管理和控制利率风险的方法及工具，利率衍生产品就是用以对冲利率风险的一类金融工具，主要有远期利率协议、利率期货、利率期权、利率互换等。

远期利率协议的优越性使其能够取代远期对远期贷款，从而成为最受欢迎的利率衍生产品之一。这种主要由银行提供的衍生产品通常是在场外进行交易，它相当于方向相反的两笔贷款，交易双方以约定的本金分别以固定利率和浮动利率进行利差支付。这种支付可以弥补由利率带来的损失，但它同时也牺牲了可能由利率带来的收益，相当于锁定了资产的收益或筹资的成本。

短期利率期货与远期利率协议比较相似。这种标准化的衍生产品主要是在场内交易，而且由于是在场内交易，所以其违约的可能性很低，因此短期利率期货是交易量最大的利率衍生产品。中长期利率期货主要用于中长期债券投资和融资的利率风险管理，由于中长期的资产和负债对利率变化高度敏感，因此其利率风险管理相当重要。与利率远期协议类似，利率期货能弥补可能由利率带来的损失，但它同时也牺牲了可能由利率带来的收益，相当于锁定了资产的收益或筹资的成本。

场内交易的利率期权主要是利率期货期权。场外交易的期权有利率上限、利率下限和利率双限等。利率期权是一种权利，它同上面两种衍生产品最大的区别是，利率期权不仅可以弥补可能由利率带来的损失，而且可以享受可能由利率带来的收益。因此，期权的购买者必须为此权利支付一定的期权费。我们可以通过B－S公式计算期权费。

利率互换的结构至今已有很大的改变，但它的功能——实现固定利率资产和浮动利率资产之间的转换却一直没有变化。利率互换的产生是由于市场的不完全，我们可以用零息票定价法对其进行定价。

【本章要点】

● 即期利率与远期利率之间的转换；远期对远期贷款与远期利率协议的对比；远期利率协议的内容、特点、作用、时间简图、结算与定价

● 短期利率期货与远期利率协议的比较；短期利率期货的报价和最小变动价值；短期利率期货的定价；中长期利率期货的定义；转换因子的定义与作用；如何选择交割最便宜的债券；中长期利率期货的定价

● 场内交易期权的种类和作用；场内交易期权的定价；场外交易期权主要包括利率上限、利率下限和利率双限，要理解其定义和作用；场外交易期权的定价；嵌有期权的固定收益证券

● 利率互换的基本结构和存在的原因；利率互换的基本内容和特征；现实中的利率互换如何进行交易；利率互换的定价

【本章关键术语】

即期利率	远期利率	远期对远期贷款	远期利率协议
参考利率	协议利率	短期利率期货	基差
中长期利率期货	转换因子	交割最便宜的债券	利率期权
利率期货期权	利率上限	利率下限	利率双限
利率互换	净额交换		

【本章思考题】

1. 远期对远期贷款出现的原因是什么？与远期利率协议相比，它的缺点在哪里？
2. 远期利率协议如何进行避险？
3. 短期利率期货与远期利率协议的区别。
4. 为什么会存在交割最便宜的债券？如何获得交割最便宜的债券？
5. 场内交易的利率期权的优缺点是什么？
6. 如何为场外交易的利率期权定价？
7. 利率互换为什么会存在？
8. 利率互换的基本结构是什么？在实际交易中出现了哪些变化？

【本章练习题】

1. 假设不同期限的即期利率如下：

期限	n 年期投资的即期利率（年率,%）
3 个月	10.0
6 个月	10.2
9 个月	10.4
12 个月	10.5

请计算第二、三、四季度的远期利率。

2. 假设具体的即期利率如题 1 所示，那么对于一份在六个月后期限为三个月的远期利率协议来说，若其协议利率为 11.5%，那么其价值有多大？

3. 假设一家公司可以按 LIBOR 进行借款，而且现行的三个月期 LIBOR 利率为 10.5%，六个月期 LIBOR 利率为 10.8%，三个月期欧洲美元存款期货合约的价格是

90.5。这家公司存在什么样的套利机会?

4. 国债期货的价格是 99-16，下面四种债券中哪种是交割最便宜的债券?

债券	价格	转换因子
1	105-12	1.041 3
2	116-16	1.159 2
3	108-08	1.075 4
4	137-24	1.368 7

5. 假设 A 公司和 B 公司可以按下面的年利率借得 1 000 万美元:

	固定利率	浮动利率
A	7.0%	LIBOR
B	8.2%	LIBOR+0.4%

但 A 公司需要一笔固定利率资金，而 B 公司需要一笔浮动利率资金。请设计一个利率互换，其中有互换中介的参与，并且收取年利率为 0.2%的手续费。

6. 假设某人持有一份 8 月到期的国债期货期权，执行价格是 105-08。如果 8 月的期货价格是 103-14，他应该如何做? 如果价格是 108-18 呢?

7. 某公司购入一份 LIBOR 上限协议，协议规定的利率上限是 10%，期限是 2 年。假设该协议每 6 个月重新设定一次 LIBOR，并且每次的 LIBOR 为:

期限	LIBOR (年率,%)
6 个月后	11.0
12 个月后	9.5
18 个月后	10.5
24 个月后	9.8

此公司将获得几次支付? 支付额度是多少?

第十二章
以权益为基础的金融衍生工具

第一节 股票期权

一、股票期权的起源

股票期权（stock option）是最早的期权交易品种，起源于20世纪20年代美国的金融中心纽约，最初是在场外市场进行交易，地点大多是在纽约市金融区新街的小饭店中。每天清晨，一小批从事这种特殊交易的经纪人将饭店作为他们的营业场地，并利用附近的公用电话同客户联系，少数几个业务较发达的经纪人则雇用通信员在华尔街一带奔走，以联络买卖双方，让他们也能在饭店之外参与“联网”交易。可是，由于这种场外交易的辐射范围有限，很难取得成交量的交易平衡，大多是买入时容易，但需要将期权合约脱手卖出时却因为难以找到下家而无法成交。

1973年4月26日，美国芝加哥期权交易所的成立和标准化股票期权合约的产生，标志着股票期权交易从此进入了规范的场内交易时期。

目前，在美国交易股票期权的交易所有芝加哥期权交易所、费城证券交易所、美国证券交易所、太平洋证券交易所和纽约证券交易所。现在，有五百多种股票可以进行期权交易。在每一份合约中，期权持有人有权按特定的执行价格购买或出售100股股票。由于股票本身通常是以100股为单位进行交易的，所以这一规定是非常方便的。

二、股票期权的定义和特点

股票期权是指以“股票”为标的资产的期权交易，交易买方和卖方经过协商之后，交易买方以支付一笔约定的期权费为代价，取得一种在一定期限内按执行价格购买或出售一定数额股票的权利，超过约定期限后，合约效力自动解除。

股票期权具有以下特点：

（1）股票期权合约大多是美式期权合约。

（2）每一份股票期权合约的交易量为100股股票。

（3）交易所对股票期权合约的到期日、执行价格、宣布红利时发生的情况以及每一投资者可持有的最大头寸等均有具体的规定。

三、股票期权合约的种类

与其他期权一样，股票期权可分为看涨期权和看跌期权。

（一）看涨期权

看涨期权是指期权买方需要支付一定的期权费，从而获得了在规定的时间内按执行价格购买一定数量股票的权利。如果股票价格上涨，导致其价格高于执行价格，则期权买方可按约定的价格（低于市场价格）买入，然后在市场上以市场价格售出，并从中获利。反之，当股价低于执行价格时，他不会执行期权，其代价只是付出了期权费。

例如，某股票的现行价格为每股10美元，投资者将来会用一定的资金购买该股票。为了规避股票价格上涨的风险，他购进了一份期限为6个月的执行价格为每股10.5美元的看涨期权，期权费为每股1美元，由于每份期权合约的交易量为100股，故他共支付100美元的期权费。如果在此期限内股价上升到13美元，他可以按10.5美元买入100股，共支付1 050美元，然后在交易所以每股13美元的价格卖出100股，获得1 300美元，利润为1 300−1 050=250美元，扣除期权费100美元，净利润为150美元。另一种选择是，由于股价上涨，期权费由1美元/股升至3美元/股。他可以出让这种看涨期权，获得收入300美元，净利润为200美元。如果股价下跌，那么他可能损失全部期权费，但这也意味着他可以按较低的价格购进该股票。

（二）看跌期权

看跌期权是指期权买方支付一定的期权费，从而获得了在规定的时间内按执行价格出售一定数量股票的权利。如果股票价格低于执行价格，期权的买方会在交易所按市场价格（低于执行价格）购入股票，然后再按协议规定价格卖给期权卖方约定数量的股票。由此，看跌期权持有人可从中获利。

例如，某股票的现行价格为每股9.5美元，期权买方购进了一份期限为6个月的执行价格为每股9.5美元的看跌期权，期权费为每股1美元，故他共支付100美元的期权费。

如果在此期限内股价下跌到8美元，则他可以按8美元买入100股，支付800美元，然后在交易所按每股9.5美元的价格卖出这100股给看跌期权出售者，获得950美元，利润为950－800＝150美元，扣除期权费100美元，净利润为50美元。另一种选择是，由于股价下跌，看跌期权的期权费由1美元/股升至1.5美元/股。他可以出让这种看涨期权，获得收入150美元，净利润为50美元。如果股价上涨，那么他可能损失全部期权费，但也意味着股票现货的价值没有下降。因此，若投资者手里持有100股该股票，他购买了这种期权后就可以规避股票价格下跌的风险。

（三）双向期权

双向期权是指股票期权的买方既有权利按照执行价格卖出一定数量的股票，又有权利按照执行价格买进一定数量的股票。由于在双向期权下投资者是两头获利，所以期权费要高于看涨期权或看跌期权的价格。这种期权交易通常被运用于股价波动剧烈、反复无常的市场环境下。

例如，某人发现某房地产公司的股价很不稳定，其股价忽涨忽跌、方向难辨。因此，他既不敢只购进看跌期权，又不敢只购进看涨期权。为了保险起见，他从期权交易商手中购进了这只房地产公司股票的看涨看跌双向期权，执行价格为300元/股，数量为100股，有效期为3个月。另外，看跌期权费为16元/股，看涨期权费为24元/股，共计期权费(24＋16)×100＝4 000元。在这3个月有效期内，可能出现下述几种情况：

（1）1个月后，房地产公司股价上升到320元/股。此时，他可以以执行价格300元/股买入，共支出300×100＝30 000元，然后再以320元/股卖出，收入32 000元，因而他行使看涨期权的价差收入为2 000元。再过1个月，该房地产公司股价下跌，时价为270元/股，他此时以执行价格300元/股出售，收入30 000元，再以市价270元/股买进，支出27 000元，因而他行使看跌期权的价差收入为3 000元。在整个双向期权交易过程中，扣除4 000元期权费，他实际得利为3 000＋2 000－4 000＝1 000元。

（2）如果房地产公司股价虽有涨有落，但最低价和最高价相差40元，涨跌价差总额为4 000元，即与期权费支出持平，那么他就无利可得。例如，1个月之后股价升至320元/股，他行使看涨期权（先买后卖）获价差收入2 000元；2个月后，股价跌至280元/股，他行使看跌期权（先卖后买）获价差收入300×100－280×100＝2 000元。在整个双向期权买卖过程中，他共收入2 000＋2 000＝4 000元，扣除4 000元期权费，他不亏不赚。

（3）如果该房地产股价起落价差低于40元，涨跌价差总额少于4 000元，他此时不仅没有获利，而且要蚀本。例如，过了1个月，他行使看涨期权，先以300元/股执行价格买入，然后以市价310元/股抛出，此举获价差收入1 000元。自此以后，股价变化不大，一直维持在280元/股水平。他行使看跌期权，收入2 000元，共收入3 000元，扣除期权费4 000元，他净亏损1 000元。

我们应该注意到，股票期权合约的种类远多于股票期货合约的种类。

首先，因为股票期货的价格由市场决定，在任一时点只能有一种期货价格，故在创造合约种类时，仅有交割月份可供变化；而股票期权的履约价格由交易所决定，在任一时点都可能有多种不同履约价格的期权合约存在，再搭配不同的权利期间，便可产生数倍于期货合约种类数的期权合约。

其次，由于权利与义务不对称，期权形成了看涨期权与看跌期权两大类，故股票期权在创造金融商品的能力上比期货强了很多。

假设股票期货合约有 5 种不同的交割月份，即代表 5 种不同的合约，若股票期权也有 5 种不同的执行权利期间，5 种不同的履约价格，则可形成 25 个看涨期权和 25 个看跌期权，因而一共有 50 个不同的股票期权合约，此数值为股票期货合约种类数的 10 倍。

四、股票期权的几种特殊类型

我们把股票期权分为股票看涨期权和股票看跌期权，从而基本包括了所有股票期权交易的类型，特别适用于典型的期权市场上的独立投资或投机行为。然而，在西方的现实世界中，除了典型的期权类型外，还存在着大量的特殊期权类型。

（一）认股权证

认股权证（warrant）是股票持有人拥有的在特定时间内按规定价格购买一定数量股票的权利。认股权证也是一种看涨期权合约，与看涨期权一样，认股权证是授予证券（认股权证）持有人在指定时间内以执行价格买进该公司股票的权利凭证。多数认股权证的有效期为 5～10 年，个别认股权证的有效期更长，甚至永远有效。

绝大多数认股权证是与债券和优先股同时发行或连带发行的，偶尔也与普通股同时或连带发行。其目的主要有两个：①吸引潜在的证券持有人，鼓励他们购买新发行的股票；②作为一种手段，酬谢在发行中提供了优良销售服务的投资银行家。

例如，某公司发行 10 年期的债券，债券利率为 7%。为了减轻利息负担，他们将 7% 的利率改为 6%，并发行了认股权证。该权证规定：只要购买债券 1 000 美元，该公司在 10 年内就配给债券持有人每股 10 美元的 100 股股票。后来，该公司股票从每股 10 美元上涨到 12 美元，债券持有人就以每股 10 美元买进并以 12 美元卖出股票 100 股，从而获利 200 美元。这不仅减少了债券持有人 1%的利率支付，而且还可以增加更多的利润。同时，公司也减轻了利息负担。因此，认股权证往往等同于可转换债券。

有一些认股权证与债券或优先股连带发行，而且是不可分离的，其价值是该证券的一部分；还有一些认股权证经过一段时期后可以与证券分离，而且常常其本身也具有价值，并可以转让。持有认股权证的股东既可以行使这种权利，以确定的价格认购股票，也可以将其转让，其价值计算公式为：

$$\text{认股权证的价值}=(\text{普通股的市价}-\text{认购价格})\times\begin{array}{l}\text{认股权证能购}\\\text{买的股票数量}\end{array}$$

（二）优先认股权

股东的权益之一就是优先认股权（right）。公司要扩充规模、增发普通股可以有三种形式：①无偿增资。公司把利润转化为股本，并增发相应数额的股票，按股东拥有的股份占总资本的比例无偿分配给股东，又称配股或送红股，这种增资方式实际上是增股不增资。②通过承销团在市场上按市价出售新股。这种方式将稀释原有股东在公司所拥有的股票份额的比例，对股东不利。③将发行的新股出售给本公司的股东。如果股东不认购或认购一部分，该公司就可以在市场上出售股东未认购完的新股，一般的做法是“一股一权”制。虽然第三种方式的发行费用较高，但可以保证股东在公司中所拥有的股票比重不变。另外，公司为了维护股东的权益，往往会以比市价低的价格让股东来认购新股，以鼓励股东投资。

优先认股权与典型的期权和认股权证在原理上都是一致的，它属于看涨期权的一种具体形式。与认股权证相比，优先认股权一般期限较短，为1～3个月。有优先认股权的股东既可以行使这种认购的优惠权，也可以出售这种权利。

（三）员工股票期权

在现代西方企业中，企业主为了使其员工与他们的利益保持一致，往往将看涨期权和认股权证售给本企业的员工。我们由此可以认为，员工股票期权（employee stock options）是一种只售给本企业员工的看涨期权。这种期权还有另外两个特征：①该期权通常规定在员工得到这一期权后的某段时间内是不能执行的；②当员工离开企业后，这一期权也随之无效。由此可见，这一方式对增强企业的凝聚力、调动员工积极性有重要作用。

例如，2003 年 8 月 8 日金蝶国际董事会通过决议，在公司创立十周年之际向 2 000 多名金蝶员工每人颁发 2 000 股期权。此举将公司的长期发展与全体员工的切身利益紧密结合，可最大限度地鼓励员工以主人翁的姿态参与集团的未来建设。据悉，此项期权没有特别附加条件，金蝶员工在一年后即可执行。

在给员工股票期权时，并不是一次性给予。例如，某公司现在决定给某人1 000股期权，每股定价 100 元，执行期为 10 年（这一期限是参照市场通行做法制定的，过长的执行期对公司而言不利，但为期权持有人带来了更大的收益），分 4 年，每年按 25%给予被授予人。第一年后，持有人便有 250 股实现能力，但他还有 750 股期权不能动用。如果这时市场股价升到 200 元，那么公司对持有人的实现能力控制就是 75 000 元；如果持有人这时离开公司，那么他将失去75 000元的未来收益。

五、股票现金红利对股票期权交易的影响

上市公司都要向其股票持有人支付红利，这些红利一般是以季为基础发放的。当公司公布红利数量时，要同时宣布登记日期。为了得到预期中的红利，股东必须在公司登记簿上登记以明确股东身份。

我们假定某公司每股红利为 75 美分，股权登记日为 3 月 15 日，如表 12 - 1 所示。

表 12 - 1　　股权登记日（3 月）

星期日	星期一	星期二	星期三	星期四	星期五	星期六
			1	2	3	4
5	6	7	8	9	10	11
12	13	14	15*	16	17	18
19	20	21	22	23	24	25
26	27	28	29	30	31	

* 只有在那一天登记的股票持有人才会得到每股 75 美分的红利。

在证券业中，一个正常交易（称作常规途径交易）需要 5 个工作日来完成。如果没有假日，5 个工作日刚好是一个星期。因为分红的原因，该公司股票的最后一个交易日是 3 月 8 日（即星期三），这一交易要 5 个工作日后（即 3 月 15 日）才能完成。

如果某人在3月9日（星期四）购入股票的话，那他就无法得到每股75美分的红利。因为这一交易要到一星期后，即在3月16日（星期四）才能完成，迟于股权登记日一天。

在证券术语中，股权登记日的前4天是除权日（就是“撤出”红利）。在上例中，3月9日（星期四）就是该公司付息的除权日，如表12-2所示。

表12-2　　除权日（3月）

星期日	星期一	星期二	星期三	星期四	星期五	星期六
			1	2	3	4
5	6	7	8	9*	10	11
12	13	14	15	16	17	18
19	20	21	22	23	24	25
26	27	28	29	30	31	

*3月8日是最后一个交易日，在这一日买入的股票还可得到红利。

对于股票期权交易来说，这些日期很重要。如果某人拥有一个看涨期权，但手中没有股票，这意味着他仅有购买股票的权利。如果某人拥有该公司的看涨期权并想获得红利，那他就要在除权日之前履行合约。期权合约的履行日期相当于股票的交易日期，只有在登记日至少5个交易日以前购入的股票才有资格分得红利。因此，期权持有人在履行看涨期权时应不迟于这一天，以便有资格取得红利。一份该公司的股票看涨期权如果在3月5日履约，其持有人就能获得红利；如果在3月9日履约就太迟了，因为这一天刚好是该公司的股票除权日。

假设某人拥有100股该公司的股票，并且为保护其头寸，买入了该公司股票的看跌期权。在3月8日履行这一看跌期权（即在那一日卖出了股票）的人将失去红利收入，而在3月8日履行合约买入股票的人将获得红利。假如此期权持有人等待一天，在3月9日履行（即在除权日履行）合约，那他仍能获得红利。

为了补偿丧失红利的损失，股票价格在除权日往往会下降。假设公司股票价格在3月8日为每股48美元，那么3月9日开盘交易时，其价格可能变为每股47.25美元了。

公司支付现金红利不影响期权合约的期限，但现金红利可能成为期权合约何时履行的一个影响因素。

六、送配股与股权分割对期权交易的影响

派发红利只影响挂牌交易期权合约的执行价格，而股权分割和送配股则要对期权合约做出较大调整。

假设A公司股票以每股110美元交易，同时宣布一股拆成两股，在股票分割日后股价将降至每股55美元，或者说降至分割前的一半。现在已发行股票的数量翻了一倍，每个股票持有人又得到了与原有股票数量相等的新股。如果某人以前有100股，那么他现在就有200股。如果一个人拥有1月份到期、履约价格为110美元的A公司的股票看涨期权，他当然不愿意看到股价变成55美元。因此，我们必须调整合约的有关条款。

同样，如果A公司股票正以每股75美元的价格交易，公司宣布要送30%的新股，那么每个股票持有人将获得30%的送股。如果一个人拥有100股，公司将会送给他额外的

30股，现在他拥有130股。但是，股价将反映股数的增加，股价将从75美元降至57.692美元（7 500美元除以130股）。

如果某人持有1月份到期、履约价格为75美元的A公司股票的看跌期权，而合约又没调整条件，那么就会给此交易带来很大麻烦，因为股价现在是57.692美元。

第二节 股指期货

一、股指期货的起源

股指期货诞生于20世纪80年代，这是一个股票市场剧烈波动的时期，而股票市场的极度不稳定也促进了股指期货的发展。1972年在“尼克松水门事件”的冲击之后，世界金融市场持续动荡不定，作为社会经济生活的综合反映，各国股票市场也剧烈波动，而且波动的幅度明显加大、频率加快。在这样的市场环境下，投资者所面临的风险是很大的，这就提出了证券投资的保值要求。商品期货市场的价格发现功能和避险功能给人们带来了启发，从而导致了股指期货的产生。1982年2月24日，美国堪萨斯农产品交易所以价值线指数为基础开始了股票指数期货交易，从而宣告了股指期货的问世。

股指期货的诞生引起了不小的关注和轰动。股票分析家将其誉为“股票交易中的一场革命”。据统计，全球股指期货的交易额从1991年的78 000亿美元增长到1998年的208 000亿美元，1998年股指期货的交易额是股票市场交易额的2.2倍。

二、股票价格指数

单只股票的涨跌可以直接从股票价格的变动中一眼识别出来，而整个股市中的股票有涨有跌且幅度各不相同，因而我们无法通过某一只股票或某一些股票的变动来描绘股市的整体变动状况。股票价格指数是从股市中抽取大量有代表性的股票样本，并通过一定的计算方法得出的用来衡量整个股票市场或某行业、某类型股票变动状况的指标。

早期衡量股票市场走势的是股价平均数，它是股票市场多种股价的平均水平，一般是用金额表示。通过不同时期股价平均数的比较，可以显示股价的涨跌状态，但看不出股价波动幅度。著名的道琼斯工业平均指数和日经225指数实际上就是股价平均数。严格说来，它们不是股票指数，因为其报价单位不是指数点，而是美元或日元。

股票价格指数是报告期股价总值对基期股价总值的比值，用点数表示，它可以衡量和反映出所选择的一组股票的报告期股价与基期相比的变动方向及幅度，通常表示一个股票市场或某一行业股票价格的平均涨跌情况和幅度。人们根据股票指数的涨跌，可以清楚地了解股市的变动趋势，从而对股市的趋势做出合理的预期，进而确定投资策略。股票价格指数是为投资者提供的参考依据，称为股票市场的指示器。

（一）股票价格指数的编制

1. 基期与基值

所有的市值加权和等权重指数都有一个基期。基期指数的值称为基值，通常设为一个整数，如 100 或 1 000。价格加权指数没有所谓的基期，因为其价格单位是货币，而不是一个相对于基期的比例。

尽管任何日期都可以作为基期，但市场指数一般是将首次计算指数的日期作为基期。有些指数采用一段时间的流量，有些指数则以一个时点的状态量为基准（如股票指数），有少量股票指数（如标准普尔 500 指数）采取的是一段时间（1941—1943 年）的平均状态量作为基准。

2. 股票抽样的选择

在编制股价指数时，我们的首要任务是对现有市场上的股票进行抽样，即在其中选择一些有代表性的股票，发行这些股票的上市公司应在本国经济中具有重要的地位，而且对其所在的行业具有较好的代表性；它们的股票不仅占股市的份额大，而且其价格波动对整个股市将产生较大的影响。

3. 股价指数的计算

具体的股价指数的计算有三种方法：相对法、综合法和加权法。

（1）相对法。相对法又称平均法。这种方法先计算各种抽样股票的个别指数，然后加总求平均值。假定基期第 j 种股票的市场价格为 P_0^j，第 1 期（计算期）第 j 种股票的市场价格为 P_1^j，抽样股票数为 n。其计算公式为：

$$\frac{1}{n}\sum_{j=1}^{n}\frac{P_1^j}{P_0^j}$$

（2）综合法。这种方法是抽样股票的基期价格与计算期价格分别加总。假定基期为 100，用计算期与之相比，并以百分比来表示。其计算公式为：

$$\frac{\sum_{j=1}^{n}P_1^j}{\sum_{j=1}^{n}P_0^j}$$

股价的简单平均数的典型代表是道琼斯指数。这种方法的优点是简便可行，缺点是那些价高盘小的公司股价对指数影响过大，这样就使那些价低盘大的公司的重要性降低了。

（3）加权法。上述两种方法均无加权，各抽样股票彼此一视同仁。如果根据不同股票的不同重要程度给予一定的权数，其结果就是加权综合指数。其计算公式如下：

$$\frac{\sum_{j=1}^{n}\omega_j P_1^j}{\sum_{j=1}^{n}\omega_j P_0^j}$$

式中，ω_j 为相应的权数。

对于上式计算的股价指数，权数可以分为成交金额或发行量，而采用权数的时点可分为基期或计算期。如果令基期的权数成交金额或发行量为 Q_0^i、计算期的权数成交金额或发行量为 Q_1^i，则上述加权股价指数可写为：

1）基期的加权股价指数。

$$\frac{\sum P_1^i Q_0^i}{\sum P_0^i Q_0^i}$$

式中，P_0^i、P_1^i 分别为基期和计算期的股票价格。这个指数又称拉氏指数，它是采用固定期的权数加权，当权数决定后就无须变动，因而它常用于各种物价指数、工业生产指数等方面。一旦测量对象的内容有了变动，这种方式就无法适用了。

2）计算期加权股价指数。

$$\frac{\sum P_1^i Q_1^i}{\sum P_0^i Q_1^i}$$

这个指数又称皮氏指数，这种指数弥补了拉氏指数测量对象不能变动的缺陷，是编制股价指数的常用指数。

3）以上市股数为加权数的股价指数。

以上市股数为加权数的股价指数又称市价总值股价指数，即把抽样股票的每日收盘价格（如无成交，则以前一日收盘价格为准）分别乘以其发行量，求出市价总值，再与基期的市价总值相除。其计算公式为：

$$\text{本日股价指数}=\frac{\sum P_1^i Q_1^i}{\sum P_0^i Q_0^i}=\frac{\text{本日市价总值}}{\text{基期的市价总值}}\times 100$$

股价指数反映的是股价的相对价值，不同的股价指数之间是不可比的。例如，S&P 500 指数在 1993 年 4 月 19 日是 448.94，而该天 FTSE 100 指数是 2 830.0，我们不能说英国的股票价值是美国的 6 倍。这是因为这两种指数的基础值不同，S&P 500 指数的基础值是 10，而 FTSE 100 指数的基础值是 1 000。

（二）国际市场的主要股价指数

(1) 道琼斯股票价格平均指数。这是国际上历史最悠久、最有影响力的股价指数。目前，道琼斯指数由 4 种股价平均指数组成：30 种工业股票价格平均指数；20 种运输业股票价格平均指数；15 种公用事业股票价格平均指数和综合前三组 65 种股票价格平均指数而得出的综合指数。其中，30 种工业股票价格平均指数是纽约证券市场上最有影响、最具有代表性的股价指数，是报刊上经常引用的股价指数。

(2) 标准普尔 500 股票价格指数（S&P 500 指数）。它是美国最大的证券研究机构标准普尔公司编制发布的用以反映美国股票市场行情变化的股价指数。标准普尔指数自 1932 年开始编制，最初的采样股票共 233 种，而后自 1957 年开始将采样股票增加到 500 种。标准普尔股票价格指数采用加权平均法，以 1941—1943 年的平均市价总额为基期值，基期指数为 100，以上市股票市值为权数进行计算。

(3)《金融时报》股票价格指数，又称伦敦证券交易所股价指数，即由英国伦敦《金融时报》编制发布的反映伦敦证券交易所工业和其他行业股票价格变动的指数。它由三种指数组成，第一种是《金融时报》工业普通股票价格指数，该指数属于按算术平均法计算的分类抽样股价指数，抽样股票是在伦敦证券交易所上市的在英国工业中有代表性的 30 家大公司的 30 种股票。第二种是《金融时报》股票价格综合指数，该指数属于按上市量加权平均的全所股价指数。它的计算范围是在伦敦证券交易所上市的英国公司的普通股票，起初含 746 家，后来随着上市公司的增多而有所增加，每天算一次。第三种是《金融时报》海外股价指数（FTSE 100 指数），它是由 100 种在英国注册的海外大公司的股票组成，每日即时公布指数值，能够反映海外公司股票在伦敦证券市场每时每刻的价格变化。

（4）日经股票价格指数。该指数属于一种股价平均数，基期为 1950 年 9 月 7 日。按计算对象和采样数目不同，该指数分为两种：①日经 225 种股价平均数，其所选样本为东京证券交易所第一市场的股票，而且这些采样股票原则上是固定不变的。由于日经 225 种股价平均数是自 1950 年开始并一直延续下来的，具有可比性和连续性，已成为考察和分析日本股票市场股价的长期演变及发展趋势的最常用、最可靠的指标。②日经 500 种平均股价，该指数自 1982 年开始编制，其样本不是固定的，每年 4 月将根据前三个结算年度各股份有限公司的经营状况、股票成交量、市价总额等情况更换采样股票。日经 500 种平均股价所选样本多，具有广泛的代表性，因而能比较全面、真实地反映日本股市行情的变化。此外，它还能反映产业结构的变动。

（三）我国的主要股价指数

（1）上证综合指数。它是上海证券交易所股票价格综合指数的简称。该指数的前身为上海静安指数，是由中国工商银行上海信托投资公司静安证券业务部于 1987 年 11 月 2 日开始编制的。上证综合指数是上海证券交易所于 1991 年 7 月 15 日开始编制和公布的，以 1990 年 12 月 19 日为基期，基期值为 100。该指数以全部的上市股票为样本，以股票发行量为权数进行编制。随着上市品种的不断丰富，上海证券交易所在这一综合指数的基础上，从 1992 年 2 月起分别公布了 A 股指数和 B 股指数，1993 年 5 月 3 日起正式公布了工业、商业、地产业、公用事业和综合五大类分类股价指数。

（2）深圳综合指数。深圳综合指数是深圳证券交易所股票价格综合指数的简称，深圳证券交易所于 1991 年 4 月 4 日开始编制发布。该指数以 1991 年 4 月 3 日为基期，基期值为 100，并以基期的总股本为权数计算编制。该指数以所有上市股票为采样股，当新股上市时，在其上市后第二天纳入采样股计算；若采样股的股本结构有所变动，则以变动之日为新基日，并以新基数计算。

（3）深圳成分股指数。由于深圳综合指数在实际运行和反映股票市场实际运行状态方面存在着较明显的缺陷，因此深圳证券交易所自 1995 年 1 月 3 日开始编制成分股指数。成分股指数是通过对所有上市公司进行考察，并按一定标准选出一定数量有代表性的公司编制成成分股指数，然后采用成分股的可流通股数作为权数，实施综合法编制。成分股指数按照股票种类分为 A 股指数和 B 股指数。

（4）上证 30 指数。它是由上海证券交易所编制，以在上海证券交易所上市的所有 A 股股票中最具有代表性的 30 种样本股票为计算对象，并以流通股数为权数的加权综合股价指数。该指数取 1996 年 1 月至 1996 年 3 月的平均流通市值为指数基期，基期指数定为 1 000 点。

三、股指期货的定义

股票指数期货（以下简称“股指期货”）是一种以股票价格指数作为标的物的金融期货合约。

股市投资者在股票市场上面临的风险可分为两种：①股市的整体风险，又称系统性风险，即所有或大多数股票的价格一起波动的风险。②个股风险，又称非系统性风险，即持有单个股票所面临的市场价格波动风险。投资者通过投资组合（即同时购买多种风险不同的股票）可以较好地规避非系统性风险，但不能有效地规避整个股市下跌所带来的系统性风险。进入 20 世纪 70 年代之后，西方国家股票市场波动日益加剧，投资者规避股市系统性风险的要求也越来越迫切。由于股票指数基本上能代表整个市场股票价格变动的趋势和幅度，人们开始尝试着将股票指数改造成一种可交易的期货合约，并利用它对所有股票进行套期保值，以规避系统性风险，因而股指期货应运而生。

四、股指期货的交易特点

（一）股指期货合约的价值为当前市场股价指数乘以每一点所代表的金额

股指期货合约的价值＝指数值×乘数

乘数就是股指期货的每一点指数所代表的金额。不同国家股指期货的乘数各不相同。例如，FTSE 100 指数的乘数是 25 英镑，当该指数为 2 830 时，其股指期货合约的价值为 2 830×25＝70 750 英镑。

只有当一篮子股票组合的总值与股票指数的货币值相吻合、择定的股票与指数所代表的股票相同、每种股票金额与股票公司的市场资本值成比例时，才能保证一份股指期货合约代表一个标定的股票篮，那么购买一份合约，就等于购买一组有特定价值额的股票组合。例如，FTSE 100 指数现在是 2 830，则该股票组合的价值为 70 750（＝2 830×25）英镑，若该指数上升为 2 850，股票组合值也上升到 71 250（＝2 850×25）英镑。

（二）股票指数期货采用现金结算，而不是实物交割

这是股票指数期货不同于其他期货的主要区别。因此，投资者不一定非要持有股票才能参与股票市场交易，这样既可省去挑选股票所冒的风险，又可获得盈利机会。我们在进行股票指数期货合约交易时，需要把股票指数按点数换算成现金进行交易。在合约到期时，将以股票市场的收市指数作为结算标准，合约持有方只需交付或收取指数差值（购买合约时的股票指数值减去到期时的实际指数值）乘以乘数折合成的现金数，即可完成交割手续。

现金结算方式避免了从股票市场上收集股票来交割，同时也节省了不少交易费用。当然，真正到期进行交割的股指期货合约只占总数的 1%～2%，绝大多数合约在此之前就已经以冲销方式结清。

（三）股票指数期货与其他所有期货一样以保证金方式进行交易

保证金的交易方式使投资者不需要投入巨额的资本就可以进行面值数倍于保证金额的期货合约买卖交易。高杠杆作用使投资者可以以小本获大利。就股票指数期货而言，其杠杆率介于 10～40 倍之间。

（四）股票指数期货的交易成本低廉

股票指数期货的交易成本一般大大低于股票交易成本。从期货合约的开仓至平仓结清整个过程所需的费用大约是每份合约 25 美元或 25 英镑，有时可能更低，而买卖等值股票的交易成本一般要几百英镑。

（五）期货提供了方便的做空交易机制

期货空头交易比股票空头交易方便得多。在股票市场上进行空头交易时，常常需要签

订“借入”股票的协议，以便在需要出售股票时可以进行交割。此外，有些股票市场还有“价格上浮”规定，即只有在股市上涨之后才能进行空头出售交易。在期货市场上没有这种障碍。

第三节 股指期权

一、股指期权的起源

在股票指数期货问世后不久，国际上便推出了股票指数期权方面的产品。最早的股票指数期货包括价值线指数期货、S&P 500 指数期货，它们于 1982 年分别在堪萨斯交易所、芝加哥商品交易所登台亮相。此后，有关的指数期权也开始上市交易。例如，最早以股票指数期货为标的物的期权于 1982 年开始上市交易；到了 1983 年 2 月，芝加哥期权交易所推出了 S&P 100 指数期权，这是一种以指数现货为标的物的指数期权；后来，纽约证券交易所推出了综合指数期权、芝加哥期权交易所推出了 S&P 500 指数期权。美国证券交易所的主要市场指数期权、费城证券交易所的价值线指数期权相继成为主要的指数期权交易品种。截至 1995 年年初，在美国交易的指数期权品种已达 20 多种，其中有一部分并非美国指数期权（如日本指数期权、香港指数期权等）。

在全球交易量最大的 20 种期权合约中，股指期权占 11 种之多。1998 年芝加哥期权交易所日均 S&P 100 指数期权交易量超过 130 000 份，2001 年指数期权交易量为74 018 752 份，比上年增长近 55%。时至今日，股指期权已成为 20 世纪 80 年代以来西方金融创新的主要内容之一，其在全球金融市场上的地位越来越重要。

二、股指期权的定义

股票指数期权（stock index option）是一种赋予合约购买者在某一时期、以一定的指数点位买入或卖出一定数量的某种股票指数的金融衍生产品。也就是说，它是以一篮子股票组成的股票指数作为标的物的期权交易。在有效期内，交易双方以履约价格与市场实际指数值进行盈亏结算。买方支付给卖方一定期权费以获取此期权，卖方承担买方转移风险及履行期权的义务，并收取期权费作为市场风险的补偿。

三、股指期权的分类

按照选择权的不同，股票指数期权交易可分为购买期权、售出期权和对冲期权。

按照指数的不同，股票指数期权大致可以分为三种类型：第一种模拟整个股市的运行变化；第二种将某个特定行业的股票表现作为指数基础；第三种是将某个外国股市的运行变化作为指数制定的基础。

按交易方式的不同，股指期权交易既有柜台交易又有市场交易。

四、股指期权的结算

股指期权交易是现金交割合约，即投资者不必实际交割股票，只需结算差额即可。

股指期权合约的价值＝指数点×乘数

例如，如果 S&P 100 指数的指数值是 420，则 S&P 100 指数期权合约的美元价值是 420×100＝42 000 美元，指数改变一个点数，如从 420 变为 421，则意味着股票指数期权合约的美元价值提高了 100 美元。美国其他一些指数期权的乘数均为 500 美元，包括 S&P 500 指数期权、主要市场指数期权、NYSE 综合指数期权、价值线指数期权等；日本的日经 225 股票指数期权的乘数为 5 美元；欧洲 Top 100 指数期权的乘数是 100 美元；等等。

股票期权合约的执行价格是股票价格，而股票指数期权合约的执行价格是相关股票指数的指数值，因此我们也可以将股指期权的执行价格称为"执行指数"。类似于股票指数期货合约，股票指数期权合约也是采用现金结算方式。在行使期权时，我们将根据指数的变动值来确定合约的美元价值，并以此进行结算。例如，若一个投资者购买了 S&P 100 看涨期权，期权的执行指数为 410，行使期权时股票市场指数为 420，那么投资者有权以 41 000 美元购买指数，而当时指数的市场价值是 42 000 美元，因此买方就会从卖方那里收入 1 000 美元。

五、股指期权的报价形式

我们以《华尔街日报》刊登的某日纽约证券交易所股票指数期权的交易情况为例（如表 12－3 所示），说明股票指数期权的报价与行情标识。

表 12－3　　纽约证券交易所的综合股票指数期权的交易情况

纽约证券交易所 纽约股指期权						
	看涨期权			看跌期权		
执行价格	6月	7月	8月	6月	7月	8月
85	$2\frac{3}{16}$	$3\frac{1}{8}$	$3\frac{1}{2}$	$\frac{3}{16}$	1	$\frac{15}{16}$
90	$\frac{3}{16}$	$\frac{15}{16}$	$\frac{13}{8}$	$3\frac{5}{8}$	$3\frac{5}{8}$	$4\frac{5}{8}$
95	$\frac{1}{16}$	$\frac{1}{8}$	$\frac{3}{8}$	9	…	…
100	$\frac{1}{16}$	$\frac{1}{16}$	$\frac{1}{8}$	…	…	…

说明：①"…"表示在前一天没有该期权的交易。

②第一栏表示执行价格，每个执行价格的差距是 5 点。100 美元与执行价格的乘积等于股票指数期权的执行价格。

③第二、三、四栏分别表示 6 月、7 月、8 月到期的该股票指数看涨期权在前一天收盘时的期权费用。期权费用的金额等于 100 美元与期权费用标价的乘积。

④第五、六、七栏分别表示 6 月、7 月、8 月到期的该股票指数看跌期权在前一天收盘时的期权费用。期权费用金额同样等于 100 美元与期权费用标价的乘积。

六、股指期权与股指期货的区别

虽然股指期权与股指期货都是以股票指数为标的资产，但它们是有差别的，主要表现在：

(1) 风险不对称机制。期权的买方与卖方风险承担大小是不对称的。期权买方支付一定期权费后就可以把自己的风险加以固定，而其获利是无限的。因此，股指期权与股指期货相比，其风险更小、套期保值效果更佳。

(2) 多重组合投资机制。期权交易方式除了基本的看涨/看跌期权交易方式外，还有多种套期、套利等交易方式。此外，它还有诸多的合约月份。与期货相比，其合约种类更多、交易策略更灵活，并可以形成一个庞大的风险组合投资系列，从而使风险投资在时间上和品种上都取得较佳的选择。

(3) 风险程度不同。股票指数是衡量整个股市走势的指数，股票指数期货是为了防止股市价格波动而带来损失的一种风险工具。一旦股市走势与投资者的预测背道而驰，而且幅度剧烈时，对于投资者来说，他要损失巨大的保证金和追加保证金；对于交易所来说，它们面临着当投资者无法承担亏损时必须由交易所代为承担风险的责任，严重时，将使期货市场陷入危机。股票指数期权交易可以避免上述事件的发生，它使风险程度限定在可预见的范围内，当市场发生不利情况时，期权的买方可以放弃购买或出售的权利，从而将损失仅仅限定在期权费以内，其最大限度的损失仅仅是期权费，因而期权交易更具灵活性，并且可以稳定股市交易。

七、股票指数期权计划

最新的一种股票期权计划是股票指数期权计划，其具体做法是：董事会把公司股票的行权价与某一股票指数挂钩，这样就能比较容易地确定公司在整个行业中的排名，从而评定 CEO 的表现优劣。该方案需要在期权有效期限内的每一年都对 CEO 所拥有的期权的行权价进行重新调整，从而使该行权价能反映行业的平均经营水平。

例如，如果所选股票指数在第一年内增加了 15%，那么行权价调整幅度也应增加 15%。这样调整之后，除非公司股价涨幅高于 15%，否则 CEO 就无利可获。

股票指数期权计划的关键在于如何制定合适的股票指数。一般来说，不宜选用现成的一些综合指数，如上证综合指数，因为这些指数不能精确地反映某一特定行业的整体经营水平。例如，虽然美国的 S&P 500 指数近几年上升了很多，但其国内的钢铁业和造纸业并不景气。科学的指数制定方法是：董事会把上市公司中同行业竞争者的公司股票挑选出来，并自己制定一个参考股票指数。虽然制定这个指数需要较多信息，但获取这些信息并不困难。此外，该指数也可以随时更新，以跟踪本行业发展的最新态势。

与常用的股票期权计划相比，这种股票指数期权计划有明显的优势：①CEO 必须把公司经营得至少高于行业平均水平，这样他才能享受到股票期权的实惠。②不思进取的 CEO 再也不能靠牛市吃饭，而积极能干的 CEO 的优秀业绩也不会被熊市所埋没。总之，无论大市行情如何，CEO 都有动力去努力经营好自己的公司，在行业中力争上游。

股票指数期权计划特别适用于股市尚不成熟的中国。在我国，投资者结构不合理，股市投机现象严重，经常是股价单边上扬，市盈率连创新高。可以说，绝对地看股价，根本不能真实地反映上市公司的真实业绩。但是，如果把整个同行业各上市公司的股价进行有序排列，并从价格的相对位置来考察这些公司的业绩，就可以在很大程度上消除投机现象所造成的误差。就这一点来说，常用的股票期权计划难以做到。

【本章小结】

本章讲述了股票期权、股指期货和股指期权等以股票为基础的主要衍生工具，并介绍了这些衍生工具的起源和发展、定义和特点、分类以及衍生产品合约的具体内容和规定等基础知识。投资者可选择这些衍生工具来规避股票价格风险，尤其是股指类合约还可用于规避股市的系统性风险。除了介绍这些衍生工具的基本概念和合约规格之外，本章还介绍了股票期权和股指期权在公司管理中的运用。股票期权的一些特殊形式（如认股权证、优先认股权以及员工股票期权）可用于公司管理领域，而企业股指期权计划则是在股票期权基础上发展而来的一种更为合理的衡量 CEO 业绩的方法。

【本章要点】

● 股票期权是以股票为标的资产的期权交易，股票期权是美式期权，每一份股票期权合约的交易量为 100 股股票。股票期权分为看涨期权、看跌期权和双向期权。除典型的期权类型之外，还存在着大量的特殊期权类型，如认股权证、优先认股权和员工股票期权。股票支付现金红利、送配股和股权分割将对期权交易产生重要的影响，应在期权合约中进行调整

● 股票价格指数的编制首先应确定基期，通常基期的指数值为 100 或 1 000，然后应选取合适的股票样本。我们在计算股价指数时有多种方法，如平均法、综合法和加权法。国际市场上的主要股价指数有道琼斯股票价格平均指数、标准普尔股票价格指数、《金融时报》股票价格指数和日经股票价格指数。我国的主要股价指数有上证综合指数、深圳综合指数、深圳成分股指数和上证 30 指数

● 股指期货是以股价指数为基础资产的期货合约。股指期货合约的价值等于指数值与乘数的乘积。不同股指期货合约的乘数不同。股指期货合约采用现金结算方式

● 股指期权是以股价指数为基础资产的期权合约。股指期权与股指期货一样，其合约的价值等于指数与乘数之积，结算采用现金结算方式。但是，股指期权与股指期货有一定的差别，主要体现在期权具有风险不对称性、期权交易的风险程度小、期权合约的种类多，因而其应用更灵活

● 股指期权计划是股指期权在公司管理应用中的体现，董事会将给 CEO 的股票行权价与同行业股价指数挂钩，并通过同行业股价指数变动与本公司股价变动的比较来衡量

CEO 的业绩，因而该方法更具科学性

【本章关键术语】

股票期权	认股权证	优先认股权	员工股票期权	股价指数
股指期货	股指期权			

【本章思考题】

1. 除本章介绍的股票期权、股指期货和股指期权之外，还有哪些以股票为基础的衍生工具？它们各自有何特点？

2. 试比较几种股价指数计算方法的优劣，并说明上证综合指数和深圳综合指数采用的是哪种计算方法。

3. 请说明股票期权和股指期权之间、股指期货和股指期权之间的联系与区别。

4. 试说明股票期权计划与股指期权计划之间的区别。

第四篇　金融工程技术与管理篇

第十三章 汇率风险管理

第一节　汇率风险概述

一、什么是汇率风险

20 世纪 70 年代初，随着以美元为核心的布雷顿森林体系的瓦解，世界上主要的国家普遍实行了浮动汇率制度。在浮动汇率制度下，世界上各主要货币的汇率开始自由浮动，因此防范外汇风险开始成为从事跨国经营的企业以及与外汇有关的团体、政府和个人必须重视的重要问题。各种防范外汇风险的措施和工具应运而生，本章将研究如何运用外汇衍生产品来防范汇率风险。

汇率风险是指在不同货币的相互兑换或折算中，因汇率在一定时间内发生不可预期的变化，导致有关经济主体的实际收益与预期收益或者实际成本与预期成本发生背离，从而使有关经济主体蒙受损失。对于那些和外汇有关的跨国公司、金融机构、国际贸易商、政府机构以及个人投资者而言，汇率风险是经常存在的。他们的收付款项、资产、负债以及投资随时会因为汇率变动而发生意外损失。当然，有时汇率的波动也会带来意外收益，但这种意外收益往往是靠不住的。对于那些依靠经营获取利润而不是通过汇率的波动来获取利润的机构和个人而言，防范汇率风险是一种经常性的任务，他们为此宁愿舍弃汇率波动可能带来的收益，目的是让其因汇率风险暴露的头寸部分能够将汇率锁定。

不同币别之间的货币相互兑换和折算是两种不同的行为。货币兑换是一种交易行为，往往同国际贸易联系在一起，它是出于贸易的需要而将支出或者收入在本外币之间进行兑换；货币折算则是一种会计行为，是指用本币对外币资产或负债进行记账。相应地，汇率风险也分为两方面的内容。

（一）交易风险

由于经济主体使用外币计价收付，因此其存在着因外汇汇率发生变动而使其遭受经济损失的可能性。贸易合同的签订者和外汇借贷者都会面临这种风险，包括以赊买赊卖方式完成的商品和劳务出口、以外币计值的贷款或借款、海外投资以及资本撤回等。我们以最常见的进出口贸易为例，如果应付货币贬值或者应收货币升值，就会给应付方和应收方带来风险。

【例 13-1】 某美国公司从日本进口商品，以日元计价的进口额为 1.5 亿日元，签约时美元兑日元的汇价为 1∶150，折合成美元为 100 万美元。双方的贸易合同规定，在签约满三个月的时候付款。如果付款时美元兑日元的汇率变为 1∶120，则美国进口商必须支付 125 万美元。由此可见，由于汇率的变化导致日元升值，从而使美国进口商要多支付 25 万美元。

相反，如果上例中美国进口商和日本出口商商定以美元作为计价货币，则该笔贸易金额为 100 万美元。同样地，三个月后，美元兑日元的汇率从 1∶150 变为1∶120。对于日本出口商而言，美元是应收货币，因此美元的贬值使其实际收入减少了。此时，日本出口商实际收到的款项是 1.2 亿日元，比原先减少了 0.3 亿日元。

从公司理财的角度来看，汇率的变动可能会影响生产性企业的收入、成本等项目，从而使企业在一定时期存在收益下降的可能性。对于主要原材料都从国外进口的企业而言，如果本币出现贬值，则意味着企业的原材料成本上升；对于主要产品都出口国外的企业而言，如果本币升值，且此时国际市场上该产品的价格没有变化，那么该企业的本币收入显然要下降。

（二）折算风险

对于拥有外币资产或负债的企业来说，在其会计处理中，特别是在其将功能货币转换为记账货币时，汇率的变化有可能使其账面出现损失。折算风险又称评价风险或会计风险。折算风险产生的根本原因在于，如果企业拥有外币资产或负债，那么计价货币是外币，但记账货币却只能是本币，然而从外币资产或负债的发生日到会计结算日之间可能会经历很长的一段时间，在此期间的汇率很可能会产生变动，从而使企业出现以本币记账的账面损失。

【例 13-2】 假设美国进口商和日本出口商签订贸易合同的日期为 2013 年 11 月 30 日，双方约定 3 个月后（也就是 2014 年 2 月 28 日）付款 1.5 亿日元，双方的会计结算日都是 2013 年 12 月 31 日。对于美国进口商而言，他有一笔应付账款。如果 2013 年 11 月 30 日到 2013 年 12 月 31 日期间美元贬值、日元升值，则美国进口商的这笔外币负债就会出现账面损失。相反，如果双方约定货款用美元支付，也就是支付 100 万美元，对于日本出口商而言，这就是一笔外币资产。如果在此期间美元贬值，那么在 2013 年 12 月 31 日的结算日，日本出口商也会出现相应的账面损失。

二、汇率风险的影响因素

汇率风险的根源在于汇率的波动。在浮动汇率制度下，汇率的变动主要受制于外汇的供求状况，供求关系的变动会导致汇率的波动。其他一些影响因素都是通过直接或者间接影响供求，从而对汇率产生影响。这些因素主要有以下几个方面。

（一）国际收支状况

当国际收支出现逆差时，在外汇市场上就会出现对外币的额外需求，从而使得外币升值、本币贬值；当国际收支出现顺差时，情况正好相反，本币将会升值，外币将会贬值。

（二）通货膨胀率

一般来说，通货膨胀率高的国家本币会贬值，通货膨胀率低的国家本币会升值。通货膨胀率主要是通过两个途径来影响币值。

首先，通货膨胀率高的国家，其出口的商品和劳务成本也必然较高，从而削弱了该国商品和劳务在国际市场上的竞争力，并影响出口外汇收入，进而影响汇率；其次，高通货膨胀率的国家实际利率较低，金融资产的实际收益下降，这会导致高通货膨胀率国家的资本转移到国外，并影响该国国际收支的资本项目状况，进而对汇率产生影响。

（三）经济增长率

经济增长较快的国家，其国民收入增加也较快，相应地就会增加该国对国外商品和劳务的需求，结果就会使该国的本币币值下降。但在实际中，有两种特殊情况存在：①对于出口导向型国家而言，由于经济增长本身就是由出口增加拉动的，因此其出口增加往往超过进口增加，币值不降反升；②如果该国的经济增长是一种可预期的持续增长，就会吸引更多的外国投资，有可能出现资本项目顺差大于经常性项目逆差的情况，从而使得本币币值上升。

（四）利率水平

利率水平也是通过两个途径来影响汇率水平：①对于利率水平高的国家来说，其金融资产的吸引力较强，从而导致资本内流、本币升值；②利率水平较高意味着消费的机会成本较大，投资成本也较大，这样使得消费需求和投资需求都会有所下降，从而使得出口缩减、本币升值。

（五）财政收支状况

当一国出现财政赤字时，其汇率是升还是降主要取决于该国政府所选择的弥补财政赤字的措施。一般来说，国家可采取的措施有四种：①提高税率。税率的提高会降低个人的可支付收入，进而降低消费需求，同时税率的提高还使得企业的投资积极性下降，投资需求也会减少，有效需求的减少使得进口减少、本币升值。②减少政府公共支出。此举可通过乘数作用使得国民收入减少，从而减少进口需求，促使本币升值。③增发货币。这样会使得通货膨胀率上升，最终导致本币贬值。④发行国债。从长期来看，这将导致更大幅度的物价上涨，也会使本币贬值。

(六) 心理预期

在外汇市场上，人们买进还是卖出某种货币，在很大程度上取决于人们对该种货币未来汇率走向的看法。心理预期已成为影响汇率变动的一种重要力量，因为这种心理预期可以在短时间内诱发大规模的资金运动，对外汇资金的供求产生重大影响。同时，由于影响人们预期的因素很复杂，既包括经济因素又包括社会政治因素和其他一些突发事件，因此由人们的心理预期变化导致的汇率波动具有复杂易变的特点。

第二节 远期外汇合约与汇率风险管理

利用远期外汇合约对汇率风险进行管理的行为称为远期市场套期保值（forward market hedge)，这是企业为了规避汇率风险而实施的一种远期外汇买卖行为，一般是通过远期合同进行约定。因此，远期市场套期保值的真正含义是通过远期合同的签订，把未来时刻将要交割的外币性资产或外币性负债锁定在约定的固定汇率上，创造一个与外币流入（或流出）相对应的外币流出（或流入），以达到消除外汇风险损失的目的，而不是为了获利。

在中国，远期外汇交易是国内较早引进的金融衍生产品交易。1997 年 4 月，中国人民银行就推出了远期结售汇业务。远期结售汇是指银行与境内企业签订远期结售汇合同，约定将来办理结汇或者售汇的币种、金额、汇率和期限，在到期日按该远期结售汇合同规定的币种、金额、汇率进行结汇或者售汇。不难看出，远期结售汇业务就是远期外汇交易。2003 年 4 月初，经中国人民银行和国家外汇管理局正式授权，中国工商银行、中国农业银行和中国建设银行相继获准开办远期结售汇业务。至此，四大国有商业银行均已获准开办此项业务。

一、远期市场套期保值的基本方法

相对于其他衍生产品而言，利用远期合约对汇率风险进行管理是一种很容易掌握的手段。简而言之，如果在未来有一笔外汇收入，就卖出远期外汇；如果在未来有一笔外汇支出，就买进远期外汇。

【例 13-3】 现以一家企业的贸易出口收汇业务为例来进行说明。假设该企业和美国的进口商签订了一笔价值 100 万美元的贸易合同，货物已经发送，而按照合约的规定，该企业要在六个月以后才能收到以美元支付的货款。当前的即期汇率为 826.47（银行买入价）/828.95（银行卖出价)。为了防范六个月以后人民币升值给企业带来的损失，该出口商可以通过和银行签订远期结售汇合同来固定将来的收入。若银行六个月远期美元兑人民币的报价为 828.84/832.99，该出口商在同银行签订了远期结售汇合同以后，便可于六个月后按 1 美元兑换 8.288 4 元人民币的价格向银行卖出 100 万美元。这样一来，无论六个月后美元兑人民币的即期汇率是多少，该出口商的收入都是 828.84 万元。

【例 13-4】 再以该企业的一笔贸易进口业务为例。假设该企业以开立六个月远期信用证的方法进口一批价值 100 万欧元的货物，也就是通过银行担保其在六个月以后付款 100 万欧元。开立信用证的时候欧元兑人民币的即期汇率为 896.66/900.26。为了防范在付款期限到来时人民币兑欧元汇率下跌的风险，企业可以通过银行的远期结售汇业务买入一笔远期欧元来固定其六个月以后的购汇成本。若银行给出的六个月远期欧元兑人民币的报价为 893.86/897.46，那么无论六个月以后欧元兑人民币的即期汇率是多少，企业都可以按 1 欧元兑换8.974 6元人民币的价格向银行购买 100 万欧元。这样一来，企业就将其成本固定为 897.46 万元人民币，从而规避了因欧元升值而带来的汇率风险。

二、捆绑式远期外汇交易

由上面的分析可以看出，远期外汇交易是一种规避汇率风险的简单而且实用的工具。但是，普通的远期外汇交易在到期时必须按照事先规定的价格进行交割，缺乏一定的灵活性，并且使得远期外汇的交易者不能享受汇率变动带来的收益。捆绑式远期外汇交易是对普通远期外汇交易做出的改进，它避免了普通远期外汇交易的这一缺点。

下面仍以前面的企业进口贸易业务为例，假设该企业在六个月后有一笔 100 万欧元的支出。与普通远期外汇交易不同的是，捆绑式远期外汇交易规定了一个保底汇率和一个限制汇率。在此，我们不妨设欧元兑人民币的保底汇率为100：898.46，限制汇率为 100：891.46。在捆绑式远期外汇交易到期时必须按照下列条件进行交割：

(1) 从交易日到到期日的六个月期间，如果欧元兑人民币的汇率曾经下跌到 100：891.46，那么到期后按照 100：891.46 的汇率水平进行交割。

(2) 从交易日到到期日的六个月期间，如果欧元兑人民币的汇率一直在100：891.46 以上，则该企业可以选择按照 100：898.46 的汇率水平或者按照六个月后的即期市场汇率水平进行交割。

从上面的两种结算情况我们不难看出：①捆绑式远期汇率交易满足了企业规避欧元升值风险的需求，也就是当即期汇率在 100：898.46 以上时，确保企业可以按照最高 100：898.46的汇率水平购买欧元；②捆绑式远期汇率交易还可以使企业从欧元的贬值中获得一定的好处，也就是当六个月后的即期汇率在 100：891.46 至 100：898.46 之间时，企业会选择按照市场即期汇率结算；③第一种结算情况的规定也使得银行不用全部承担欧元一路贬值的风险。

与普通远期外汇交易相比，企业为此可能需要多付出 1 万元人民币的成本，因为普通远期外汇交易规定的欧元六个月的远期汇率为 100：897.46，而捆绑式远期外汇交易规定的保底汇率是 100：898.46。但是，企业同时也可能享受到人民币升值的好处，其所能享受的最大好处是 6 万元人民币，也就是在到期时按照 100：891.46 的汇率水平进行交割。

由此我们也可以看出，在金融市场上任何收益的获取都是有成本的。在此，企业为了享受人民币升值的收益，就必须多付出 1 万元的成本，那么这种成本的支出是否值得，我们无法笼统地回答是或者不是。同样地，此种捆绑式远期外汇交易和普通远期外汇交易哪个更好，也没有一个简单的答案。这一切都依赖于不同的市场情况，以及决策者对未来市场的预期。

第三节 货币互换与汇率风险管理

一、通过货币互换管理汇率风险的方法

货币互换交易的对象一般是一年期以上的中长期货币，通常是采用即期汇率进行交割。其具体运用的要点是：如果在债务的存续期内预期债务货币的币值将持续上升，那么债务人就应该选择在当前的汇率水平将债务货币互换为不易升值的币种或者将要贬值的币种，以规避本息偿付时的汇率风险。

在对货币衍生产品的介绍中，我们已经对货币互换交易的流程做了一个详细的介绍，这里不再重复。下面将主要分析货币互换对于管理汇率风险的作用。

【例 13-5】 假设A企业在2003年3月20日筹措到一笔100亿日元的资金，期限为3年，固定利率为2.5%。但是，该企业在投产后的主要收入货币是美元，或者是与美元挂钩的人民币或港币。如果在未来的3年内日元持续升值，超过项目预算时所能承受的美元兑日元汇率的下限1∶145，则A企业必然要承担额外的债务成本，甚至有可能影响到该项目的可行性。因此，该企业在借款的同时按照美元兑日元的即期汇率1∶155，委托一家银行同B企业达成货币互换协议，将50亿日元的债务互换为美元债务，并支付美元的固定利率3.7%。该笔互换交易规定，在贷款的存续期内，每半年双方交换一次利息的支付，并在互换的到期日相互交换本金的支付。

现在比较该企业如果不进行货币互换交易的本息支付情况，用于比较的情况有三种：①不进行货币互换，未来三年美元兑日元的平均汇率为1∶135；②不进行货币互换，未来三年美元兑日元的平均汇率为1∶145；③按当前的汇率1∶155进行货币互换。比较的结果如表13-1所示。

表 13-1　　三种情况的本息支付测算表　　单位：万美元

该债务后三年的本息支付日	不进行互换交易		互换后
	日元债务的本息支付	日元债务的本息支付	美元债务的本息支付
	汇率1∶135	汇率1∶145	汇率1∶155
2003年9月20日	92.59	86.21	112.90
2004年3月20日	92.59	86.21	112.90
2004年9月20日	92.59	86.21	112.90
2005年3月20日	92.59	86.21	112.90
2005年9月20日	92.59	86.21	112.90
2006年3月20日	7 500.00	6 982.76	6 564.51
合计	7 962.95	7 413.81	7 129.01

从表13-1可以看出：如果在未来三年内平均汇率水平为1∶145，也就是在与项目预算一致的情况下，仍然比进行互换交易多付出284.8万美元的债务成本；如果未来三年美

元下跌到 1∶135 的平均水平，则该企业与项目预算相比多付出 549.14 万美元的债务成本，与进行互换交易相比更是多支出 833.94 万美元。

B企业为何要与 A 企业达成货币互换交易？这是因为双方的交易目的和各自对市场行情的预期并不一样。A 企业为了规避日元升值的风险，而 B 企业可能刚好有一笔美元债务，为了规避美元升值的风险，又或者 B 企业看中日元债务的利率较低，并在未来看好美元的走势。只要双方不是抱着汇率投机的思想，而只是想锁定风险，就能在市场上寻找到与自己风险敞口相反的交易对手来完成互换交易。

二、货币互换与远期外汇交易的比较

在对中长期的汇率风险进行管理时，货币互换要比远期外汇交易更有效、成本更低，因为远期外汇合约一般期限较短。如果想用远期外汇合约对中长期的汇率风险进行管理，必须用滚动的方式对超过远期外汇合约时限的汇率风险敞口进行套期保值，但这种滚动方式的效果无法令人满意。

首先，用货币互换进行套期保值比用远期外汇交易进行套期保值的成本要低。例 13-5 中的 A 企业如果用六个月远期外汇合约为三年期的日元负债进行套期保值的话，就需要签订六次这样的合约，而每重新签订一次远期外汇合约，就要重新交纳一次费用。此外，远期外汇合约等于是企业将汇率变动的风险转嫁给了银行，因此银行要为此收取较高的费用；而货币互换的双方只是各取所需，并不存在单方面的风险转嫁问题，同时银行在其中也只是起到一个中介的作用，无须承担任何风险，因此双方只要向银行支付少量的中介费用即可。

其次，利用远期外汇合约滚动套期保值的方法并不能使企业完全免除汇率风险。这是因为，随着未来即期汇率的变化，未来的远期汇率也有相应的变化。假设例 13-5 中的 A 企业希望以滚动更新六个月远期外汇合约的方式为其三年期的日元债务进行套期保值，如果未来的日元币值持续上升，那么该企业在一年后所能获得的六个月远期日元的报价肯定比现在的六个月远期日元的报价要高，而两年后它所能获得的报价又比一年后的报价要高。企业本来的目的是为了规避日元升值的风险，但采用这种方法后，企业仍要面对持续走高的日元报价。

再次，企业并不一定能够找到合适的远期外汇合约进行套期保值。例 13-5 中的 A 企业需要针对美元兑日元的汇率进行套期保值，很可能境内没有一家银行能够提供这样一种远期合约，它们只有人民币兑美元或者人民币兑日元的远期外汇合约。运用货币互换进行套期保值则不存在这一问题。

最后，中长期的债务不仅涉及本金的套期保值，而且在其存续期内有一系列的利息支付，如果用远期外汇合约的话，我们还要对每一时期的利息支付进行套期保值，这样不仅增加费用而且极为烦琐。而货币互换交易不仅包括本金的互换，还包括利息支付的相互交换，相当于对冲了债务存续期内一系列现金流的风险敞口。

第四节　外汇期货与汇率风险管理

一、外汇期货套期保值的原理

外汇期货最根本的交易目的是避免汇率风险，而期货市场转移汇率风险的功能是通过套期保值来实现的。套期保值就是买进或卖出与现货数量相当但交易方向相反的期货合约，以期在未来某一时间通过卖出或买进期货合约而补偿因现货市场汇率波动所带来的汇率风险。

套期保值的经济逻辑性在于现货市场和期货市场上价格运动的趋同性，这种趋同性来源于：①期货价格和现货价格受相同的经济因素影响和制约。②期货合约可以通过实物交割而平仓，因此交易者相信期货合约价格可以反映出交割日当天的现货价格，即当合约临近到期日时，现货价格和期货价格趋同。③频繁的套利使现货市场和期货市场的价差逐渐缩小，期满时价差趋于消失。

尽管现货市场和期货市场上的价格运动具有趋同性，但是一般来说，外汇期货汇率和即期汇率不会一致，两者之间的价差称作“基差”。但是，随着到期日的临近，基差会有越来越小的趋势，并且在交割日趋于零，表现出一种“收敛性”，图 13－1 反映了这种规律。

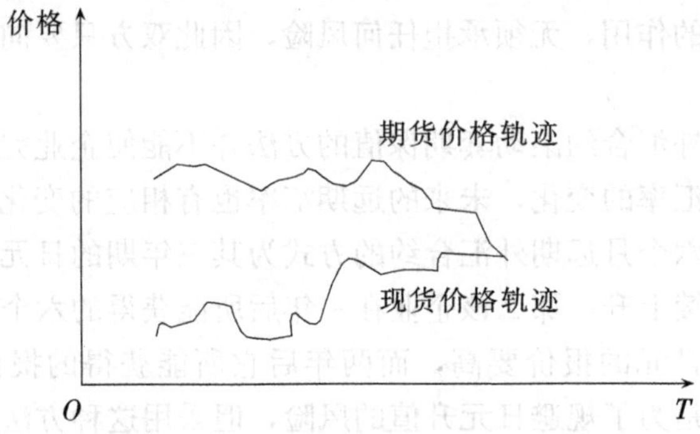

图 13－1　现货价格与期货价格

基差的变化使套期保值者承担了一定的风险。也就是说，套期保值者并不能完全将风险转移出去。套期保值者参与期货市场，是为了避免现货市场价格变动较大的风险，并接受基差变动这一相对较小的风险。

二、多头套期保值

在国际经济往来中，如果经济主体在未来有一笔需要偿还的外币负债，就会面临外币币值上升的风险。为了规避这种风险，该经济主体可以先在外汇期货市场上购买同等数量的同种外汇期货合约，等到将来需要在外汇现货市场上买入外币时再将外汇期货合约卖出，实行对冲，这种外汇期货套期保值方式就是多头套期保值。在多头套期保值中，交易者在现汇市场处于空头位置，在外汇期货市场处于多头位置。

【例 13-6】 美国某公司设在德国的分公司拟将 50 万欧元转给总公司使用 3 个月，然后再将这笔钱抽回。因此，该分公司的 50 万欧元要先兑成美元，然后在 3 个月后再换成欧元。为了避免 3 个月后美元兑欧元汇率下跌造成损失，该分公司在期货市场上进行了多头套期保值，具体过程及结果见表 13-2。

表 13-2　多头套期保值的交易过程及结果

现货市场	期货市场
5 月 1 日 汇率：1 欧元＝1.25 美元 卖出：50 万欧元 价值：62.5 万美元	5 月 1 日 汇率：1 欧元＝1.20 美元 买进：4 份 9 月期欧元期货 （每份标准面额为 12.5 万欧元） 价值：60 万美元
8 月 1 日 汇率：1 欧元＝1.30 美元 买进：50 万欧元 价值：65 万美元	8 月 1 日 汇率：1 欧元＝1.25 美元 卖出：4 份 9 月期欧元期货 价值：62.5 万美元
现货市场亏损 65 万－62.5 万＝2.5 万美元	期货市场盈利 62.5 万－60 万＝2.5 万美元

在上例中，现货市场的亏损恰好被期货市场的盈利所抵消，完全避免了美元贬值或欧元升值的风险。它之所以盈亏相抵主要是因为：①就数量而言，50 万欧元恰好分为 4 份期货合约，每份面值为 12.5 万欧元；②现汇和期汇的汇差在 5 月 1 日和 8 月 1 日恰好相同，都是 0.05 美元。假如 8 月 1 日期货价格为 1 欧元＝1.24 美元，现货价格仍为 1 欧元＝1.30 美元，即现货与期货的汇差为 0.06 美元，那么卖出 4 份欧元期货只得 62 万美元，期货市场盈利 2 万美元，与现货市场亏损 2.5 万美元相比，净亏损 5 000 美元；反之，若 8 月 1 日的期货价格为 1 欧元＝1.26 美元，现货价格为 1 欧元＝1.30 美元，期货市场盈余抵补现货市场亏损后还可净盈利 5 000 美元。由此可见，期货市场与现货市场的价差对套期保值的结果有着重要的影响。

三、空头套期保值

空头套期保值是指交易者在现汇市场上处于多头位置，为了防止外币贬值的风险，在外汇期货市场上进行空头交易，并在将来买入相应的外汇期货予以对冲的交易方式。

【例 13-7】 美国一家银行有多余资金可供短期投资，因当时短期利率最高的是瑞士法郎，所以这家银行就将手中的美元兑换成瑞士法郎后购买了瑞士 90 天国债。为了防止 3 个月后兑换回美元时瑞士法郎贬值，它进行了空头套期保值交易，具体交易过程以及结果见表 13-3。

表 13-3　　空头套期保值的交易过程及结果

现货市场	期货市场
3月1日 汇率：1瑞士法郎=0.347 2美元 买进：1 000万瑞士法郎 价值：347.2万美元	3月1日 汇率：1瑞士法郎=0.340 0美元 卖出：80份6月期瑞士法郎期货 价值：340万美元
6月1日 汇率：1瑞士法郎=0.335美元 卖出：1 000万瑞士法郎 价值：335万美元	6月1日 汇率：1瑞士法郎=0.321 5美元 买进：80份6月期瑞士法郎期货 价值：321.5万美元
现货市场亏损 347.2万－335万=12.2万美元	期货市场盈利 340万－321.5万=18.5万美元

该银行通过套期保值不仅抵补了现货市场因瑞士法郎贬值而导致的汇率风险，而且还获得了一定的盈利。当然，也可能出现期货市场的盈利不足以弥补现货市场的亏损的情况，但总的来说还是对瑞士法郎贬值的风险起到了一定的防范作用。

第五节　外汇期权与汇率风险管理

一、标准外汇期权的套期保值

标准外汇期权是相对于非标准外汇期权而言的，非标准外汇期权是近年来银行为满足客户不同形式的特殊需求而设计的品种繁多、结构各异的期权产品。对于标准外汇期权而言，选用不同的执行价格、期限和金额，就会产生不同的结果，但其原理都是相同的。

【例 13-8】　某瑞士公司需要在4个月后偿还50万美元的债务，为了规避美元币值上涨的风险，它买入一笔美元看涨期权，金额为50万美元，执行汇率为1美元=1.300 0瑞士法郎，即期汇率为1美元=1.322 0瑞士法郎，到期日是4个月以后，期权费用为美元金额的2%。

（1）当4个月以后的美元升值（即期汇率大于1.300 0瑞士法郎）时，该公司正好行使期权，按1美元=1.300 0瑞士法郎的汇率水平买入美元，使得成本得以固定在500 000×1.3+ 500 000×0.02×1.322 0=663 220瑞士法郎。

（2）当4个月以后的美元即期汇率小于等于1.300 0瑞士法郎时，也就是美元币值并不如预期的那样上涨时，该公司放弃行使期权，而从市场上买入即期美元，虽然该公司损失了期权费用，但是获得了瑞士法郎升值的好处。另外，瑞士法郎升值的幅度越大，该公司获得的好处就越多。

假设该瑞士公司在4个月后有一笔50万美元的收入，为了防止美元币值下跌的风险，它可以通过买入美元看跌期权来进行套期保值，这样在锁定瑞士法郎收入的同时还可以享受美元升值的好处，其具体分析过程如例13-6所述。

二、非标准外汇期权的套期保值

非标准外汇期权是相对于传统的标准外汇期权而言的。随着金融市场的发展和变化，原先的传统标准期权已难以满足客户各种各样的避险需求。此外，先进的电脑科技大量运用于金融领域，也为银行设计更复杂的金融产品提供了技术条件。因此，一大批为满足客户特定的避险需求而专门设计的期权产品应运而生。这些产品比传统期权含有更多的特性，并为客户提供了不同的风险与收益的搭配。其中，一些产品由于具有高效率和低成本的优越性而受到客户普遍欢迎，并在金融市场上逐渐推广成熟，这些产品被统称为非标准外汇期权。

【例 13-9】 假设有一家美国出口商向德国出口产品，并将于 3 个月后收入一笔欧元。目前，美元兑欧元的市场汇率是 1 美元=0.81 欧元。如果在 3 个月内美元兑欧元的汇率大幅上升，那么到时收入的欧元折成美元，将无法弥补其出口成本，会给出口商造成损失。因此，出口商要对这一汇率风险进行控制。对外汇市场进行分析后，出口商认为在 3 个月内美元汇率很可能上升。此时，最简单直接的避险手段就是通过即期或远期外汇买卖立即锁定成本，但这样一来，出口商就无法获得美元兑欧元汇率下跌带来的好处。因此，出口商可以考虑买入一项标准的欧式外汇期权——美元看涨期权，执行价格为 0.82 欧元，期权费为 2.3%。这样既能锁定美元汇率上涨的风险，又能享受美元汇率下跌的好处（不执行期权，在市场上直接兑现）。这一避险策略的成本就是支出的期权费。在交易金额十分庞大的情况下，出口商需要一下子支出大笔的期权费，避险成本较高。更为经济的策略是买入一项击出期权（又称障碍期权、栅栏期权），即在原先标准期权的基础上增加击出限价 0.78 欧元/美元，它的期权费为 1.5%，这样就能大大降低避险成本。在 3 个月内，如果美元兑欧元汇率一直在 0.78 欧元/美元之上，那么这项击出期权同标准期权一样，使出口商的汇率风险得到很好的控制。如果美元兑欧元达到 0.78 欧元/美元，期权自动失效，此时对出口商来说已经从美元汇率的下跌中获得了好处，他可以在更有利的价位考虑重新锁定成本，而不必承担较大的风险。

出口商是选择标准期权还是选择击出期权要综合考虑两方面的要素：①买入击出期权相对于标准期权能节约多少期权费；②一旦市场汇率到达击出限价，即期权失效后，出口商是否准备重新锁定风险，其所需成本是多少。

另外，使用不同的限价，击出期权的期权费也会不同。对于看涨期权而言，显然击出限价越低，期权费用就越高。因此，出口商根据需要控制的风险程度和愿意承担的成本，决定选择何种方案来锁定汇率风险。

需要注意的是，由于障碍期权往往是根据客户特定的避险需求和对市场走势预期而设计的，同一项期权对于其他客户可能毫无用处。因此，障碍期权同标准欧式期权相比，其流动性较差，市场报价的价差可能会比较大。另外，客户买入障碍期权后，如果不再需要这项期权，也很难在市场上以满意的价格将其出售。

三、一篮子期权的套期保值

一篮子期权（basket option）也是由标准期权变化而来的，可以看成由多种货币的欧式期权融合而成。标准期权通常可表述为一种货币的买权和相对应的另一种货币的卖权，其载体是两种货币间的外汇买卖。一篮子期权则涉及多种货币间的复杂汇率关系，期权的买方获得的权利是，他可以将一定金额的货币或货币组合兑换成另一种一定金额的货币或货币组合，卖方获得期权费并承担相应的义务。由此可见，一篮子期权是为了满足客户控制数种货币间的汇率风险而设计的。

一些贸易商、跨国公司和投资公司在经营过程中往往会面临多种货币的汇率风险。例如，贸易商与几个国家开展贸易往来，并用它们的货币进行结算；跨国公司在几个国家都设有分公司，它们的资产和负债都用所在国货币衡量；投资公司投资于多种货币的资产；等等。这些公司在最终测算利润时都需要按本国货币进行计算。外国货币和本国货币间的汇率变化会使公司的盈利水平处于不稳定的状态。为了避免这些汇率风险，公司可以把数种货币间的汇率风险分别看作每一种外国货币对本国货币的风险，然后通过外汇买卖或欧式期权将它们各自的汇率风险加以锁定。这样一来，公司就需要做多笔单独的交易来实现这一目的。这种操作的缺点在于：单独的交易割裂了相互间的联系，缺乏灵活性，同时也增加了操作和管理上的难度。如果购买标准欧式期权的话，通常需要支出较高的期权费。一篮子期权为多种货币的汇率风险管理提供了便利，只需一笔交易就能锁定所有的汇率风险。这种期权不仅操作灵活简便，更重要的是它所需的期权费比购买数笔单独的欧式期权要少，从而降低了避险成本。下面举例说明一篮子期权。

【例 13-10】 假设一家美国投资公司分别投资于日元和欧元的资产。公司担心6个月后美元的升值将使日元和欧元的投资在收回时发生亏损。按目前的远期汇率水平，公司拥有的700万欧元和7亿日元的资产可折成1 010万美元。为了从美元汇率的下跌中获益，公司不愿通过远期外汇买卖立即固定投资价值，而是决定购买一项6个月后到期的一篮子期权，美元买权1 000万，欧元卖权700万，日元卖权7亿，期权费为美元金额的2.5%。到期时上述金额的欧元和日元按市场汇率同时折成美元，如果不足1 000万美元，公司将执行这项期权，卖出700万欧元和7亿日元，买入1 000万美元，使投资价值固定在1 000万美元的水平上。如果到期时欧元和日元按市场汇率折成美元超过1 000万，公司将选择在外汇市场买回相应的美元，放弃期权。投资公司通过买入一篮子期权保证了最终投资价值的最低水平为1 000万美元。由于一篮子期权可以根据客户在货币组合、金额和期限等方面的不同要求而设计，因而能较好地控制风险，并具有较高的灵活性。在成本方面，如果投资公司买入两笔欧式期权来分别锁定美元兑欧元和美元兑日元的汇率风险，公司将支出的期权费会比一篮子期权的期权费要多。

我们注意到，在一篮子期权中没有特别明确执行价格是多少，事实上，这一概念已经包含在买权和卖权的金额之中。

【例 13-11】 一家美国贸易公司同时与欧洲和日本开展贸易往来。公司向英国、德国和法国出口商品，3个月后将收到货款200万英镑、1 400万欧元。与此同时，该公司还从日本进口商品，3 个月后需要支付货款 2 亿日元。按目前的市场远期汇率水平计算，卖出相应的英镑和欧元，同时买入日元，3 个月后公司货款净收入应为 1 784.867 6 万美元。在这 3 个月内的汇率变动将使公司的到期收入处于风险之中。为了控制风险，同时又能从汇率变化中获得收益，公司决定将收入的最低水平固定为 1 780 万美元。因此，公司买入一项期限为 3 个月的一篮子期权：美元买权 1 780 万，日元买权 2 亿，英镑卖权 200 万，欧元卖权 1 400 万。

到期时，按市场即期汇率计算，卖出 200 万英镑、1 400 万欧元，同时买入 2 亿日元。如果上述金额折合成美元后的净值不足 1 780 万美元，公司将执行该项期权，获得最低收入保障 1 780 万美元。如果上述金额折合成美元后的净值超过 1 780 万美元，公司将放弃期权，通过外汇买卖获得更多的收入。在风险控制的成本方面，如果公司通过买入一系列标准欧式期权来达到相同的目的，其期权费支出将远高于一篮子期权的期权费。

说明：本例按中国人民银行 2012 年 7 月 28 日的汇率折算：

1 欧元＝1.232 6 美元，100 日元＝8.14 元，1 英镑＝1.577 2 美元，1 英镑＝1.278 欧元

1 美元＝6.379 元

1 亿日元＝814 万元÷637.9×100＝127.606 2 万美元

200 万英镑＝200×1.577 2 美元＝314.44 万美元

1 400 万欧元＝1 400×1.232 6 万美元＝1 725.64 万美元

314.44 万美元＋1 725.64 万美元＝2 040.08 万美元，公司净收入 2 040.08 万美元－2×127.606 2 万美元＝1 784.867 6 万美元

【本章小结】

汇率风险是指在不同货币的相互兑换或折算中，因汇率在一定时间内发生不可预期的变化，使得有关经济主体的实际收益与预期收益或者实际成本与预期成本发生背离，从而存在蒙受损失的可能性。由于目前的国际货币体系普遍采用浮动汇率制度，因此汇率风险也就成为国际经济活动中最常见的一种风险。

在浮动汇率制度下，汇率的变动主要受制于外汇的供求状况，供求关系的变动导致了汇率的波动。其他的一些影响因素都是通过直接或者间接影响供求，从而对汇率产生影响。这些因素主要有：①国际收支状况；②通货膨胀率；③经济增长率；④利率水平；⑤财政收支状况；⑥心理预期。

可用于汇率风险管理的衍生金融工具主要有远期外汇合约、货币互换、外汇期货以及外汇期权。

【本章要点】

● 汇率风险的含义和表现形式

- 影响汇率波动的因素
- 如何运用远期外汇合约对汇率风险进行管理
- 如何运用货币互换对汇率风险进行管理
- 外汇期货的多头套期保值和空头套期保值
- 标准和非标准外汇期权的套期保值

【本章关键术语】

汇率风险　交易风险　折算风险　远期外汇合约　货币互换
外汇期货　外汇期权　一篮子期权

【本章思考题】

1. 什么是汇率风险？除了本章所列出的因素以外，可能导致汇率波动的因素还有哪些？

2. 如何运用远期外汇进行套期保值？

3. 在例 13-5 中，如果在未来 3 年内美元兑日元的平均汇率为 1∶160，该企业损失的收益是多少？如果日元贬值，该企业所做的互换交易是不是失败的？请给出看法和理由。

4. 与普通的外汇期权相比，用障碍期权进行套期保值有什么好处？

第十四章 利率风险管理

在金融市场中，利率作为借贷资金的价格是由资金需求和供给两方决定，并受市场因素影响。由于借贷资金市场对市场因素变化的反应十分迅速，即资金需求双方会对市场因素的变化进行快速调整，这就使得市场利率水平会随不同市场信息的出现而频繁变动，利率水平也很难进行预测。因此，自20世纪70年代以来，随着各国政府逐渐放松对利率的管制、实现真正的利率市场化，利率的波动也越来越剧烈，这就使得利率风险成为经济主体不得不面对的风险。事实上，利率风险已成为经济主体必须面对的主要风险之一。

既然经济主体必须面对利率风险，那么如何进行利率风险管理就显得十分重要。本章首先讲述利率风险的概念和影响因素，然后介绍如何运用利率衍生产品进行利率风险管理，最终实现套期保值。

第一节 利率风险概述

一、什么是利率风险

风险是遭受损失的可能性。利率风险是指由于利率水平的波动而使经济主体遭受损失的可能性。利率风险的存在需要两个基本条件：①经济主体必须有或者将要有与利率相关联的资产或者负债。这里所说的资产可以是债券、商业票据等，负债可以是银行借款、企业债券等。②市场利率在一定的时间内发生变化。市场利率的变化会使经济主体的投资收益或者融资成本发生变化，并影响经济主体最终的利润和价值。只有满足上述两个条件，我们才能认定经济主体面临一定的利率风险。

事实上，市场利率水平的变化不一定会带来损失，有时候也会带来意外收益，但这种意外收益往往是靠不住的。对于那些依靠经营获取利润而不是通过市场利率的波动来投机获取利润的机构和个人而言，防范利率风险是一种经常性的任务，他们为此宁愿舍弃利率波动可能带来的收益，以使其暴露在利率风险下的头寸部分能够将利率锁定。

市场利率上升或下降给经济主体的筹资活动和投资活动带来的风险并不相同。

对于筹资活动来说，如果某企业以固定利率进行融资或者将要以固定利率进行融资，那么该企业所要面临的风险主要是市场利率下降的风险，因为这会使借贷期限内企业实际支付的利息高于以当时市场利率计算的利息，造成机会损失；如果该企业以浮动利率进行融资，那么此企业所要面临的风险主要是利率上升的风险，因为这会使借贷期限内企业实际支付的利息高于以借贷日利率计算的利息，造成机会损失。

对于投资活动来讲，其分析与上面的情况类似，但其所面临的利率风险却和融资活动不同。如果企业投资于固定收益率的证券，那么市场利率的上升会使企业的实际投资收益低于按市场利率计算出的收益，造成机会损失；如果企业投资于浮动利率的证券，那么市场利率的下降会使企业的投资收益低于以借贷日利率计算的利息，这同样会造成机会损失。

二、利率风险的影响因素

利率风险的根源在于市场利率的波动。在利率市场化的条件下，利率的变动主要受制于借贷资金的供求状况，即资金供求关系的变化导致了利率的波动。其他的一些影响因素都是通过直接或间接影响供求，从而影响利率水平，并造成利率的波动。这些因素主要有以下几个方面。

（一）投资需求的变化

利率同投资是互相影响的关系。一方面，投资需求的变化直接影响整个社会的借贷资金需求与供给双方的平衡。投资需求的增加会使借贷资金的需求上升，而在供给没有相应上升的情况下，市场利率会上升。投资需求的下降会降低借贷资金的需求，而在供给没有变化的条件下，利率水平会下降。另一方面，利率的上升会增加投资的成本、减少投资需求，利率的下降会降低投资的成本、增加投资需求。利率与投资互相影响，并最终达到均衡。

（二）通货膨胀率

在一般情况下，借贷双方制定的利率水平是名义利率，即利率水平不会随着通货膨胀率的变化而进行相应的调整。这就使得在物价水平不断上升的情况下，实际利率水平会下降，从而给资金贷出方带来损失。在这种情况下，实际利率水平的下降会使资金的需求上升，进而引起市场利率的上升。同理，在通货紧缩的情况下，由于物价水平不断下降，就会使实际利率水平不断上升，导致资金的借入方遭受损失。同样，由于实际利率水平上升会使资金的需求下降，从而降低市场利率水平，因此实际利率与名义利率的计算方法如下：

$$i_R=\frac{1+i_N}{1+r}-1\approx i_N-r$$

式中，i_R 为实际利率；i_N 为名义利率；r 为通货膨胀率（在通货紧缩条件下，r 取负值）。

必须保证实际利率 i_R 达到一定的水平才会使资金的贷出方有动力将资金贷给需求方，因此通货膨胀率是确定市场利率时必须参考的因素。

（三）货币政策

货币政策是国家进行宏观调控的重要政策工具之一。货币政策主要有三大政策工具，即公开市场操作、再贴现贷款和法定准备金率，由中央银行依据总体经济的发展和稳定的要求制定相应的货币政策。货币政策主要控制经济中的货币供给量、利率和汇率等。

货币总供给的变化会直接影响借贷资金的需求与供给的均衡。如果央行实行相关的货币政策，使货币总供给量上升，借贷资金的供给会相应增加，从而降低市场利率水平。如果央行紧缩货币供给，就会降低借贷资金的供给，从而使得市场利率水平上升。

央行的再贴现利率同样会影响市场利率水平。因为央行的再贴现利率水平会影响银行的资金成本，银行会依据再贴现利率水平来制定贷款利率。因此，央行的再贴现利率可认为是市场的基准利率之一。如果央行实行货币政策，降低再贴现利率，就会使银行的资金成本下降，增加再贷款，从而增加借贷资金的供给，降低市场利率。反之，如果央行调高再贴现利率，就会使市场利率上升。

（四）国际利率水平和汇率水平

随着经济全球化的逐渐深入，各国金融市场的关联程度越来越高，国际资金流动也越来越多、越来越快，这就使得各国的利率水平有趋同的动力。如果一国的利率水平比较高，就表示在这个国家投资的收益会比较高，这就会吸引大量的国际资金进入，从而增加借贷资金的供给并降低该国的利率水平。反之，如果一个国家的利率水平较低，其资金就会流向国外，从而减少国内的资金供给并使得利率水平上升。

利率与汇率是相互影响的。从汇率对利率的影响来看，当一国的汇率下降、本币升值时，国内的居民就会减少外汇的持有转而持有本币，从而使得本币的供应充足，进而增加资金的供给、降低利率水平；当汇率上升、本币贬值时，就会使外汇的持有量上升、本币的持有量下降，从而降低本币的供给、提高利率水平。

（五）财政收支状况

当一国出现财政赤字时，其利率的变化主要取决于该国政府所选择的弥补财政赤字的措施。一般来说，可采取的措施有以下几种：①提高税率。企业税率的提高会使企业投资兴趣下降、投资需求下降、资金的需求下降，从而降低利率水平；相反，税率的下降会刺激投资、增加资金的需求，从而提高利率水平。②增发货币。这会使通货膨胀率上升，最终导致利率上升。③发行国债。从长期来看，这将导致更大幅度的物价上涨，也会使利率上升。

（六）心理预期

在货币市场上，人们是否进行借贷，在很大程度上取决于人们对利率走向的看法。心理预期已成为影响利率变动的一种重要力量。举例说明，如果人们预期未来的通货膨胀率会大幅上升，那么人们所要求的利率水平会相应地大幅上升。由于影响人们预期的因素很复杂，既包括经济因素又包括社会政治因素和其他一些突发事件，因此由人们的心理预期变化导致的利率波动具有复杂易变的特点。

第二节　远期利率协议与利率风险管理

远期利率协议属于场外交易工具，由于远期利率协议的期限和名义资本金相对于利率期货来讲比较自由，具有一定的优点，因而自其出现以来，交易规模稳步上升，是经济主体进行利率风险防范的重要工具之一。

远期利率协议的双方就未来某一时间发生的借贷业务的利息支付做出承诺。其中，一方以固定利率（即合同利率）进行支付，另一方以浮动利率（即参考利率）进行支付，双方没有本金的交易，协议到期时由一方向另一方进行利息的差额支付。

远期利率协议相当于两个相反方向的远期借款，交易的买方获得固定利率借款，它主要是为了避免利率上升的风险。交易的卖方获得浮动利率借款，它主要是为了防止利率下降的风险。当经济主体作为资金需求者时，主要是防止市场利率上升导致融资成本上升的风险，此时应买入利率远期协议；而作为资金的供给方来讲，主要是防止市场利率下降导致收益率下降的风险，此时应卖出利率远期协议。

一、多头利率远期保值

在经济主体预期其在未来有资金需求而且未来的市场利率会上升的情况下，就可以购买远期利率协议来锁定融资成本，从而规避利率风险。下面举例说明如何应用远期利率协议来锁定公司的融资成本。

假定甲公司是一家制造业公司，现在是 2016 年 1 月，其财务经理预计该公司四个月后将有季节性的借款需求 1 000 万美元，期限是六个月。公司预计未来的市场利率有上升的趋势，因此为了规避利率上升的风险，该公司决定购买一份远期利率协议（4×10）来锁定四个月后的借款利率。

该远期利率协议的本金是 1 000 万美元，协议利率为 5.5%，参考利率是 LIBOR。假设 5 月份 LIBOR 为 6.0%。

由于参考利率为 6%，大于协议利率 5.5%，因此甲公司将从远期利率协议的出售方获得一笔利差支付。运用前面的公式可以计算出，甲公司在 2016 年 5 月可获得的支付为

$$I=\frac{(i_r-i_c)\times A\times\dfrac{D}{B}}{1+i_r\times\dfrac{D}{B}}$$

$$=\frac{1\ 000\times\dfrac{180}{360}\times(6.0\%-5.5\%)}{1+\dfrac{180}{360}\times 6.0\%}=2.43(\text{万美元})$$

甲公司将获得的支付以LIBOR利率贷出，六个月后可获得 $2.43\times(1+\frac{180}{360}\times 6\%)=2.5$ 万美元。然后，该公司以 LIBOR＋1％的利率借入 1 000 万美元，到期时应该支付利息 $1\,000\times 7\%\times\frac{180}{360}=35$ 万美元。扣除公司从远期利率协议中获得的支付 2.5 万美元，甲公司最后支付的利率为 $\frac{35-2.5}{1\,000}\times\frac{360}{180}=6.5\%$，低于甲公司不买入远期利率协议时的融资成本 7％，因此甲公司通过买入远期利率协议确实规避了利率上升的风险，达到了锁定融资成本的目的。

应该注意的是，如果在 5 月份利率并没有上升反而下降，甲公司应该向远期利率协议的出售方支付利差，但通过计算我们可以得出结论：在其他条件不变的情况下，甲公司最后的融资成本仍为 6.5％。虽然在这种情况下公司的融资成本比不买入远期利率协议时要高一些，但在事前，没有人能肯定四个月后的 LIBOR 到底是多少。该公司通过远期利率协议锁定了融资成本，为企业的经营和核算提供了基础，而且为了规避风险必定要有一定的牺牲，所以并不能因此否定远期利率协议的避险功能。

二、空头利率远期保值

在经济主体预期其在未来有资金流入而且未来的市场利率会下降的情况下，就可以通过卖出远期利率协议来锁定收益率，以规避利率风险。下面举例说明如何应用远期利率协议来锁定公司的收益。

例如，一个机构投资者定期将闲置的美元流动资金投资于短期商业票据。此投资机构的管理部门预计一个月后将会有三个月期的闲置资金 300 万美元，但他们担心利率在一个月后会下降。因此，该机构在欧洲银行同业拆借市场卖出远期利率协议（1×4）来锁定收益。

协议利率是8％，参考利率为LIBOR。假设一个月后 LIBOR 降为 7.4％，那么该机构将从远期利率协议中获得支付，然后他们可以将资金投资于短期商业票据。

该公司从远期利率协议中获得的支付为：

$$\frac{3\,000\,000\times\frac{90}{360}\times(8.0\%-7.4\%)}{1+\frac{90}{360}\times 7.4\%}=4\,418.26(\text{美元})$$

他们将所获得的支付以 7.4％的利率再投资三个月可以获得：

$$4\,418.26\times(1+\frac{90}{360}\times 7.4\%)=4\,500(\text{美元})$$

该机构再将资金投资于短期商业票据，其利率为 LIBOR＋0.8％，从而获得利息：

$$3\,000\,000\times 8.2\%\times\frac{90}{360}=61\,500(\text{美元})$$

因此，最后的收益率为：

$$\frac{61\,500+4\,500}{3\,000\,000}\times\frac{360}{90}=8.8\%$$

高于不出售远期利率协议时的收益率 8.2%，因此该机构投资者通过使用远期利率协议达到了锁定收益的目的。

同样，当市场利率不降反升时，该机构应向远期利率协议的卖方进行支付，此机构最后的收益锁定为 8.8%。我们通过远期利率协议避免了利率下降的风险，同时也牺牲了利率上升所带来的收益。这符合我们规避风险的初衷。

第三节 利率期货与利率风险管理

利率期货在结构上与远期利率协议很相似，但它在场内进行交易。由于利率期货在期限、名义本金等方面都有一定的规定，在各方面都比较规范，因此交易起来比较方便。利率期货是一种很受欢迎的金融衍生产品，广泛应用于套期保值和投机活动中。本章主要讲述如何运用利率期货进行套期保值。有关套期保值的基本原理在本书的第十三章已有分析，这里不再赘述。下面详细说明如何运用利率期货进行套期保值。

一、多头利率期货保值

如果经济主体在未来将要进行投资，为了防止未来利率下降所带来的收益下降风险，该经济主体可以买入利率期货，即在利率期货市场上做多。这样就能锁定未来投资的收益，因为即使未来利率真的下降，那么由利率期货多头带来的利润也会对现货市场的损失进行弥补。

当经济主体持有浮动利率的资产或是固定利率的负债时，如果他们要求规避利率下降带来的风险，那么该经济主体也可以购入利率期货进行保值。

例如，某企业预计三个月后将会有 500 万美元的现金流入，并打算投资于半年期的美国国债。此投资者预计三个月后市场利率会下降，因此购入 10 份三个月后交割的国债期货合约进行保值。

即期的半年期国债的年利率是 8%，期货合约的价格是 92.5（即市场预期利率将下降到 7.5%）。实际上，三个月后六个月期国债年利率降到 7%。

由上述条件可知，三个月后期货合约按价格 93 进行交易，此时企业卖出期货合约，获得的利润为（价格变化一个基点的价值是 25 美元）：

$$10\times25\times(93-92.5)/0.01=12\ 500(\text{美元})$$

此时将 500 万美元投资于国债，收益率为 7%，获得的利息为：

$$5\ 000\ 000\times7\%\times180/360=175\ 000\ (\text{美元})$$

最后的总收益率是：

$$\frac{175\ 000+12\ 500}{5\ 000\ 000}\times\frac{360}{180}=7.5\%$$

即企业的总收益率为 7.5%。该收益率高于当时的国债利率 7%，企业有效地规避了利率下降的风险。同样，如果国债利率并没有下跌，那么期货合约会给企业带来损失，但会被现货市场上的收益所弥补，其最终的收益率仍为 7.5%。

我们看到，无论利率水平怎么变化，企业最终的收益率都被锁定在了 7.5%。因此，企业可以通过购买利率期货合约对利率下降的风险进行保值。

二、套期保值比率

我们利用利率期货进行保值的时候，应该为所要保值的证券购买合适的期货份数。在期货的标的资产与要保值的证券相同或类似的情况下，我们给出下述公式：

$$\text{所需利率期货的份数}=\frac{V_H}{V_F}\times\frac{M_H}{M_F}$$

式中，V_H 为所要保值的证券价值；V_F 为期货合约的价值；M_H 为所要保值的证券期限；M_F 为期货合约的期限。

因为期货合约的利润或损失是依期货合约的期限来计算的，如果要求它与要保值证券的收益能够互相弥补，我们就需要对期货合约的金额（也就是份数）进行调整，具体的调整关系由公式给出。

在上例中，由于要保值证券的期限是六个月，而期货的期限是三个月，所以不能简单地用 500 万/100 万=5 来计算所需要的期货合约的份数，而应该通过下式计算：

$$\frac{500}{100}\times\frac{6}{3}=10\text{（份）}$$

即应该购买 10 份对应的期货合约。

三、空头利率期货保值

如果经济主体在未来要进行融资，为了防止未来利率上升所带来的融资成本上升的风险，该经济主体可以卖出利率期货，即在利率期货市场上做空。这样就能锁定未来筹资的成本，因为即使未来利率真的上升，那么由利率期货空头带来的利润也会对现货市场的损失进行弥补。

如果经济主体持有固定利率的资产或是浮动利率的负债，并要求规避利率上升的风险，那么他们可以通过在利率期货市场上做空进行保值。

例如，某企业预计三个月后会获得三个月期限的季节性贷款 300 万美元，假定其借款利率与国债利率相当接近，那么它就可以通过出售三月期的国债期货合约进行保值。它应该购买：

$$\frac{300}{100}\times\frac{3}{3}=3\text{（份）}$$

假定现在的三月期国债年利率为 6%，国债期货合约的价格是 93，三个月后国债利率上升到 7.8%，即期货合约价格降为 92.2。此时，价格的变化为 80 个基点，由于国债期货合约一个基点的价值是 25 美元，所以此企业将从中获利，其数额为：

$$3\times25\times(93-92.2)/0.01=6\ 000\text{(美元)}$$

可以计算出，此企业的最终融资成本是 7%，因而它有效地避免了利率上升的风险。同样，在利率下降的时候，我们也要牺牲现货市场的收益来弥补期货合约的损失。

四、中长期证券投资和融资的保值

对于进行中长期债券投资的投资者来说，进行保值显得尤为重要，因为债券的期限较长，这使得债券面临更高的利率风险。由于很小程度的利率上升都会导致债券价格的大幅下降，因此债券投资必须进行套期保值。投资者可以通过卖出中期或者长期国债期货来进行保值。如果未来利率上升，那么虽然债券价格会下跌，但是期货价格的相应下跌会使国债期货为投资者带来收益。如果我们购买的期货份数适宜，两者可以互相抵消，实现保值的目的。

对于进行中长期证券融资的机构来讲，由于其期限较长的缘故，因而它们所面临的利率风险也很高。利率的微小下降都会使已发行债券的价格上升很多，造成证券发行者的损失。此外，证券的发行还可以通过购入中长期国债期货进行保值。如果未来的利率真的下降，那么由债券价格上升带来的损失可以由国债期货带来的利润弥补，从而实现保值的目的。

第四节　利率期权与利率风险管理

期权与期货的最大区别在于，期权赋予其购买者是否进行交易的权利，而期货的持有人无论是盈利还是亏损都要进行交易，这是一种义务。因此，期权购买者的最大可能损失是期权价格，其收益的可能是无限的，而期货的收益和损失的可能都是无限的。

对于面临利率风险的经济主体来说，他们可以使用利率期货或者利率期权进行保值。由于利率期权避免了无限损失的可能性，能将最大的可能损失锁定，符合一些经济主体的愿望，所以利率期权在实际中很受欢迎。

与利率期货相同，如何利用利率期权进行保值（即购买哪种利率期权进行保值）取决于市场利率的走向。如果经济主体预期利率将下降，他可以买入利率看涨期权；如果经济主体预期利率将上升，他可以买入利率看跌期权。

一、利用场内交易期权进行保值

如果经济主体将在未来的一段时间内进行筹资，他可以通过买入利率期货看跌期权进行保值；如果经济主体在未来的一段时间内将有现金流入，他可以通过买入利率期货看涨期权进行保值。

例如，一家贸易公司预计在6月份会有200万美元的资金需求，期限是三个月，利率钉住LIBOR。该公司期望规避6月份利率上升引起的融资成本上升的风险，但又不想损失由利率下降带来的收益，那么该公司可以购入两份三月期欧洲美元期货看跌期权。

假设欧洲美元存款用LIBOR进行定价。现行LIBOR是8%，期权的执行价格是91.00，单个期权的期权费为1 000美元。那么在期权到期时，我们可以计算出该期权保值策略的损益（如表14-1所示）。

表 14-1　　　　期权保值策略的损益

到期时的市场利率(%)	到期时的期货价格	期权费(美元)	是否执行期权	执行期权的净收益(美元)	筹资的总成本(美元)	实际筹资利率(%)
10.5	89.50	1 000	是	5 500	47 000	9.4
10.0	90.00	1 000	是	3 000	47 000	9.4
9.5	90.50	1 000	是	500	47 000	9.4
9.0	91.00	1 000	否	−2 000	47 000	9.4
8.5	91.50	1 000	否	−2 000	44 500	8.9
8.0	92.00	1 000	否	−2 000	42 000	8.4
7.5	92.50	1 000	否	−2 000	39 500	7.9

如果期权到期时的期货价格低于 91.00，那么公司可以执行期权并获得收益。例如，当期权价格降到 90.00 时，即价格变化 100 个基点时，由于欧洲美元期货合约一个基点的价值是 25 美元，所以公司可以获利 2×100×25－2 000＝3 000美元。

我们从表 14-1 可以看到，借款人利用期权合同进行保值，使其未来的借款利率最高不超过 9.4%，同时还可以在利率下降时获得收益。这一点与利用利率期货合约进行利率保值不同。

如果经济主体在未来一段时间内有现金流入的话，他们就可以利用买入利率期货看涨期权进行保值。这样可以保证未来收益的最小值，同时不放弃利率上升所带来的额外收益。

购买利率期货期权的数量与套期保值比率的计算方法相同。因为利率期货期权的标的资产一般都是一份利率期货，因此进行套期保值所需利率期货的数量与所需的利率期货期权的数量相同。

二、利用场外交易的期权进行保值

场外交易的利率期权主要有利率上限、利率下限和利率双限。一般来说，这些期权协议由金融机构提供，而且金融机构还作为期权协议的另一方与利率套期保值者进行交易。场外交易的利率期权的名义本金和期限都比较自由。在期限较长且付息次数不止一次的情况下，利率上限等期权可以看作一系列期限不同的利率期权组合。

对于要进行筹资且希望将融资成本降到一定利率水平之下的经济主体，或者是已发行浮动利率债务但又担心利率会上升的企业，利用利率上限进行保值是一个不错的选择。

例如，乙企业一年前从某商业银行获得两年期的美元浮动利率贷款，贷款金额是 500 万美元，贷款利率是 LIBOR＋2%，每个季度按 LIBOR 结算一次。企业的管理部门担心 LIBOR 在未来一年内可能会上升，从而使得企业的财务负担加重，因此他们希望进行保值。

该企业可再从这家商业银行购进一个 500 万美元的利率上限，以保证未来一年内的 LIBOR 水平不会高于 8.5%。该企业一年内的实际支付情况如表 14-2 所示。

表 14-2 实际支付情况

期限	利率上限（%，年率）	期权费（0.01%）	实际支付的期权费（美元）	LIBOR（%）	银行补偿（美元）	净收益（美元）
3 个月后	8.5	3.4	1 700	8.0	0	−1 700
6 个月后	8.5	5.6	2 800	8.7	2 500	−300
9 个月后	8.5	9.1	4 550	9.5	12 500	7 950
12 个月后	8.5	13.5	6 750	9.9	17 500	10 750

当 LIBOR 小于 8.5%时，银行不会进行补偿。当 LIBOR 大于 8.5%时，银行进行补偿。比如说 9 个月后，LIBOR 为 9.5%，那么乙企业可以获得的净收益为：

$$5\,000\,000\times(9.5\%-8.5\%)\times\frac{90}{360}-5\,000\,000\times0.091\%=7\,950(\text{美元})$$

乙企业购买利率上限后的总收益为：

$$10\,750+7\,950-300-1\,700=16\,700(\text{美元})$$

LIBOR 一年以来的平均利率水平是（8%+8.7%+9.5%+9.9%）/4=9.03%。如果乙企业不购买利率上限的话，这一年来其筹资成本为 11.03%（=9.03%+2%）；但是，购买利率上限之后，乙企业的筹资成本不会高于 10.5%，而且在 LIBOR 低于 8.5%的时候不用对银行进行支付。考虑到期权费用，我们可以计算出乙企业一年以来的筹资成本是：

$$\frac{(8\%+8.7\%+9.5\%+9.9\%)\times500/4-1.67}{500}+2\%=10.69\%$$

显然低于 11.03%。因此，乙企业利用利率上限有效地规避了利率上升的风险。

对于存在定期流动资金或者持有浮动利率投资的经济主体来说，他们所面临的风险主要是利率下降的风险。如果经济主体还期望保持利率上升时的收益，那么利率下限协议将是他们很好的保值选择。利率下限的具体操作与利率上限类似，所以我们不再举例说明。

买入利率双限协议相当于买入一份利率上限协议，同时卖出一份利率下限协议。这样可以降低购买利率上限的成本，而且在实际交易中一般使利率上限和下限的价格相同，从而使利率双限的价格为零。利率双限可以有效防范利率上升的风险，但由于利率下限的存在，从而利率双限的购买者只能有限度地利用利率下跌的好处。

第五节 利率互换与利率风险管理

利率互换是管理资产（负债）、规避利率风险的重要衍生产品之一，其主要的特点就是能够使固定利率资产（负债）和浮动利率资产（负债）互相转换，这使得利率互换可以有效地对利率风险进行管理。另外，互换双方相互匿名、交易比较灵活等特点使得互换交易很有诱惑力。

利用利率互换最传统的目的是为了依照交易双方对市场利率的预期来创造有利于经济主体的固定利率资产（负债）或浮动利率资产（负债）。

一、利率互换与负债管理

对于持有浮动利率负债的企业A来说，由于它预期未来的市场利率会上升，因此需要在现在将负债的利率固定下来。也就是说，要将浮动利率负债转换为固定利率负债。该企业可以通过利率互换达到这个目的，如图14-1所示。

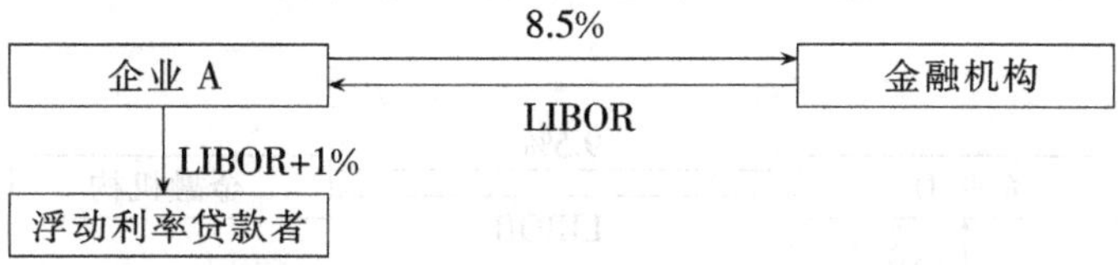

图14-1 企业A的利率互换管理

图14-1显示，企业A以LIBOR＋1%从浮动利率贷款者处进行借款。由于担心LIBOR会上升，因此该企业与某金融机构签订了利率互换协议。其中，企业A以固定利率8.5%向金融机构进行支付，而金融机构以LIBOR向企业A进行支付。通过互换，企业A将融资成本固定在9.5%（互换的名义本金与浮动利率贷款额相同）。如果LIBOR真的上升了，比如说9%，那么企业A不进行互换的成本是10%，高于9.5%。显然，此时利率互换降低了企业A的利率风险。

考虑持有固定利率负债的企业B，其财务经理预期未来的市场利率会下降，因此需要将固定利率负债转换为浮动利率负债。该企业同样可以通过利率互换达到这个目的，如图14-2所示。

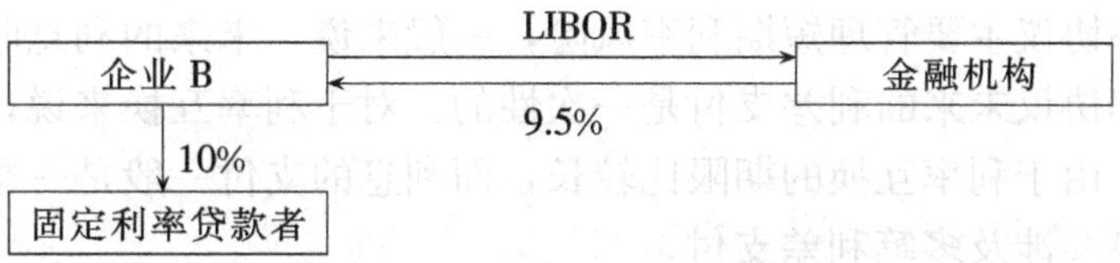

图14-2 企业B的利率互换管理

具体的条件如图14-2所示，通过利率互换，企业B的融资成本转换为LIBOR＋0.5%，从而将固定利率负债转换成了浮动利率负债。

二、利率互换与资产管理

对于持有与利率相关的资产的企业来说，它们也可以通过利率互换将浮动利率资产和固定利率资产进行转化，如图14-3和图14-4所示。

图14-3表示企业C持有浮动利率资产，由于它预期市场利率将下降，所以通过利率互换将其转化为固定利率资产，其收益率为11%。图14-4表示企业D持有固定利率资产，由于它预期市场利率将上升，所以通过利率互换将其转化为浮动利率资产，其收益率

为 LIBOR＋0.5％。

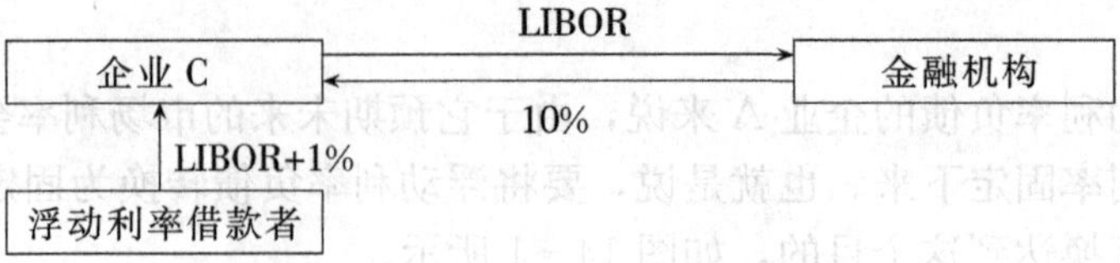

图 14－3　企业 C 的利率互换管理

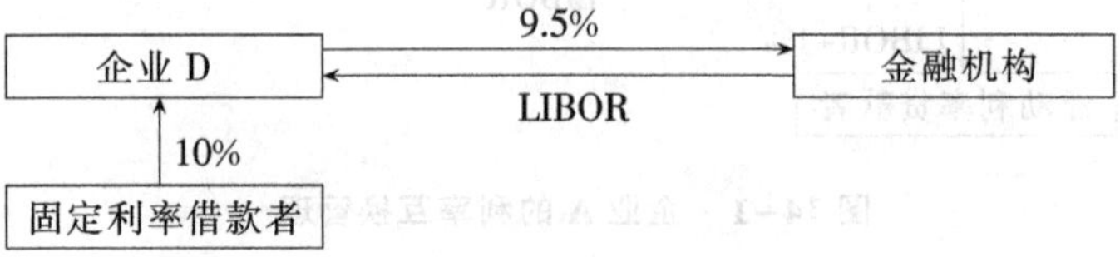

图 14－4　企业 D 的利率互换管理

三、利率互换与远期利率协议的比较

我们知道，远期利率协议可以看作方向相反的两笔贷款，即方向相反的固定利率贷款和浮动利率贷款的组合。事实上，从上面的分析中我们可以看到，利率互换也可以看作方向相反的固定利率贷款和浮动利率贷款的组合。既然两者的结构比较类似，那么在实际交易中，为什么这两种交易工具能够同时存在而且都很受欢迎呢？下面比较两者之间的区别：

（1）远期利率协议主要管理短期利率风险，一般来说，未来的利息收入是单笔的。也就是说，远期利率协议未来的利差支付是一次性的。对于利率互换来说，其期限一般会比远期利率协议长。由于利率互换的期限比较长，而利息的支付一般是一季或是半年支付一次，因此利率互换会涉及多笔利差支付。

（2）由于远期利率协议涉及单笔的利差支付，所以它对于管理未来的利率风险比较有灵活性。这是因为，它可以对未来可能的现金流逐一进行管理。而利率互换的灵活性就不如远期利率协议。

（3）远期利率协议可用于对未来不规则现金流的风险进行管理，因为它可以对未来可能的现金流逐一进行管理。利率互换主要用于规则现金流的风险管理，如中长期债务或是债券等资产。

（4）远期利率协议的参照利率一般就是市场的基准利率，如 LIBOR，即与远期利率协议等价的固定与浮动利率贷款组合中的浮动利率贷款是以 LIBOR 定价的。而与利率互换等价的固定与浮动利率贷款组合中的浮动利率贷款可以在市场基准利率的基础上浮动，如 LIBOR＋1％等，即远期利率协议的利差支付是由协议利率与市场基准利率的差额得出，而利率互换的利差支付则由双方进行交换的现金流的不同利率差额得出。

【本章小结】

当经济主体有或者将要有与利率相关联的资产或者负债，而且市场利率在一定时间内会发生波动时，经济主体就面临着利率风险。利率风险的影响因素有很多，它们主要通过影响资金的供给和需求来影响市场利率。

由于大部分经济主体都满足上述两个条件，均面临着或高或低的利率风险，因此利率风险管理几乎是所有经济主体必须进行的业务。使用利率衍生产品是利率风险管理的主要方法之一。

进行利率风险管理必须先分析经济主体面临着什么样的利率风险，然后才能选择适当的利率衍生产品来规避利率风险。当经济主体持有固定利率的资产、浮动利率的负债或是将要进行筹资时，要规避利率上升的风险；而当经济主体持有浮动利率的资产、固定利率的负债或者将要进行投资时，要规避利率下降的风险。

通过远期利率协议、利率期货、利率期权以及利率互换，经济主体可以有效地进行利率风险管理，从而降低其面临的总体风险。

【本章要点】

- 利率风险的定义；影响利率风险的因素
- 使用远期利率协议进行利率风险管理的原理；多头利率远期保值和空头利率远期保值
- 多头利率期货保值；套期保值比率；空头利率期货保值；中长期证券投融资的保值
- 如何利用场内交易和场外交易的利率期权进行利率风险管理
- 利率互换在负债和资产管理中的运用以及利率互换与远期利率协议的比较

【本章关键术语】

利率风险　　多头利率远期保值　　空头利率远期保值　　套期保值比率

【本章思考题】

1. 利率风险存在的条件是什么？
2. 利率风险的影响因素是什么？
3. 什么情况下应该购入远期利率进行保值？什么情况下应该卖出远期利率进行保值？
4. 如何计算套期保值比率？
5. 分析利率互换与远期利率协议的异同。

【本章练习题】

1. 已知某家公司计划在三个月后筹集六个月的短期资金 400 万美元，为了避免利率上升带来的损失，该公司作为协议的买方签订了远期利率协议。假定协议利率为 6%，参照利率是六个月期的 LIBOR，金额是 100 万美元，协议天数是 182 天。如果结算日的 LIBOR分别是 5.8%和 6.2%，那么该公司会受什么影响？该公司是否达到了防范利率风险的目的？

2. 我国某国有企业美国分公司预计在 9 月份有 500 万美元的短期资金流入，期限是三个月。现在是 7 月份，由于担心利率在未来一个多月会有波动，该公司决定利用欧洲美元利率期货或者利率期货期权进行保值，以防范利率风险。假设现行的三个月期欧洲美元利率是 8%。

(1) 假设该公司购入利率期货进行保值，即购入 5 份欧洲美元利率期货，期货价格是 92.5。当 9 月份欧洲美元利率期货价格上升到 93 时，该公司卖出期货并获得支付的金额是多少？如果下降到 92 呢？

(2) 假设该公司购入利率期货期权进行保值，即购入 5 份欧洲美元利率期货期权，期权执行价格是 92.5。当 9 月份欧洲美元利率期货价格上升到 93 时，该公司应该怎么做？最后获得的支付是多少？如果下降到 92 呢？

(3) 利率期货和利率期货期权的最大区别在哪里？

3. 假设某段时间内，美元的利率先走弱再走强再走弱，那么银行如何利用利率互换进行动态操作，以防范利率风险？（提示：按固定和浮动利率负债、固定和浮动利率资产进行分析。）

第十五章
股票价格风险管理

第一节 股票价格风险概述

一、什么是股票价格风险

股票市场风云变幻，股票价格的波动牵动着无数投资者的心。股票投资都是有风险的，股票价格风险是指由于某些因素的影响而使股票价格出现不利于投资者的波动，从而导致投资者在投资期内不能获得预期收益甚至遭受损失的一种可能性。股票价格风险可简单地用预期收益率与实际收益率之间的离差（deviation）来表示。例如，预期股票投资收益率为30%，而实际收益率为18%，这12%的离差就反映了风险情况。

二、系统性风险与非系统性风险

风险有各种各样的来源，不同来源的风险差别很大。股票价格风险既可以来自企业本身，也可以来自投资环境和一定时期内社会的经济状况。从风险的性质来看，一般分为系统性风险和非系统性风险。系统性风险又称“市场风险”或“不可分散风险”，对市场上所有股票都会产生影响的不确定性因素就是系统性风险，只对个别股票产生影响的不确定性因素就是非系统性风险，又称“特有风险”或“可分散风险”。严格界定系统性风险和非系统性风险比较困难，两者的区别不仅限于影响面和影响程度。有时，很小的一件事情也可能会波及整个经济体系，因此小事情的影响面有时也很大，正如在作战中可能会因为一匹马失蹄而输掉一场战争。但是，当风险发生时，我们需要识别出系统性风险和非系统性风险。

（一）系统性风险

系统性风险有如下特征：这种风险是由共同因素引起的，如经济方面的利率、通货膨胀率、消费者需求、政权更迭和战争冲突等；它对市场上的所有股票都有影响，但会有不同的影响程度，而且无法通过投资分散化来加以消除。具体说来，系统性风险有以下几个方面的情况：

（1）宏观经济风险（GNP风险）。宏观经济风险影响股市上所有股票价格的变动，这通过股票价格指数的变动可以反映出来。例如，1997年的东南亚金融风波引发了整个亚洲经济不景气，促使各公司利润下降，引起股票价格进一步下跌。宏观经济风险是指一系列影响较大的经济因素、政治因素或心理因素。其中，经济因素包括经济周期的变动等。例如，在经济繁荣阶段，公司大多增加投入，扩大生产规模，加快设备更新速度，同时市场需求增加，就业队伍扩大，公司的产量和销售大幅上升，利润增多，用于分配的股利增加，投资者竞相购股，从而推动股价上升。而在经济衰退阶段，上述情况则会相反。政治因素包括国际形势变化、战争和国家政权的转移以及国家领导人的更替。

（2）利率风险。利率风险是指由于银行存贷款利率变动对股票投资者造成损失的可能性。市场利率是影响股票价格的最主要因素之一。一般来说，利率与股价呈下述关系：当银行利率提高时，公司经营成本增加，利润减少，可分配股息减少，甚至不分配股息，因此股价下跌；当银行利率下降时，情况与之相反。对投资者而言，当银行利率上升时，投资者会把资金撤出证券市场而存入银行，结果导致股价下挫；当银行利率下降时，资金又将流出银行而涌入证券市场，导致股票需求增加，从而促使股价上升。利率对股价的影响一直较为明显，股价对利率的反应也较为迅速，因而要把握股价走势，首先要了解利率的变化趋势。例如，我国从1996年开始，央行连续8次降息都在不同程度上影响到股市。

（3）通货膨胀风险。通货膨胀主要是由于过多地增加货币供应量或商品供不应求所造成的。从收益角度而言，通货膨胀率越高，投资者实际取得的股息就越低；反之亦然。例如，某投资者投资1 000元购买某种股票，若其股息收益率为10%，则一年后将取得股息100元，即名义股息收益率为10%。若该年通货膨胀率为5%，则该股票的实际收益为$1\ 000\times(1+10\%)\div(1+5\%)-1\ 000=47.62$元，比原来预计的100元少了52.38元。显然，当该年度通货膨胀率为10%时，此投资者的实际股息收益率便为零；当通货膨胀率超过10%时，则该投资者非但未取得实际股息收益，反而蚀本了。

从企业经营角度而言，通货膨胀有两方面的影响：①通货膨胀发生后，政府必将采取相应的物价管制措施，结果导致企业的外部经营条件受抑制，从而使得企业财务前景黯淡、股价下跌。②产生通货膨胀和企业成本恶化的恶性连锁反应，来自企业内部的因素加剧股市下跌。从货币角度分析，通货膨胀的不同阶段对股价有不同影响。在通货膨胀初期，由于货币幻觉的存在，名义货币量增多，对股票的需求增大，股价会上升。随着通货膨胀的进一步发展，央行开始实行从紧的货币政策，这就使得货币供应量减少、筹资成本加大、进入股市的资金来源减少，从而减少了投资者对股票的需求，因而股价下跌。通货膨胀率越高，股价的波动幅度就越大。

（二）股票的非系统性风险

非系统性风险有如下特征：①它是由特殊因素引起的，如某企业的管理能力引发的风险；②它只影响某种股票的收益，是某企业或行业所特有的；③它可通过分散投资加以回避。在实际操作中，主要应考虑两个方面的风险：

(1) 企业风险。企业风险是指因一家公司收益能力的变动而造成投资者的收益或资本损失的可能性。企业风险又可分为外部企业风险和内部企业风险两大类。外部企业风险是由企业经营的经济环境、条件所引起的。每一企业都具有一系列的外部风险，并依赖于企业经营所处的特定环境。外部因素是多种多样的，其中最主要的因素是经济周期变动与产业政策调整。内部经营风险与企业在外部环境下的经营效率密切联系。每一企业都有一系列的内部风险，但在短期内确定内部经营风险往往很困难，因为它依赖于企业的管理能力。只有在一定时期内，将企业总资产的情况与同行业进行对比，才能比较准确地分析该企业的管理效率。相反，外部经营风险较易确定，因为投资者能考察企业或行业经营所处的经济环境。

(2) 财务风险。财务风险是指与公司融资方式相关的风险。一家公司的财务风险通常可以通过对其资本结构进行分析而确定。不论公司收益如何变化，公司将固定支付利息、本金或租金，相比于无利息支付情况下的收益，这些固定费用将使留给普通股股东的收益出现较大的变化。如果管理者决定不负债，那么企业可以完全避免财务风险。企业应对其财务负债的能力是投资者考察其财务风险的中心问题。对一家公司来说，其发行的不同证券所包含的财务风险程度是不一样的。例如，当债权人得到全部债券面额赔偿时，这家破产公司的股东或许分文不获，其结果是债权人比股东承担的财务风险要小。

股票风险分为系统性风险和非系统性风险，因风险与收益存在正相关关系，所以用风险因素表示股票收益的公式为：

$$R=\bar{R}+U=\bar{R}+m+\varepsilon$$

式中，m 为收益的系统性风险，它影响着市场上所有股票的价格；ε 为收益的非系统性风险，它属于某公司特有。

由非系统性风险的特点可知，一家公司的特有风险与大多数公司的特有风险无关。例如，A 公司的 ε_A 和 B 公司的 ε_B 无关，A 公司内部管理出现问题或研发失败，导致其股票价格出现下跌风险，这不会影响到 B 公司股票价格的表现；同时，影响 B 公司的特有风险也不会影响 A 公司的股票价格表现。用数学公式表示这一关系即为：

$$\mathrm{cov}(\varepsilon_A, \varepsilon_B)=0$$

由系统性风险的特点可知，由于 A 公司和 B 公司都受到共同的市场风险的影响，所以每个公司的系统性风险与它们的总收益具有相关性。例如，出人意料的通货膨胀的出现在某种程度上会影响到几乎所有的公司。β 系数是衡量系统性风险对股票收益影响程度的指标。根据系统性风险的分类，β 系数还可以分为"通货膨胀 β 系数"、"GMP β 系数"和"利率 β 系数"，这些都是影响股票收益的因素。系统性风险对各种股票的影响不一，其影响程度通常用 β 系数来反映，它表示相对于整个市场的收益水平来说，某种股票收益的变化情况。已知整个股票市场收益的β值等于1，如果某种股票的收益和整个股票市场收益的波动幅度完全一致，则该股票的β值等于1。如果某种股票的β值大于1，则表示其收益的波动幅度要比整个股票市场收益的波动幅度大，因而风险也大。如果某种股票的β值小于1，则表示其收益的波动幅度要比整个股票市场收益的波动幅度小，因而风险也小。

第二节　股票指数期货与股票价格风险管理

一、股票指数期货套期保值

利用股指期货进行套期保值的原理是基于股指期货价格和股票价格具有趋同和一致的特点，因此在股票现货市场和股指期货市场上做相反的操作可以抵消股价变动的风险，而且股指期货套期保值的最大特点是可以防范股市的系统性风险。例如，某投资者在香港股市持有总市值为200万港元的10种上市股票。该投资者预计东南亚金融危机可能会引发香港股市的整体下跌，他为规避风险，采用套期保值，在13 000点的价位上卖出3份3个月到期的恒生指数期货。随后的两个月，股市果然大幅下跌，该投资者持有股票的市值由200万港元贬值为155万港元，股票现货市场损失45万港元。此时，恒生指数期货也下跌至10 000点，于是该投资者在期货市场上以平仓方式买进原有3份合约，实现期货市场的平仓盈利45万港元，期货市场的盈利恰好抵消了现货市场的亏损，较好地实现了套期保值。套期保值分为空头套期保值和多头套期保值，两者的定义在汇率风险管理中已经提到。空头套期保值和多头套期保值分别应用于投资者拥有股票多头和股票空头时规避股票价格波动所产生的风险。

（一）持有股票的套期保值

如果人们在其资产组合中持有一组股票资产，即其在股票现货市场上处于多头地位，便面临着股票价格下降可能带来损失的风险。他可通过做空头股指期货交易进行风险管理。

【例15-1】 已知某机构拥有市值达100万港元的一组股票，当时股票市场价格波动剧烈，而该机构不知道股市行情的变动方向，于是决定做空头股指期货交易进行套期保值。假定在半个月后进行差额结算时，恒生指数由3 800点下跌到3 700点（每点代表50港元），同时它所拥有的一组股票市价为97.5万港元。若不考虑交易成本，该机构在套期保值后拥有多少资产？

解：

$$1\,000\,000 \div (50 \times 3\,800) = 5.26(\text{份})$$

在套期保值业务中，经济主体应力图使期货空头与现货多头比较接近。在此例中，该机构需要卖出5份恒生股指期货合约。

$$50 \times (3\,800 - 3\,700) \times 5 = 25\,000(\text{港元})$$

由于恒生指数下降，该机构在股指期货交易中盈利2.5万港元。该盈利正好与其股票资产价值损失2.5万港元（=100-97.5）相等，所以此机构拥有的资产仍是100万港元。

（二）购买股票的套期保值

一些机构投资者获得资金的时间不一定是购买股票的最有利时机，这使其面临投资成本增加的风险，它们可以通过做多头股指期货交易来避免这种潜在损失。

【例 15-2】 已知某基金经理计划用半个月后收到的 15 万美元购买 A 公司股票5 000 股。当时该股票市价为每股 30 美元，但是如果在半个月内该股票价格上升，他便不能实现计划，因此他决定进行多头股指期货套期保值。假定在半个月后进行差额结算时，价值线指数由 150 上升到 165（每单位价值线代表 500 美元），且 A 公司的股票价格为每股 33 美元，那么该经理能够买到多少 A 公司的股票？

解：

150 000÷(500×150)=2(份)

在套期保值业务中，该经理需要买入 2 份价值线指数期货合约。

500×(165−150)×2=15 000(美元)

由于股票指数上升，他在差额结算中获得 1.5 万美元的盈利（未考虑交易成本）。

(150 000+15 000)÷33=5 000(股)

套期保值使该经理在股价上涨的情况下仍能买到 5 000 股 A 公司的股票。

（三）发行股票的套期保值

股份公司在制定发行股票的筹资计划时，或者股票承销商在包销股票时，面临着股市总体下跌的风险，他们可以通过空头股指期货来套期保值、锁定利润，以促进股票一级市场的发行。

上市公司股东、证券自营商、投资基金、其他投资者持有股票时，也可以通过空头股指期货合约套期保值，以对冲股市整体下跌的系统性价格风险，并在继续享有股东权益的同时维持股票资产的原有价值；减轻集中抛售对股票市场造成的恐慌性影响，促进股票二级市场的规范和发展。

【例 15-3】 英国 B 公司准备按每股 25 英镑的价格发行 4 万股，以筹措 100 万英镑资金。为了避免股市波动影响其发行价格所带来的筹资损失，它进行了空头《金融时报》股指期货交易。假设在 1 个月后它按 24.25 英镑的价格发行了 4 万股，同时在差额结算中期货指数价格由 160.00 下降到 154.00。若不考虑交易成本，它可筹措到多少资金？

解：

1 000 000÷(160×250)=25(份)

在套期保值业务中，该公司需要卖出 25 份《金融时报》股指期货合约。

250×(160.00−154.00)×25=37 500(英镑)

在股指期货交易中，该公司盈利 37 500 英镑。

37 500+24.25×40 000=1 007 500(英镑)

经过套期保值，该公司发行 4 万股股票实际上得到 100.75 万英镑资金。

在上例中，期货价格的变动趋势都对套期保值者有利，虽然实际情况可能完全相反，但并不会影响股指期货交易的套期保值功能。另外，在这些例子中均未考虑交易成本，如佣金和保证金的利息损失等，它们显然是人们在实际操作中必须考虑的因素。此外，前两个例子中的完全套期保值在现实生活中并不多见。在一般情况下，套期保值并不能完全消除风险收益和风险损失。

二、套期保值比率

套期保值比率说明了在运用期货进行套期保值时能够把风险降至最低程度的期货和现货头寸的最佳比例，我们运用最小组合风险法就可以得到最佳套期保值比率。

假设：

（1）期货市场不存在非理性交易者，某交易者欲进行空头套期保值。

（2）X_s 表示交易者在最初拥有的现货数量，X_f 表示交易者欲确定的期货合约数量，S_t 表示在 t 时刻的现货价格，F_t 表示 t 时刻的期货价格。

（3）S_t、S_0、F_t、F_0 分别满足 OLS 条件（即相同均值、相同方差、无序列相关），因而在 t 时刻，交易者的套期保值组合的总价值变化为：

$$C(X_f)=X_s(S_t-S_0)+X_f(F_t-F_0) \tag{15-1}$$

最小风险套期保值量就是使 $C(X_f)$ 的方差最小的 X_f。根据随机变量方差运算规则：

$$\begin{aligned}\mathrm{var}(C(X_f))=&\mathrm{var}(X_s(S_t-S_0))+\mathrm{var}(X_f(F_t-F_0))\\&+2\mathrm{cov}(X_s(S_t-S_0),\ X_f(F_t-F_0))\end{aligned} \tag{15-2}$$

（15-2）式可进一步化简为：

$$\mathrm{var}(C(X_f))=X_s^2\mathrm{var}(S_t)+X_f^2\mathrm{var}(F_t)+2X_sX_f\mathrm{cov}(S_t,\ F_t) \tag{15-3}$$

由函数极值的一阶条件：

$$\frac{\mathrm{dvar}(C)}{\mathrm{d}X_f}=2X_f\mathrm{var}(F_t)+2X_s\mathrm{cov}(S_t,\ F_t)=0$$

则

$$X_f^*=-X_s\frac{\mathrm{cov}(S_t,\ F_t)}{\mathrm{var}(F_t)} \tag{15-4}$$

又由于

$$\left.\frac{\mathrm{d}^2(\mathrm{var}(C))}{\mathrm{d}X_f^2}\right|_{X_f^*}=2\mathrm{var}(F_t)>0$$

所以求得的 X_f^* 即为最小风险套期保值合约量，负号表示卖出期货合约。

我们将

$$h=\frac{\mathrm{cov}(S_t,\ F_t)}{\mathrm{var}(F_t)}=\frac{\sigma_{sf}}{\sigma_f^2}$$

定义为套期保值系数，其中 σ_{sf}、σ_f^2 分别是期货价格与现货价格的协方差和期货价格的方差。

套期保值系数 h 在期货交易的理论和实践中起着十分重要的作用。交易者可以根据某现货（可以是商品、股票、债券等）的历史数据，找出现货与期货价格变动的规律，再通过计算套期保值系数确定套期合约量，从而使套期交易的风险达到最小。最优套期保值前后的风险变化可以用套期保值效率来衡量。

我们定义：

$$\text{套期保值效率}=\frac{\text{最小套期保值风险}}{\text{未进行套期保值的风险}}=\frac{\mathrm{var}(C(X_f^*))}{\mathrm{var}(C(X_s))}$$

由（15－1）式、（15－2）式、（15－3）式可得：

$$套期保值效率=1-h\times\frac{\mathrm{cov}(S_t, F_t)}{\mathrm{var}(S_t)}=1-\rho^2$$

其中，ρ 为期货价格和现货价格的相关系数。上式的含义是，通过最佳套期保值量 X_f^* 的确定，与未进行套期保值的风险相比较，最佳套期保值风险比未进行套期保值的风险减少了 ρ^2。

在利用股指期货对一个股票组合进行保值的时候，需要区分与股指期货对应的现货资产价值和股票组合价格之间的差别。我们可以用 CAPM 理论中的 β 系数来表示套期保值比率。对于基金管理人员和其他投资者来说，他们知道自己组合的 β 值，并希望用股指期货进行控制。

三、交叉套期保值

若需要保值的现货资产没有对应的期货合约，保值者可以使用一个与现货资产价格相关性最高的期货合约，这就是交叉套期保值。交叉套期保值会引入交叉套期保值风险，也就是选择的期货和现货价格走势并不完全一致。由于股票组合的组成通常不会和股指期货的标的指数完全一致，它们之间可能有较大差距，因此对股票组合进行保值一般都涉及交叉套期保值。在这种情况下，交叉套期保值风险是股票组合的非系统性风险。

【例 15－4】 某投资者拥有一只市价为1 000万美元的股票，他希望从现在到9月5日用 FTSE 100 指数期货进行套期保值，目前 FTSE 100 指数为2 600。经估计，9月5日的股票价值与9月份期货合约的相关系数为0.75，该日股票价格的方差为144 000 000，期货价格的方差为10 000。由此求得风险最小化套期保值系数为 $h=\frac{\sigma_{sf}}{\sigma_f^2}=\rho_{sf}\times\frac{\sigma_s}{\sigma_f}=90$，因此一单位的股票应当抛空90份期货合约，名义价值为90×2 600×25＝5 850 000美元。

交叉套期保值不仅涉及合约的选择，还涉及到期月的选择。投资者可以选择保值结束期后第一个到期的期货合约，也可以利用近期合约，随后不断滚动，也就是近期合约交割时平仓并开下一个交割期的新仓，直到保值结束。

四、滚动套期保值

影响套期保值效果的一个因素就是，有时候需要避险的期限和避险工具的期限不一致。通常期货合约的有效期不超过一年，但如果需要保值的期限是一年以上的话，就必须使用滚动套期保值策略。滚动套期保值策略是指建立一个期货头寸，并在这个期货合约到期前将其平仓，然后再建立另一个到期日较晚的期货头寸，直至套期保值期限届满。如果我们通过几次平仓才能实现最终的套期保值目的，那么我们将面临几个基差风险。

【例 15－5】 2012年10月，日本某公司借入期限为2年、到期本息和为1 000万英镑的债务，为了避免英镑升值的风险，该公司运用了英镑期货合约的滚动保值策略。IMM 每份英镑期货合约的价值为62 500英镑，该公司买进了160份2013年8月到期的英镑期货合约。当前英镑的期货价格为 1 英镑＝1.650 0美元。2013 年 7 月，该公司卖出 160 份 2003 年 8 月到期的英镑期货合约，同时买进 160 份 2014 年 5 月到期的英镑期货合约。此时平仓价和买进价分别为 1.655 0 美元和 1.657 0 美元。到 2014 年 5 月，该公司平仓 5 月份的期货合约，同时买进 160 份 2014 年 11 月份到期的英镑期货合约。此时平仓价和买进价分别为 1.660 0 美元和 1.663 0 美元。到 2014 年 10 月，该公司卖掉 160 份 11 月份到期的英镑期货合约，同时在现货市场上买入 1 000 万英镑用于还本付息。此时平仓价和现货价分别为 1.665 0 美元和 1.665 5 美元。综合以上操作，该公司买进英镑的有效价格为：

$$1.6655+(1.6500-1.6550)+(1.6570-1.6600)+(1.6630-1.6650)$$
$$=1.6555(\text{美元})$$

五、综合套期保值

一篮子现货股票组合有时可以用几种不同的期货合约同时进行保值，如美国股票可以同时用 S&P 500 指数、NYSE 综合指数、IMM 和价值线算术指数期货来进行保值，这就是综合套期保值（composite hedge）。综合套期保值的优点在于保值后的头寸风险更小。假设一个股票组合用两种不同的股票指数期货（分别设为 p、q）进行保值，则两个风险最小化的套期保值比率为（具体推导见参考文献［49］）：

$$h_1=-\frac{\sigma_{sp}\sigma_q^2-\sigma_{sq}\sigma_{pq}}{\sigma_p^2\sigma_q^2-\sigma_{pq}^2}$$

$$h_2=-\frac{\sigma_{sq}\sigma_p^2-\sigma_{sp}\sigma_{pq}}{\sigma_p^2\sigma_q^2-\sigma_{pq}^2}$$

如果这两个期货价格的协方差为零，则两个公式就回到传统的单一期货风险最小化的套期保值比率。

【例 15-6】 某基金管理人同时运用 S&P 500 指数期货和 NYSE 综合指数期货对价值 1 亿美元的一篮子美国股票现货组合进行套期保值。经他估计，得到以下统计信息：在到期日，S&P 500 指数与现货组合的相关系数为 0.7，NYSE 综合指数与现货的相关系数为 0.7，S&P 500 指数与 NYSE 综合指数的相关系数为 0.9。与 S&P 500 指数期货等价的现货股票值为 20 万美元，因此需要进行保值的单位为 1 亿/20 万＝500 单位，与 NYSE 综合指数等价的现货股票值为 12 万美元。S&P 500 指数期货的标准差为 6 000 美元，NYSE 综合指数期货的标准差为 3 000 美元，现货股票组合的标准差为 8 000 美元。S&P 500 指数期货与现货组合的协方差为 3 360 万美元，NYSE 综合指数与现货组合的协方差为 1 680 万美元，两个指数期货之间的协方差为 1 620 万美元。同时运用两种指数期货的套期保值比率为：

$$h_1=\frac{33.6\times9-16.8\times16.2}{36\times9-16.2^2}=0.4912$$

也就是进行 0.491 2×500＝245.6 份 S&P 500 指数期货的空头。

$$h_2=\frac{16.8\times36-33.6\times16.2}{36\times9-16.2^2}=0.9825$$

也就是进行 0.982 5×500＝491.25 份 NYSE 综合指数期货的空头。运用两种指数进行保值所得到的保值头寸的方差为：

$$X_s^2(\sigma_s^2+h_1^2\sigma_p^2+h_2^2\sigma_q^2-2h_1\sigma_{sp}-2h_2\sigma_{sq}+2h_1h_2\sigma_{pq})$$

经计算，得到综合保值方差为 278.3 万美元。如果分别运用两种指数进行保值，那么运用单一保值的最佳套期保值比率计算公式 $h=\frac{\sigma_{sf}}{\sigma_f^2}$ 就可以分别计算出两种单一保值的头寸比率分别为 0.933 3 和 1.866 7，单一保值头寸的方差计算公式为：

$$X_s^2(\sigma_s^2+h^2\sigma_f^2-2h\sigma_{sf})$$

分别代入数值后，得出单独运用两种指数期货进行保值的头寸的方差均为 285.7 万美元。从以上分析可以看出，运用综合套期保值策略所降低的组合风险程度大于单独运用一种指数期货进行保值所降低的风险程度。

第三节　利用股票期权管理股票价格风险

一、投资者利用股票期权组合交易来管理股票价格风险

投资者在股市上进行投资面临着股价变动的风险，投资者收益的大小取决于投资者对股价变动预测的准确程度，但任何人都不可能准确预料到市场会发生什么，生活中的大部分人都是厌恶风险的。股票期权为投资者提供了一种很好的规避风险的工具，我们可以利用看涨期权或看跌期权来防范风险的发生。关于看涨期权和看跌期权的运用实例，我们在前面的章节已做过介绍，在这里不再重复。

单纯运用看涨期权或看跌期权来防范风险是股票期权最简单的应用，但与期货相比，期权的精妙之处在于它的品种较多，投资者可以通过不同的期权品种构成众多具有不同盈亏分布特征的组合。具体采用何种期权组合交易方式，一方面取决于投资者对未来标的资产价格概率分布的预测，另一方面取决于投资者能承受多大的风险。投资者可以首先选择理想的风险收益模式，然后根据该模式选择不同的期权组合进行交易。我们已在第八章介绍了期权组合损益，下面举例说明期权组合投资策略的运用。

（一）双向策略

双向策略（straddles）是指投资者同时等量地买进或卖出同一标的证券、相同执行价格（strike price）和相同到期日（expiration date）的看涨期权及看跌期权。

1. 买进双向期权

如果投资者预测他所持有的股票将会出现较大的波动，但并不能确定该股票价格变动的方向，那么他既不敢只买进看涨期权也不敢只买进看跌期权，这时双向期权可以用来更好地规避股价变动的风险，此时投资者所要承受的风险是有限度的，而这种风险从理论上讲却可以趋于无穷大。

【例 15-7】 投资者 A 认为股票 X 的价格在未来一段时间内将会出现较大波动，但他对于价格变动的方向没有把握，于是他买入一份 12 月份到期、执行价格为 130 美元的看涨期权，期权费为 10 美元；同时，他还买入了一份 12 月份到期、执行价格也为 130 美元

的看跌期权，期权费为 6.5 美元。如果到期日的 X 股票价格为 146.5 美元，他将以 130 美元的执行价格来执行看涨期权，并以 146.5 美元的价格卖出股票，并从中收入 16.5 美元，正好等于他所支付的期权费用总和，因此股票价格为 146.5 美元是他的盈亏平衡点。如果股票价格下降至 113.5 美元，他可以用这个价格购买股票，并执行看跌期权，以 130 美元的价格卖出，此操作同样可获利 16.5 美元，也恰好冲销他的期权费用支出，同样达到了盈亏平衡。因此，任何高于 146.5 美元或低于 113.5 美元的价格都能使该投资者获利。无论何种情况出现，他的损失都不会超过 16.5 美元。现在，我们考虑两种极端情况：一种情况是股票价值降为零，这时投资者可以按 130 美元的价格卖出股票，他获利 113.5 美元；另一种情况是股价无限地上涨，此时该投资者的收入也是无限大的。可以看出，如果股价波动比较大，投资者会获利，而且波动幅度越大获利越多。因此，买进双向期权的策略适用于预期股市将会出现剧烈波动的情况。

2. 卖出双向期权

与买进双向期权相反，卖出双向期权一般是在投资者认为股市会经历一段比较平静的时期时使用。仍以例 15 - 7 来说明这个问题，投资者 A 同时卖出两份具有相同执行价格（130 美元）、相同到期日（12 月份）和相同标的证券（股票 X）的看涨期权和看跌期权。该投资者的收益状况是：在到期日时，如果股票价格没有涨到 146.5 美元以上或没有跌到 113.5 美元以下，他就会收入一部分或全部期权费，只有当股票价格刚好为 130 美元时，投资者获得最大利润（即全部的期权费 16.5 美元）；如果股票价格上涨到 146.5 美元以上或下跌到 113.5 美元以下，那么投资者将受损，而且股票涨幅（或跌幅）越大，损失越大。在极端情况下，其损失也是无限大的。

除上述两种双向期权的交易形式外，双向期权还有五花八门的变形，但从本质上说，它们都是把客户置于市场行情上涨或下跌的环境中。上例是典型的双向期权，投资者买卖的是相同份数的看涨期权或看跌期权（在我们所举的例子中，看涨期权和看跌期权都是一份）。虽然在双向期权的运用中，投资者对股价变动的方向没有把握，但是，如果投资者能感觉到股价在某一个方向上变动的可能性大一些的话，他可以调整不同方向上期权的买卖数量。例如，他预测股价将会发生较大变动，而且认为股价上升的可能性更大一些，他可以买进 2 份看涨期权和 1 份看跌期权（即捆扎策略）。如果投资者预测股价下降的可能性大一些，他可以买进 1 份看涨期权和 2 份看跌期权（即拆卸策略）。

投资者可以利用双向期权来进行股票风险管理。例如，如果投资者持有股票现货，目前股市呈现出波幅剧烈、反复无常的状况，为了将其所持有的股票资产的价值控制在一定的范围内，他可以买进双向期权：如果股价出现大幅度下跌，那么其股票现货遭受的损失就可以用双向期权的利润来弥补；如果股价大幅度上升，该投资者将双赢。在面对变化无常而且波动比较大的股市时，若投资者欲将其成本或收益控制在一定范围内，那么双向期权是最合适的交易方式。

（二）价差组合策略

价差组合策略是指同时买进和卖出期限不同或执行价格不同的股票看涨期权或看跌期权的投资方法。在采用价差组合策略时，投资者既收入期权费又支出期权费。价差组合策略可以分为水平价差（或称时间价差）组合策略和垂直价差（或称价格价差）组合策略，前者是指买进或卖出具有不同期限的看涨或看跌期权，后者是指同时买进和卖出具有不同执行价格的看涨或看跌期权。价差组合策略可以在投资者预测到股票市场价格上涨时使用，这种价差组合策略叫作牛市价差（bullish spread）组合策略；也可以在投资者预测到股票价格下跌时使用，这种价差组合策略叫作熊市价差（bearish spread）组合策略。

1. 牛市看涨期权时间价差组合

牛市看涨期权时间价差（time call spread bullish）组合是指同时买进或卖出期限不同但执行价格相同的看涨期权，以获取股票市场价格趋于上升所造成的期权费用价差扩大所带来的收益。

【例 15－8】 假定某股票 X 的市价是每股 55 美元，11 月到期的执行价格为每股 55 美元的此种股票看涨期权的期权费是 3 美元，12 月到期的期权费是 4 美元，明年 1 月到期的期权费是 6 美元。投资者 A 预测股票 X 的价格会上涨，因此越晚到期的看涨期权的期权费越高，上升得越快。他买进 1 份明年 1 月到期的看涨期权，支付期权费 6 美元，同时卖出 1 份 12 月到期的看涨期权，收入期权费 4 美元。他支付的期权费价差是 2 美元（＝6－4）。如果过一段时间，股票 X 的市价果然上升，从每股 55 美元上升到 58 美元。随着股票市价的上升，11 月到期的看涨期权的期权费仍为 3 美元，12 月到期的看涨期权的期权费上升到 5 美元，明年 1 月到期的看涨期权的期权费上升到 9 美元。投资者卖出已购进的明年 1 月到期的看涨期权，收入期权费 9 美元，同时买进以前卖出的 12 月到期的看涨期权，支付期权费 5 美元。他得到的期权费价差是 4 美元(＝9－5)，得失相抵，投资者的净收益是 2 美元（＝4－2)。但是，如果股票市价下跌，那么期权费的价差将会缩小，投资者将会遭受损失。

2. 熊市看涨期权时间价差组合

熊市看涨期权时间价差（time call spread bearish）组合是指同时卖出和买进执行价格相同但期限不同的股票看涨期权，以获取股票市场价格趋于下降所造成的期权费价差缩小所带来的收益。

【例 15－9】 假定某种股票的市场价格是每股 55 美元，11 月到期的执行价格为 55 美元的股票看涨期权的期权费是 3 美元，12 月到期的期权费是 4 美元，明年 1 月到期的期权费是 6 美元。某投资者预测这种股票的市场价格将趋于下降，因而到期越晚的这种看涨期权的期权费下降得越快。他卖出一份明年 1 月到期的看涨期权，得到期权费 6 美元，同时买进一份 12 月到期的看涨期权，支付期权费 4 美元。他得到的期权费价差是 2 美元（＝6－4)。假定过了一段时间以后，这种股票的市价果然下降，从 55 美元下降到 53 美元。随着股票市价的下跌，11 月到期的看涨期权费下降到 2 美元，12 月到期的这种股票看涨期权费下降到 3 美元，明年 1 月到期的这种股票看涨期权费下降到 4 美元。投资者买进他以前卖出的明年 1 月到期的看涨期权，支付期权费 4 美元，同时卖出他以前买进的 12 月到期的看涨期权，得到期权费 3 美元。他支付的期权费价差是 1 美元（＝4－3)，得失相抵，投资者的净收益是 1 美元（＝2－1)。但是，如果这种股票的市场价格趋于上升，那么期权费的价差将会扩大，投资者将会遭受损失。

3. 牛市看跌期权价格价差组合

牛市看跌期权价格价差（price put spread bullish）组合是指买进和卖出期限相同、执行价格不同的股票看跌期权，以获取股票市场价格上升所造成的期权费价差缩小所带来的收益。

【例 15-10】 假定某种股票的市场价格是每股 55 美元，1 月到期的执行价格为 55 美元的股票看跌期权的期权费是 5 美元，执行价格为 60 美元的股票看跌期权的期权费是 9 美元。投资者预料这种股票的市价会上升，因而执行价格较高的这种股票看跌期权的期权费下降幅度较大。他买进 1 份执行价格为 55 美元的看跌期权，支付期权费 5 美元，卖出 1 份执行价格为 60 美元的看跌期权，得到期权费 9 美元，他得到的期权费价差是 4 美元（=9－5)。假定一段时间过后，股票价格上升，从 55 美元上升到 58 美元。随着这种股票市场价格的上升，执行价格为 55 美元的股票看跌期权的期权费下降到 4 美元，执行价格为 60 美元的股票看跌期权的期权费下降到 6 美元。投资者卖出他以前买进的协定价格为 55 美元的看跌期权，得到期权费 4 美元，买进他以前卖出的执行价格为 60 美元的看跌期权，支付期权费 6 美元。他支付的期权费价差是 2 美元（=6－4)。得失相抵，投资者的净收益是 2 美元（=4－2)。

4. 熊市看跌期权价格价差组合

熊市看跌期权价格价差（price put spread bearish）组合是指卖出和买入期限相同但执行价格不同的股票看跌期权，以获取股票市场价格下降所造成的期权费价差扩大所带来的收益。

【例 15-11】 假定某种股票的市场价格是每股 55 美元，1 月到期的执行价格为 55 美元的股票看跌期权的期权费是 5 美元，执行价格为 60 美元的股票看跌期权的期权费是 9 美元。某投资者预料这种股票的市场价格将趋于下降，因而执行价格较高的这种股票看跌期权的期权费上升幅度较大。他卖出 1 份执行价格为 55 美元的看跌期权，收入期权费 5 美元，同时买进 1 份执行价格为 60 美元的看跌期权，支付期权费 9 美元。他支付的期权费价差是 4 美元（=9－5)。假定一段时间后，执行价格为 55 美元的股票看跌期权费上升到 6 美元，执行价格为 60 美元的股票看跌期权费上升到 12 美元。投资者买进以前卖出的执行价格为 55 美元的看跌期权，支付期权费 6 美元，卖出以前买进的执行价格为 60 美元的看跌期权，得到期权费 12 美元。他得到的期权费价差是 6 美元（=12－6)。得失相抵，投资者的净收益是 2 美元（=6－4)。

在价差组合交易里，期权合约一般是在到期日之前就脱手，其本质是利用期权价格的变动来投机获利。股票价格的变动与期权价格的变动之间有着密切的联系，看涨期权的期权费会随着股票价格的上涨而上涨，看跌期权的期权费会随着股票价格的上涨而下跌。价差组合交易最终的收益完全取决于股价的整体变动方向：如果股价上升，牛市价差交易最终都会有收益；如果股价下跌，熊市价差交易都会有收益，这就为期权套期保值提供了条件，即利用价差组合交易的收益或损失来对冲股票现货的损失或收益，以达到套期保值的目的，并以此来规避股票风险。假定某投资者手里有股票现货，他不确定股价是否将会变动，也不想承受这种股价变动的风险，他唯一的目的是想维持该股票在一段时间内的价值，那么他可以进行熊市看涨期权时间价差交易或熊市看跌期权价格价差交易。如果股市呈现牛市，则现货受益，而熊市价差组合交易则有损失，收益与损失相互对冲即可达到保值目的。但是，收益与损失的大小是否一致取决于期权合约与股票的相对数量，即一只股票需要购买多少份看涨期权，这由期权费对股票价格的敏感性来决定，即由 delta 系数来决定投资者需要购买的期权合约份数。

二、股票期权在企业股票回购中的应用

企业进行股票回购时通常面临的一个难题是，如何选择最优的回购方法，而利用出售股票期权来代替直接股票购买无疑是一个不错的选择。根据统计，目前有10%的上市公司在回购上市股票时利用出售股票看跌期权的方法，如图 15-1 和图 15-2 所示。

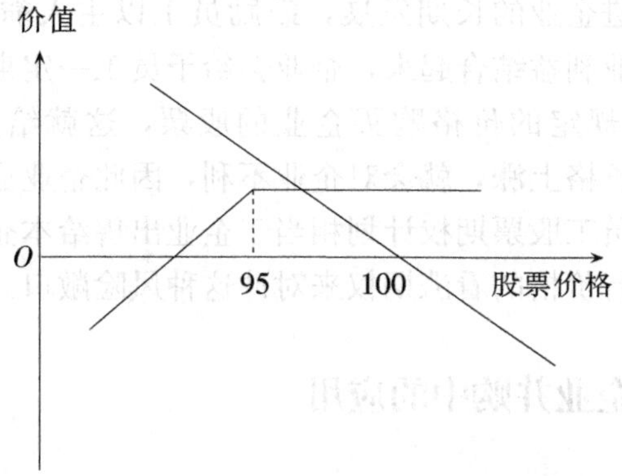

图 15-1 股票空头与看跌期权的单独收益状况

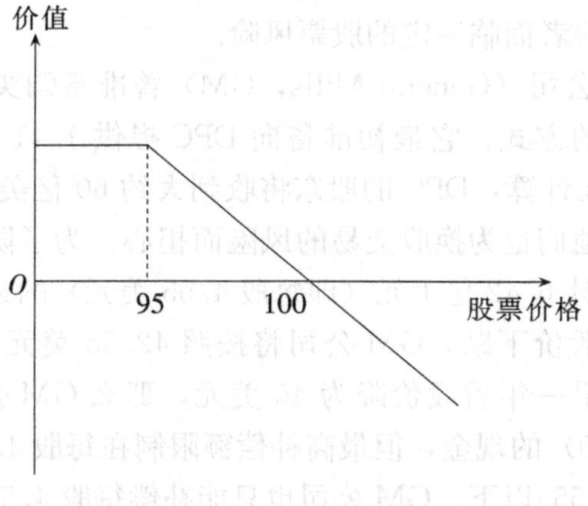

图 15-2 组合收益状况

【例 15-12】 某公司宣布它将以 100 美元的价格回购股票，这意味着公司有一个价值 100 美元的空头头寸。假设公司卖出一份执行价格为 95 美元的股票看跌期权，如果期权到期时股票价格低于 95 美元，期权买方将愿意执行期权，并按照期权规定的价格向公司卖出股票，公司买回它的股票，完成回购目标；如果股票价格上升了，期权买方不会执行期权，期权失效，但公司从出售期权中取得的收入为今后回购更多的股票积攒了资本。

以出售看跌期权来回购股票的好处有：①公司既有盈利的机会又有回购的机会，这就给企业带来了双重选择，尤其是在期权合约的有效期内，当期权价格的波动性高于股票价格的波动性时，看跌期权的定价会过高，企业有机会以高于公平价值的价格出售看跌期权，获取利润；②这种方式为回购股票的时机选择提供了更多的灵活性。证券交易所规定，企业回购股票的数量不能超过股票平均日交易量的25%，如果利用出售看跌期权进行回购，其交易量是按期权出售日来计算，而不是交割日，这就为企业在回购时机上提供了

一种选择。如果公司预计未来将进行股票回购，而目前股票的交易量比较高，公司为了利用比较高的股票交易量多回购一些股票，可以现在出售看跌期权，而看跌期权代表了一种延期购买计划。

三、股票期权在管理员工的股票期权计划中的应用

通常说来，为了促进企业的长期发展，鼓励员工以主人翁的姿态参与到企业的建设中，并将员工利益与企业利益结合起来，企业会给予员工一定期限的股票期权，保证在一定的期限内员工可以按规定的价格购买企业的股票，这就给企业留下了一定的风险敞口——如果企业的股票价格上涨，就会对企业不利，因此企业通过购买本企业股票的看涨期权来规避这种风险。员工股票期权计划相当于企业出售给本企业员工一项看涨期权，企业可以通过购买相同执行价格的看涨期权来对冲这种风险敞口。

四、股票期权在企业并购中的应用

企业并购既可以采用现金与股票交易的方式，也可以采用股票换股票的交易方式。对于前者来说，股票持有人卖出股票获得现金，后者以股票交换股票。如果采用后一种方式进行并购，必然会使并购者面临一定的股票风险。

2000 年，通用磨坊公司（General Mills，GM）曾准备购买 DPC 公司的一个分公司，GM 想采用股票换股票的方式，它最初准备向 DPC 提供 1.41 亿股 GM 的股份。按当时 GM 每股股价 42.55 美元计算，DPC 的股东将收到大约 60 亿美元。尽管这个结果令 DPC 的管理者大为满意，但他们也为换股交易的风险而担心。为了防范这种风险，GM 决定向 DPC 的股东提供价值共计 6.42 亿美元（即每股 4.55 美元）的或然价值权，有效期限是交易完成后一年内。如果股价下跌，GM 公司将按照 42.55 美元与股价的差值来补偿 DPC 公司的股东。例如，如果一年后股价降为 40 美元，那么 GM 公司将支付 DPC 股东每股 2.55 美元（=42.55−40）的现金，但最高补偿额限制在每股 4.55 美元内，即股价如果降至 38 美元(=42.55−4.55)以下，GM 公司也只能补偿每股 4.55 美元的现金。

这个计划类似于看跌期权组合，相当于 DPC 公司购买了一份执行价格为 42.55 美元的看跌期权，同时卖出了一份执行价格为 38 美元的看跌期权。正是因为有了这样的或然价值，并购才得以顺利完成。下面，我们用图 15－3 来表示该计划中 DPC 公司的股东收益状况：

$$\text{购买执行价格为 42.55 美元的看跌期权收益}=\begin{cases}42.55-x & x\leqslant 42.55\\0 & x>42.55\end{cases}$$

$$\text{卖出执行价格为 38 美元的看跌期权收益}=\begin{cases}x-38 & x\leqslant 38\\0 & x>38\end{cases}$$

$$\text{组合收益}=\begin{cases}42.55-x+x-38 & x\leqslant 38\\42.55-x & 38<x\leqslant 42.55\\0 & x>42.55\end{cases}$$

$$
=\begin{cases} 4.55 & x\leqslant 38 \\ 42.55-x & 38<x\leqslant 42.55 \\ 0 & x>42.55 \end{cases}
$$

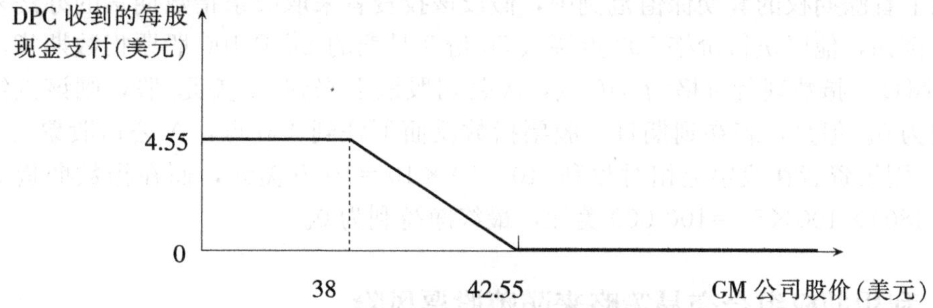

图 15-3　DPC 公司的股东收益状况

第四节　运用股票指数期权管理股票风险

一、运用各种期权组合交易策略防范股票风险

(一) 利用看跌股票指数期权进行套期保值

【例 15-13】 某证券公司与一家上市公司签订协议，3 个月内按每股 8 美元的价格包销 100 万股该公司股票。签约后，该证券公司便买入 50 份 3 月期的某看跌股票指数期权合约，每份期权合约的价格为 80 美元，合约执行价格为指数点 1 000，若每一点代表 100 美元，则 50 份合约的总价值为 1 000×100×50=5 000 000 美元。3 个月后，股票指数下跌到 950 点，该证券公司执行期权合约，获利(1 000−950)×100×50−50×80=246 000 美元。但是，受到股指下跌影响，股票以每股 7.50 美元发行，则该证券公司损失 50 万美元。由于采取了购买看跌期权的套期保值措施，该公司少损失 24.6 万美元，最终损失为 50−24.6=25.4 万美元。若在 3 个月后，股票指数上涨到 1 050 点，该证券公司放弃执行期权，但此时因指数上涨而导致公司股票发行价上升到每股 8.2 美元，则该证券公司在股票上盈利 20 万美元，除掉购买期权的费用 50×80=4 000 美元，其最终的净盈利为 19.6 万美元。

(二) 利用看涨股票指数期权进行套期保值

【例 15-14】 3 月 1 日，某投资者由于某种原因需要卖出 10 万股 A 公司股票，假定股票卖出价格为每股 10 美元。然而，该投资者预计日后股票市场会上涨，因此便买入了 50 份 S&P 100 股票指数的看涨期权，每份合约的购买费用为 40 美元，到期日为 6 月 1 日，执行价格为 500 点（每个点代表 100 美元）。若在期权的到期日，指数现货价格为 540 点，A 公司股票上涨到每股 12 美元，则该投资者在股票上的相对损失为(12−10)×10=20 万美元，但投资者可以执行期权合约，他在指数期权交易上盈利(540−500)×100×50−50×40=198 000 美元，最终净损失为2 000美元；反之，若在到期日股票指数下跌到 480 点，则该投资者放弃执行期权，损失期权购买成本 50×40＝2 000 美元；而 A 公司股票跌到 9 美元/股，则在股票上相对盈利(10－9)×10＝10 万美元，最终该投资者的净盈利为 98 000 美元。

在以上看涨期权的套期保值范例中，假设该投资者采取股票指数期货的办法来进行套期保值。例如，他以执行价格 500 点买入 50 份 3 月期的 S&P 100 股票指数期货，在 6 月 1 日的到期日，指数现货价格为 540 点，A 公司股票上涨到 12 美元/股，则该投资者的最终净损失为 0。但是，若在到期日，股票指数反而下跌到 480 点，A 公司股票价格跌到 9 美元/股，则投资者在股票上相对盈利(10－9)×10＝10 万美元，而在指数期货上的亏损为(500－480)×100×50＝100 000 美元，最终净盈利为 0。

二、利用期权组合交易策略来防范股票风险

与股票期权的套期保值相似，股指期货套期保值同样可以运用各种期权交易策略来防范股价变动的风险。与股票期权相比，股指期权还具有规避股市系统性风险的优势，而且它不同于股指期货，股指期权能将投资者所承担的风险限制在一定的范围之内，而股指期货的交易者一旦预测失误，他所要承受的风险是没有限制的。下面介绍一个利用牛市看涨期权来规避股票风险的例子。

【例 15－15】 假定某投资者对美国股票市场的走势持乐观态度。2002 年 2 月 22 日，S&P 500 指数为 435.25。该投资者认为，在未来两个月内，股市将上涨 5%～10%，然后回落至原来的水平。如果股市走势与他的判断相反，他也不希望冒股市下跌所产生的风险。该投资者决定以 4 月份 S&P 500 指数期权来构造牛市看涨价差组合，其具体交易如下：买入 50 份 4 月份 440 S&P 看涨期权合约，期权费为每份 5.5 美元；出售 50 份 4 月份 455 S&P 看涨期权合约，期权费为每份 1.25 美元；期权费净支出为每份 4.25 美元。如果每一指数点等于 100 美元，那么期权费净支出为 4.25×50×100＝21 250 美元。2002 年 3 月 16 日，即交易之后三周，S&P 500 指数已上涨至 451.37。该投资者决定提前结清头寸，收取所获得的利润，这主要是因为在过去的几天里，股票价格指数已经有所回落。其具体交易如下：出售 50 份 4 月份 440 S&P 看涨期权，每份期权费为 15 美元；买入 50 份 4 月份 455 S&P 看涨期权，每份期权费为 4.75 美元，收入期权费净值为 10.25 美元或者 10.25×50×100＝51 250美元，扣除交易之初付出的期权费净支出 21 250 美元，投资者可得30 000美元的净利润，他三周的盈利率约为 141%。如果该投资者将价差结构一直持有至期权到期，并且到期日的指数上涨超过 455，那么他可以获得的最大利润可能达53 750 美元[＝(455－440)×50×100－21 250]。反之，如果在期权到期日之前，股价指数已经下跌至 440 以下，这是最糟糕的情况，投资者将净亏期权费支出 21 250 美元。

如果在 3 月中旬不采取结清头寸的措施，投资者在本例中可以采用向上滚动价差的策略，这样也能达到获利的目的。具体来讲，投资者可以进行下述交易：出售 50 份 4 月份 440 S&P 看涨期权，每份期权费为 15 美元；买入 100 份 4 月份 455 S&P 看涨期权，每份期权费为 4.75 美元；出售 50 份 4 月份 460 S&P 看涨期权，每份期权费为 3.125 美元，期权费净收入为 8.625 美元。虽然这种策略一开始使期权费收入有所下降（为 43 125 美元），而且利润也从 30 000 美元减至 21 875 美元（＝43 125－21 250），但投资者构造的 455－

460 牛市价差使他有机会从股价指数进一步上涨至 460 中获利，或者说，投资者的盈利空间进一步扩大了。

三、股指期权合约份数的确定

如果一个资产管理者持有由多种股票构成的股票资产组合，他就可以应用指数期权的各种交易策略（如构造上限、下限、双限或其他金融组合）来达到保值和增值的目标。但是，任何以期权为基础的投资策略能否获得成功，取决于股票指数与被保值或投机的股票资产之间的吻合程度。如果吻合程度非常高，那么实现既定的金融目标就不会出现太大的问题。在这种情况下，我们需要运用一些技巧来计算所需的股票指数期权的份数。

例如，假定股票资产组合中那些股票的现行交易价值为 26 000 000 英镑，现在我们要采用 FTSE 100 指数期权进行保值，每一指数点的乘数为 10 英镑。如果 FTSE 100 指数的现值为 3 045，那么保值所需的指数期权份数为：

$$26\ 000\ 000 \div (10 \times 3\ 045) = 854(\text{份})$$

有些资产组合在应用上述方法进行风险保值时，会出现剩余基础风险。我们在处理这种剩余基础风险时，可以通过调整已使用的期权合约数量的方法来进行。这种调整工作首先要进行回归分析，以便分析出股票资产价值与市场股票指数水平之间的关系。具体地说，我们要运用回归分析技术确定股票资产组合（价值）和股票指数之间存在多大的依赖关系，即求相关系数 β。β 系数从数值上揭示了股价指数变化将会引起多少股票资产价值的变化。例如，假定某种特定的股票资产的系数 $\beta=2$，那么当股价指数上涨时，股票资产的价值也会随之上涨，而且是股价指数升值幅度的两倍；反之，如果股价指数下跌，则股票资产的价值也下跌，而且跌幅也是股价指数跌幅的两倍。

一旦求出了某种股票资产组合的 β 系数值，保值所需的期权合约份数的确切数值就可以计算出来。譬如，需要保值的资产组合价值为 26 000 000 英镑，β 系数为 1.24，那么期权份数就要由原来的 854 份增加到 1 059 份。由于 β 系数大于 1，所以保值所需的期权份数大于原先的份数。如果要采用前面介绍过的其他期权策略，那么也要以期权份数 1 059 作为基础。例如，要构造对称结构，股票资产的管理人员应该以较低的执行价格购买 1 059份看跌期权，同时出售 1 059 份执行价格较高的看涨期权。

四、利用股指期权与股指期货相结合来对冲股票风险

利用期权与期货合约进行对冲的方法比较简单，就是在购买股票指数期货合约的同时，购买 1 份看跌期权。假设投资者预计股市会上升，便购进 1 份 3 个月期的股票指数期货合约，如果 3 个月后股市真的向好，他便可以从点数的增加中获得利润。可是，一个谨慎的投资者不会冒这种风险，因为一旦股市下跌，他的损失就不单单是在购买股票指数期货合约中所付出的保证金，轻者需要补足保证金，严重者可以让他倾家荡产。因此，为了保险起见，如果再购进一份看跌期权就可以更好地防范风险：如果熊市出现，从看跌期权中赚取的利润可以弥补股票指数期货合约交易中的损失；如果牛市出现，他也可以让期权自动失效，然后从股票指数期货合约上获得的利润中扣除购买看跌期权的费用。

【本章小结】

本章主要讲述了投资者和企业如何利用衍生工具来管理股票风险。股票风险分为两类，即系统性风险和非系统性风险。有些衍生产品是用来规避股票风险的，如股票期权的基础资产具体到某一只股票，并可用来防范该股价格变动的全部风险；而指数类衍生工具（如股指期货和股指期权）则是用来防范股票资产组合的系统性风险。本章以详细的例子阐述了衍生工具在规避股票风险和公司财务中的应用，说明了在不同的背景下应采用不同的保值策略。每一种衍生工具都有自己最基本的单一交易方式，而且在此基础上又衍生出多种多样的保值方式。例如，股指期货有滚动套期保值、交叉套期保值、综合套期保值等。股票期权除了看涨期权和看跌期权以外，还有五花八门的组合交易方式，这些组合交易方式使收益和风险出现了多种多样的分布特征。这些衍生工具不仅能为股票投资者提供规避风险和保值的工具，而且在公司理财中，期权在企业并购、股票期权计划、企业股票回购方面都有十分重要的应用。

【本章要点】

● 股票风险分为系统性风险和非系统性风险，系统性风险无法通过分散化投资消除，非系统性风险可通过分散化投资消除或减轻。系统性风险的主要影响因素有 GNP、利率和通货膨胀。非系统性风险主要受企业的管理和财务状况的影响。系统性风险和非系统性风险都反映在了股票收益模型中

● 股票指数期货价格和股票价格变动的一致性是股指期货套期保值的基础。当投资者持有股票多头时，可以利用空头套期保值；当投资者持有股票空头时，可以采用多头套期保值。套期保值的期货和现货的头寸存在一个最佳的数量比例关系，也就是使套期保值组合风险最小的最佳套期保值比率 $h=\sigma_{sf}/\sigma_f^2$

● 当股票组合与股指所包含的股票不完全一致时，可使用交叉套期保值，交叉套期保值风险属于非系统性风险。如果保值期限和期货期限不一致，可使用滚动套期保值。一篮子股票组合还可以同时采用两种以上的指数来保值，称为综合套期保值，这时需要计算两个套期保值比率

● 双向期权策略是指投资者同时等量地买进或卖出同一标的证券、相同执行价格和相同到期日的看涨期权和看跌期权。在股市波动剧烈且反复无常时适合买进双向期权，在股市波动轻微且相对平静时适合卖出双向期权

● 价差组合策略是指同时买进和卖出期限不同或执行价格不同的股票看涨期权或看跌期权的投资方法。价差组合分为水平价差组合和垂直价差组合，还可分为牛市价差组合和熊市价差组合。水平价差组合是指买进和卖出期限不同的看涨期权或看跌期权，垂直价差组合是指买进和卖出执行价格不同的看涨期权或看跌期权。持有股票多头可用熊市价差组合来套期保值，持有股票空头可用牛市价差组合来保值

● 股票期权在公司财务中的应用有以下几个方面：企业并购、股票回购和员工股票期

权计划

● 股指期权的应用类似于股票期权，我们可以单纯利用看涨期权和看跌期权（或者利用期权组合）来规避股市的系统性风险，也可以利用衡量股票组合系统性风险的β系数来确定套期保值中股指期权合约的份数。股指期权可以和股指期货结合使用，以规避股票系统性风险

【本章关键术语】

系统性风险　　非系统性风险　　最佳套期保值比率　　价差组合

双向期权

【本章思考题】

1. 系统性风险和非系统性风险有何区别？请举例说明。

2. 假设某投资者知道未来会投资某股票，但他害怕将来该股票的价格上升。为了规避这种风险，他可以采取哪些方法来达到这个目的？如果他持有股票多头，又该怎么做？

3. 根据本章所讲述的双向期权的基本交易方式，请说明双向期权有哪些变异形式？它们的收益状况如何？

4. 举例说明牛市看跌期权时间差价组合和牛市看涨期权价格差价组合。如果差价组合扩展到买进和卖出三份不同执行价格的看涨期权或看跌期权，那么将会涉及哪些情况？结果如何？

第十六章 信用风险管理

第一节 信用风险概述

一、信用风险的含义

信用是能够履行诺言而取得的信任，即信用资源的使用者为了取得某种资产的使用权，从而承诺在将来某个特定时期履行某种等额价值及资源占用费的义务。

分工、交换关系的出现，使得物品的所有权与使用权暂时分离。物品一旦暂时离开它的所有者，也就存在着可能在他人使用下遭受损失的风险，信用问题由此产生。可见，信用关系是人类社会出现分工之后的产物。社会分工越发展，交换活动越深入，人们面临的信用风险也就越大。因此，随着社会分工的深入，社会信用的种类也就不断增多。社会信用从最简单的个人信用发展到组织信用（企业信用），进而国家信用；从简单的交换（商业）信用发展到高级的现代金融信用（银行信用）。因此，信用关系是社会化大生产的必然产物。

随着信用关系的确立，信用风险也就产生了。信用风险是指因交易一方不能履行或不能全部履行交收责任而造成的风险，这种无力履行交收责任的原因往往是破产或其他严重的财务问题。信用风险可进一步分为本金风险和重置风险。例如，当一方不足额交收时，另一方有可能收不到或不能全部收到应得证券或价款，造成已交付的价款或证券的损失，这就是本金风险；违约方违约造成交易不能实现，未违约方为购得股票或变现需要再次交易，因此可能遭受因市场价格变化而带来的损失，这就是重置风险。

信用风险的来源是多方面的，主要分为两大类：①借款人的履约能力出现了问题。贷款的偿还一般通过取得经营收入、出售某项资产或者通过其他途径借入资金而实现。不过，最主要的还是通过生产经营，并由其经营所得来偿还。因此，衡量借款人的履约能力最主要还是看其生产经营能力的大小、获利情况如何。这一点无论是对个人、企业还是国家而言都是如此。②借款人的履约意愿出现了问题，这主要是由借款人的品格决定的。借款人的品格是指借款人不仅要有偿还债务的意愿，而且具备在负债期间能够主动承担各种义务的责任感。这就要求借款人（不论是企业还是个人）必须是诚实可信的，并且能够努力经营。对于国家而言，一般不存在这方面的问题。不过，借款人的品格是难以用科学方法加以计量的，一般只能根据过去的记录和经验对借款人进行评价。如果存在完备的信用档案，那么借款人在过去违约的次数基本上可以反映出借款人的品格。

二、信用风险的特点

（一）信用风险概率分布曲线的非对称性

信用风险的一个重要特点就是其概率分布的非对称性。信用风险的概率分布曲线与市场风险的概率分布曲线不同。对于商业银行贷款来说，其风险特征是在贷款安全收回（通常可能性较大）的情况下，放款人只能获得正常的利息收益；但一旦风险转化为实际损失（通常可能性较小）时，放款人的本息均遭到损失，因此商业银行这种风险收益和风险损失不对称的风险特征使得信用风险概率分布曲线向左侧倾斜，并在左侧出现厚尾（fat tail）现象。[1]

（二）非系统性风险是信用风险的主要表现形式

利率风险和汇率风险等市场风险表现出强烈的系统性特征，并受控于宏观经济环境的影响。而信用风险则不同，其非系统性特征尤其明显。具体说来，每一家银行贷款的信用风险都不尽相同，甚至是同一家银行的不同贷款也在很大程度上具有不同的风险特征。

（三）信用风险观察数据少，动态掌握困难

由于贷款等信用产品的流动性差，缺乏二级交易市场，因此授信对象信用状况的变化不如利率、汇率等市场价格那样容易观察。对于利率和汇率来说，我们可以直接从二级市场获取市场风险变化的大量数据，及时、深入地了解市场风险的大小。贷款者对借款者信用状况及其变化的了解主要是通过两条渠道：①通过长期业务关系来掌握借款者的有关信息；②信用评级机构公布的评级信息。很明显，通过这两条渠道了解借贷者的信用状况都有很大的局限性，前者明显受到自身业务范围的限制，后者只能覆盖有限的大企业。同

① 左侧出现厚尾现象是指虽然发生的概率较小，但可能的损失较大。

时，信用资料的时效性不如市场风险采取逐日盯市获得的数据，且贷款的持有期限一般都较长，即使到期出现违约，其频率也远比市场风险的观察数据少。观察数据匮乏造成使用VAR方法来衡量信用风险比衡量市场风险困难得多。

三、信用风险的来源

从信息经济学的观点出发，商业银行信用风险的成因主要来自两个方面：经济环境中的不确定性以及银企关系中的信息不对称。

（一）经济环境中的不确定性

当一项经济决策产生且只产生一种可能结果时，其出现的结果是确定的，因而没有不确定性可言。然而，当一项经济决策可能产生两种以上结果时，不确定性就产生了。信息经济学将环境状态划分为已知环境状态和可能环境状态两种形式。在已知环境状态中，决策的结果是唯一和确定的，经济人在做出决策时不用担心会有什么意外事件发生。但是，经济决策一旦涉及未来发展的多种可能选择时，不确定性就会自动出现，我们所面临的环境就变成一个可能环境状态。在这种状态下，任何活动都是所处环境状态下的一种偶然结果。经济环境的不确定性是由社会、经济生活中的随机性和偶然性引发的，如受到政治的、自然的、技术的不确定性的影响。在这种状态下，人们很难对未来的经济发展做出完全准确的预测。

一般来说，信用关系的双方都要对借贷行为的经济前景进行预测。只有在预计借入的和贷出的资金会在将来某一时刻得到清偿，并且双方都可获得一定的经济利益时，借贷行为才会发生。只要双方中任何一方对经济前景的预测出现偏差，就会出现违约风险，即信用风险。在市场经济环境中，在不确定因素众多的情况下，这种偏差出现的可能性也不断增大。加之现代经济生活中经济政策的不确定性涉及经济发展、税收体制、利率、社会公共利益的保护等诸多方面，这些不确定性都会对银行和企业的预测偏差产生较大影响，从而使银行贷款的信用风险不断增加。

（二）信息不对称

如果契约双方所掌握的信息不对称，这种关系可被认为是属于委托-代理关系。掌握信息多（或者说具有相对的信息优势）的一方称为代理人，掌握信息少（或者说处于信息劣势）的一方称为委托人。构成这种关系的基本条件有两个：①市场中存在两个相互独立的“当事人”，且双方都是在一定约束条件下追求自身效用的最大化；②代理人和委托人都面临着市场的不确定性和风险，且两者所掌握的信息处于非对称状态。

信用关系的双方就是这样一种关系，他们都在借贷协议的约束下追求自身效用的最大化，都面临着市场的不确定性和风险。贷方因无法完全了解借方的信息，从而称为委托人，借方则因为对自身状况更加明了而称为代理人。

通常说来，代理人会利用委托人的信息不足而力图使合同条款对自己更加有利，而委托人由于处于信息劣势，也就是处于不利地位，容易形成不利选择，从而干扰市场的有效运行，甚至会导致市场失灵。

在签订了信贷协议（即建立了委托-代理关系）后，代理人在使自身效用最大化的同时，可能会损害委托人的利益，这种情况称为代理人的“败德行为”。败德行为产生的关键原因在于，代理人拥有更多的私人信息。在委托人和代理人签订协议时，双方都认为他们已经掌握了对方所了解的信息。然而，建立委托-代理关系后，委托人无法观察到代理人的某些私人信息，代理人可能会利用私人信息来采取某些损害委托人利益的行为。

第二节 信用风险计量模型

一、Creditmetrics 模型

Creditmetrics 模型是近年来在国际金融领域信用风险管理方面的重要模型之一。就其框架而言，它实际上是一种度量组合价值和信用风险的方法，包括了一整套的分析方法和数据库。在这里，我们将介绍该模型的算法与基本思路，包括单笔贷款信用风险情况的计算、两种贷款信用风险状况的计算以及多种组合贷款信用风险状况的计算等。

该模型是 J. P. 摩根在 1997 年 4 月推出的用于量化信用风险的一种方法，其主导思想是通过风险价值（value at risk，VAR）来衡量风险。VAR 方法的发展与完善的直接动力来自 1993 年国际清算银行对世界各国商业银行提出的市场风险资本金的要求。实际上，欧盟自 1997 年起，美国自 1998 年起，许多大型商业银行就已经开始使用其内部模型来计算其交易账簿下的 VAR 损失。最早的 VAR 分析的是银行的市场风险，但随着该方法使用的进一步深化，VAR 方法也被引入信用风险的度量中，其中的典型代表就是 Creditmetrics，又称“信用度量法”。我们通过 Creditmetrics 模型可以对商业银行进行信用风险衡量，提高信用风险管理的透明度和市场流动性，并对信用风险的资本充足率提供统一尺度。该模型除了可以应用于传统的商业贷款之外，还可以应用于信用证、承付书、固定收入证券以及掉期合同等衍生产品。下面将以单笔贷款的情况来介绍 Creditmetrics 模型的基本思路。

（一）信用转移矩阵

一笔贷款在发放的有效期内，其质量水平在不同年份内可能是有所差别的，即使贷款本息最终都能收回，我们也应该关注该期限内的不同质量变化情况。而标志贷款质量变化的最主要工具就是信用等级转移概率，也就是同一笔贷款在一年后的信用等级出现不同变化情况的概率。假设某笔贷款的信用等级为 AAA，表 16 - 1 展示了信用等级的转移概率。

表 16 - 1　　信用等级转移概率表

最初的等级	一年后可能的等级						
	AAA	AA	A	BBB	BB	B	CCC	违约
AAA	90. 81	8. 33	0. 68	0. 06	0. 12	0	0	0

资料来源：Morgan J P. CreditMetrics™，Technical Document，April 2000.

如果考虑到初始贷款的不同信用等级，把所有初始信用等级情况下的信用等级转移概率放入一张表中，那就是信用转移矩阵，如表 16 - 2 所示。

表 16-2 信用转移矩阵

最初的等级	一年后可能的等级							
	AAA	AA	A	BBB	BB	B	CCC	违约
AAA	90.81	8.33	0.68	0.06	0.12	0	0	0
AA	0.70	90.65	7.79	0.64	0.06	0.14	0.02	0
A	0.09	2.27	91.05	5.52	0.74	0.26	0.01	0.06
BBB	0.02	0.33	5.95	86.93	5.30	1.17	0.12	0.18
BB	0.03	0.14	0.67	7.73	80.53	8.84	1.00	1.06
B	0	0.11	0.24	0.43	6.48	83.64	4.07	5.20
CCC	0.22	0	0.22	1.30	2.38	11.24	64.86	19.79

资料来源：Morgan J P. CreditMetrics™. Technical Document，April 2000.

信用转移矩阵的数据是由标准普尔、穆迪、J. P. 摩根、KMV 等公司提供，并由这些公司的信用分析人员根据多年所积累的贷款（债券）信用等级变化的历史数据集分析得来。目前，国际上比较通行的信用等级一共是 8 级，即 AAA、AA、A、BBB、BB、B、CCC 和违约。也就是说，每一种贷款（债券）的信用转移情况是 8 种。

（二）贷款现值的估计

从风险管理本质来说，贷款的现值概念要比期值概念更有意义，其主要原因在于：信用风险管理的重要目标是对风险级别的分析与比较，包括上面讨论过的贷款信用等级的转移问题，而在比较过程中必须有一个标准，也就是我们要将不同期限的贷款（债券）风险放在同一个可比的层面上。因此，如果能将不同期限的贷款都转化成当期贷款就显得更有意义。

在 Creditmetrics 模型中，它使用一个简单易行的折现公式来实现这一点：

$$P=\sum_{i=0}^{n}\frac{D}{(1+r_i+s_i)^i}+\frac{A}{(1+r_n+s_n)^n}$$

式中，A 为贷款的本金，在 i 年偿还；D 为贷款每年所支付的利息①；r_i 为零息票利率②；s_i 为信用风险价差③。

另外，需要指出的是，当出现违约的情况时，只需要估计贷款的残值或回收值的现值就可以了。

（三）VAR 的计算

在信用转移矩阵中，我们可以知道一笔贷款信用等级转换的概率，而在贷款现值估计

---

① 为了方便起见，我们假设该笔贷款是固定利率贷款。如果是浮动利率贷款，该式同样适用，只不过每年所支付的利息不是固定的 D 而已。

② 也可以称为无风险利率，根据无风险套利模型计算得出。之所以采用零息票利率来折现未来现金流，是因为零息票利率中不含有再投资的因素。

③ 信用风险价差是指信用等级的变化在折现率上的反映。如果贷款信用等级下降，那么在将来收到利息和本金支付的不确定性就必然增加，因此在折现时必须使用更高的折现率，s_i 为正值。例如，对于一笔 AAA 等级的贷款，在一年后收到的 1.1 元的利息支付相当于当前确定的 1 元；在信用等级下降的情况下，这 1.1 元的不确定性增加，那么折现到当前就必然少于 1 元。如果贷款信用等级上升，则正好相反，s_i 为负值。

中，我们又可以得出该贷款不同信用等级转换后的现值。在假定该贷款信用状况服从正态分布的情况下，我们就可以求出该笔贷款在下一年度的期望、方差以及标准差。在不同的置信度情况下，我们可以根据下面的公式直接求出该贷款的 VAR。①

$$VAR=W_0(\alpha\sigma\sqrt{\Delta t}-\mu\Delta t)$$

式中，W_0 为贷款的初始价值；α 在给定一定的置信水平后通过正态分布表可查得；σ 为贷款价值的标准差；μ 为贷款价值的期望；Δt 为选定的所要考察的时间间隔，如 10 天。

由于信用风险存在着左端厚尾问题，为求得更大的安全系数，巴塞尔银行监管委员会对这种极端损失问题的处理方法往往就是在求出 VAR 的基础上，再乘以一个范围为 3～4 的因子（关于 VAR 的介绍，参见参考文献 [49]）。

（四）小　结

（1）Creditmetrics 模型认为贷款的信用风险取决于债务人的信用状况，而企业的信用状况可以由评定的信用等级表示，因此我们可以直接认为贷款的信用风险源自企业信用等级的变化。同时，Creditmetrics 模型的一个基本前提就是假定信用评级体系是有效的，即企业投资失败、利润下降、融资渠道枯竭等信用事件对其还款履约能力的影响都能及时地通过信用等级的变化表现出来。

（2）贷款的市场价值取决于贷款企业的信用等级，即不同信用等级的贷款具有不同的市场价值。因此，信用等级的变化会带来贷款价值的相应变化。我们根据信用转移矩阵所提供的贷款信用等级变化的概率分布，同时根据不同信用等级下给定的折现率就可以计算出该笔贷款在不同信用等级下的市场价值，进而得到该笔贷款在不同信用风险状态下的概率分布。这样一来，我们就可以用期望和方差来衡量贷款的信用风险，也可以在确定的置信水平下估计该笔贷款的损失值，从而将 VAR 方法引入到贷款的信用风险管理中来。

二、KMV 模型

KMV 模型是美国著名的 KMV 公司开发的一个信用风险计量模型。KMV 模型不使用信用评级机构的统计数据来分析企业的信用状况变化给贷款带来的信用风险，而是根据贷款企业的股票市场价格来分析该企业的信用状况，进而分析该笔贷款的信用风险。

（一）模型的基本思路

（1）该模型运用的最主要的分析工具是预期违约率（expected default frequency, EDF），是指贷款企业在正常的市场条件下，在一定期限内违约的频率。目前，KMV 公司发布了美国 5 000 家上市公司 1～5 年期的 EDF 数据。

（2）该模型认为，当企业的市场价值低于企业负债时就会发生违约，即贷款企业不能正常支付到期的利息和本金。这是因为，此时即使企业将其全部资产出售也不够偿还债务。

基于对违约的这种理解，KMV 模型将与企业负债水平相当的企业资产价值水平设定

① 我们在此采用零值 VAR，主要是考虑贷款的绝对损失。

为"违约触发点"(default point)。EDF 就是根据企业资产价值的变化规律(或具有一定的概率分布)来计算企业资产价值降低到违约触发点水平的概率,即违约概率。

(3) 企业资产的市场价值被认为等同于企业的负债加上股东权益,即资产市价=账面负债+股权市价。

(4) 由于企业负债的账面价值的波动性可以看作等于 0,因此企业资产价值的变化规律可以被视为等于企业股票市价的变化规律。

(5) 计算出贷款违约的概率之后,再根据贷款在违约情况下的贷款损失率的概率分布,就可以计算出该笔贷款的信用风险价值。

(二) EDF 的计算

要计算 EDF,首先要知道违约距离(distance to default,DTD)这一概念。违约距离是指以百分数表示的企业资产价值在一定期限内由当前水平降至违约触发点的幅度,用公式表示就是:

$$DTD=(AV-DP)/SD$$

式中,AV 为企业资产目前的市场价值;DP 为违约触发点的企业资产价值;SD 为资产价值的标准差。

如果知道了企业股票价格变化的概率分布,就可以求出因股价降低而使企业价值达到违约触发点的概率,即企业的违约概率。

假设某企业股票的市价为 40 万元(可以看作股票市价初值),同时假设股价变化规律服从标准差为 6 万元的正态分布(股价的初值 40 万元作为其均值),又假设当股票价格下降到 28 万元时会使企业资产价值达到违约触发点。12 万元(=40−28)的跌幅是两个标准差。根据正态分布的性质可知,股票价格在两个标准差(即 28 万元到 52 万元)之间波动的概率为 95%[①],而跌破 28 万元使得企业价值达到违约触发点的概率为 2.5%,即企业的违约概率为 2.5%。

从上例可以看出,当企业(股票)价值服从正态分布时,企业的违约概率可准确地求出来。然而,这一假设有时往往与现实相差很远,基于这一点,KMV 公司着重从经验上求 EDF。它在拥有大量的企业违约和不违约历史数据库的前提下,计算某一时刻(如年初)资产价值与违约点 DP 距离为同一值(如 2σ,σ 为资产价值的标准差估计值)的企业在一年内违约的频数,从而对 EDF 做出估计。例如,数据库中具有同样违约距离值的企业有 1 800 家,其中违约 30 家,则经验违约频率为:

$$经验\ EDF=\frac{30}{1\ 800}=\frac{1}{60}=3.33\%$$

一般来说,经验 EDF 与 EDF 的理论值会有一定的差异。但是,只要样本很大,由大数定律可知,用频率代替概率是合理的。因此,KMV 模型建立在大规模的世界范围内的企业及企业违约数据库基础上的经验 EDF 是可信的。与以会计为基础和以信用评级为基础的体系相比,EDF 值有较好的敏感度,这种敏感度来自 EDF 与股票市场之间的直接联系。有兴趣的读者可进一步参考相关研究(Anthony Saunders,1999)。

① 可通过正态分布表查得。

三、信用风险计量模型的一些问题

（一）信用风险损失计量方法的选择

目前，对信用风险损失的理解有两种观点：一种是传统的观点，认为只有在违约实际发生后贷款才发生损失，而在违约之前，借款者信用状况的变化并不影响贷款的价值。另一种较新的观点则认为，贷款的价值随时受到借款者信用状况变化的影响，在贷款的存续期内，即使借款者不违约，但只要其信用等级降低，贷款的价值也就相应降低。

与信用风险损失的这两种理解相对应，信用风险损失的计量也存在两种不同的方法：①违约模型（default model，DM）；②逐日盯市（mark-to-market，MTM）。

在违约模型下，信用风险损失只存在两种状况：①违约发生，损失为贷款账面价值与可能回收价值现值的差额；②没有发生违约，损失为零。因此，采用损失法的计量模型又称“两状态模型”，KMV 模型就是这种模型。而逐日盯市则是多状态的，违约只是其中的一种状态。在不同的状态下，其贷款的价值不同，因而损失也就不同。在这种方法下，我们对损失的计量是盯市的[①]，因而能够更准确地计量损失和反映信用风险的变化。Creditmetrics 模型采用的就是逐日盯市。

（二）模型的参数估计问题

信用风险计量模型中的参数估计是最艰巨的一项任务。

首先，这些计量模型所涉及的参数规模庞大、种类复杂。例如，在违约模型下，我们必须估计每笔贷款违约的概率以及在违约情况下贷款损失的概率分布。如果考虑到贷款组合的情况，那就更为复杂了，还要估计组合中每两笔贷款之间违约的相关系数。对于采用逐日盯市的模型，由于它要考虑不同信用等级变化的多种状态，模型所需的参数估计将更为复杂。

其次，由于商业银行的贷款一般具有周期较长的特点，因此要获得较为准确的估计值，就必须拥有历时多年的历史数据，而大多数商业银行都不具备这一条件。

正是由于这种数据上的局限性，许多模型在建立时都采用了不少用于简化问题的假设和主观判断，如假设一些随机变量呈正态分布。

（三）模型有效性的检验问题

信用风险计量模型的参数估计问题直接导致了模型有效性的检验问题。既然模型在建立过程中不得不依赖许多主观性很强的假设，而且参数估计因数据的局限也很难保证其准确性，人们就很容易对模型的有效性产生怀疑。因此，信用风险计量模型的有效性检验是十分有必要的。然而，同样因为数据的局限，因而对模型有效性的检验也十分困难。

---

① 更准确的说法是“按模型定价”（mark to model），因为大多数贷款缺乏二级交易市场。在通常情况下，借款者信用状况变化给贷款价值带来的变化由模型给出。

第三节　管理信用风险的衍生产品

一、利用期权对冲信用风险

利用期权对冲信用风险的原理是：银行发放贷款的收益类似于出售以贷款者资产为标的资产的看跌期权的收益。这是因为银行发放贷款时，其风险等价于出售该贷款企业资产看跌期权的风险。这样一来，银行就会寻求买入该企业资产的看跌期权来对冲这一风险。

对这种信用风险对冲方式的最早运用是美国中西部的农业贷款。为了保证偿还贷款，小麦农场主被要求从芝加哥期权交易所购买看跌期权，并以这一期权作为向银行贷款的抵押。如果小麦价格下降，那么小麦农场主偿还全部贷款的可能性下降，从而贷款的市场价值下降；与此同时，小麦看跌期权的市场价格上升，从而抵消贷款市场价值的下降。图 16－1 显示了小麦看跌期权所具有的抵消性效应。

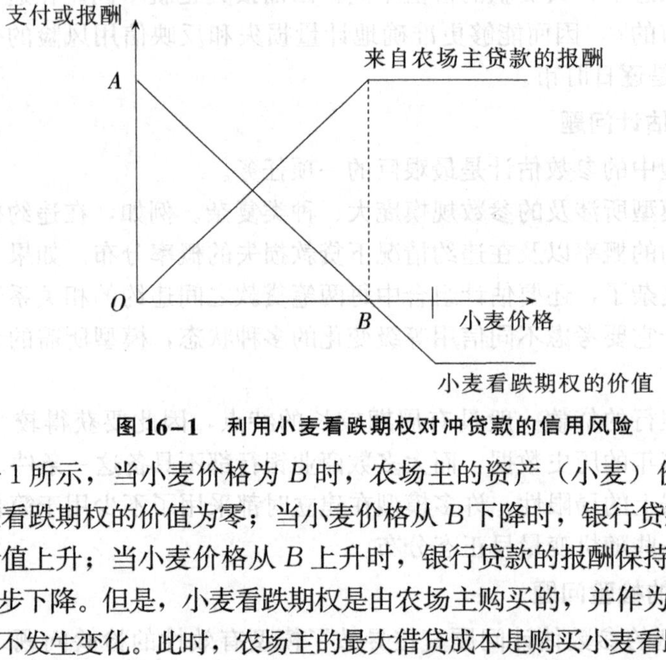

图 16－1　利用小麦看跌期权对冲贷款的信用风险

如图 16－1 所示，当小麦价格为 B 时，农场主的资产（小麦）价值恰好能偿还银行贷款，同时小麦看跌期权的价值为零；当小麦价格从 B 下降时，银行贷款的报酬下降，但小麦看跌期权的价值上升；当小麦价格从 B 上升时，银行贷款的报酬保持不变，同时小麦看跌期权的价值进一步下降。但是，小麦看跌期权是由农场主购买的，并作为贷款的抵押，因此银行贷款的报酬并不发生变化。此时，农场主的最大借贷成本是购买小麦看跌期权的价格。

这种信用风险的对冲方法看上去很完美，但存在下列两个问题：

(1) 农场主可能由于个人的原因，而不是因为小麦价格的下降而违约。也就是说，这种方法只保证了贷款者的还款能力，但对于贷款者的还款意愿却没有任何保证。如前所述，信用风险的产生是还款能力和还款意愿两者共同作用的结果。

(2) 农场主要想获得贷款必须购买看跌期权，从而必须支付一定的期权费，这使得农场主贷款的成本上升。从农场主的角度来看，他肯定不愿意这样做。如果银行强迫农场主购买期权，就有可能会损害银行和农场主的关系，农场主也可以不选择这家银行贷款。

现在，我们可以考虑一种更直接的对冲信用风险的方法——违约期权。这种期权在贷款违约事件发生时支付确定的金额给期权购买者，从而对银行予以一定补偿。如图 16-2 所示，银行可以在发放贷款的时候购买一个违约期权，并与该笔贷款的面值相对应。当贷款违约事件发生时，期权出售者向银行支付违约贷款的面值；如果贷款按照贷款协议得以清偿，那么违约期权就自动终止。因此，银行的最大损失就是从期权出售者那里购买违约期权所支付的价格。这类期权还可出现一些变体，如把某种关卡性的特点写入该期权合约中。如果交易对手的信用质量有所改善，比如从 B 级上升到 A 级，那么该违约期权就自动中止。作为回报，这种期权的出售价格应该更低。

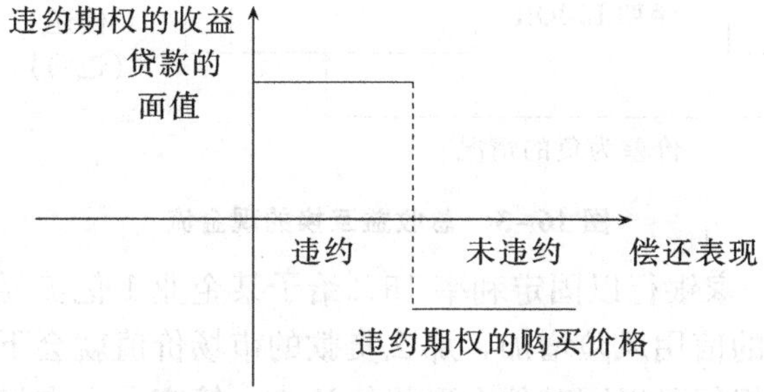

图 16-2 违约期权的收益曲线

另外，类似于与利率相关的期权，债券的发行者可以利用期权对平均信用风险贴水进行套期保值。

【例 16-1】 A 公司的信用评级为 BBB+①，它计划在两个月后发行总价值为 100 万元的 1 年期债券。如果在这两个月内该公司的信用等级下降，那么它付给投资者的信用风险贴水就会上浮，则公司势必要以更高的利率发行债券，其融资成本必将升高。为了防止此类情况的发生，A 公司可以购入一个买入期权，双方约定在信用风险贴水上浮到一定限度后，由期权的出售方弥补超出的费用。具体来说，A 公司买入一个在两个月后发行 100 万元债券的风险贴水的买入期权，期权价格为 1 万元，双方约定的信用风险贴水为 1%。如果风险贴水升至 2%，就会使 A 公司多付出 1 万元的融资费用，这些多付出的费用由期权的出售者负责偿付。同样，如果信用风险贴水降至 0.5%，则买入期权无任何收益，但 A 公司可以较低利率借款，从而较预定的借款费用节省 5 000 元。因此，买入期权在信用贴水上升时可以使其购买者以固定利率借款而避免损失，利率下降时也可以享有相应的好处。当然，享有这种权利的代价是要付出相应的期权费。

二、利用互换对冲信用风险

信用互换是银行管理信用风险的一个重要手段。信用互换主要有两类：总收益互换和违约互换。

在总收益互换中，投资者接受原先属于银行的贷款或证券（一般是债券）的全部风险和现金流（包括利息和手续费等），同时支付给银行一个确定的收益（如图 16-3 中所示的 LIBOR），一般是在 LIBOR 的基础上加减一定的息差。与一般互换不同的是，银行和

① 为标准普尔所使用的信用等级。

投资者除了交换在互换期间的现金流之外，在贷款到期或者出现违约时，还要结算贷款或债券的价差，而计算公式事先在签约时确定。如果到期时，贷款或债券的市场价格出现升值，银行将向投资者支付价差；反之，如果出现减值，则由投资者向银行支付价差。

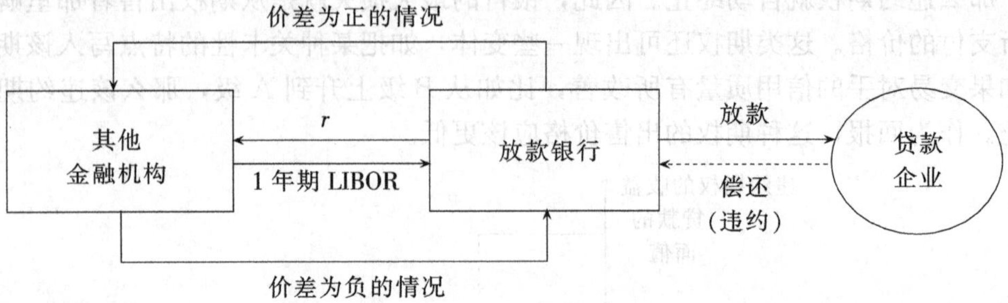

图 16-3　总收益互换的现金流

【例 16-2】 假设一家银行以固定利率 15%给予某企业 1 亿美元的贷款。在贷款的生命周期内，如果该企业的信用风险增加，那么贷款的市场价值就会下降。为了防止此种情况发生而造成的损失，银行可以同其他金融机构达成一笔交易。在该交易中，银行以年利率 r 向作为交易对手的金融机构支付，该年利率 r 等于贷款承诺的利率。作为回报，银行每年从该金融机构收到按可变市场利率支付的利息（如反映其资金成本的 1 年期 LIBOR）。在贷款到期的时候，银行还要同其交易对手结算价差。

很显然，总收益互换可以对冲信用风险暴露，但这种互换又使银行面对利率风险。如图 16-3 所示，即使基础贷款的信用风险没有发生变化，但只要 LIBOR 发生了变化，那么整个总收益互换的现金流也要发生变化。

为了剥离出总收益互换中的利率敏感性因素，需要开发另一种信用互换合约。这就是违约互换，或者称为“纯粹”的信用互换。

如图 16-4 所示，银行在每一互换时期向作为交易对手的某金融机构支付一笔固定的费用（类似于违约期权价格）。如果银行的贷款并未违约，那么互换合约的另一方无须向银行支付任何费用；如果该笔贷款发生违约的情况，那么互换合约的交易对手就要向其支付违约损失，支付的数额等于贷款的初始面值减去违约贷款在二级市场上的现值。在这里，一项纯粹的信用互换就如同购入了一份信用保险，或者是一种多期的违约期权。①

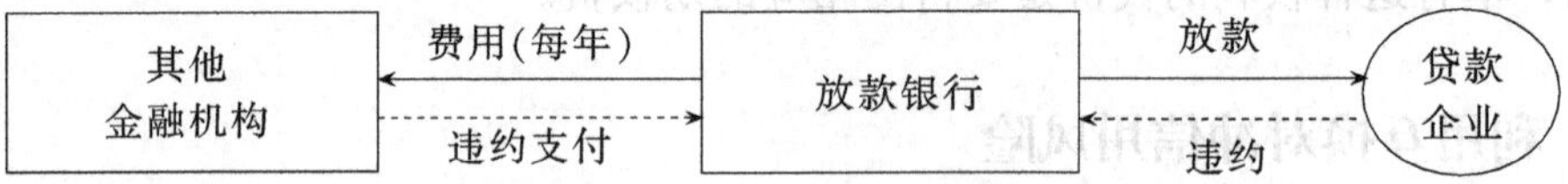

图 16-4　违约互换的现金流

三、信用联结票据

信用联结票据（credit-linked notes，CLN）是指同货币市场票据相联系的一种信用衍

---

① 其差异在于：互换费用是在整个互换生命周期内按年支付的，而违约期权的价格是预先支付的。

生产品。信用联结票据的购买者提供信用保护。一旦信用联结票据的标的资产出现违约问题，信用联结票据的购买者就要承担违约所造成的损失。信用联结票据的发行者相当于受到购买者的保护，他向信用联结票据的购买者支付一定的利率。如果违约情况未发生，他还有义务在信用联结票据到期的时候归还全部本金；如果违约情况发生，他只需支付信用资产的残留价值。图 16－5 展示了信用联结票据的整个现金流过程。

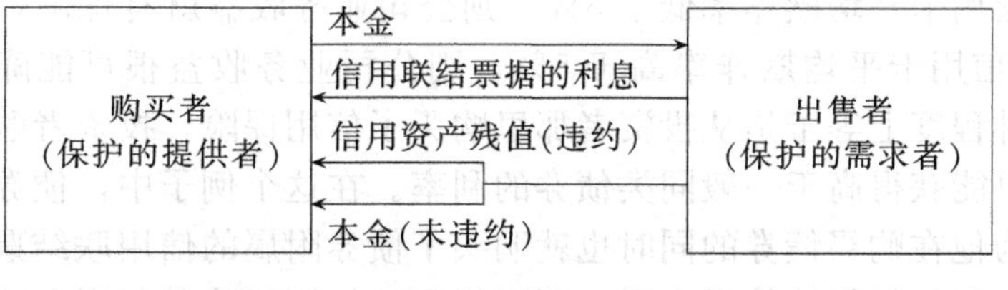

图16－5　信用联结票据的现金流

银行可以利用信用联结票据来对冲公司贷款的信用风险。同时，它还可以作为一种融资手段，因为它还为其发行银行带来了现金收入。从某种意义上说，信用联结票据是对银行资产的一种重组。但是，同其他信用衍生产品一样，贷款本身还保留在银行的账户上。

随着信用联结票据的发展，出现了专门从事信用联结票据业务的金融机构。这些金融机构通常以特殊目的实体（special-purpose vehicles，SPV）的形式发行信用联结票据，发行 SPV 所得的收入用于购买安全性较高的资产，如国债或者货币市场资产。有信用风险对冲需求的机构可以同 SPV 的发行者签订一种“纯粹”的信用互换合约。当违约事件发生时，SPV 的发行者负责向购买者赔偿违约资产的损失，这一支付过程由发行 SPV 所购买的安全性资产所保证。对于 SPV 的发行者而言，这一交易过程不存在什么风险，它实质上是位于信用保护的需求者（例如，有信用风险对冲需求的银行）和信用保护的提供者中间的中介机构。SPV 的购买者是信用保护的提供者，其收入就是安全性资产的利息以及 SPV 的发行者从信用风险对冲机构那里收取的一部分费用。其具体交易过程参见图 16－6。

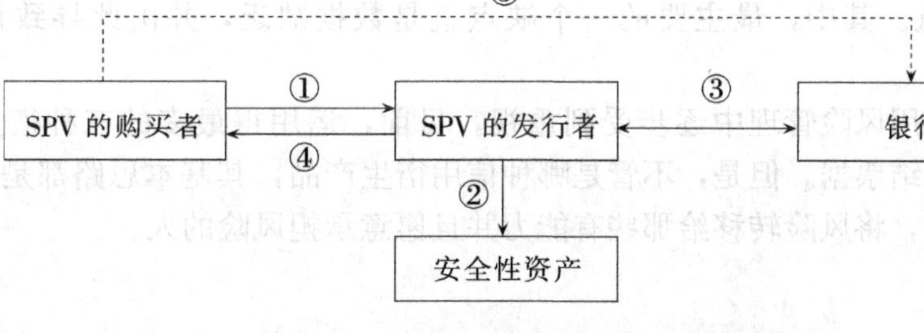

图16－6　以 SPV 形式发行的信用联结票据

说明：①SPV 的购买者向 SPV 的发行者购买 SPV。
②SPV 的发行者用发行 SPV 的收入购买安全性资产。
③SPV 的发行者同有信用风险对冲需求的机构（银行）签订“纯粹”的信用互换合约。
④SPV 的发行者向 SPV 的购买者支付安全性资产的利息以及一部分从银行收取的费用。
⑤SPV 的购买者向银行间接提供信用保护。

与违约互换相比，信用联结票据减少了交易对手风险，因此有对冲信用风险需求的机构更乐于采取这种方式。

【例 16－3】 某信用卡公司为筹集资金而发行债券。为了降低公司业务的信用风险，公司可以采取一年期信用联结票据的形式。此票据承诺，当全国的信用卡平均欺诈率指标低于 5%时，偿还投资者本金并给付 8%的利息（高于一般同类债券利率）；当该指标超过 5%时，则偿付本金并给付 4%的利息。因此，信用卡公司就可以利用信用联结票据减少信用风险。若信用卡平均欺诈率低于 5%，则公司业务收益就有保障，公司有能力给付 8%的利息；若信用卡平均欺诈率高于 5%，则公司业务收益很可能降低，公司可少付利息，这在某种程度上等于是从投资者那里购买了信用保险。投资者购买这种信用联结票据是因为有可能获得高于一般同类债券的利率。在这个例子中，债券的购买者是保护的提供者，因为他在购买债券的同时也就购买了债券附属的信用联结票据；债券的发行者（即信用卡公司）是保护的需求者；所要规避的信用风险是信用卡公司从事的信用卡业务。

【本章小结】

在世界范围内，信用风险正引起人们越来越多的关注。信用风险是指因交易一方不能履行或不能全部履行交收责任而造成的风险，这种无力履行交收责任的原因往往是破产或其他严重的财务问题。它具有以下三个特点：①信用风险概率分布曲线具有非对称性；②非系统性风险是信用风险的主要表现形式；③信用风险的观察数据少，动态掌握困难。信用风险的产生主要是因为经济环境中的不确定性以及信用关系双方的信息不对称。

目前，信用风险管理中最常用的两个信用风险计量模型是 Creditmetrics 模型和 KMV 模型。其中，Creditmetrics 模型采用的是“逐日盯市”，而 KMV 模型采用的是“违约模型”。虽然信用风险计量模型有着古典信用分析方法所不可比拟的一些优势，但也不可避免地带有一些缺点。其中，最主要的一个缺点就是数据缺乏，并由此导致模型应用的困难。

衍生产品在信用风险管理中逐步受到重视。目前，运用得最多的三种衍生产品是期权、互换和信用联结票据。但是，不管是哪种信用衍生产品，其基本思路都是一样的，即通过放弃部分收益，将风险转移给那些有能力并且愿意承担风险的人。

【本章要点】

- 信用风险的含义、特点以及来源
- Creditmetrics 模型和 KMV 模型的分析思路
- 几种主要的管理信用风险的衍生产品：期权、互换和信用联结票据

【本章关键术语】

信用	信用风险	委托-代理关系	Creditmetrics 模型
信用转移矩阵	KMV 模型	预期违约率	违约触发点
违约距离	违约期权	信用互换	总收益互换
违约互换	信用联结票据		

【本章思考题】

1. 与普通的金融风险相比，信用风险有什么特点？

2. 请分析 Creditmetrics 模型和 KMV 模型在中国的适用性。哪一种模型更适合中国目前的国情？

3. 利用期权来规避信用风险的原理是什么？

4. 试分析总收益互换和违约互换整个过程的现金流，说出它们的区别。

5. 信用联结票据的本质是什么？

第十七章

风险价值 VAR 的测算

第一节　什么是 VAR

一、VAR 的定义

VAR 是一种常用于金融领域的以标准统计技术估计金融风险的方法。其较为正式的定义为：VAR 是在正常的市场环境下，给定一定的时间区间和置信水平，测度预期最大损失的方法。VAR 为人们提供了一种关于市场风险的综合性度量方法。例如，若某银行表示其每天各种证券交易的 VAR 值在 99%置信水平下为 3 500 万美元，也就是在正常的市场环境下，对于 100 次交易，只有 1 次交易存在损失超过 3 500 万美元的可能性。我们只用这一个数字就可以概括出该银行所面临的市场风险。与此同时，我们可以使用相同的货币——美元去测度风险，此时股东及经营者也可以决定能否忍受某风险水平。如果他们不能忍受某风险水平，就可以在计算 VAR 的过程中决定从哪里着手调整风险。

二、使用 VAR 的目的

VAR 可用于以下几个方面：

（一）信息披露

VAR 能够在较高层次上评估交易及投资过程中的风险管理状况；与此同时，它能以非技术的形式向股东传达一个公司存在的各种金融风险。因此，VAR 有助于加速在市场报告基础上更好地披露风险。

（二）资源配置

VAR 能够使交易者明确资金头寸的上限以及决定如何配置有限的资本资源。VAR 的优势在于，它在多样化的市场中创立了一个可以与各种风险活动相比较的公分母。一个机构的总风险可以被分解为不同的 VAR 增加值，据此，使用资金头寸进行交易的交易者可以去掉那些风险最大的头寸。

（三）绩效评价

VAR 能够根据风险调整投资及交易的绩效。这在交易者自愿承担额外风险的情况下是必要的。

VAR 已被众多的金融机构所采用，并被用于对金融衍生产品的风险进行比较客观的估计；与此同时，这种方法也被监管部门所接受，如巴塞尔银行监管委员会、美国联邦储备银行以及欧盟银行监管部门都趋于接受 VAR 作为金融风险的测度方法。总之，VAR 对于任何面临金融风险的机构都有帮助。

最后，VAR 的最大好处可能就是让人利用一个结构性的方法更加精确地思考风险。通过计算 VAR 的过程，各机构不得不面对其所面临的风险，并建立起一种独立的风险管理功能来监管前台和后台。这样一来，处理 VAR 的过程也许与计算 VAR 的数值同样重要。的确，如果我们能够谨慎地运用 VAR，也许就能避免一些曾经发生过的金融灾难。

三、使用 VAR 的必要性

1995 年 2 月 26 日，具有 233 年悠久历史的巴林银行破产，此事惊动了英国女王。显然，巴林银行的破产是由一位 28 岁的交易员尼克·里森在衍生产品交易中损失了 13 亿美元引起的，这笔损失耗尽了银行所有的股权资本。里森是新加坡巴林期货的首席交易员，最初他购进了大量的日经 225 股指期货（日经 225 是日本股票的一个投资组合）。巴林期货在新加坡交易所和大阪交易所的名义头寸一度令人难以置信地高达 70 亿美元。在 1995 年的头两个月里，日本股票市场下跌 15%，巴林期货遭受沉重打击。此时，里森又卖出期权，将赌注压在以后日本股市的稳定上，可是，此举事实上却加大了损失。当损失加大时，里森仍然固执地相信他是对的，因而不断地增加头寸，最后他没有资金来支付交易所要求的保证金，只得于 2 月 23 日仓皇出逃。事后，里森给他的上司发回一份传真，为他留下的烂摊子深表歉意。

德国金属股份公司（MG 公司）的案例讲述了一个因为套期失败导致 13 亿美元损失的故事。当在美国的分公司德国金属股份公司炼油及营销公司（以下简称“MGRM”）出现该损失时，在德国拥有 58 000 名雇员的集团总公司差点破了产。德国金属股份公司炼油及营销公司的问题源于它为石油产品提供长期期货合约，这样它的客户就可以通过购买合约锁定长期价格。到 1993 年，德国金属股份公司炼油及营销公司通过卖出期货合约承诺在 10 年内向客户提供 18.8 亿桶石油产品。该期货合约承诺的这个数量是巨大的，相当于科威特 85 天的原油产量，超出了 MGRM 炼油能力的好几倍。为了通过套期来抵消石油价格上涨的风险，公司最理想的办法是买入有效期和标的数量与之匹配的长期石油远期合约。但是，很遗憾，并不存在一个健全和成熟的长期期货合约的市场，MGRM 只得转向短期期货合约市场，采用“滚动套期保值”（rolling hedge）的办法。这样一来，公司面临的长期风险可以通过一系列短期合约进行对冲。这些短期合约的期限为三个月，当期权到期后，滚动下一个合约。既然三个月的合约最终将滚动成一个从现在起期限为 10 年的合约，因此滚动套期保值的办法和购买并持有一个 10 年远期合约到 10 年后产生的效果是一样的。但是，MGRM 仍面临“基准风险”（basis risk），就是短期价格偏离长期价格的风险。1993 年的石油现货价格从 20 美元跌到 15 美元，这要求 MGRM 拿出大约 10 亿美元来缴足准备金。但是，因为公司现在可以按照锁定的高价来出售石油，所以其部分损失可以用公司从长期期货合约获得的收益来抵消，但德国的母公司并不想拿出那么多钱，于是美国子公司的管理人员被撤掉了，取而代之的是来自欧洲的管理人员。新管理人员上任后马上开始清算和变现余下的合约，导致公司的损失达 13 亿美元。这是因为清算和变现将账面损失转为了实际损失，而如果不这样做的话，损失有可能会随时间的推移而减少，所以自此以后，这次清算就一直受到严厉的批评。

奥兰治县事件可能是地方政府基金对市场风险不加控制的极端事例。奥兰治县的财政主管鲍勃·西特伦受托管理 75 亿美元的资产，这笔资金属于一些县立学校、城镇、特区和奥兰治县政府。为了扩大收入，西特伦通过逆向回购协议借入了 125 亿美元。这样一来，他就可以将 200 亿美元的总资产投资于代理票据，这些票据的平均到期时间为 4 年。在短期融资成本低于中期收益的时候，这种杠杆投资策略运作得非常好，特别是在利率下降的时候。遗憾的是，从 1994 年 2 月开始，利率出现大幅攀升，致使这种策略暴露出严重的问题。因为该基金出现大量的账面损失，所以向西特伦提供短期融资的华尔街经纪商要求他追加准备金。到 1994 年 11 月，基金亏损的消息已传播开，而基金的投资者开始挤提资金。最后，基金无力偿还它借入的抵押贷款，经纪商开始清算基金的抵押品，此时奥兰治县不得不宣布破产。到 1994 年 12 月，在剩余的证券清算完毕后，人们发现奥兰治县的实际损失为 16.4 亿美元。

1995 年 9 月 26 日，大和银行一位 44 岁的交易员井口俊男被指控累计造成了 11 亿美元的损失，这笔损失损耗了银行七分之一的资本。在 1984 年后的 11 年里，井口俊男总共隐瞒了以美国国库券为标的物的 3 万多笔交易。大和银行表示，当损失不断扩大时，井口俊男就超越他的头寸限制进行交易，试图弥补损失。最后，他竟以大和银行的名义卖出了客户存放在大和银行纽约分行的证券。大和银行事后宣称，所有这些交易都没有向银行汇报，并且井口俊男篡改了在大和银行保管人（信孚银行）那里的客户名册。显然，由此事件可以看出，大和银行没有交叉核对每天的交易和月份汇总表。大和银行事件充分暴露了日本银行风险管理的薄弱。

从上述实例可以看出，这些损失有各种各样的原因：巴林银行和大和银行主要是由于交易员违规操作；德国金属股份公司和奥兰治县主要是由于市场风险。但是，它们都有一个共同的原因，那就是缺乏有效的风险管理制度。为了有效地管理风险，目前世界上一些主要的银行和金融机构越来越重视 VAR，这是一种容易理解和掌握的计算市场风险的方法。

1995 年，国际互换及衍生品协会（ISDA）认为：市场风险的测度对那些阅读财务报表的人至关重要，而且大多数从事具体业务和有影响的人均认为测度风险的最适当方法就是某种形式的 VAR。

第二节 VAR 的估算

VAR 的最大优点是以一个简单易懂的数字表明了一个机构在市场上所面临的风险。正因为如此，VAR 很快成为高级主管、总裁及股东用来讨论交易风险的主要工具。例如，J. P. 摩根集团在 1994 年年报中公布其日交易 VAR 的时间间隔为一天、95%的置信水平下平均约为 1 500 万美元。了解这些情况后，股东就可以评估他们能否承受这一风险水平。在 VAR 出现前，股东们对银行所承担风险的程度只有一个模糊的认识。

那么，如何从概率分布中得到 VAR？这主要有两种方法：① 从实际经验得来的分布中求 VAR；② 以正态曲线逼近分布求 VAR。在第②种情况下，VAR 可由标准离差求得。

一、时间间隔和置信水平的选取

衡量 VAR 的第一步是对两个数量因素的选取：① 基本的时间间隔；② 置信水平。这两个因素的选取从某种程度上讲带有随意性。例如，巴塞尔银行监管委员会的内部模型选择了间隔为 10 天、置信区间为 99%，然后将计算出的 VAR 再乘以一个安全系数（值为 3），以保证监管目的的最小资本要求。

假设巴塞尔银行监管委员会选择 10 天为时间间隔，因为这个时间间隔反映了频繁监督的成本与及早发觉潜在问题的获益之间的权衡。从使用者的角度看，这一时间间隔的选择本应由投资组合本身的特性决定。商业银行每日间隔公布交易 VAR 是由于其投资组合营业额的快速变动。相比之下，诸如养老基金之类的投资组合通常只需缓慢调整其所面临的风险，所以通常选取一个月的时间间隔。

对于置信水平的选择，几乎没有什么可遵循的规律。巴塞尔银行监管委员会选定了 99%的置信水平，因为这一水平反映了监管者要确保一个安全有效的金融体系的愿望与银行规定的最小资本需要对其收益产生的不利影响之间的权衡。使用者可根据自身情况设定不同的置信水平，如信孚银行使用 99%的置信水平，大通-曼哈顿银行使用 97.5%的置信水平，花旗银行使用 95.4%的置信水平，美洲银行和 J. P. 摩根银行使用 95%的置信水平。置信水平越高，意味着 VAR 的数值越高。

选取不同置信水平的影响是否显著要视其用途而定。如果将得到的置信水平用于决定需要多少铺底资金，那么置信水平的选取非常关键，其选定的置信水平应反映公司对风险的回避程度及超过 VAR 的损失成本。风险回避程度越高、损失成本越大，表明弥补损失所需的资本量越大，从而置信水平也越高。如果得到的 VAR 只是作为一种公司内部比较不同市场风险的尺度，置信水平的选取就不那么重要。

二、一般分布中的 VAR

为计算某投资组合中的 VAR，我们定义 W_0 为初始投资额，R 为投资收益率。因此，期末投资组合的目标价值为 $W=W_0(1+R)$。在此，我们假定预期收益率 R 的均值和波动率分别为 u 和 σ；假定在给定的置信水平 c 下的投资组合最小价值为 $W^*=W_0(1+R^*)$。VAR 定义为以某货币计价的损失，它与均值有关：

$$\text{VAR}(\text{平均}) = E(W) - W^* = -W_0(R^* - u) \tag{17-1}$$

（17－1）式表明，当期末收益为 W^* 时，则该证券投资组合的损失为证券组合的目标（预期）价值与 W^* 的差。有时，VAR 定义为绝对损失，即与初始投资额有关，而与投资组合的期望价值无关：

$$\text{VAR}(\text{零值}) = W_0 - W^* = -W_0 R^* \tag{17-2}$$

（17－2）式表明，当期末收益为 W^* 时，则把该证券组合的初始投资额与 W^* 的差作为损失额，也就是绝对损失。如果 W_0 等于 0，则绝对损失为 $-W^*$。

在这两种情况下，找到最小价值或最低投资收益率，就等同于找到了 VAR。VAR 最普通的形式可从投资组合未来价值的概率密度函数 $f(w)$ 中获得。在给定置信水平 c 的条件下，我们试图找到最小价值 W^*，因而超出这一水平的概率为 c：

$$c = \int_{W^*}^{\infty} f(w)\,\mathrm{d}w \tag{17-3}$$

或者表述为低于 W^* 的概率 $p=P(w\leqslant W^*)$ 为 $1-c$：

$$1 - c = \int_{-\infty}^{W^*} f(w)\,\mathrm{d}w = P(w \leqslant W^*) = p \tag{17-4}$$

也就是说，从 $-\infty \to W^*$ 区域的面积必等于 $p=1-c$，如 5%。W^* 的数值称作分布的分位点。在这里，我们没有采用标准离差求 VAR。

这种现象对任何分布都有效，不管是连续分布还是离散分布，也不管是底部敞口大还是底部敞口小。图 17－1 显示了 J. P. 摩根集团 1994 年的每日收益分布。

为计算收益的 VAR，假定每日收益是独立同分布的，且置信水平为 95%。在图 17－1 中，平均收益为 510 万美元，共有 254 个观测值。这样，我们将左边观测值为 $254\times5\%=12.7$ 处定为 W^*。因此，在－1 000 万美元左边有 11 个观测值，在－900 万美元左边有 15 个观测值。经修正，我们得到 $W^*=-960$ 万美元。因此，每日收益的 VAR（以均值计算）为：

$$\text{VAR} = E(W) - W^* = 510 - (-960) = 1\,470 \text{（万美元）}$$

如果要得到 VAR 的绝对值（即 $W_0=0$），则

$$\text{VAR} = -W^* = 960 \text{（万美元）}$$

三、收益变量为正态分布随机变量的 VAR

如果收益变量是服从正态分布的随机变量，则 VAR 的计算可大大简化。在这种情况下，VAR 可直接由投资组合标准离差及一个取决于置信水平的乘数得到。这种方法并不

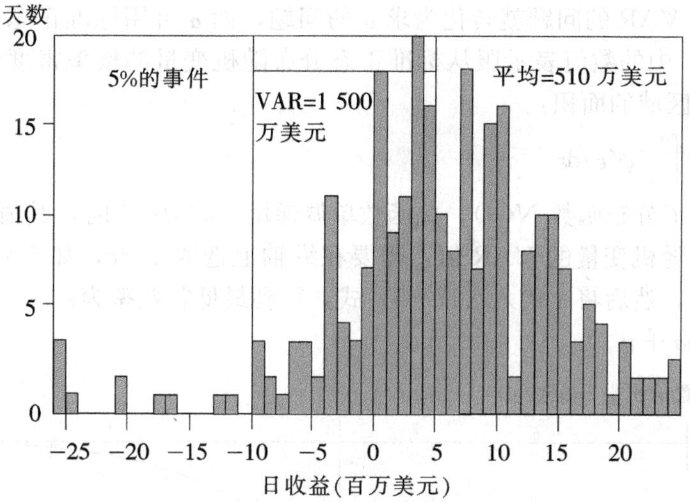

图 17-1 日收益分布

说明：上图中的横坐标表示 J. P. 摩根集团每日的收益，纵坐标表示与收益对应的天数。

是从经验得到的分布中求分位点。当然，利用这种方法也可以得到标准离差、参数的估计，所以这种方法叫作参数法。

首先，设资产价值 W（或公司股票的价格）服从正态分布，其概率密度用 $f(w)$ 表示，或 $W\sim N(\cdot,\cdot)$，令

$$W=W_0(1+R)$$

则 $R\sim N(\mu,\sigma^2)$。这是因为 W 服从正态分布，R 是由 W 经线性变换得到的，故 R 仍然服从正态分布，因此 $\frac{R-\mu}{\sigma}$ 服从标准正态分布，其概率密度记为 $\psi(\cdot)$。我们用最低收益率 R^* 表示 W^*，得到 $W^*=W_0(1+R^*)$，即 $R^*=\frac{W^*}{W_0}-1$。R^* 通常为负值，可写作 $-|R^*|$，令

$$-\alpha=\frac{R^*-u}{\sigma} \tag{17-5}$$

给定显著水平 c，可由下式确定 W^*：

$$\begin{aligned}1-c&=\int_{-\infty}^{W^*}f(w)\mathrm{d}w\\&=P(W\leqslant W^*)\\&=P[(1+R)W_0\leqslant W^*]\\&=P(R\leqslant\frac{W^*}{W_0}-1)\\&=\int_{-\infty}^{R^*}g(r)\mathrm{d}r\\&=\int_{-\infty}^{-\alpha}\psi(\varepsilon)\mathrm{d}\varepsilon\end{aligned} \tag{17-6}$$

其中，$g(\cdot)$ 为 R 的概率密度函数。这是因为

$$\int_{-\infty}^{R^*}g(r)\mathrm{d}r=F(R^*)=\Phi(\frac{R^*-u}{\sigma})=\Phi(-\alpha)=\int_{-\infty}^{-\alpha}\psi(\varepsilon)\mathrm{d}\varepsilon$$

这样一来，求 VAR 的问题就转化为求 α 的问题，而 α 可用标准正态分布表查得。表(标准正态分布表）中的数值表示服从标准正态分布随机变量的概率密度函数与 x 轴及 $x=d$ 所围成的左边区域的面积：

$$N(d)=\int_{-\infty}^{d}\psi(\varepsilon)\mathrm{d}\varepsilon \tag{17-7}$$

图 17－2 表示了分布函数 $N(d)$，此函数单调递增。在 $d=0$ 时，其值为 0.5。要确定服从标准正态分布随机变量的 VAR 值，需要在纵轴上选取 $1-c$，如 $5\%\times(1-c)$。与 α 对应的值为－1.65，然后将 α 代入（17－5）式，得到最低收益率为：

$$R^{*}=-\alpha\sigma+u \tag{17-8}$$

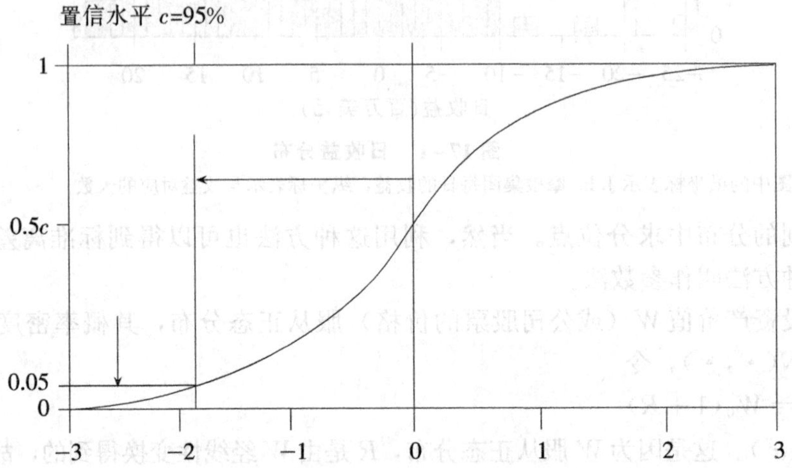

图 17－2　标准正态分布函数

假设参数 u 和 σ 为 R 的均值与标准差，时间间隔为 Δt（单位是年），将（17－8）式代入（17－1）式，得到的 VAR 均值形式为：

$$\mathrm{VAR}_{\Delta t}=-W_0(R^{*}_{\Delta t}-u_{\Delta t})=W_0\alpha\sigma\sqrt{\Delta t} \tag{17-9}$$

这是因为，假设将所考虑的时间段（如一年）分为时间长度 $\Delta t=\dfrac{1}{n}$ 的 n 个小区间，且投资组合在各小区间的收益是独立同分布的，则

$$\sigma^2=\mathrm{var}(X_1+X_2+\cdots+X_n)=n\mathrm{var}(X_1)$$
$$u=E(X_1+X_2+\cdots+X_n)=nE(X_1)$$
$$\mathrm{var}(X_1)=\sigma^2_{\Delta t}=\frac{\sigma^2}{n}$$
$$E(X_1)=u_{\Delta t}=\frac{u}{n}$$

解得：

$$\sigma_{\Delta t}=\sigma\sqrt{\Delta t}$$
$$u_{\Delta t}=u\Delta t$$

因此，在 Δt 年内收益的标准离差 $\sigma_{\Delta t}=\sigma\sqrt{\Delta t}$，$u_{\Delta t}=u\Delta t$。由（17－8）式及（17－1）式可得：

$$R^{*}_{\Delta t}=-\alpha\sigma_{\Delta t}+u_{\Delta t}=-\alpha\sigma\sqrt{\Delta t}+u\Delta t$$

$$VAR_{\Delta t} = -W_0(R_{\Delta t}^* - u_{\Delta t}) = W_0\alpha\sigma\sqrt{\Delta t}$$

即（17－9）式成立。

因此，VAR 的值是某正态分布下的标准差和一个与置信水平 c 有关的分位点 α 的乘积。当 VAR 定义为绝对损失时，计算公式为：

$$VAR_0 = -W_0R^* = W_0(\alpha\sigma\sqrt{\Delta t} - u\Delta t) \quad (17-10)$$

这种方法适用于资产价值服从正态分布的情形，根据它和置信水平就可以确定 α。由中心极限定理可知，满足一定条件的随机变量序列之和服从正态分布。因此，正态分布代表了许多经验分布，而且最容易处理。这种方法尤其适用于样本容量大、多样化程度高的投资组合，但不适用于具有期权的投资组合。

四、VAR 参数的转化

当资产价值服从正态分布时，VAR 取决于两个参数：① 选定的时间间隔（确定 $\sigma\Delta t$）；② 置信水平（确定 α）。两者都可根据需要调整。例如，我们可将“风险度量制”（riskmetrics）的风险度量转化为巴塞尔银行监管委员会内部模型的风险度量。前者选择了间隔 1 天和 95％的置信水平（1.65σ），后者选择了间隔 10 天和 99％的置信水平（2.33σ），它们采用的修正形式如下：

因为

$$VAR_{RM} = W_0 \times 1.65\sigma \times \sqrt{\frac{1}{T}}$$

$$VAR_{BC} = W_0 \times 2.33\sigma \times \sqrt{\frac{10}{T}}$$

所以

$$VAR_{BC} = VAR_{RM} \times \frac{2.33}{1.65}\sqrt{10} = 4.466VAR_{RM}$$

其中，VAR_{BC}为巴塞尔银行监管委员会的 VAR 值；VAR_{RM}为风险度量制的 VAR 值。由此可见，巴塞尔体系下的 VAR 值均为风险度量制下 VAR 值的 4 倍多。

表 17－1 说明了在欧元与美元的年波动率为 12.16％的前提下，如何对置信水平和时间进行组合，以使这些组合均产生同样的$\alpha\sigma\sqrt{\Delta t}$。例如，间隔 1 天、99％的置信水平下得到的 VAR 与间隔 2 天、95％的置信水平下得到的 VAR 相同，该结果与一个间隔 1 周、81.86％的置信水平下的 VAR 相同。

表 17－1　　VAR 参数的转换

置信水平 c（％）	α	Δt	$\sigma\sqrt{\Delta t}$	$\alpha\sigma\sqrt{\Delta t}$
99	－2.33	1 天	0.636	－1.483
95	－1.65	2 天	0.899	－1.483
81.86	－0.91	1 周	1.630	－1.483
69.50	－0.51	3 周	2.908	－1.483
61.03	－0.28	10 周	5.296	－1.483

VAR 的度量只是概率意义上的度量，它给出了 99％的置信水平下的最大损失。换言

之，大于 VAR 的损失发生时间（次数）平均约为 1%，即一年中的 2～3 天。为了提供以防破产的近乎绝对的保障，监管者在巴塞尔体系所得 VAR 中加入了一个乘数$k=3$，这会使 VAR_{BC}约超过 VAR_{RM} 13 倍。这说明了置信水平的选择只是一种惯例，因为所得的 VAR 往往又会乘以一个主观系数。

【本章小结】

VAR 是在正常的市场环境下，给定一定的时间区间和置信水平，测度预期最大损失的方法，是对市场风险的一种综合性度量方法。基于对风险价值客观而精确的度量，VAR 在信息披露、资源配置、绩效评价等实际工作中发挥着重要作用。有效的风险管理制度可以在很大程度上避免风险事件和损失的发生，在人们越来越关注市场风险的今天，使用 VAR 对市场风险进行管理有着特别重要的意义。

VAR 的计算方法有两种：① 从实际经验得来的分布中求 VAR；② 以正态曲线逼近分布，利用标准离差求 VAR。如果是以第②种方法对 VAR 进行求解，VAR 的计算取决于两个参数：① 基本的时间间隔；② 置信水平。不同的时间间隔和置信水平的选取决定了所计算 VAR 的不同，但我们也可以根据需要，在不同的时间间隔和置信水平之间进行 VAR 的转换。

【本章要点】

- VAR 的定义
- VAR 在市场风险管理方面的作用与意义
- 一般分布和正态分布中 VAR 的估算
- 在正态分布中，不同时间间隔和置信水平下 VAR 的转换

【本章关键术语】

VAR　　置信水平　　VAR（平均）　　VAR（零值）　　正态分布

【本章思考题】

1. 什么是市场风险？简述你对用 VAR 管理市场风险的看法。
2. 如何从概率意义上理解 VAR？
3. 阐述计算 VAR 的两种方法，并给出每种方法的优缺点。
4. VAR（平均）与 VAR（零值）在定义及计算上有何区别？

5. 时间间隔和置信水平的选取对 VAR 的计算有何影响？

6. 考虑一个投资 1 000 万元于 A 股票、投资 750 万元于 B 股票的投资组合，投资期限为 1 年。A 股票的预期收益率为 14%、标准差为 16%，B 股票的预期收益率为 9%、标准差为 8%，两者之间的相关系数为 0.35。求一日内 99%的置信水平下的 VAR。

7. 假设一个 100 万元的投资组合，最近 120 天的投资回报情况见下表，计算一日内 95%的置信水平下的 VAR。

<－10%	4
－10%～－5%	15
－5%～0%	36
0%～5%	42
5%～10%	18
>10%	5

第十八章

期权思想在企业中的应用

实际上，期权理论揭示了这样一个原理，即“灵活性具有价值”。现实中的事物往往有这样或那样的选择机会，从期权就是选择权的角度看，多数事物都可用期权来定义，许多金融工具其实都包含某种形式的期权或期权组合。期权定义的普遍适用性也说明了期权原理可以得到广泛应用的可能性，现代期权理论广泛应用于公司的投资决策、融资决策、财务分析、公司并购和战略管理等许多方面。作为一种衍生金融工具，期权对公司投资理论的研究具有重要的作用。在投资决策中恰当地运用期权理论，有利于降低投资风险、增加投资收益。本章主要介绍在公司激励机制中如何运用期权理论以及实物期权在投资决策中的作用。

第一节　期权思想在企业融资决策中的运用

期权理论在企业融资决策中的典型应用就是可转换债券。可转换债券作为债券的一种形式，不仅具有债券的一般属性（按期还本付息），还具有区别于一般债券的本质特征——可转换性。可转换性意味着可转换债券蕴含着债转股的选择权，这种选择权赋予了可转换债券持有人在可转换债券契约规定的未来转换期内以事先约定的转换价格

（一般高于发行时股价的20％～30％）购买约定数量的发行公司股票的权利，债券持有人也可以放弃这种“转换”权利，任何发行公司不得强迫债券持有人将所持的可转换债券转为公司股票。由此可见，可转换债券上附着的转换选择权实际上是一种买入股票的期权，投资者投资于可转换债券就相当于投资者拥有了买入股票的选择权，而发行可转换债券的公司可看成这种期权的卖方。这种期权的取得成本（即期权的权利金）是投资于可转换债券的成本与投资于不附转换选择权的同类债券投资成本的差额。由于当标的股票价格上涨且高于转股价格时行使转换权才有意义，因此可转换债券的投资者以权利金为代价购入期权，表明他看好拟转换股票的上涨前景，所以在期权意义上的转换权实际是一种看涨期权。

一、可转换债券在公司财务中的作用

1. 可降低企业融资成本，提高企业经营绩效

可转换债券因含有预期转股获利的灵活功能，所以其利率水平一般较低，进而公司的资金使用成本低、财务费用支出少。另外，可转换债券在转换成公司普通股以前，发行公司支付的债息可作为固定开支打入企业成本，从而避免了缴纳企业所得税。这在一定程度上降低了公司经营成本，有利于改善公司经营业绩。

2. 有利于改善公司的财务结构

公司发行可转换债券可筹集到一笔稳定的长期资金，从而减轻公司的短期负债，提高公司的偿债能力，有利于公司进行长期规划与经营安排，尤其适用于一些资金投入量大、建设周期长、见效慢的大中型项目的资金需求。特别地，如果投资者将可转换债券转换成公司股票，则原先的债券因转为普通股而消失或减少，固定偿还的债务本金转化为永久性的资本投入，从而降低了公司的资产负债比例，改善了公司的财务结构。当然，这种转换是建立在投资者对公司经营业绩和股票价格前景看好的基础上，因而这也给公司较大的压力和动力去提高经营效益、改善经营业绩。

3. 有利于投资者创造新的投资工具

可转换债券兼具债券与股票的性质：一方面，它设定了保底的最低收益；另一方面，它又提供了将债券转换为普通股并获取风险收益的可能。可转换债券赋予了投资者灵活选择是持有债券还是转换成股票的权利，满足了具有不同风险与收益偏好的投资者的不同需求，而且在发行公司破产时，可转换债券投资者还享有优先于优先股、普通股股东获得清偿等方面的权利，这必然增加可转换债券的吸引力。公司发行可转换债券实际上是给投资者“先尝甜头”的感觉：一方面，可转换债券能保证投资者获得最低收益；另一方面，当投资者发现公司确实有好的业绩时，他又可行使转换权，从而使投资者投资可转换债券感到踏实，进而能够更好地吸引投资者的进入。另外，债券转换为股票只能以一定比例进行，通常也是逐步转换成公司股权，这样可以缓慢稀释公司的股本，逐步缓解公司股本在短期内急剧扩张的压力。

二、可转换债券的价值构成

可转换债券的价值实际上等于纯债券的价值加上一个股票买权的价值。对可转换债券

的价值进行评价，需要判断其纯债券的价值和期权价值两个部分。债券的收益相对固定，但期权价值的大小不仅应对公司的基本情况进行分析，还要通过公司未来业绩的成长性以及以往股价的波动来判断其未来股价的趋势。下面用现金流折现法来估计纯债券的价值，就是将债券的未来现金流量用收益率换算为现值。债券的未来现金流量包括债券的各期利息和到期归还的本金。因此，债券的价值实际上受到债券面值、票面利率、到期期限和到期收益率等因素的影响。

1. 纯债券价值的计算

纯债券价值的计算就是利用通常的折现法将未来的现金流折现，计算公式如下：

$$P=\sum_{t=1}^{n}\frac{Ci}{(1+y)^t}+\frac{C}{(1+y)^n} \tag{18-1}$$

式中，P 为可转换债券的纯债券价值；C 为可转换债券的债券面值；y 为（到期）收益率；i 为票面利率；t 为票息支付的时点。

2. 转换价值的计算

可转换债券的转换价值是指，如果可转换债券能以当前的价格立即转成股票，其应当具有的价值。转换价值的计算公式如下：

转换价值＝普通股的市场价格×转换比例

3. 期权价值

可转换债券的价值通常会超过纯粹的债券价值和转换价值。投资者之所以愿意支付这部分额外的费用，是因为他们预期随着时间的推移和市场价格的变动，他们能在纯粹债券价值和转换价值之间进行比较，以选择利己的策略。这种通过等待而得到的选择权是有价值的，即可转换债券的期权价值。

三、可转换债券的定价

如前所述，我们把可转换债券的转换权界定为一种期权，而且是一种看涨期权。然后，我们就可以用布莱克-斯科尔斯（Black-Scholes）模型来对转换权（即期权价值）进行定价。

本书第九章中给出了不付红利股票的欧式看涨期权的定价公式：

$$C=S_0N(d_1)-Xe^{-rT}N(d_2) \tag{18-2}$$

其中

$$d_1=\frac{\ln(S_0/X)+(r+\sigma^2/2)T}{\sigma\sqrt{T}}$$

$$d_2=\frac{\ln(S_0/X)+(r-\sigma^2/2)T}{\sigma\sqrt{T}}=d_1-\sigma\sqrt{T}$$

式中，C 为当前的看涨期权价格；S_0 为当前的股票价格；$N(\cdot)$ 为标准正态分布函数；X 为执行价格；r 为无风险利率；T 为期权到期时间；σ 为股票连续复利的年收益率标准差。

【例 18-1】 假设 2018 年 6 月某股份有限公司发行了 5 年期可转换公司债券，债券面额为 100 元，票面利率 i 为 1.5%，转股价格为 12.10 元，则每份可转换债券可转 8.264 股（＝100/12.10）。5 年期债券（到期）收益率为 2.65%。

假设 $S_0=11.57$ 元（2018 年 6 月 6 日该公司股票的收盘价），$X=12.10$ 元，$y=2.65\%$，$T-t$ 为 5 年，$\sigma=21.89\%$（由彭博系统查询），代入买权的公式（18－2），得到以该公司每股股票为标的的看涨期权价值为 2.66 元，则每（张）份债券的期权价值为 21.98 元（$=2.66\times8.264$）。

根据（18－1）式，计算得出可转换债券的纯债券价值为：

$$P=\sum_{t=1}^{n}\frac{Ci}{(1+y)^t}+\frac{C}{(1+y)^n}$$

$$=\sum_{t=1}^{5}100\times0.015\times(1+0.0265)^{-t}+100\times(1+0.0265)^{-5}$$

$$=94.68\text{（元）}$$

因此，我们得到了可转换债券的价值，为 116.66 元（$=94.68+21.98$）。

第二节 股票期权和企业管理

经理股票期权（executive stock options，ESO）是指授予公司高级经理人员未来以一定的价格购买本公司股票的选择权，即在签订合同时向经理人提供一种在一定期限内按照既定价格购买一定数量本公司股票的权利。持有这种权利的经理人可以在规定时期内以股票期权的行权价格（执行价格）购买本公司股票，此行为称为行权。在行权之前，股票期权持有人没有任何现金收益；在行权以后，其收益为行权价与行权日市场价之间的差价。经理人员可以自行决定在任何时间出售行权所得股票。当行权价一定时，行权人的收益与股票价格呈正比。

股票期权的激励机制是金融衍生工具从宏观领域向微观领域渗透的典型，是金融工程思想在现代市场中不断扩展和深化的结果。股票期权的激励机制在公司理财及公司治理中具有重要作用。

由于股票期权制度在很大程度上解决了企业代理人激励约束相容问题，因此被认为是一种优化激励机制效应的制度安排，所以股票期权计划在西方发达国家得到了广泛应用。目前，在美国前 500 强公司中，有 80%的公司实行了股票期权计划；在上市公司中，有 90%的公司采用这种激励方式。

一、公司实施股票期权计划的作用

1. 股票期权制度可以有效地解决经理人长期激励不足问题

当期业绩激励方式的基本缺陷是它对经理人的长期激励不足，容易导致经理人在履行契约的过程中出现在职期间的行为短期化问题。因此，要解决经理人的长期激励不足，必须调整经理人当期激励与长期激励的报酬比例，相应减少其基本收益的部分，扩大股票期权激励等报酬所占比重。按照股票期权制度的运作机理，经理人若想执行股票期权并获得收益，其必要条件是企业经营业绩优良、股票的市场价格不断上涨。相反，若企业经营业绩一般、股票的市场价格不断下跌，甚至跌破行权价，那么经理人只能选择放弃期权。因此，股票期权制度将经理人的预期收益与公司的发展紧密结合了起来。经理人若想获得期权收益，只能努力改善公司经营管理，使公司资产不断增值、盈利能力不断增强，以推动公司股票的市场价格不断提高。因此，股票期权制度的引进可推动经理人报酬激励改革，从而解决我国经理人长期激励不足的问题。

2. 股票期权制度有利于上市公司降低委托-代理成本

通过股票期权将经理人的报酬与公司的长期发展业绩或某长期财务指标紧密联系在一起，所有者就无须密切注视经理人是否努力工作、是否将资金投到有益的项目、是否存在追求自身利益最大化而损害股东利益的事情，从而有效地降低了公司的委托-代理成本。股票期权制度的设计是以预期股权收益诱使经理人努力工作，从而追求公司市场价值的增大，只有这样做的经理人才能从不断上涨的公司价值中分享到应得的股票期权收益。

3. 股票期权制度可以低成本地不断吸引并稳定人才

经理人是社会的稀缺资源，企业委托人要使用这一资源必须支付高额的成本。对企业而言，高额的工资与奖金是一笔不小的费用，而且会造成经理层与普通职工间收入的悬殊差异。相比之下，股票期权激励方式避免了现金报酬激励的弊端。企业支付给经理人的只是期权，这是一种不确定的未来收入，是将未来预期财富以期权的方式转移到经理人手中，而且企业在期权执行过程中始终没有现金流出。此外，随着经理人期权的行使，公司的资本金会相应增加。与此同时，股票期权制度是以股权为纽带，通过股票期权制度的附加条款设计，连接经理人与公司的关系。国外通行的做法是规定股票期权授予一年之后方可行使，并且在未来期权持续期内，按匀速或非匀速分期分批行使。这样一来，经理人在期权持续期内离开公司，将使其丧失部分尚未行使的剩余期权，这无疑加大了经理人离职的机会成本，因此成为约束公司经理人的“金手铐”。

二、股票期权计划的要素

股票期权计划应当包括五个基本要素，即股票期权的受益人、有效期、行权价、数量和兑现价。在具体实施股票期权计划的时候，要对这五个基本要素进行周密设计。

1. 股票期权的受益人

股票期权的受益人（即股票期权的拥有者）是股票期权计划所要激励的对象，他们是公司的重要管理人员，即那些在公司里参与决策过程的“核心层”高级主管，如总经理、执行董事、高级管理人员等。我国政策明确强调，可以对三类人员给予股份奖励，包括经理层、科技人员和有突出贡献的企业职工，具体的被激励人员由董事会一个专门的委员会（美国为薪酬委员会）选择。

2. 股票期权的有效期

股票期权的受益人只能在规定的期限内行使股票期权所赋予的权利，这就是股票期权计划中的有效期，通常称为“行权期”。有效期可长可短，一般认为 4～10 年比较适宜。在股票期权计划中，公司要对有效期附加具体的限制条件，限制条件之一是在有效期内另外规定一个“等待期”。在该等待期内，股票期权的受益人尚不能行使股票期权所赋予的特权。等待期可长可短，如三个月或者两年。附加等待期的规定意味着实际有效期的缩短。等待期的长短也是可变的——根据受益人的业绩或提前或推迟（甚至取消）股票期权的实施。限制条件之二是有效期的“分期”，即把有效期分为若干个时期，并规定必须分期行使股票期权所赋予的权利。例如，公司规定在有效期内，每年受益人只能购买股票期权所允许总量的一部分。与等待期一样，分期也可以是灵活的——可根据受益人的业绩或加速或延缓股票期权的实施。在一个具体的股票期权计划中，公司还可以把附加等待期和分期两个规定同时在有效期内实施。

3. 股票期权的行权价（执行价）

股票期权的行权价是指股票期权计划中规定的股票期权受益人购买股票的价格，主要包括三种情况：

（1）在一般情况下，行权价就是推出股票期权计划时公司股票的市场价格，或者称为“平价（at-the-money）期权”。

（2）如果考虑到在某时期的股票价格并不一定能够准确地反映公司的真实经营状况，也可以让行权价略高于相应的市场价格，称为价外期权，或者“虚值（out-of-the-money）期权”。一般来说，价外期权适用于公司股价看涨的时候，由于它提高了获利的难度，对受益人会产生更大的激励。

（3）可以让行权价略低于相应的市场价格，比如设为市场价格的某个百分比，称为价内期权，或者“实值（in-the-money）期权”。显而易见，价内期权可以进一步增加激励的力度。价内期权的好处是能够给予经理报酬，用以激励他们更好地工作。价内期权相当于向期权持有人提供了优惠，致使股东权益被稀释，因而老股东可能不愿意接受。但当上市公司股价看跌时，受益人要把跌势扭转为涨势方可获益，其难度较大，如果按市价设定，受益人可能不接受。

4. 股票期权的数量

股票期权的数量是在股票期权计划中规定的股票期权受益人所能购买的全部股票数量，它反映了股票期权的规模。在确定股票期权的数量大小时，要考虑两个问题：① 要考虑它在公司总股本中所占的比例，太小起不到激励的作用，太大又会损害公司所有者的利益。②考虑全部股票期权在不同层次管理人员中的分配。

5. 股票期权的兑现价

股票期权的兑现价是指在股票期权计划中规定的股票期权受益人卖出股票的价格。兑现价一般可以按市场价设定。

三、股票期权的执行方法

股票期权的执行方法一般有三种：现金行权、无现金行权和无现金行权并出售。

（1）现金行权。股票期权受益人向公司指定的券商支付行权费用以及相应的税金和费用，券商收到付款凭证后，以行权价格执行认股权。券商为个人购买股票，并将股票存入股票期权受益人的“蓝图账户”（个人在指定券商处开设的经纪人账户，用以支付行权费用、税金、佣金和其他费用，存放股票，行权收益也可存入“蓝图账户”）。

（2）无现金行权。股票期权受益人无须以现金或支票来支付行权费用，券商以出售部分股票获得的收益来支付行权费用，并将余下的股票存入股票期权受益人的“蓝图账户”。

（3）无现金行权并出售。个人决定对部分或全部可行权的认股权行权并立刻出售，以获取行权价与市场价的差价带来的利润。

第三节 期权思想在公司投资决策中的运用

实物期权的概念是与金融期权相对应的，如果期权的标的资产是非金融资产，那么就可以将这类期权称为实物期权。例如，对于一个投资项目，投资者有权根据市场的变化在未来扩大投资规模，以获取更高的收益，这就表明投资者有一个扩大投资规模的实物期权。默顿（Merton，1974）将公司的股票看作一种看涨期权，期权的标的资产是公司的总价值，而执行价格是公司债务总额，也就是将股票看作实物期权的一种。

尽管在实践和研究中，实物期权的思想已得到广泛应用，但实物期权的概念是MIT斯隆管理学院的斯图尔特·迈尔斯（Stewart Myers）教授在1977年才正式提出的。迈尔斯教授首先分析了传统投资决策方法的不足，而后在此基础上提出：一个投资方案产生的现金流量所创造的利润，来自目前所拥有资产的使用，再加上一个对未来投资机会的选择。这个未来投资机会的选择权就是实物期权。

实物期权与金融期权是有区别的（我们用以股票为标的资产的期权为例），表18-1对实物期权和金融期权进行了简单的比较。

表18-1 金融期权与实物期权之间的比较

	金融期权	实物期权
标的资产	股票价格	投资项目现金流的现值
执行价格	由期权合约事先确定	投资项目的总成本
期限	由期权合约事先确定	项目投资机会的持续时间
是否有合约	有	无
波动性	股票价格的波动性	项目未来现金流的波动性

实物期权在提出时就与投资决策相联系，迈尔斯提出实物期权就是为了弥补传统投资决策方法——现金流折现法(DCF）的不足。传统的投资决策方法并没有考虑实物期权的影响，然而，由于实物期权是有价值的，所以传统的投资决策方法可能会低估项目的价值。如果使用实物期权方法进行投资决策，则要求在计算投资项目价值时对实物期权的价值进行评估，其中，项目的价值等于现金流的净现值加上实物期权的价值。使用这种方法对项目进行评估，原来一些财务净现值为负的项目再加上实物期权的价值后，其现值有可能为正，从而该项目变得有投资价值。

实物期权的种类很多，包括扩大投资规模期权、收缩投资规模期权、放弃期权、推迟投资期权等。本章主要对扩大投资规模期权、放弃期权、推迟投资期权这三种在实际投资中常见的实物期权进行分析。

一、扩大投资规模期权

企业在生产经营过程中可以根据市场的情况调整生产规模。如果市场需求增加或者市场价格上升，企业可以扩大项目的投资规模，从而增加项目的现金流量、提高项目的总体价值。在此，扩大投资规模就可以视为一个买方期权，在进行投资决策的时候应该考虑这个实物期权的价值。

假设投资项目 A 的净现金流如表 18－2 所示。

表 18－2　　投资项目 A 的净现金流　　单位：万元

年份	2006	2007	2008	2009	2010	2011	2012
净现金流	－20 000	4 000	5 000	6 000	6 500	7 000	10 000

该项目的年限为 6 年，自 2006 年开始建设，2012 年项目到期。我们取折现率为 20%，使用 DCF 方法，可以得出该项目的净现值为－3 957.46 万元。显然，如果按照传统的投资决策方法，这个投资项目是不适于投资的。

但是，考虑到该项目进入的是一个新兴的行业，并且此行业在未来有一定的发展前景，若 2013 年该项目的市场很好，那么就可以通过扩大投资规模来提高项目的收益。这种情况在很多新兴行业十分常见，一个朝阳产业在其初始的成长期可能并不能为投资者带来很高的利润，甚至在投资初期还会产生亏损，但当行业进入成熟期时，首先进入这个行业并占有市场的投资者就可以通过扩大投资规模等方式大幅提高盈利。因此，这就要求投资者对该行业的发展前景有比较准确的把握。

假设上述项目只能在 2009 年选择是否增加投资规模，即在项目 A 的基础上，再投入 50 000 万元，增加投资的净现金流量如表 18－3 所示（表中为最保守的估计值）。

表 18－3　　投资项目 B 的净现金流　　单位：万元

年份	2009	2010	2011	2012	2013	2014	2015
净现金流	－50 000	10 000	10 000	10 000	20 000	20 000	20 000

借助 DCF 方法，假设折现率为 20%，通过把每年现金流折现求和，再减去 50 000 万元，我们可以得到项目 B 在 2009 年的净现值为－4 554.61 万元，仍是负的。但是，我们需要对项目 B 的现金流量进行说明。项目 B 的现金流量是我们对未来现金流进行估计的期望值，该项目在未来可能盈利十分高，也可能亏损十分大，也就是项目现金流的波动性很大。显然，如果现在是 2006 年，那么 2009 年是否投资项目 B 的期权价值就很大；如果市场很好，那么我们就可以进行投资；如果市场不好，我们就放弃扩大投资。利用 B-S 模型，我们可以对这个期权价值进行粗略的计算。

期权执行价格 X 是项目 B 的投资额 50 000 万元，期权的标的资产价格 P 是项目预期现金流 45 445.39 万元，折现到 2006 年是 26 299.41 万元。假设项目现金流的波动性较大，标准差为 0.4，无风险收益率为 10%，则根据 B-S 公式，可得：

X 的现值 $\mathrm{PV}(X) = 50\,000/1.1^3 = 37\,565.74$（万元）

$$d_1 = \ln(P/\mathrm{PV}(X))/\sigma\sqrt{t} + \sigma\sqrt{t}/2 = -0.168\,2,\ N(d_1) = 0.433\,2$$

$$d_2 = d_1 - \sigma\sqrt{t} = -0.861\,0,\ N(d_2) = 0.194\,6$$

看涨期权的价值 $= PN(d_1) - \mathrm{PV}(X)N(d_2) = 4\,082.61$（万元）

由于看涨期权的价值为 4 082.61 万元，而项目 A 的净现金流为－3 957.46 万元，因此项目 A 的总价值为 4 082.61－3 957.46＝125.15 万元＞0，因此该项目具有投资价值。

很显然，由于项目 A 给予投资者后续投资的期权，使得项目 A 的价值大大增加，净现值由原先的负值变为正值。因此，如果按照传统的 DCF 方法进行投资决策，就有可能丧失许多好的投资机会。

需要注意的是，上例对期权进行评估时，要求标的资产（即预期现金流）的波动性较大，也就是标的资产在未来获得很高利润的概率较大。如果预期现金流的波动性较小，假设标准差为 0.25，则得出的期权价值为 2 130.12 万元，即使加上项目 A 的净现值仍然为负，此时项目 A 仍不适于投资。因此，在实际投资决策中如何对期权进行估值，要求投资者对项目的未来发展以及行业的未来发展有比较准确的判断，然后在此基础上才能对投资与否做出准确的判断。

一般来说，如果投资项目所在行业是新兴的或者刚刚起步，则未来收益的波动性会比较大，也就是在未来获得高利润的概率更高。在这种情况下，看涨期权的价值会比较高，所以投资者可能倾向投资。如果投资项目所在行业处于成熟期，则扩大投资规模的期权价值可能会比较小。

二、放弃期权

投资项目在未来可能市场状况较好，从而给予投资者扩大项目投资的期权；如果在未来项目的市场状况不好，导致项目的收益远低于预期，则投资者可以考虑放弃该项目，也就是在项目到期之前将项目的资产进行清算，出售机器设备、厂房等资产，在二手市场获取残值。这就相当于投资者拥有一份看跌期权，该期权的执行价格是资产的残值，标的资产是项目的未来现金流。

放弃期权的价值可以使用二叉树模型进行评估，下面举例进行说明。假设目前企业 E 要对两个互斥的投资项目——项目 C 和项目 D——进行取舍，两个项目的初始投资额均为 36 万元。

其中，项目 C 的现金流二叉树如图 18－1 所示，每个节点的单位是万元，项目运营 3 期，每根线上的数字是指获得下一个节点现金流的概率。由图可见，如果市场情况良好，则项目 C 的现金流不断上升；如果市场情况不好，则现金流的下降也很快。

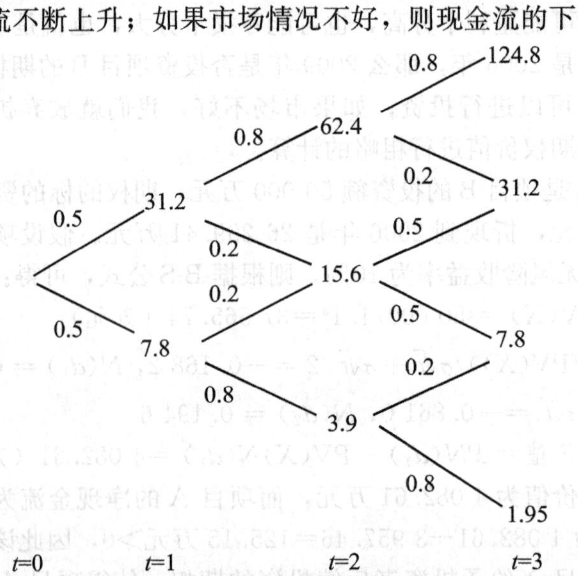

图 18－1 项目 C 的现金流二叉树

项目D的现金流二叉树如图18-2所示。由图可见，项目D各节点的现金流均比项目C要低。

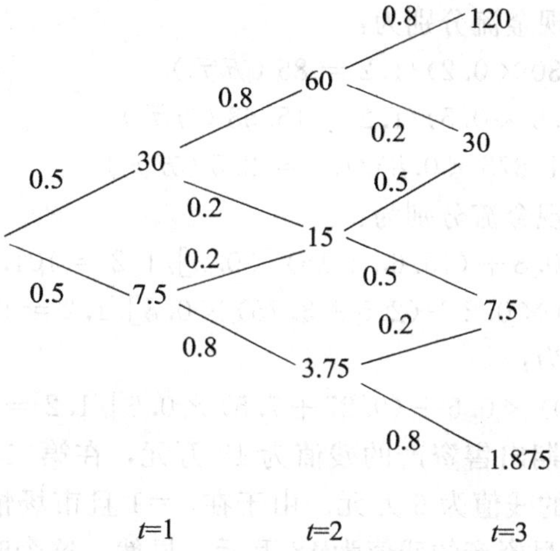

图18-2 项目D的现金流二叉树

显然，利用传统的现金流折现法，我们可以对项目C和项目D的现金流进行折现，求得其净现值，然后进行比较。我们通过求每期的期望现金流，然后进行折现（折现率为20%），求得项目C的净现值为28.34万元，项目D的净现值为25.89万元。由此可见，如果依据DCF方法，则项目C优于项目D。

假如现在给予项目D一个放弃期权，即在市场状况持续走低的时候放弃该项目，出售项目相关资产，那么项目D的价值显然就会有所变化，我们需要对这个期权的价值进行评估，然后将两个项目进行比较。

只需对项目D进行重新评估，我们计算项目D在每一期（不放弃项目的前提下）的总现金流，即未来现金流的现值加上当期的现金流，重新画出项目D的现金流二叉树，如图18-3（暂时没有考虑初始的36万元投资）所示。

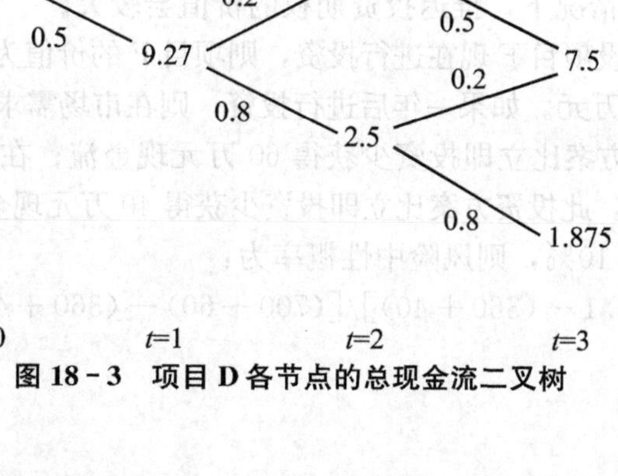

图18-3 项目D各节点的总现金流二叉树

具体的计算方法为：

$t=3$ 时各节点没有未来的现金流入，因此现金流就是当期现金流。

$t=2$ 时各节点的总现金流分别为：

$$(120\times0.8+30\times0.2)/1.2=85\text{（万元）}$$

$$(30\times0.5+7.5\times0.5)/1.2=15.63\text{（万元）}$$

$$(7.5\times0.2+1.875\times0.8)/1.2=2.5\text{（万元）}$$

$t=1$ 时各节点的总现金流分别为：

$$[(85+60)\times0.8+(15.63+15)\times0.2]/1.2=101.77\text{（万元）}$$

$$[(15.63+15)\times0.2+(2.5+3.75)\times0.8]/1.2=9.27\text{（万元）}$$

$t=0$ 时的总现金流为：

$$[(101.77+30)\times0.5+(9.27+7.5)\times0.5]/1.2=61.89\text{（万元）}$$

假设项目 D 在第一期出售资产的残值为 18 万元，在第二期出售资产的残值为 12 万元，在第三期出售资产的残值为 6 万元。由于在 $t=1$ 且市场情况不好时，总现金流仅为 9.27 万元，此时出售项目资产的残值为 18 万元，显然，这个时候应该出售项目资产。下面计算这个卖出期权的价值。

当市场情况好的时候，期权的价值为 0，当市场情况不好的时候，期权的价值为 8.73 万元（$=18-9.27$）。假设无风险利率为 10%，则风险中性概率为：

$$p=(1.1\times61.89-9.27)/(101.77-9.27)=0.635\,8$$

$$1-p=0.364\,2$$

从而得到卖出期权的价值为 2.89 万元（$=8.73\times0.364\,2/1.1$）。因此，项目 D 的总价值为 28.78 万元（$=61.89+2.89-36$）$>$28.34 万元（项目 C 的净现值），所以放弃期权的存在使得项目 D 优于项目 C。

如果项目具有很高的不确定性且开发期长，则放弃期权的价值会比较大，比如放弃期权多存在于研究与开发密集型产业（特别是制药业）。

三、推迟投资期权

由于项目投资的周期比较长，因此需要对项目的相关问题进行详细分析。特别是对于一些不可回收的投资项目来说，决策失误可能会造成很大的损失，因此投资者有可能推迟投资，等待项目的大量不确定性得到解决后再进行投资，这样也有利于投资者控制投资的损失。这里就存在一个等待期权，即投资者拥有一个选择最佳投资机会的期权，特别是在项目的前景很不明朗的情况下，推迟投资期权的价值会较大。

下面举例说明。假设项目 F 现在进行投资，则项目 F 的价值为 500 万元，需要投入资金 450 万元，即净现值 50 万元。如果一年后进行投资，则在市场需求较好的时候，项目的价值为 700 万元，但此投资方案比立即投资少获得 60 万元现金流；在市场需求不好的时候，项目 F 的价值为 360 万元，此投资方案比立即投资少获得 40 万元现金流，如图 18－4 所示。

假设无风险利率为 10%，则风险中性概率为：

$$p=[500\times1.1-(360+40)]/[(700+60)-(360+40)]$$
$$=0.416\,7$$

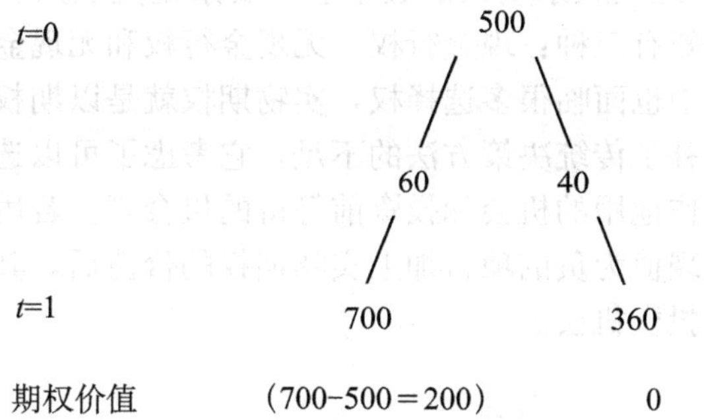

图 18-4 项目 F 的现金流量图

$1-p=0.5833$

从而期权的价值等于 83.34 万元（=200×0.4167），其折现值为 75.76 万元（=83.34/1.1），而如果立即进行投资，则项目的净现值为 50 万元，低于推迟投资的期权价值，因此应该选择更优的策略——等待。

四、其他形式的实物期权

除了上述三种实物期权外，实际存在的实物期权还有转换期权、增长期权等。转换期权是指，如果项目可以生产多种产品，那么在未来的时间里，企业就可以依据市场状况，选择生产对企业最有利的产品。比如企业进行房地产投资的时候，可根据市场需求，将其产品在写字楼、住宅楼、工业用楼等类型之间进行转换。增长期权是指项目的投资者在进行初始投资后，能够获得一些后续的新投资机会。比如制药企业在一种新药成功上市后，可以在此基础上研制新的药物。

【本章小结】

当我们将期权看作一种选择权时，就会发现现实中存在的多种金融工具都包含着某种形式的期权或期权组合。本章主要介绍期权理论在企业经营中的应用。在公司投融资决策、财务分析、并购以及战略管理等活动中，我们都可以发现不同种类的期权。

在公司的融资途径中，可转换债券是一个很好的选择。我们可以将可转换债券看作一种嵌有看涨期权的债券，因为它给予债券持有人在规定的时间内以一定的比例将债券转换为股票的权利。这种转换权使得可转换债券对于投资者来说具有较大的吸引力，也有利于公司降低融资成本、改善财务结构，从而使可转换债券成为公司融资可以选择的途径之一。可转换债券的价值等于纯债券的价值加上一个股票买权的价值，我们可以对两者分别进行定价，然后求和，从而得到可转换债券的价值。

在企业管理方面，股票期权同样发挥着重要作用。经理股票期权给予公司高级经理人员在未来以一定的价格购买本公司股票的选择权，当行权价一定时，行权人的收益与股票价格呈正比。这种股票期权激励机制可以在一定程度上解决经理人长期激励不足的问题，并降低委托-代理成本。经理股票期权的五个基本要素是受益人、有效期、行权价、数量和兑现价，执行方法一般有三种：现金行权、无现金行权和无现金行权并出售。

在公司的投资决策中也面临很多选择权，实物期权就是以期权定义的现实选择权。实物期权投资决策方法弥补了传统决策方法的不足，它考虑了可以选择其他机会的价值，包括追加投资的机会、转作他用的机会和投资前等待的机会等。若用实物期权法对投资项目进行评估，原本一些净现值为负的项目加上实物期权的价值后，其现值可能为正，从而使公司获得更多有价值的投资机会。

【本章要点】

● 可转换债券在公司财务中的作用、可转换债券的价值构成以及如何对可转换债券进行定价

● 经理股票期权在解决公司委托-代理问题中的作用、股票期权计划的各种要素以及股票期权的执行方法

● 实物期权的定义。公司投资决策中存在的实物期权，如追加投资的机会、转作他用的机会和投资前等待的机会等

【本章关键术语】

可转换债券　转换价值　经理股票期权　委托-代理问题　实物期权

【本章思考题】

1. 如果市场利率上升，简述可转换债券的价格将如何变化。

2. 某公司发行了 3 年期可转换债券，面额为 100 元，票面利率为 2%，转换价格为 20 元，债券持有人可以在到期前的任何时间转换股票。以 3 年期债券的到期收益率 3%作为无风险利率，当期股票价格为 16 元，年度波动率为 20%，求可转换债券的价值。

3. 试述经理股票期权作为一种新型激励机制的优势所在。

4. 即使期权使公司的花费大于期权对主管的价值，公司还要向主管发行期权，这是为什么？为何不只给现金并平分剩余部分，那样不会使公司和主管双方的处境都更好吗？

5. 威廉·赫特（William Hurt）是第一太平洋贸易公司（FPTC）的首席执行官，他的纯年薪是 100 万美元。FPTC 股票的现行价格是每股 50 美元。赫特先生刚获得 FPTC 董事会赠予的价值 100 万美元的 FPTC 普通股期权。该股票期权 4 年后到期。FPTC 股票的变异度按年计约为 25%。

（1）试确定赫特先生股票期权的价值。

（2）赫特先生不想要股票期权，他想要 125 万美元的纯年薪，但董事会不同意。哪一

方是正确的？

6. 实物期权是如何影响公司的投资决策的？

7. 有人认为，对实物期权的分析毫无意义，因为高风险项目的实物期权价值比低风险项目的实物期权价值更大。对此，你怎么看？

8. 某公司正考虑一个投资期限为 3 年的投资项目，初始投资金额为 50 万元，该项目每年带来的现金流有 50%的可能性为 10 万元，有 50%的可能性为 28 万元。投资 1 年后，若市场表现不好，该公司可以选择终止这个项目并获得 25 万元的现金流。假设该投资要求的收益率为 10%，投资满 3 年后该项目的残值为 0。

(1) 若不考虑实物期权，该项目的净现值为多少？

(2) 若考虑实物期权，该公司将如何决策？

第五篇　金融工程技术应用篇

第十九章
中国金融衍生产品市场概况

第一节 中国金融衍生产品市场的发展

1992年在资本市场发展初期，我国就试点了国债期货、外汇期货、股指期货等金融衍生产品，后因市场条件不成熟且出现了一些问题而叫停。1998年，内嵌期权的可转换债券作为上市公司低成本融资的一种重要方式推出；2005年，权证作为配合股改实施的重要产品上线。这些非主流金融衍生产品的推出培养了一批灵活运用多种金融衍生产品的市场参与者，同时也为我国金融衍生产品市场的发展积累了经验。

2010年4月16日，首个主流的标准化金融衍生产品——沪深300股指期货合约正式上线，成为场内金融衍生产品发展史上的里程碑。此后，国债期货合约（2013年）、股票期权合约（2015年）陆续推出。截至2018年第一季度，共有6种场内金融衍生产品，分别是沪深300、上证50、中证500三个股指期货合约，5年期、10年期两个国债期货合约，以及上证50ETF期权合约，如图19-1所示。

此外，自2013年6家券商试点场外期权和互换合约以后，场外金融衍生产品得以快速发展，目前的报价品种已包括股指期权、股票期权、收益互换、收益凭证和其他结构化产品等种类，业务规模（未平仓余额）达到千亿元级别。

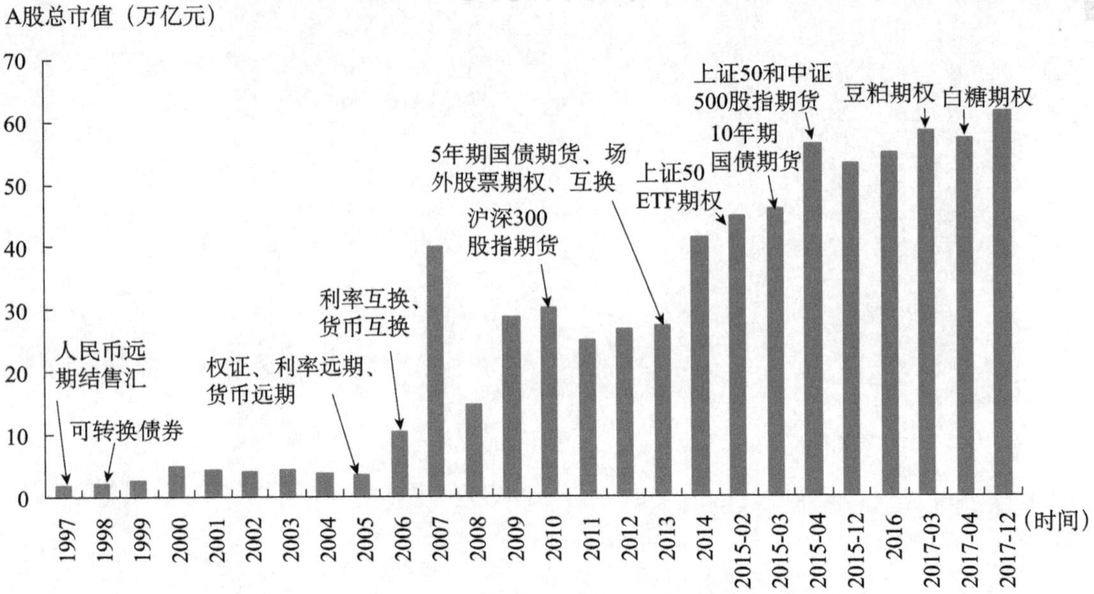

图 19-1　中国金融衍生产品的发展历程

第二节　场内金融衍生产品合约及运行情况

金融衍生产品的首要功能是风险对冲，也有投资者将其用于投资、趋势性交易和套利。场内金融衍生产品由中国证监会监管，股指期货和国债期货在中国金融期货交易所挂牌，上证 50ETF 期权在上海证券交易所挂牌。

一、股指期货合约

截至 2018 年第一季度，股指期货的参与者包括券商、基金公司、私募基金公司、保险公司（限套期保值）、QFII（限套期保值）和其他合格机构及个人投资者，是参与者最丰富的金融衍生产品。

我国首个挂牌的股指期货品种是 2010 年 4 月 16 日推出的沪深 300 股指期货合约（见表 19-1），该合约运行 5 周年后，上证 50 和中证 500 股指期货合约（见表 19-1）第二批上线。由于期货具有交易效率高（T+0）、成本低、资金利用效率高（保证金杠杆交易）等特点，大多数交易日股指期货的名义成交额都为 A 股全部成交额的 1.5 倍至 4 倍，是证券市场上非常重要的投资工具。2015 年 6 月，在牛市的最高点，股指期货日均持仓量达到 30.4 万手，日均成交量达到 289.9 万手，沪深 300 股指期货一度成为全球最大的股票期货合约。2015 年 8 月后，随着降低最大交易及持仓限制等一系列交易限制措施的实施，股指期货市场快速萎缩，最终下降到日均持仓 8 万手、日均成交 4 万手左右的水平，如图 19-2 所示。2018 年第一季度，三大股指期货日均持仓 9.48 万手，日均成交 4.12 万手，如图 19-3 所示。

表 19-1　　股指期货合约（2018 年第一季度最新参数）

条款项目	沪深 300 股指期货合约	上证 50 股指期货合约	中证 500 股指期货合约
合约标的	沪深 300 指数	上证 50 指数	中证 500 指数
合约乘数	每点 300 元	每点 300 元	每点 200 元
报价单位	指数点	指数点	指数点
最小变动价位	0.2 点	0.2 点	0.2 点
合约月份	当月、下月及随后两个季月	当月、下月及随后两个季月	当月、下月及随后两个季月
交易时间	上午：9:30—11:30 下午：13:00—15:00	上午：9:30—11:30 下午：13:00—15:00	上午：9:30—11:30 下午：13:00—15:00
每日价格最大波动限制	上一个交易日结算价的±10%	上一个交易日结算价的±10%	上一个交易日结算价的±10%
最低交易保证金	合约价值的 8%	合约价值的 8%	合约价值的 8%
最后交易日	合约到期月份的第三个周五，遇国家法定假日顺延	合约到期月份的第三个周五，遇国家法定假日顺延	合约到期月份的第三个周五，遇国家法定假日顺延
交割日期	同最后交易日	同最后交易日	同最后交易日
交割方式	现金交割	现金交割	现金交割
交易代码	IF	IH	IC
上市交易所	中国金融期货交易所	中国金融期货交易所	中国金融期货交易所

资料来源：中国金融期货交易所。

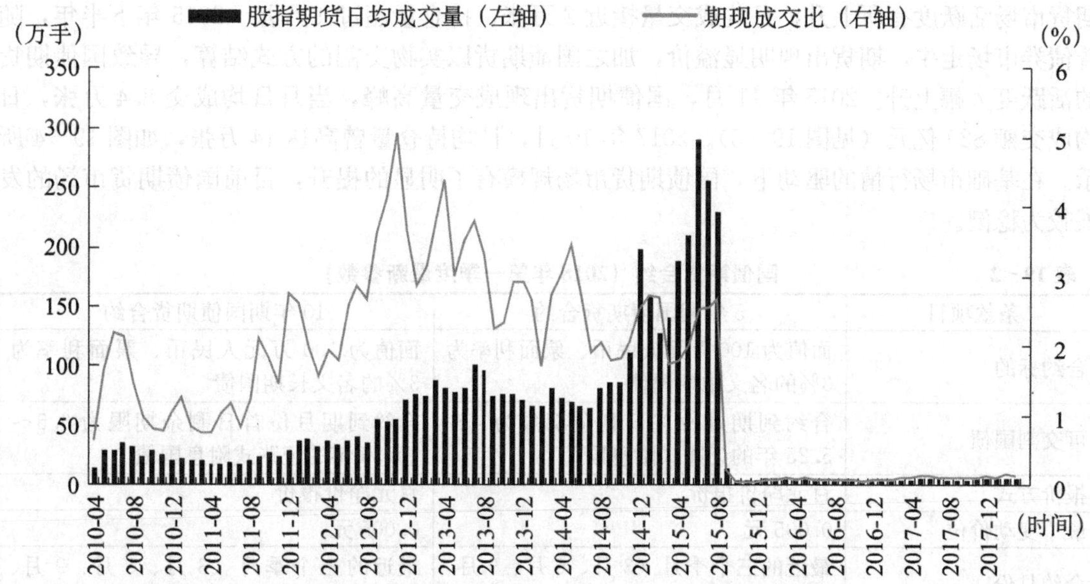

图 19-2　股指期货每月日均成交量 vs. 期现成交比

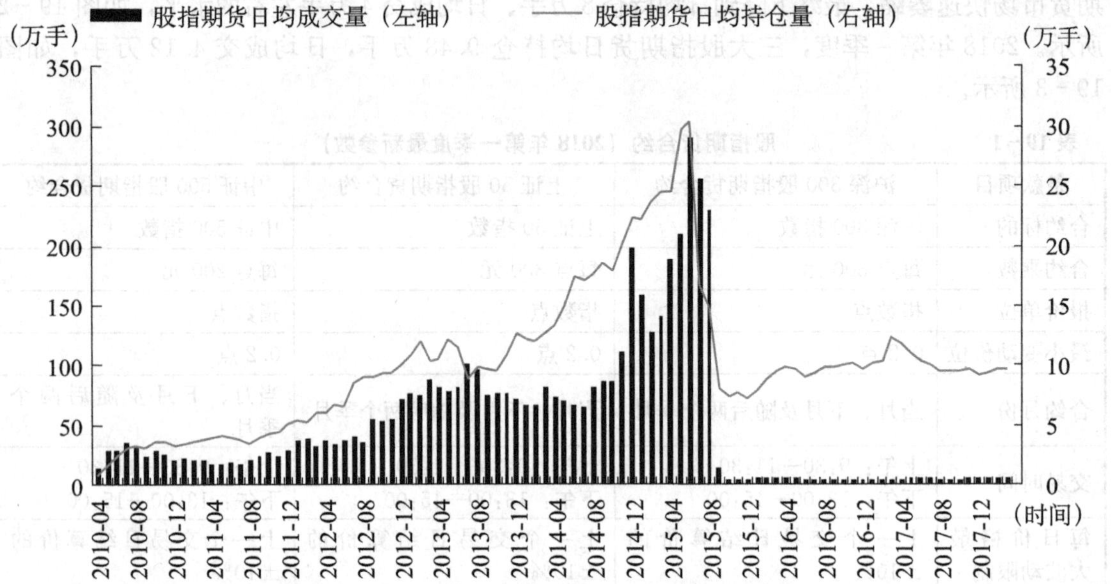

图 19－3 股指期货每月日均成交量及持仓量

二、国债期货合约

早在 1992 年年底，上海证券交易所就试点过国债期货合约，1995 年受“327 国债事件”等恶性事件影响，最终夭折。2013 年 9 月 6 日，5 年期国债期货合约（见表 19－2）在中国金融期货交易所挂牌上市。由于绝大多数债券都在银行间市场交易，并且商业银行没有参与国债期货交易，因而在上市一年多的时间里，国债期货一直交易低迷。在国债期货交易最清淡的 2014 年 4 月，日均成交量仅 1 300 张左右，日均持仓量也不到 5 000 张，如图 19－4 所示。2015 年 3 月 20 日，第二个国债期货品种——10 年期国债期货合约（见表 19－2）上市，期货市场活跃度有所上升，日均成交量接近 2 万张，持仓量超过 4 万张。2015 年下半年，随着债券市场走牛，期货出现明显溢价，加之国债期货以实物交割的方式结算，导致国债期货的活跃度大幅上升。2015 年 11 月，国债期货出现成交量高峰，当月日均成交 8.4 万张，日均成交额 829 亿元（见图 19－5）。2017 年 10 月，日均持仓量曾高达 14 万张，如图 19－4 所示。在基础市场行情的驱动下，国债期货市场规模有了明显的提升，目前国债期货市场的发展较为稳健。

表 19－2　　国债期货合约（2018 年第一季度最新参数）

条款项目	5 年期国债期货合约	10 年期国债期货合约
合约标的	面值为 100 万元人民币、票面利率为 3%的名义中期国债	面值为 100 万元人民币、票面利率为 3%的名义长期国债
可交割国债	合约到期月份首日剩余期限为 4～5.25 年的记账式附息国债	合约到期月份首日剩余期限为 6.5～10.25 年的记账式附息国债
报价方式	百元净价报价	百元净价报价
最小变动价位	0.005 元	0.005 元
合约月份	最近的三个季月（3 月、6 月、9 月、12 月中的最近三个月循环）	最近的三个季月（3 月、6 月、9 月、12 月中的最近三个月循环）

续前表

条款项目	5 年期国债期货合约	10 年期国债期货合约
交易时间	9:15—11:30；13:00—15:15	9:15—11:30；13:00—15:15
最后交易日交易时间	9:15—11:30	9:15—11:30
每日价格最大波动限制	上一交易日结算价的±1.2%	上一交易日结算价的±2%
最低交易保证金	合约价值的 1%	合约价值的 2%
最后交易日	合约到期月份的第二个星期五	合约到期月份的第二个星期五
最后交割日	最后交易日后的第三个交易日	最后交易日后的第三个交易日
交割方式	实物交割	实物交割
交易代码	TF	T
上市交易所	中国金融期货交易所	中国金融期货交易所

资料来源：中国金融期货交易所。

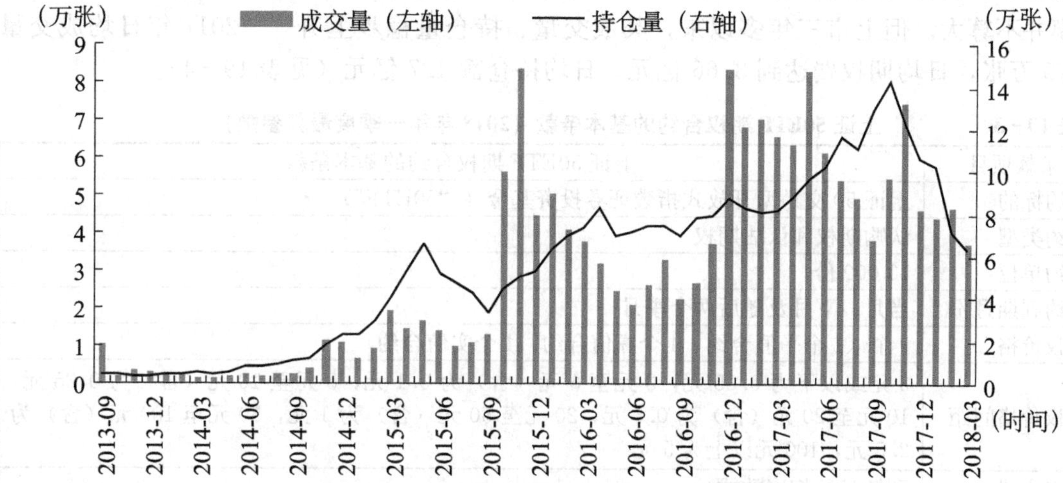

图 19－4　国债期货每月日均成交量及持仓量

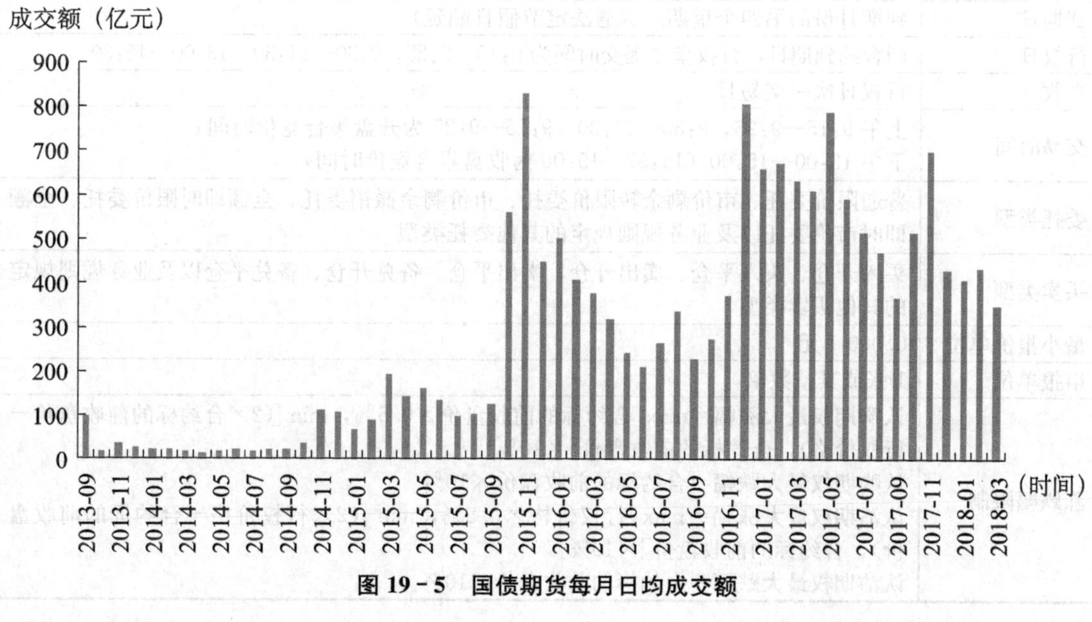

图 19－5　国债期货每月日均成交额

三、期权合约

国际上首个交易所交易的标准化期权合约在 1973 年由美国芝加哥期权交易所（CBOE）推出，尽管中国市场在 1992 年至 1996 年推出的认股权证、在 1998 年推出的可转换债券以及在 2005 年为配合股改推出的权证均具有期权属性，但与标准的期权合约相比均有一定差别，算不上真正的期权市场。在场内期权诞生 42 年以后，2015 年 2 月 9 日中国首个交易所交易期权——上证 50ETF 期权（见表 19 - 3）终于在上海证券交易所上市。

在期权上线的初期，为了维护市场稳定和避免出现恶性投机炒作，上海证券交易所对期权投资者的入市、持仓、交易等方面均采取了严格的限制措施，加之上证 50 指数本身波动较小，而作为交割标的的上证 50ETF 本身规模也有限，因此上市之初，期权市场的规模并不算大。但上市三年多以来，其成交量、持仓量稳步上升——2017 年日均成交量约 75 万张，日均期权费达到 3.66 亿元，日均持仓额 427 亿元（见表 19 - 4）。

表 19 - 3　上证 50ETF 期权合约的基本条款（2018 年第一季度最新参数）

条款项目	上证 50ETF 期权合约的基本条款
合约标的	上证 50 交易型开放式指数证券投资基金（“50ETF”）
合约类型	认购期权和认沽期权
合约单位	10 000 份
合约到期月份	当月、下月及随后两个季月
行权价格	9 个（1 个平值合约、4 个虚值合约、4 个实值合约）
行权价格间距	3 元或以下为 0.05 元，3 元至 5 元（含）为 0.1 元，5 元至 10 元（含）为 0.25 元，10 元至 20 元（含）为 0.5 元，20 元至 50 元（含）为 1 元，50 元至 100 元（含）为 2.5 元，100 元以上为 5 元
行权方式	到期日行权（欧式）
交割方式	实物交割（业务规则另有规定的除外）
到期日	到期月份的第四个星期三（遇法定节假日顺延）
行权日	同合约到期日，行权指令提交时间为 9:15—9:25，9:30—11:30，13:00—15:30
交收日	行权日次一交易日
交易时间	上午 9:15—9:25，9:30—11:30（9:15—9:25 为开盘集合竞价时间） 下午 13:00—15:00（14:57—15:00 为收盘集合竞价时间）
委托类型	普通限价委托、市价剩余转限价委托、市价剩余撤销委托、全额即时限价委托、全额即时市价委托以及业务规则规定的其他委托类型
买卖类型	买入开仓、买入平仓、卖出开仓、卖出平仓、备兑开仓、备兑平仓以及业务规则规定的其他买卖类型
最小报价单位	0.000 1 元
申报单位	1 张或其整数倍
涨跌幅限制	认购期权最大涨幅＝max{合约标的前收盘价×0.5%，min[(2×合约标的前收盘价－行权价格)，合约标的前收盘价]×10%} 认购期权最大跌幅＝合约标的前收盘价×10% 认沽期权最大涨幅＝max{行权价格×0.5%，min[(2×行权价格－合约标的前收盘价)，合约标的前收盘价]×10%} 认沽期权最大跌幅＝合约标的前收盘价×10%

续前表

条款项目	上证 50ETF 期权合约的基本条款
熔断机制	在连续竞价期间，当期权合约盘中交易价格较最近参考价格涨跌幅度达到或者超过50%且价格涨跌绝对值达到或者超过5个最小报价单位时，期权合约进入3分钟的集合竞价交易阶段
开仓保证金最低标准	认购期权义务仓开仓保证金＝［合约前结算价＋max(12%×合约标的前收盘价－认购期权虚值，7%×合约标的前收盘价)］×合约单位 认沽期权义务仓开仓保证金＝min［合约前结算价＋max(12%×合约标的前收盘价－认沽期权虚值，7%×行权价格)，行权价格］×合约单位
维持保证金最低标准	认购期权义务仓维持保证金＝［合约结算价＋max(12%×合约标的收盘价－认购期权虚值，7%×合约标的收盘价)］×合约单位 认沽期权义务仓维持保证金＝min［合约结算价＋max(12%×合约标的收盘价－认沽期权虚值，7%×行权价格)，行权价格］×合约单位

资料来源：上海证券交易所。

表 19－4　上证 50ETF 期权合约市场数据

	日均权利金（亿元）	日均成交量（万张）	日均持仓量（万张）	日均持仓额（亿元）	最大挂牌合约数
2015 年	0.11	10.80	28.11	73.67	224
2016 年	0.66	32.40	96.27	213.68	144
2017 年	3.66	75.31	167.56	427.09	156

资料来源：上海证券交易所。

【本章小结】

迄今为止，中国金融衍生产品市场的发展不足，主要体现在场内市场金融衍生产品的种类不多、交易不够活跃等。事实上，在资本市场发展的早期，中国就试点了国债期货、外汇期货、股指期货等金融衍生产品，但此后因市场条件不成熟而叫停。直至2010年4月16日，中国首个标准化金融衍生产品——沪深300股指期货合约正式上线。随后，中国又推出了国债期货合约（2013年）、股票期权合约（2015年）。与场内市场的金融衍生产品相比，中国场外市场金融衍生产品的发展较快。自2013年6家券商试点场外期权和互换合约以后，中国场外市场金融衍生产品已涵盖股指期权、股票期权、收益互换、收益凭证和其他结构化产品，而且总规模也达到了千亿元级别。

【本章要点】

● 2010年4月16日，中国推出沪深300股指期货合约，这是中国首个挂牌的股指期货品种。该合约运行5周年后，中证500和上证50股指期货合约正式上线

● 2013年9月6日，5年期国债期货合约在中国金融期货交易所挂牌上市。2015年

3月20日，10年期国债期货正式上市

● 2015年2月9日，中国首个交易所交易期权——上证50ETF期权合约正式上市

【本章关键术语】

金融衍生产品市场　　场内市场　　股指期货　　国债期货　　股指期权

【本章思考题】

1. 比较期货合约和期权合约的异同。

2. 在2015年8月以后，股指期货的日成交量出现了断崖式下跌，此现象背后的原因是什么？进一步思考：是什么原因导致监管层约束了投资者的交易？

3. 什么样的投资者愿意投资股指期货？什么样的投资者愿意投资国债期货？什么样的投资者愿意投资股指期权？

第二十章
中国债券市场中的金融工程

第一节　中国债券市场的概况

自 1981 年恢复国债发行以来，我国债券市场在挫折与成就中不断成长，目前已成为国内规模最大的投资品市场之一。截至 2017 年年末，包括国债、金融债、非金融企业债券等在内的各类债券总存量规模达到 74.7 万亿元，较 2016 年增长 16.23%，占同年 GDP 的比重达 90.33%，如图 20－1 所示。随着改革开放后中国经济的蓬勃发展，债券已成为我国政府、金融机构和企业等各类主体进行直接融资的重要工具，为推动我国资本市场发展、保障国民经济稳定运行发挥了举足轻重的作用。

一、中国债券市场发展的历史回顾

1. 萌芽阶段（1950—1985 年）

我国的首只债券可以追溯到 1950 年发行的“人民胜利折实公债”，但考虑到当时政府发行的公债并不允许流通交易，债券的持有人主要为国有企业和事业单位，从严格意义上讲，是只有“债券”并无“市场”；“一五”期

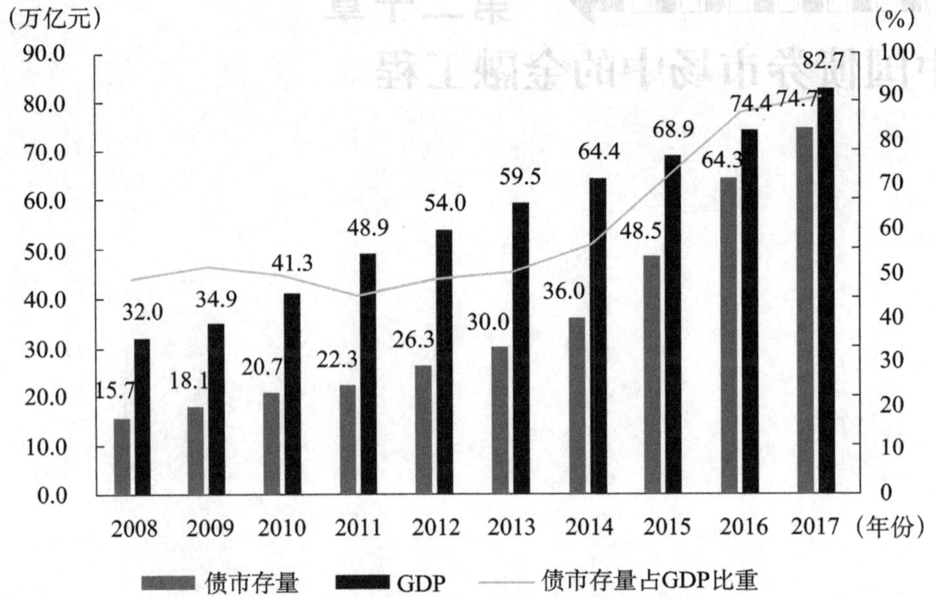

图 20-1　十年来中国债券市场存量与 GDP 变化对比图

资料来源：万得资讯。

间，我国还发行了多期"国家经济建设公债"，为国家经济发展做出了巨大贡献。此后，由于特殊的历史背景，我国经历了二十多年"既无内债，也无外债"的真空阶段，直至改革开放后才逐步建立起债券市场。

在改革开放后，1981 年为解决分权后政府财政赤字所引发的通货膨胀问题，我国恢复了国债发行。此后，我国在 1984 年、1985 年分别发行了第一只企业债券、第一只商业银行金融债券。但在改革开放初期，债券仅在一些机构间私下交易，无法公开流通。由于社会的投资理念尚未形成，群众只是把强制购买的债券当作个人储蓄，因而可交易的债券市场尚未形成。

2. 起步与探索阶段（1986—1996 年）

1986 年 8 月，沈阳市信托投资公司率先被允许开办股票和债券柜台转让业务及公司债抵押融资业务，至 1987 年年底，全国有 40 多个城市的证券公司、信托投资公司和信用合作社可以开办公司债柜台转让业务；1988 年年初，针对国债流动性缺陷，我国开始在 7 个城市的金融机构柜台进行国债流通试点，随后在全国 61 个城市进行推广，初步建立了国债的柜台交易市场。

1990 年 12 月，在沪、深两地的证券交易所成立后，我国开始出现证券交易所形式的集中型债券交易，而后随着 1994—1995 年对场外市场的整顿，我国债券交易集中到了场内市场，交易所成为唯一合法的债券交易市场，直至银行间债券市场的组建。

3. 银行间债券市场的培育阶段（1997—2002 年）

1997 年 6 月，为控制银行资金通过交易所债券回购进入股市，中国人民银行组织建立了专供商业银行进行债券交易的场所——全国银行间债券市场，商业银行被强制退出交易所市场。2002 年，全国银行间债券市场逐渐扩展为证券公司、保险公司、基金公司等所有非银行金融机构均可参与交易的金融机构债券市场，实现了两大场外市场的联通。

在此期间，我国构建起相对完善的债券市场框架，逐渐形成了以银行间市场为主，以交易所市场和商业银行柜台市场为辅，分工合作、相互补充的市场体系。

4. 快速发展阶段（2003 年至今）

自 2003 年以来，我国的银行间债券市场已覆盖各类机构投资者，交易的规模和品种不断增加，形成了以场外市场为主的债券市场格局。在这一阶段，随着央行票据、商业银行次级债、短期融资券、中期票据、公司债等各类品种相继问世，债券市场上的产品创新层出不穷，制度建设与市场监管逐渐发展成熟，多层次债券市场持续深化，债券融资逐渐成为国内仅次于信贷的重要融资手段。

二、中国债券市场的现状

1. 发行规模

进入 21 世纪以来，随着债券市场的快速扩容，我国债券的发行量已经动辄数十万亿元。以 2017 年为例，我国债券发行量达 40.8 万亿元，较 2016 年度增长 12.22%，如表 20-1 所示。其中，以同业存单的发行规模最高，几乎占整个债券市场发行总额的半壁江山，达 20.17 万亿元，同比增长 54.88%；政府债券和企业债券的发行额较 2016 年度均有下降，发行额在整个市场中的占比分别为 20.5%和 14.32%；2017 年金融债券的发行规模达 4.95 万亿元，同比增长 7.01%，在整个市场中的比重与 2016 年度基本持平；虽然资产支持证券的规模较小，但近年来的增长非常迅速，同比增长达 67.42%。

表 20-1　　2016—2017 年中国债券市场的发行规模

类别	2016 年		2017 年		增长率（%）
	发行额（亿元）	占比（%）	发行额（亿元）	占比（%）	
政府债券	91 116.10	25.06	83 622.73	20.50	−8.22
同业存单	130 211.30	35.82	201 675.70	49.43	54.88
金融债券	46 277.00	12.73	49 521.41	12.14	7.01
企业债券	87 052.79	23.95	58 435.12	14.32	−32.87
资产支持证券	8 763.25	2.41	14 671.01	3.60	67.42
国际机构债券	130.00	0.04	60.00	0.01	−53.85
合计	363 550.44	100.00	407 985.98	100.00	12.22

资料来源：万得数据库（表中的政府债券包括国债和地方政府债；金融债券包括政策性金融债、商业银行债等；企业债券包括企业债、公司债、中期票据、短期融资券、超短期融资券、可转换债券、可交换债券、政府支持机构债券，下同）。

2. 存量规模

中国债券市场的快速发展同样伴随着存量规模的快速上行。截至 2017 年年末，我国债券市场的存量规模达 74.68 万亿元，同比增长 16.24%，如表 20-2 所示。其中，政府债券的余额最高，为 28.18 万亿元，占比 37.73%，同比增长 24.70%；金融债券和企业债券位列政府债券之后，两者的余额相当，分别为 18.35 万亿元和 18.29 万亿元，占债券总额的比例分别为 24.57%和 24.49%；虽然资产支持证券的规模较小，占比仅为2.48%，但其增速较为可观。

表20-2　　2016—2017年我国债券市场的存量规模

类别	2016年		2017年		增长率（%）
	债券余额（亿元）	余额比重（%）	债券余额（亿元）	余额比重（%）	
政府债券	225 980.54	35.17	281 793.21	37.73	24.70
同业存单	62 695.70	9.76	79 936.10	10.70	27.50
金融债券	163 375.02	25.43	183 484.58	24.57	12.31
企业债券	179 319.21	27.91	182 858.17	24.49	1.97
资产支持证券	10 927.74	1.70	18 488.81	2.48	69.19
国际机构债券	170.00	0.03	230.00	0.03	35.29
合计	642 468.21	100.00	746 790.87	100.00	16.24

资料来源：万得资讯。

3. 交易规模

对于各国债券市场来说，场外市场一般都是主导市场，我国的债券市场也不例外。具体到交易规模，我们看到：不论是现券交易还是回购交易，银行间市场都有明显的优势。以2017年为例，银行间市场现券交易规模近100万亿元，占债券市场成交总量的98.45%，具有绝对优势；对于回购交易，由于交易所国债新质押回购的便利性，交易所回购规模近260万亿元，所占比重近30%，但仍较银行间市场有一定差距，如表20-3所示。

表20-3　　2017年中国债券市场交易统计

	交易市场	银行间债券市场	上海证券交易所	深圳证券交易所	合计
现券交易	总金额（亿元）	977 238.63	7 399.41	7 975.10	992 613.14
	比重（%）	98.45	0.75	0.80	100.00
回购交易	总金额（亿元）	6 162 515.91	2 408 219.74	173 184.43	8 743 920.08
	比重（%）	70.48	27.54	1.98	100.00
同业拆借	总金额（亿元）	789 334.80	—	—	789 334.80
	比重（%）	100.00	0.00	0.00	100.00
合计（%）	总金额（亿元）	7 929 089.34	2 415 619.15	181 159.53	10 525 868.02

资料来源：万得资讯。

4. 信用债市场现状

政府债券、央行票据、政策性金融债等无风险债券之外的信用债市场是一国债券市场的重要组成部分，反映了一国内非国家信用主体进行直接债务融资的总体规模，更能反映一国直接债务融资市场的发展程度。

近年来，我国的信用债市场发展迅速，为各类非金融企业提供了多样的直接债务融资工具。以2017年为例，非金融企业信用债产品的发行总量虽有明显下降，仍达5.84万亿元，如表20-4所示。从近十年的发行规模看，非金融企业信用债的年度发行规模从2008

年的不足万亿元发展到2014年后的每年5万亿～8万亿元规模。具体到产品结构，各品种之间的发展不均衡，但银行间债券市场同样是非金融企业的主要融资市场。

表20-4　2008—2017年我国非金融企业信用债产品发行总额（亿元）

年份	企业债	公司债	可转换债券	非金融企业债务融资工具					合计
				短期融资券	中期票据	集合票据	超短期融资券	定向债务融资工具	
2017	6 191.0	11 024.7	2 120.0	3 964.7	10 369.5	0	19 811.2	4 954.1	58 435.2
2016	7 325.7	27 734.7	886.8	6 063.0	11 419.6	0	27 612.9	6 030.2	87 072.9
2015	5 221.0	10 353.5	341.9	9 725.0	12 775.2	4.3	23 081.3	8 881.0	70 383.2
2014	8 472.0	1 441.6	380.7	10 853.5	9 776.4	4.3	10 996.0	10 262.7	52 187.2
2013	6 252.3	1 736.0	547.4	8 599.8	6 918.2	60.4	7 535.0	5 657.1	37 306.2
2012	7 999.3	2 626.3	163.6	8 400.5	8 453.3	106.0	5 822.0	3 759.3	37 330.6
2011	3 485.5	1 291.2	413.2	8 032.3	7 269.7	66.2	2 090.0	919.0	23 567.1
2010	4 717.0	511.5	717.3	6 742.4	4 924.0	46.6	150.0	—	17 808.8
2009	4 252.3	734.9	76.6	4 612.1	6 900.0	12.7	—	—	16 588.6
2008	2 366.9	288.0	710.1	4 338.5	1 737.0	—	—	—	9 440.5

资料来源：万得资讯。

第二节　金融工程在债券市场中的实践

进入21世纪以来，债券市场的快速发展在很大程度上得益于产品与发行交易制度的创新（见图20-2），其中有很多金融工程思想的运用，而产品的创新和扩容也在很大程度上推动了各金融机构固定收益业务、理财业务的良性发展，丰富了各类投资主体与固定收益业务相关的投资策略及风险管理技术。我们可以预见，未来在我国债券产品及相关金融衍生产品发展等方面的创新仍将进一步延续，这些创新将进一步促进我国多层次资本市场的长足发展。

目前，随着创新进程的不断深入，我国债券市场的发行主体日益多元化，期限结构逐渐完善，担保方式多样化，发行主体的信用评级差异性加大。周云峰（2014）认为，近年来美国债券市场的产品创新主要有两类：一是在期限、利率、利息支付、面值及持有期等债券构成要素上直接创新的产品；二是利用金融工程技术设计出来的相关金融衍生产品。① 我国的债券产品创新也基本遵循这两条路线，一方面是包括含权债、可转换债券、可交换债券、浮息债券、ABS等债券或类债券产品的创新，另一方面是利率互换、国债期货、信用风险缓释工具、总收益互换等金融衍生产品的创新。金融工程技术和金融衍生产品的应用可以帮助债券产品实现套期保值，进行风险对冲和风险分散，提高债券市场的流动性和交易活跃度，极大地补充和完善了我国债券市场的基本框架。

---

① 周云峰．我国银行间债券市场产品创新分析．技术经济与管理研究，2014（2）．

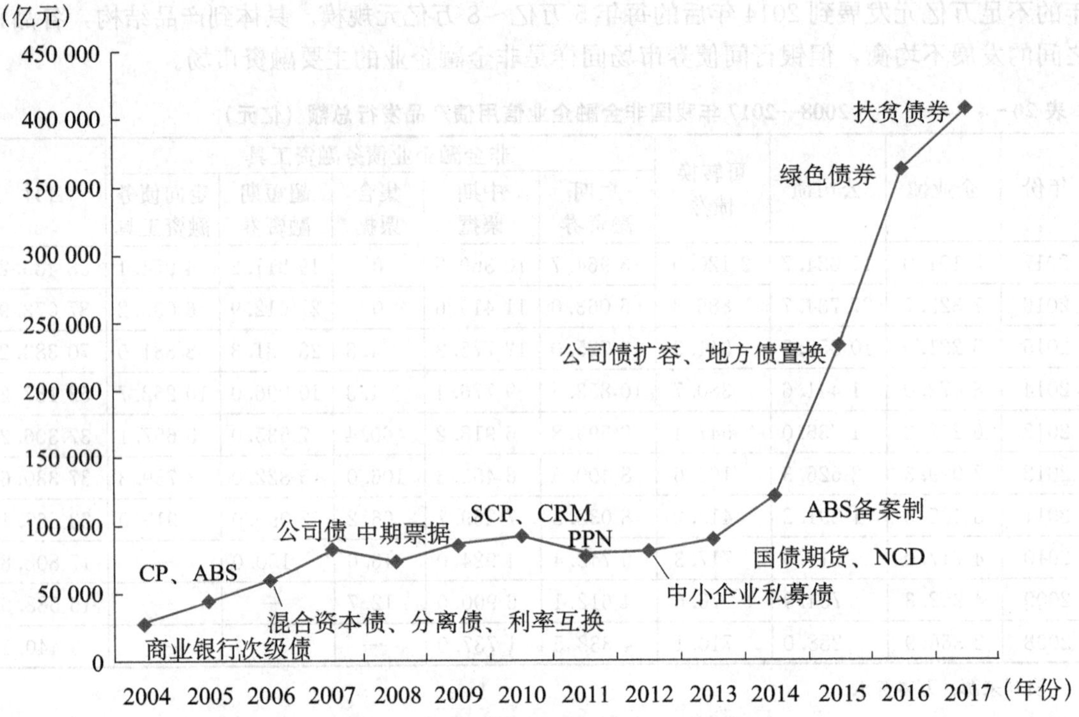

图 20-2　产品创新推动债券发行量井喷

资料来源：万得资讯。

一、债券产品创新与债券产品体系完善

事实上，由于有海外相对成熟的债券市场发展经验可以借鉴，我国债券产品的创新历程也可以看作债券产品体系的完善历程。下面将介绍一些国内创新型产品，它们在国外债券市场可能已运行多年，本节的介绍更多地立足于我国债券市场发展史上从无到有的一些债券产品或金融衍生产品，并对其运行状况进行一定的考察。

1. 利率互换

对于金融学本科生来说，利率互换是基础类的固定收益衍生产品，其定义、运行及定价逻辑，这里不再赘述。但是，对于我国债券市场来说，利率互换是在 2006 年正式推出的，并且目前已成为国内少有的市场参与度较高且市场规模较大的固定收益衍生产品之一。

利率互换的推出，得益于我国债券市场的大幅发展和利率市场化的不断推进。目前，我国利率互换的市场参与者主要是商业银行，在银行间债券市场中，具有做市商或者结算代理资格的金融机构才能成为核心交易商，与其他机构进行利率互换交易。人民币利率互换的参考浮动利率主要有银行间质押式回购利率（如 FR007）、上海银行间同业拆放利率（Shibor）以及一年期定期利率。其中，以 FR007 为参考浮动利率的利率互换成交最为活跃，存量规模也最高。

人民币利率互换自发行以来，其成交额逐渐攀升。2017 年年初，我国人民币利率互换的名义本金总额接近 3 万亿元（见图 20-3），在利率互换市场壮大的同时，也有效分散了我国资本市场的利率风险。

2. 国债期货

目前，国债期货是我国运行得相对成功的另一种固定收益衍生产品，与利率互换在银

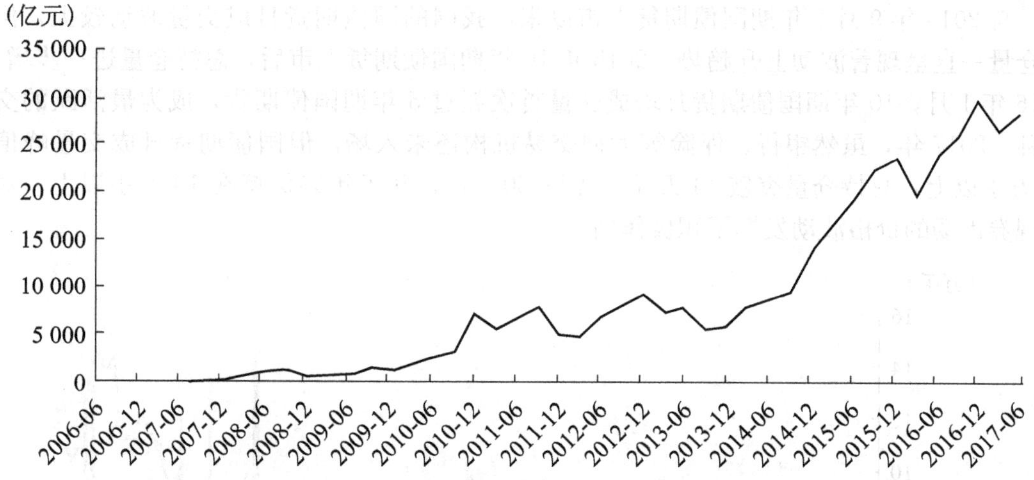

图 20-3 我国人民币利率互换名义本金总额

资料来源：万得资讯、兴业研究。

行间市场交易相比，国债期货在场内市场进行交易，其参与群体与利率互换的参与主体差异较大。由于目前商业银行尚未参与国债期货交易，因此国债期货的参与主体包括证券公司等非银行金融机构、企业以及个人等。

在 1995 年“327 国债事件”的背景下，2013 年国债期货产品的重新推出备受市场瞩目，也确实面临较大的压力。中国金融期货交易所（以下简称“中金所”）吸取了“327 国债事件”的教训，将新发行国债期货的标的资产设定为一篮子不同品种的名义标准券。名义标准券是一种虚拟的国债品种，并未实际发行，所以名义标准券不存在确定的发行规模和价格；此外，国债期货可以用一篮子不同品种的债券进行交割，这样的设计保证了不同可交割债券的流动性，有效防止了国债期货的价格操纵和“逼仓”现象的出现，有利于国债期货市场的健康发展。

2013 年 9 月 6 日，中金所首次推出的是 5 年期国债期货品种，在运行 2 年的时间后，中金所在 2015 年推出了 10 年期国债期货品种。从目前来看，2 年期国债期货和 30 年期国债期货也是中金所计划推出的国债期货品种。表 20-5 给出了目前我国 10 年期国债期货的相关要素。

表 20-5　　10 年期国债期货合约表

合约标的	面值为 100 万元人民币、票面利率为 3%的名义长期国债	每日价格最大波动限制	上一交易日结算价的±2%
可交割国债	发行期限不高于 10 年、合约到期月份首日剩余期限不低于 6.5 年的记账式附息国债	最低交易保证金	合约价值的 2%
报价方式	百元净价报价	最后交易日	合约到期月份的第二个星期五
最小变动价位	0.005 元	最后交割日	最后交易日后的第三个交易日
合约月份	最近的三个季月（3 月、6 月、9 月、12 月中的最近三个月循环）	交割方式	实物交割
交易时间	9:15—11:30，13:00—15:15	交易代码	T
最后交易日交易时间	9:15—11:30	上市交易所	中国金融期货交易所

资料来源：中国金融期货交易所网站，http://www.cffex.com.cn/cp/10tf/。

自 2013 年 9 月 5 年期国债期货上市以来，我国的国债期货日成交量波动较大，但总持仓量一直呈现着波动上升趋势。2015 年 10 年期国债期货上市后，总持仓量进一步增加。2016 年 1 月，10 年期国债期货月均成交量首次超过 5 年期国债期货，成为最活跃的交易品种。2017 年，虽然银行、保险等大型交易机构还未入场，但国债期货日成交量峰值在 13 万手以上，总持仓量突破 14 万手（见图 20－4），并于年终保持在 10 万手以上，对平滑现券市场的价格波动发挥了积极作用。

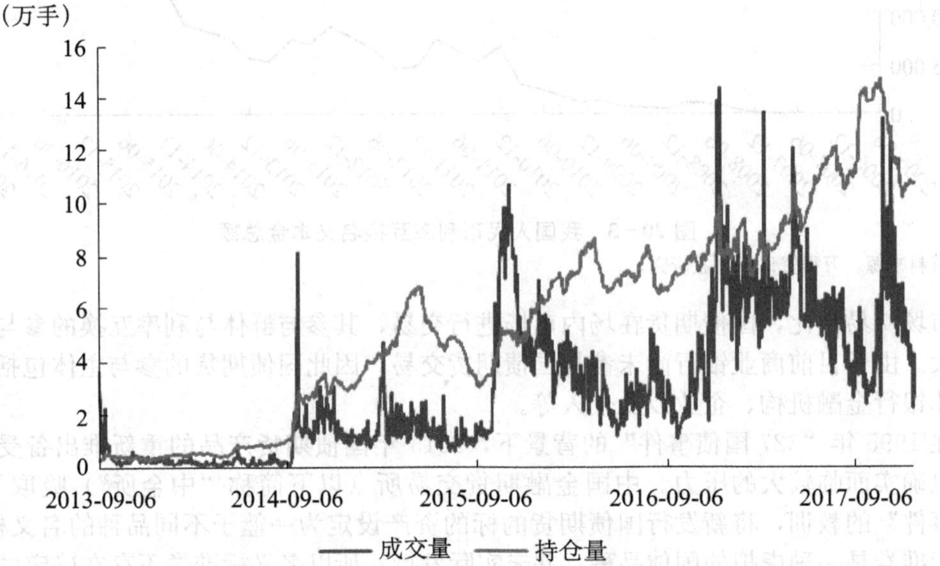

图 20－4　国债期货自上市以来的成交量与持仓量变化

资料来源：万得资讯。

3. 信用风险缓释工具

与相对成功的利率衍生产品相比，目前国内信用衍生产品市场的运行并不那么理想。2010 年 10 月，中国银行间市场交易商协会正式披露了发行信用风险缓释（credit risk mitigation，CRM）工具的指引文件，并推出了信用风险缓释合约（credit risk mitigation agreement，CRMA）和信用风险缓释凭证（credit risk mitigation warrant，CRMW）两款工具，如表 20－6 所示。在产品推出一段时间后，由于我国银行间市场的交易主体信用较好且对基础资产的限制较为严格，所以交易商对 CRM 工具的需求热情不高，因而其成交量并不活跃，CRM 市场的产品流动性较差。

信用风险缓释工具是一种类似于信用违约互换（credit default swap，CDS）的信用合约。依据交易双方的约定，信用保护的卖方在未来一定期限内可以为交易对手提供信用风险保护，并向交易对手收取一定的保护费用。

受到近年来银行间市场零违约现象被打破的影响，2016 年 9 月中国银行间市场交易商协会发布了修订后的《银行间市场信用风险缓释工具试点业务规则》和四份产品指引，该规则在修改了 CRMA、CRMW 产品发行规定的基础上，新增了 CDS 以及信用联结票据（credit linked note，CLN）。修订后的业务规则大大放宽了 CRM 市场的准入要求，将交易主体分为核心交易商和一般交易商：核心交易商由金融机构或合格的信用增进机构担任，可与所有市场参与者进行CRM交易；一般交易商包括非法人机构和其他非金融机构，它们只能与核心交易商进行交易。在新监管要求的支持下，CRM市场的基础资产和投资主体得到了丰富，进一步缓解了市场的信用风险。

表20-6　　信用风险缓释工具比较

产品分类	合约类产品		凭证类产品	
产品名称	CRMA	CDS	CRMW	CLN
产品定义	交易双方约定在一定期限内信用保护买方按照约定标准和方式向信用保护卖方支付保护费用，信用保护卖方就约定标的债务提供信用风险保护的金融合约	交易双方约定在一定期限内信用保护买方按照约定标准和方式向信用保护卖方支付保护费用，信用保护卖方就约定的一个或多个参考实体提供信用风险保护的金融合约	由标的实体以外的机构创设，为凭证持有人就标的债务提供信用风险保护的可流通有价凭证	面向投资者创设，投资者的回报与参考实体信用状况挂钩的附有现金担保的信用衍生产品
交易场所	银行间市场		银行间市场	
备案要求	无须交易商协会备案和资格准入		需要在交易商协会登记备案	
交易关系	一对一	一对多	一对多	一对多
标的债务	债券、贷款或其他类似债务	金融企业债务或非金融企业债务融资工具	债券、贷款或其他类似债务	金融企业债务或非金融企业债务融资工具

资料来源：中国银行间市场交易商协会。

4. 含权债

顾名思义，含权债就是在债券中内嵌期权的交易品种。目前，我国债券市场上出现了多种类型的含权债，常见的包括转股、赎回、回售、延期、调整票面利率、定向转让债券、债券提前偿还等。一些债券可能附带了两种以上的特殊条款，含权债的出现也使得债券交易的灵活性大为提高。

含赎回条款的债券可让发行人在一定期限内选择回购债券，相当于给予发行人一个看涨期权，有利于发行人止损，以便在利率大幅下行时用低利率再行融资；含回售条款的债券给予投资者在一定期限内选择回售债券的权利，相当于给予投资者一个看跌期权，以便在利率大幅上行时投资者可以将债券卖给发行人，然后以高利率再行投资；含调整票面利率条款的债券给予发行人在一定期限内上调或下调债券利率的权利，常常与回售条款联合使用。含定向转让债券条款的债券允许投资者在一定期限内将部分或全部债券转让给指定的第三方。

随着我国债券市场的逐渐成熟，自2004年3月中国通用技术（集团）控股有限责任公司发行我国首只附带赎回条款的债券以来，含权债的发行规模不断提高，如图20-5所示。2017年，含权债的发行规模占企业债、公司债和中期票据三者总发行规模的比重已超过了70%。可见，如今已有越来越多的机构选择发行含权债。

含权债的价值除了来自债券本身，也来自附加的特殊条款所带来的期权价值。主流的含权债定价模型主要为布莱克-斯科尔斯模型和BDT二叉树模型两种，但在变幻莫测的市场利率环境下，含权债的估值仍旧十分困难。

目前，市场上较为热门的含权债发行品种为“3+2”“2+1”“5+2”“5+N”“3+N”

图 20-5　我国含权债发行情况

资料来源：万得资讯。

等类型，也就是含权债的类型多集中在中长期限。由于期限较长债券的市场利率不确定性较大，隐含波动率较高，需要增加债券条款内容，以保证发行人和投资者的利益不会有太大的波动。

5. 证券化产品

资产证券化主要是指发起人将能产生稳定现金流的资产交给受托机构，受托机构将资产打包重组并向投资者发行证券，并以资产回报定期向投资者支付收益的结构化融资过程。目前，我国债券市场的证券化产品主要有两种：银行贷款抵押证券（collateralised loan obligation，CLO）和企业资产支持证券（asset backed security，ABS）。

(1) 贷款抵押证券（CLO）。CLO 主要由银行等金融机构发行，其基础资产为信贷资产。多年来，CLO 的发行极大地盘活了银行的信贷资产，改善了银行资产负债表的期限错配情况，在一定程度上化解了不良信贷资产的金融风险。

2005 年，国家开发银行和中国建设银行获得首批试点资格，发行了“开元”和“建元”两只信贷资产证券化产品。自此，各大银行纷纷加入发行 CLO 的大潮，直至 2008 年美国次贷危机爆发，证券化产品的发行才告一段落。2012 年，我国的 CLO 重启发行。2014 年，我国 CLO 的发行主体由传统的国有大型银行扩展到城市商业银行、农商行、金融租赁公司等，同时推出了租赁型贷款、消费性贷款和信用卡贷款等多种新型资产证券化产品，使资产证券化产品的发行量大幅提高。

截至 2017 年年底，我国共发行了 1 215 只信贷 CLO 产品（见表 20-7），累计发行总额为 17 780.14 亿元。其中，发行产品主要集中在企业贷款、汽车贷款和个人住房抵押贷款三大类。近年来，不良贷款、个人消费贷款和租赁资产的资产证券化产品愈加成熟，相应的发行量和发行金额快速提升，为 CLO 市场注入了新的动力。

表 20-7 我国 CLO 市场发行统计

		累计发行总额	2017 年	2016 年	2015 年
新发行信贷 CLO	总数	1 215	134	108	106
	发行总额（亿元）	17 780.14	5 977.29	3 908.53	4 056.33
个人住房抵押贷款	总数	151	19	20	10
	发行总额（亿元）	3 573.41	1 707.51	1 396.57	329.43
汽车贷款	总数	208	32	20	11
	发行总额（亿元）	2 128.41	1 094.78	587.19	318.55
信用卡贷款	总数	62	15	3	2
	发行总额（亿元）	1 687.06	1 310.36	139.92	155.69
企业贷款	总数	564	29	42	75
	发行总额（亿元）	8 615.10	1 204.83	1 437.48	3 113.08
不良贷款	总数	103	19	14	0
	发行总额（亿元）	419.87	129.61	156.10	0
工程机械贷款	总数	3	0	0	1
	发行总额（亿元）	14.66	0	0	14.66
铁路专项贷款	总数	10	0	0	0
	发行总额（亿元）	452.36	0	0	0
消费性贷款	总数	50	8	5	3
	发行总额（亿元）	328.72	179.00	60.39	63.02
租赁资产	总数	61	11	4	4
	发行总额（亿元）	555.00	345.67	130.87	61.91
房地产投资信托基金（REIT）	总数	3	1	0	0
	发行总额（亿元）	5.54	5.54	0	0

资料来源：万得资讯。

(2) 企业资产支持证券（ABS）。ABS 主要由企业发起，将其能产生稳定收益的基础资产转让给证券公司进行融资，由证券公司设立专项资产管理计划并向投资者发行收益凭证。与信贷资产证券化不同的是，企业资产证券化的过程还必须引入增信机构和评级机构对 ABS 产品进行信用增级与评级，委托律师事务所和会计师事务所对专项资产管理计划的资金流动进行监督及审计，以保证企业 ABS 资产的经营过程更加公开透明，维护投资者的利益。

2004 年，根据国务院的意见，证监会开始了企业资产证券化品种的试点，自此揭开了企业资产证券化产品发行的序幕。2005 年 8 月，中国国际金融公司发行了第一只专项资产管理计划产品——中国联通 CDMA 网络租赁费收益计划，募资 93.6 亿元。2006 年，证监会暂停审批企业专项资产管理计划。在两年后，中信证券才开始重新推行企业 ABS 产品的发行。2014 年，由于监管条件的放松，更多机构加入企业 ABS 的发行市场中，致使 ABS 产品的发行量暴涨。在 2017 年，企业 ABS 市场共发行了 498 只产品（见图 20－6），发行总额达到 8 108.77 亿元，同比增长 73.3%。

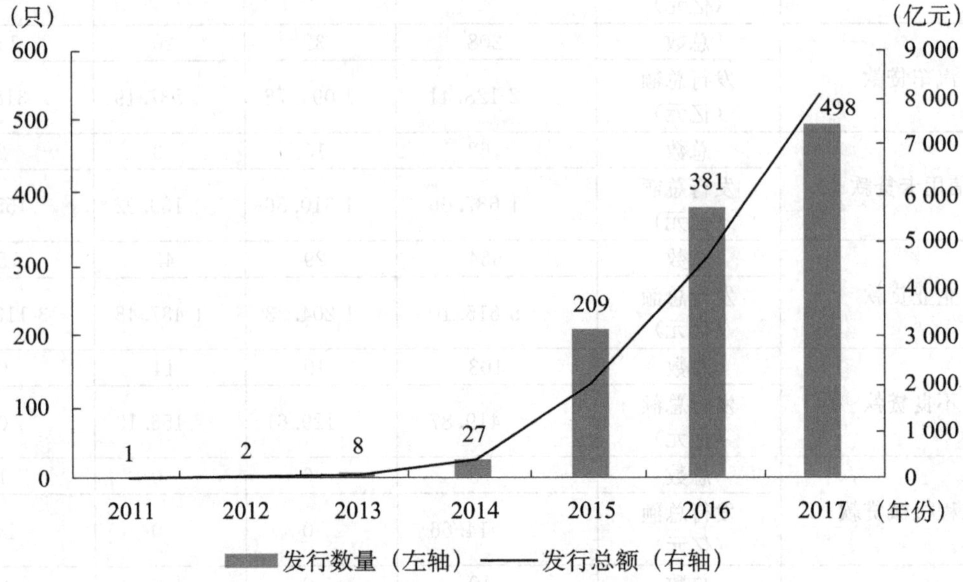

图 20－6　我国企业 ABS 发行情况

资料来源：万得资讯。

二、投资策略与金融工程

在债券市场上，金融工程技术除了在产品创新的设计上大放异彩外，也在投资者的投资策略上有许多重要的实践。目前，利率互换、国债期货品种相对成功的运行和相对较高的流动性，在很大程度上丰富了金融机构原有的“牛市买入、熊市卖出”的简单策略，可以设计相对复杂的套利策略。

以国债期货为例，下面对相关的套利策略进行一定的介绍。由于国债期货的不同品种之间、同一品种的不同期限之间以及国债期货与国债现货之间都可能存在一定的价格差异，因此基于国债期货也有多种套利方式。在此，我们简单进行分析。

1. 跨期套利

跨期套利是最常见的一种套利形式，它利用同一产品的不同期限合约之间常常存在的价差进行对冲套利。对于国债期货而言，跨期价差的套利机会经常出现在主力合约交替的时间段，因此，临近季末国债期货合约到期时，随着市场上不同远月与近月合约的交易活跃度发生变化，远月与近月合约的价差也会有大幅变动。图 20－7 为 10 年期国债期货 T1712 与 T1709 在 2017 年 3 月至 2017 年 9 月的价差变化情况。

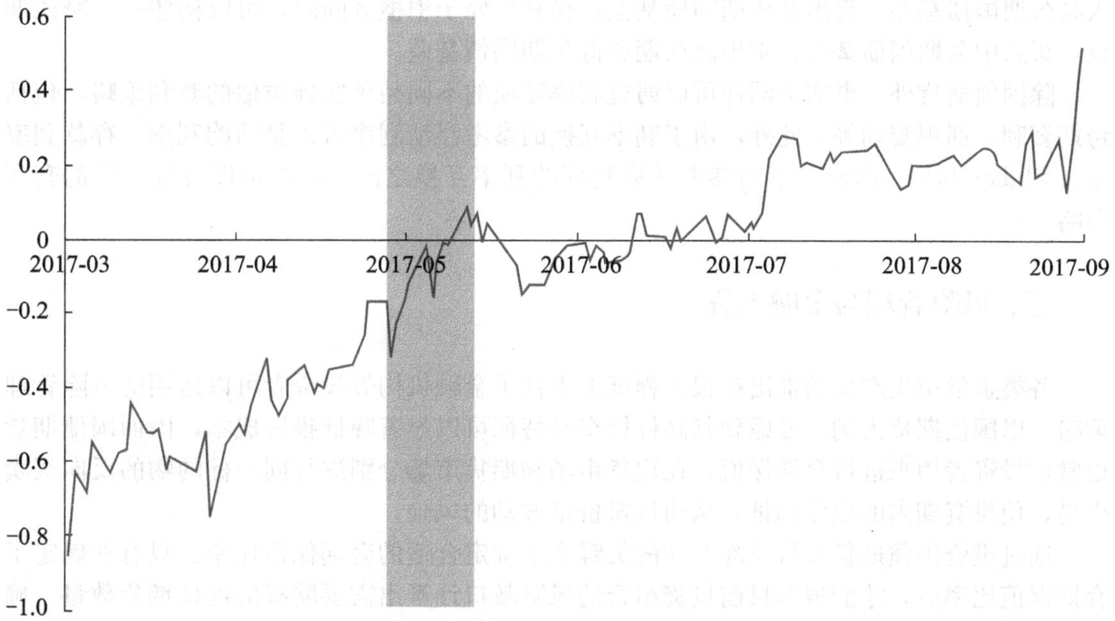

图 20-7 国债期货 T1712 与 T1709 的价差

由图可见，在 2017 年 3 月初至 2017 年 5 月，T1712 与 T1709 的价差恒为负值。而在 5 月初，T1709 即将成为近月合约，于是市场开始移仓换位，T1712 成为国债期货市场的主力合约，其交易量显著上升、流动性提高、价格上涨，导致价差小幅上涨。因此，在换仓月来临时，可以提前做多远月合约、卖空近月合约，抓住价差上涨的套利机会。但是，当市场行情发生变化时，有时近月国债期货的价格走势可能会逆向，因此跨期价差套利也需要根据投资者的市场预期进行一定的调整。

2. 基差套利

基差套利又称期现套利。国债基差是指国债现货和期货与转换因子乘积之间价格的差值。国债基差采用净价计算，因此其计算公式可以写作：

基差＝CTD 券现货净价－国债期货价格结算价×CTD 券的转换因子

国债期货的基差反映了国债期现货之间的价格走势差异，因此通过对国债基差的分析，我们可以寻找套利机会。

隐含回购利率（implied repo rate，IRR）是指买入国债现券、卖空对应的期货，然后将国债现货用于期货交割获得的理论年化收益率。我们常用隐含回购利率与银行间市场的回购利率相比较，用于判断投资国债期货的到期收益率是否高于资金成本。

根据久期的经验法则，当国债期货的隐含回购利率高于票面利率（即 IRR＞3%）时，高久期的可交割债券更有可能成为 CTD 券；当 IRR＜3%时，低久期的可交割债券更有可能成为 CTD 券；而当 IRR 处于中间水平时，中久期的可交割债券可能成为 CTD 券。

我们可以看出，高久期的国债在收益率上行时更有可能成为 CTD 券，从而其价值具有上涨趋势，导致高久期国债的基差提升，期、现货价格差距拉大。所以，在利率上行时，更应该卖出高久期国债基差、买入低久期国债基差；反之，在利率下行时，更应该买入高久期国债基差、卖出低久期国债基差；在利率处于中枢区间时，可以构建一个跨式期权，买入中久期国债基差、卖出高久期和低久期国债基差。

除国债期货外，事实上同样可以通过利率互换的不同品种实施类似的套利策略，包括跨期套利、期现套利等。此外，由于利率互换的参考浮动利率可以是回购利率、存款利率以及 Shibor 利率，因而在不同参考浮动利率的利率互换之间，同样可以设计一定的套利策略。

三、风险管理与金融工程

各类金融衍生产品的推出在很大程度上丰富了金融机构等投资者可以运用的风险管理策略。以国债期货为例，考虑到其高杠杆交易特征可以显著降低投资成本，因而国债期货也常被投资者用来进行套期保值，在现货市场和期货市场分别进行同一标的物的反向买卖交易，使投资期内的盈亏相抵，从而规避价格波动的风险。

通过投资国债期货进行风险对冲的关键在于确定合适的套期保值比率。只有在确定了套期保值比率后，才能根据目前投资组合的风险敞口计算出需要购买的国债期货数量。确定套期保值比率主要有两种方法：一是久期法；二是基点价值法。

基点价值是指债券价格对到期收益率的一阶导数，即到期收益率变化一个基点时债券价格的变动值。如果原债券组合的基点价值与国债期货的基点价值相等，那么将两者的头寸进行反向操作，在持有债券组合的基础上卖空同样数量的国债期货，就可以实现债券组合盈亏与国债期货盈亏的完全对冲，达到套期保值的效果，即

套期保值比率＝持仓债券的基点价值/国债期货的基点价值

由于国债期货的价格走势与 CTD 券的价格走势相同，所以

国债期货的基点价值＝CTD 券的基点价值×CTD 券的转换因子

因此，有

套期保值比率＝持仓债券的基点价值/(CTD 券的基点价值×CTD 券的转换因子)

久期法的思路与基点价值法类似，也是使持仓债券组合的久期与国债期货的久期相等，即可实现风险的完全对冲。此时，有

套期保值比率＝现券久期×持仓债券的全价/(CTD 久期×国债期货合约全价)

在确定套期保值比率后，可以将对冲持仓债券组合所需的国债期货合约数量计算出来。投资者根据自己对市场的预期，可以实现投资组合的风险管理，稳定投资收益。

除国债期货外，利率互换同样可用于进行利率风险的管理，其大致原理与上述运用国债期货进行风险管理的原理类似。

除利率风险管理外，事实上，信用风险管理同样是债券投资机构的重要工作内容，但在当前信用衍生产品市场运行并不成功的背景下，信用风险管理主要是事前对信用风险的评判和事中、事后对信用风险的跟踪分析，无法通过购买 CDS 的方式将信用风险转嫁出去。因此，未来信用风险管理手段的多样化，有赖于信用衍生产品的进一步完善和信用衍生产品市场的进一步发展。

【本章小结】

本章首先介绍了国内债券市场的概况，包括历史发展阶段和现状。其次，本章对金融工程在债券市场中的应用进行了详细介绍，具体包括债券产品的创新、投资策略和风险管理。目前，债券市场已成为国内规模最大的投资品市场之一，是我国资本市场的重要组成部分。金融工程在债券市场中的应用也得到不断的普及，同时推动着债券市场的发展与完善。通过对本章的学习，读者应对中国债券市场的历史发展过程及现状有一个大致的了解，对与金融工程相关的创新型债券产品有较为清楚的认识，并初步掌握与金融工程相关的债券投资策略。

【本章要点】

● 1950 年，中国发行的首笔债券只有“债券”并无“市场”。此后，我国经历了二十多年“既无内债，也无外债”的真空阶段。在改革开放后，我国国债恢复了发行，并逐步建立起债券市场。1988 年年初，针对国债的流动性缺陷，我国初步建立了国债的柜台交易市场。1990 年 12 月，沪、深两地的证券交易所成立，场内市场成为唯一合法的债券交易市场。1997 年 6 月，中国人民银行组建全国银行间债券市场，实现了两大场外市场的连通。此后，我国逐渐形成了以银行间市场为主，以交易所市场和商业银行柜台市场为辅，分工合作、相互补充的市场体系

● 我国的债券种类包括政府债券、同业存单、金融债券、企业债券、资产支持证券以及国际机构债券。其中，同业存单的发行规模最高，政府债券的余额最高

● 我国的债券产品创新路线与美国相似，一方面是包括含权债、可转换债券、可交换债券、浮息债券、ABS 等债券或类债券产品的创新，另一方面是利率互换、国债期货、信用风险缓释工具、总收益互换等衍生产品的创新

● 信用风险缓释工具是一种类似于信用违约互换的信用合约。依据交易双方的约定，信用保护的卖方在未来一定期限内可以为交易对手提供信用风险保护，并向交易对手收取一定的保护费用

● 含权债是指在债券中内嵌期权的交易品种。常见的含权债包括转股、赎回、回售、延期、调整票面利率、定向转让债券、债券提前偿还等

● 跨期套利是最普遍的一种套利形式，它利用同一产品不同期限合约之间常常存在的价差进行对冲套利。在换仓月来临时，套利者可以提前做多远月合约、卖空近月合约，抓住价差上涨的套利机会。但当市场行情发生变化时，套利者也需要根据投资者的市场预期进行一定的调整

● 国债基差是指国债现货和期货与转换因子乘积之间价格的差值，基差＝CTD 券现货净价－国债期货价格结算价×CTD 券转换因子。国债期货的基差反映了国债期、现货之间的价格走势差异

● 确定套期保值比率主要有两种方法：一是久期法；二是基点价值法

● 基点价值法：套期保值比率＝持仓债券的基点价值/CTD 券的基点价值×CTD 券的转换因子

● 久期法：套期保值比率＝现券久期×持仓债券的全价/(CTD 久期×国债期货合约全价）

【本章关键术语】

利率互换	信用风险缓释工具	贷款抵押证券	企业资产支持证券
跨期套利	基差套利	隐含回购利率	

【本章思考题】

1. 简述我国债券市场的发展历史及现状。
2. 我国有哪些债券创新产品？这些产品分别有什么特点？
3. 什么是跨期套利和基差套利？两者有什么区别？
4. 确定套期保值比率有哪些方法？

第二十一章 金融工程在资产管理业务中的应用

第一节 资产管理业务介绍

资产管理业务是指资产管理人根据资产管理合同约定的方式、条件、要求及限制，对客户资产进行经营运作，为客户提供证券、基金及其他金融产品，并收取费用的行为。

中国的资产管理业务涵盖银行理财、信托计划、证券公司资产管理计划、公募基金、公募基金专户、公募基金子公司专项资产管理计划、私募基金、保险公司资产管理计划、期货公司资产管理计划等类型。自2012年中国的监管放松、大资管竞合格局开闸以来，四年的“跑马圈地”形成了百万亿元规模的资产管理市场。从2016年以后，资管行业面临严格的政策监管，随着监管文件的密集出台，我国对通道类业务进行了严格规范，统一监管、去杠杆、去通道是资管行业近两年的主旋律。

截至2017年6月底，银行理财、信托计划、保险公司资产管理计划、证券公司资产管理计划、公募基金、公募基金公司专户、公募基金子公司专项资产管理计划、私募基金等主要资产管理业务的规模累计达到了118.58万亿元，总规模增速趋缓。基金子公司的规模在2016年9

月末达到 11.15 万亿元的峰值后，其规模连续四个季度下降。截至 2017 年 9 月底，基金子公司的规模为 7.96 万亿元，同比降幅高达 28.6%。券商资管在 2017 年第一季度达到 18.77 万亿元的峰值后，连续两个季度环比下降，截至 2017 年 9 月末，其存量规模为 17.37 万亿元，降幅达 7.4%。作为规模最大的资管类别，银行理财于 2017 年 1 月突破 30 万亿元大关后，其规模出现波动、增速明显放缓，2017 年第二季度也出现了环比下降。截至 2017 年上半年末，银行理财的余额为 28.38 万亿元，其规模下降了 0.67 万亿元，较年初下降了 2.3%。此外，保险基金、公募基金、私募基金的规模则呈现持续增长。

第二节　金融工程在资产管理业务中的应用案例——银行理财产品

金融工程的应用主要包括金融产品设计、金融产品定价、交易策略设计、金融风险管理等方面，限于篇幅，下面主要围绕金融产品设计和金融产品定价两个方面展开。

一、银行理财产品的构成与分类

银行理财产品按其产品结构可以分为结构性理财产品和非结构性理财产品。结构性理财产品是指将存款、债券等固定收益类产品和期权、互换等金融衍生产品组合在一起形成新的金融产品，非结构性理财产品是指基础性金融资产，如公司债。后者较为简单，下面主要介绍结构性理财产品。

一般来说，一个结构性理财产品有以下三个基本构成要素①：

(1) 固定收益证券联结部分。这主要是指债券的本金、利息或两者兼有。

(2) 联结对象或者挂钩标的。这可以是商品价格（如股票价格、汇率、黄金价格等）、价格指数（如股价指数、物价指数等）或是某种特殊事件的发生（如违约事件、自然灾害事件）。一般较为常见的联结对象是股票、利率、汇率和大宗商品。

(3) 联结方式。这主要是指买卖远期合约（强迫性联结）或买卖期权（买权或卖权，属于非强迫性联结）。

三个基本构成要素的不同内容形成了丰富多彩的结构性理财产品，以便满足不同投资者多样化的投资需求，通常按照挂钩标的和产品风险划分为不同产品。

1. 按挂钩标的进行划分

一般来说，现实中常见的挂钩标的有股票、利率、汇率和大宗商品。除此之外，还有一些少见的信用挂钩型理财产品。

(1) 股票挂钩型理财产品。股票挂钩型理财产品的投资收益与某种股票价格或者某种股票指数相关。这类理财产品通常可分解为一种固定收益证券（一般以零息债券为主）和一种以股票资产为标的的金融衍生产品（一般以远期合约或期权较为常见）。

---

① 吴佳洋．我国银行结构化理财产品设计与定价研究．首都经济贸易大学硕士学位论文，2016.

例如，2018年1月31日中国农业银行发行的“金钥匙·如意”2018年第17期（见表21-1）沪深300指数期末看涨连续型人民币理财产品。

表21-1 “金钥匙·如意”2018年第17期理财产品的主要条款

产品名称	“金钥匙·如意”2018年第17期沪深300指数期末看涨连续型人民币理财产品
发行银行	中国农业银行
产品期限	2018年2月8日至2018年5月9日，90天
产品类型	非保本浮动收益型
挂钩标的	沪深300指数
发行币种	人民币
产品收益说明	（1）如果沪深300指数价格表现大于等于5%，则到期时投资者获得6.10%的年化收益率 （2）如果沪深300指数价格表现小于5%，并且大于或等于-5%，则到期时投资者获得的年化收益率为2.60%+0.35×(沪深300指数收益+5%) （3）如果沪深300指数价格表现小于-5%，且期末价格不低于1 000，则到期时投资者获得2.60%的年化收益率 （4）如果沪深300指数价格表现小于-5%，且期末价格低于1 000，则到期时投资者获得2.50%的年化收益率

这款股票挂钩型理财产品的挂钩标的为沪深300指数，产品的到期收益与产品投资期内沪深300指数的累计表现相关。该理财产品的预期到期年化收益率为2.5%～6.1%（未剔除相关费用或成本）。

（2）利率挂钩型理财产品。利率挂钩型理财产品按照其结构可以细分为三类：①内嵌利率远期合约结构。此类产品由一个固定利率债券和一个或一个以上的“可视为一系列远期合约的利率互换”组成。②内嵌利率期权结构。此类产品由一个固定利率债券和一个或一个以上的利率期权组成。③债券指数联结票券。此类产品按照商品的基本形态可分为区间利率挂钩型、正向浮动利率挂钩型和负向浮动利率挂钩型，其偿付的本金和利息金额多少均按联结的指标利率来定。[①] 例如，平安银行“私人银行专享”结构类（挂钩利率）2018年003期人民币理财产品。

（3）汇率挂钩型理财产品。汇率挂钩型理财产品的收益与其挂钩的汇率变化密切相关，它可以分解成一个零息债券和一个或一个以上的汇率衍生产品。例如，中国农业银行2017年6月7日发行的“金钥匙·如意”2017年第209期看跌欧元兑美元汇率人民币理财产品。

（4）商品挂钩型理财产品。商品挂钩型理财产品的挂钩标的大多是大宗商品（农产品、贵金属、石油等），其收益与这些商品的现货、期货价格或者商品指数相关。例如，中国农业银行于2018年1月26日发行的“金钥匙·如意”2018年第15期黄金到期窄幅波动人民币理财产品。

（5）信用挂钩型理财产品。信用挂钩型理财产品的挂钩标的通常是信托、贷款、特定经济主体违约事件、短期融资券、企业债等风险证券。表21-2介绍的是北京银行在2007

① 孙香颐．我国商业银行结构性理财产品市场风险管理研究．云南财经大学硕士论文，2016.

年9月1日发行的"心喜"系列0767号美元6个月信用挂钩型理财产品。[①] 总的来说，我国商业银行发行的信用挂钩型理财产品很少，尤其是在2008年金融危机之后。

表21-2　"心喜"系列0767号美元6个月信用挂钩型理财产品的主要条款

产品名称	"心喜"系列0767号美元6个月信用挂钩型理财产品
发行银行	北京银行
产品期限	2007年9月1日至2008年3月1日；6个月
收益类型	保本浮动型
挂钩标的	特定经济主体违约事件
币种	美元
收益决定条款	1. 5.22%（如果在理财期间相关信用主体没有发生信用违约事件） 2. 如果在理财期间相关信用主体发生信用违约事件，本产品年收益率可能低于5.22%
相关信用主体	1. 国家开发银行 2. 中国进出口银行 3. 中国民生银行 4. 兴业银行 5. 华夏银行
相关信用主体信用违约事件	1. 破产 2. 延迟支付负债的本金和利息
提前终止权	1. 银行无权终止理财合同 2. 客户欲提前终止，须于起息日后每月30日到银行柜台办理，办理之日即为理财协议终止日。客户提前终止时，只能得到1.15%的年化收益率

2. 按产品风险进行划分

根据结构性理财产品的风险，一般可将其分为两类：保本型理财产品和非保本浮动收益型理财产品。

(1) 保本型理财产品。保本型理财产品是指投资者于到期日至少可获得事前约定的某比例投资本金，可分为保本收益型理财产品和保本浮动收益型理财产品，前者既保证本金又保证一定的收益，后者只保本金。它们都可以看成发行主体为投资者提供的投资者收益下限兜底或担保，也就是此类产品可以看作零息债券和（看涨或看跌）期权多头的合成，即保本型理财产品＝零息债券＋期权多头。[②]

(2) 非保本浮动收益型理财产品。与保本型理财产品相比，非保本浮动收益型理财产品内嵌了更复杂的期权或其他衍生产品，或者更高比重的期权头寸。由于复杂期权的收益变化较大，而期权占比较大导致杠杆较高，因而投资者在享有高收益的同时，也承担着较大的风险。

---

① 吴佳洋．我国银行结构化理财产品设计与定价研究．首都经济贸易大学硕士论文，2016.

② 注意，此式中的"零息债券"只是表明该理财产品的收益可以分解出一个类似零息债券的固定收益，而不是指该理财产品一定投资于零息债券。

二、结构性理财产品的设计

金融产品的设计本质是将不同金融工具进行合成。因此，对于任意金融产品来说，欲了解其设计，就要反其道而行之，也就是要对金融产品的收益进行分解。事实上，这种分解也便于对该产品进行定价。

下面以保本型理财产品和高收益型理财产品为例进行深入分析。如前所述，保本型理财产品和高收益型理财产品的主要区别在于前者至少内嵌了一个期权多头，而后者可能内嵌了更复杂的期权或其他衍生产品，或者更高权重的复杂期权或其他衍生产品。因此，在设计高收益型理财产品的时候，实际上是在设计更复杂的期权，或者说是合成期权。

1. 保本型理财产品的设计

如前所述，保本型理财产品可以看作零息债券和期权多头的合成，即

保本型理财产品＝零息债券＋期权多头

根据投资者对特定标的是看涨或看跌，可以将保本型理财产品细分为看涨型保本理财产品和看跌型保本理财产品，区别在于内嵌的期权是看涨期权还是看跌期权；或者根据投资者对本金保障率的要求，设计成部分保本型理财产品和完全保本型理财产品，计算如下：

保本型理财产品本金＝保本率＋参与率×期权收益

其中，保本率是指保障投资者到期时可获得的最低金额与本金的比率；参与率是指可享有“标的物”涨跌幅度的比率。一般来说，现实中保本率与参与率呈反向关系。

2. 高收益型理财产品的设计

简单地说，高收益型理财产品就是将零息债券与期权空头头寸组合在一起，即

高收益型理财产品＝零息债券＋期权空头

高收益型理财产品通过建立期权的空头头寸来获取期权费收入，并且可以通过增加期权的比重来增加收益。但是，增加期权比重、获取更高期权费收入的同时也增加了整个资产组合的杠杆，从而导致这个组合具有高风险。比如期权到期时没有履约价值（内在价值），则投资者可以获得零息债券的收益以及较高的期权费收入；相反，如果到期时与投资者的预期不符，那么投资者也要承担高杠杆所带来的较大损失。

根据上面高收益型理财产品的设计原理，我们可以通过设计不同的期权来构建不同的高收益理财产品。例如，可以依据投资者对市场的不同预期，分别设计“看涨型”、“看跌型”、“价差型”以及“跨式”高收益理财产品[①]，具体如下[②]：

（1）“看涨型”高收益理财产品。当投资者预期未来的市场属于盘整的格局，或有微幅上涨空间，而且标的在某一段时间内不会下降至某个区间时，即可买进“看涨型”高收益理财产品。事实上，我们可以将“看涨型”高收益理财产品分解如下：

“看涨型”高收益理财产品＝零息债券＋看跌期权空头

相应的损益如图 21－1 所示。

---

① 吴佳洋．我国银行结构化理财产品设计与定价研究．首都经济贸易大学硕士论文，2016.

② 一般来说，现实中理财产品的结构更复杂。

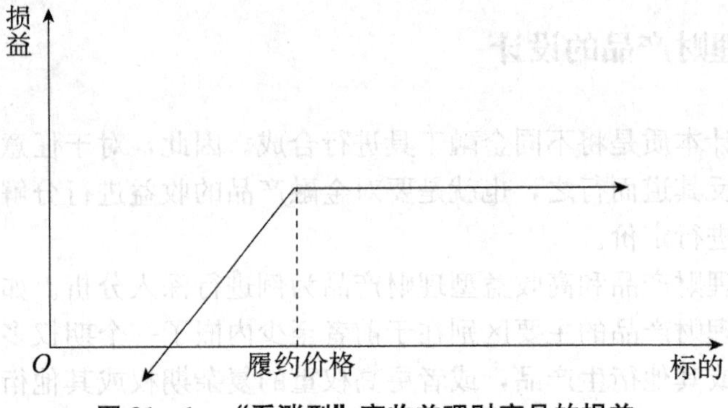

图 21-1 “看涨型”高收益理财产品的损益

(2)“看跌型”高收益理财产品。当投资者预期未来的市场走势不理想或有下跌的空间时，即可买进“看跌型”高收益理财产品。“看跌型”高收益理财产品内嵌了看涨期权空头：

“看跌型”高收益理财产品＝零息债券＋看涨期权空头

相应的损益如图 21-2 所示。

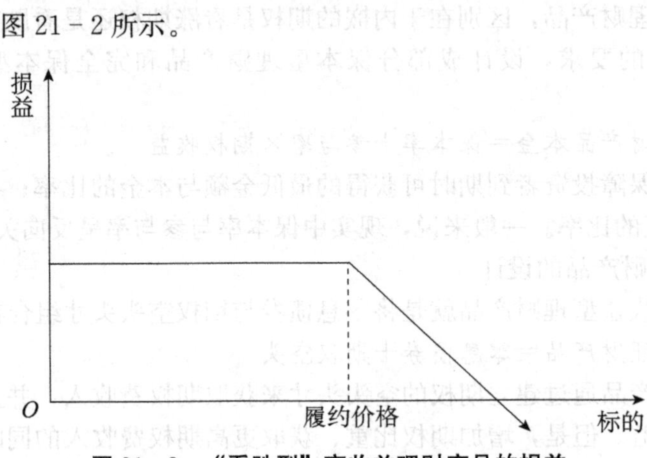

图 21-2 “看跌型”高收益理财产品的损益

(3)“价差型”高收益理财产品。当投资者预期市场将会出现微跌且担忧到期日标的出现大幅上涨而造成较大损失时，“价差型”高收益理财产品更适合这类投资者。顾名思义，“价差型”高收益理财产品内嵌一个牛市价差期权(空头)或者熊市价差期权(多头)，即

“价差型”高收益理财产品＝零息债券＋牛市价差期权空头

需要注意的是，牛市价差期权空头既可以通过买入高履约价格的看涨期权，同时卖出相同标的、相同期限的具有低履约价格的看涨期权来构造，也可以通过买入高履约价格的看跌期权，同时卖出相同标的、相同期限的具有低履约价格的看跌期权来构造。

相应的损益如图 21-3 所示。

(4)“跨式”高收益理财产品。当投资者预期未来的市场属于区间盘整(即小幅调整)但可能微涨也可能微跌时，“跨式”高收益理财产品更适合这类投资者。“跨式”高收益理财产品可以看成一个由零息债券和跨式期权的合成，即

“跨式”高收益理财产品＝零息债券＋跨式期权多头

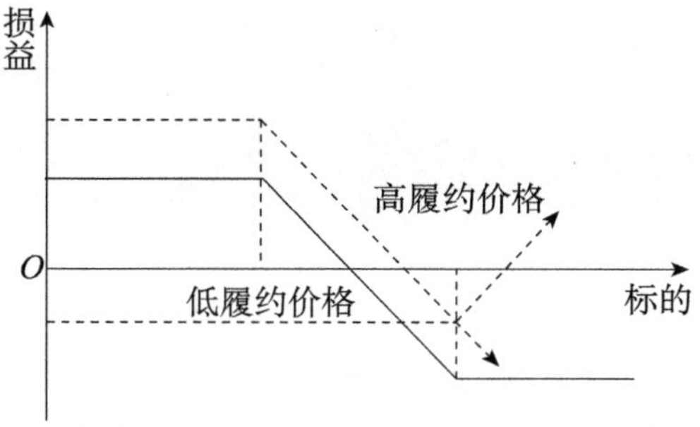

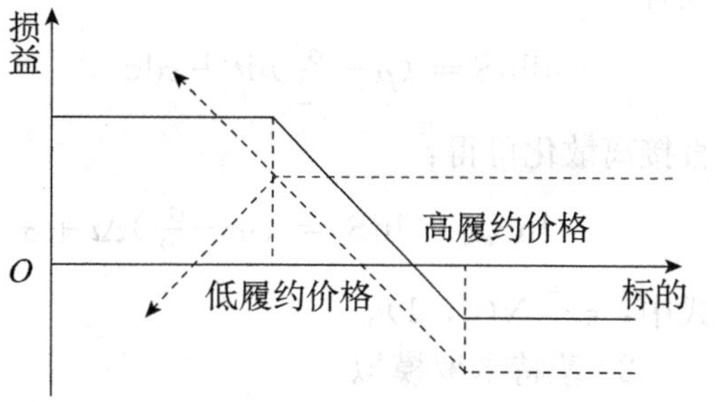

图 21－3　“价差型”高收益理财产品的损益

其中，跨式期权可通过卖出一个高履约价格的看涨期权，同时卖出一个相同标的、相同期限的具有低履约价格的看跌期权构造。

相应的损益如图 21－4 所示。

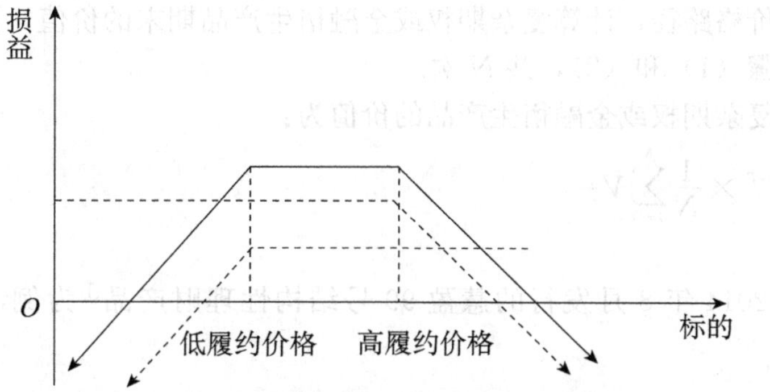

图 21－4　“跨式”高收益理财产品的损益

三、银行理财产品的定价

结构性理财产品可以分解成两部分：一部分是零息债券，另一部分是复杂期权或其他金融衍生产品。从理论上说，我们可以通过分别定价来获得理财产品的最终价格，然而现实中并不需要如此，因为零息债券与期权或其他金融衍生产品的合成结果可以看作一个复杂期权或其他金融衍生产品。因此，下面重点讨论复杂期权或其他金融衍生产品的定价。

简单的欧式期权可以通过 B-S 期权定价公式或者更一般的 Heston 期权定价模型来计算，但现实中的复杂期权有时仅通过 B-S 期权定价公式进行计算会有些困难，因而现实中更常见的是通过蒙特卡罗模拟来获得复杂期权的价格。

一般来说，首先要了解标的物价格对应的随机过程，进而得到离散形式的标的物价格的动态方程，然后通过蒙特卡罗模拟标的物价格路径并计算复杂期权或其他金融衍生产品在不同路径下期末价值的平均值，最后计算其折现值。

1. 标的物价格运动过程

假定股票价格或股票指数服从如下过程：

$$dS/S=\mu dt+\sigma dz$$

或者

$$\mathrm{dln}S=(\mu-\frac{\sigma^2}{2})\mathrm{d}t+\sigma\mathrm{d}z$$

直接离散化可得：

$$\ln S_{t+1}-\ln S_t=(\mu-\frac{\sigma^2}{2})\Delta t+\sigma\sqrt{\Delta t}\varepsilon_{t+1}$$

式中，$\varepsilon_t\overset{\text{iid}}{\sim}N(0,1)$。

2. 蒙特卡罗模拟

利用标的物价格的动态表达式可以模拟出标的物价格的路径。进一步，如果复杂期权的期末价值是关于标的物路径的一个函数 $f(S_0, S_1, \cdots, S_T)$，那么期权的期初价值为：

$$V=\mathrm{e}^{-rT}\times E_0(f(S_0, S_1, \cdots, S_T))$$

具体的算法步骤如下：

（1）模拟价格路径 S_{0j}，S_{1j}，…，S_{Tj}。

（2）给定该价格路径，计算复杂期权或金融衍生产品期末的价值，记为 V_{Tj}。

（3）重复步骤（1）和（2），共 N 次。

（4）计算该复杂期权或金融衍生产品的价值为：

$$V=\mathrm{e}^{-rT}\times\frac{1}{N}\sum_{j=1}^{N}V_{Tj}$$

3. 实际案例

以华夏银行 2014 年 8 月发行的慧盈 99 号结构性理财产品[①]为例，其主要条款如表 21-3所示。

表 21-3　　慧盈 99 号结构性理财产品的主要条款

产品名称	慧盈 99 号结构性理财产品
发行银行	华夏银行
产品期限	2014 年 8 月 26 日至 2015 年 8 月 26 日，365 天
收益类型	保本浮动型
挂钩标的	沪深 300 指数
发行币种	人民币
障碍价格	期初价格×126%
收益决定条款	（1）若股票指数价格在观察期内从未大于障碍价格，则预期年化收益率＝2.30%＋max(期末价格/期初价格－102.3%)×0.2 （2）若股票收益率在观察期内曾大于障碍价格，则预期年化收益率＝4.5% （3）在产品存续期内，若遇到中国人民银行基准利率调整，该产品不相应调整年化收益率

从表 21-3 可见，理财产品期末的总收益（＝本金＋利息）可以表示为：

$$R(S_T, T\mid S_0)=\begin{cases}102.3\%+\max(S_T/S_0-102.3\%, 0)\times 0.2 & \max\{S_1, S_2, \cdots, S_T\}\leqslant S_0\times 126\%\\ 104.5\% & \max\{S_1, S_2, \cdots, S_T\}>S_0\times 126\%\end{cases}$$

① 吴佳洋．我国银行结构化理财产品设计与定价研究．首都经济贸易大学硕士论文，2016.

式中，S_0 为沪深 300 指数在理财产品存续期期初的价格；S_T 为沪深 300 指数在理财产品存续期期末的价格。

进一步，上式可以写成：

$$R(S_T, T \mid S_0)$$
$$=102.3\% + \begin{cases} \max(S_T - 102.3\% \times S_0, 0) \times 0.2/S_0 & \max\{S_1, S_2, \cdots, S_T\} \leqslant S_0 \times 126\% \\ 2.2\% & \max\{S_1, S_2, \cdots, S_T\} > S_0 \times 126\% \end{cases}$$

因此，该理财产品可以看作一个到期收益率为 2.3% 的零息债券和一个复杂期权的合成。

在进行数值模拟前，首先设定初始值 S_0[①] 为 2 324.09，无风险利率（年化）r 为 3.0%，T 为 246。需要注意的是，股票指数预期波动率 σ 是未知的，一般可以用过去已实现的波动率（历史波动率）作为相应的估计，也可以用指数加权移动平均（EWMA）或 GARCH 模型去估计预期波动率，甚至可以通过隐含波动率去估计预期波动率。为简单起见，下面使用已实现的波动率作为预期波动率 σ 的估计。由于计算出的 2014 年 8 月 26 日前一年的沪深 300 指数日波动率为 0.010 5，于是此处的预期波动率（年化）$\hat{\sigma}$ 为：

$$\hat{\sigma} = 0.010\,5 \times \sqrt{246} = 16.5\%$$

将一年的时间分割成 246 个小区间，通过蒙特卡罗模拟的每条路径有 246 个数据点，一共模拟了 10 万条路径。假定期初投入 10 万元，通过蒙特卡罗模拟得出其理论价值（未剔除成本）应为 100 205.86 元[②]；如果考虑收取 0.5% 的成本费用（投资管理费、托管费等），则该产品的理论价值为 99 704.83 元[③]。当不考虑估计误差时，投资这种理财产品是不经济、不划算的，因为其理论价值低于实际价格。

【本章小结】

本章介绍了中国资本管理市场发展的主要脉络，同时也简单讨论了最新的监管政策。自 2012 年监管放松以来，我国资产管理市场的发展迅猛。截至 2017 年 6 月底，银行理财、信托计划、保险公司资产管理计划、证券公司资产管理计划、公募基金、公募基金公司专户、公募基金子公司专项资产管理计划、私募基金等主要资产管理业务的规模累计达到了 118.58 万亿元。随着市场规模的扩张，一些监管漏洞逐渐显现。因此，2017 年 11 月 17 日监管层发布了《关于规范金融机构资产管理业务的指导意见（征求意见稿）》，开始按照资产类型制定统一的监管标准。除此之外，本章从产品的结构和设计思路的角度，简单地介绍并分析了不同种类的银行理财产品，并应用蒙特卡罗模拟尝试对其进行定价分析。

---

① 事实上，S_0 的取值对该理财产品的定价没有影响。

② 这个数值很可能存在一定的误差，主要源于预期波动率的估计误差。

③ 现实中的成本费用高于 0.5%，所以此处的理论价值应该更低。

【本章要点】

● 中国的资产管理业务涵盖银行理财、信托计划、证券公司资产管理计划、公墓基金、公募基金专户、公募基金子公司专项资产管理计划、私募基金、保险公司资产管理计划等类型

● 2017 年 11 月 17 日，“一行三会一局”联合发布了《关于规范金融机构资产管理业务的指导意见（征求意见稿）》。此次的征求意见稿按照产品类型制定了统一的监管标准，实行公平的市场准入和监管

● 银行理财产品按其产品结构可以分为结构性理财产品和非结构性理财产品。结构性理财产品主要是指将存款、债券等固定收益类产品和期权、互换等金融衍生产品组合在一起形成新的金融产品；而非结构性理财产品主要是指基础性金融资产，如公司债

● 一般来说，结构性理财产品由以下三个基本要素构成：固定收益证券联结部分、联结对象（挂钩标的）、联结方式

● 按挂钩标的对结构性理财产品进行划分，可以分为股票挂钩型理财产品、利率挂钩型理财产品、汇率挂钩型理财产品、商品挂钩型理财产品、信用挂钩型理财产品；按产品风险对结构性理财产品进行划分，可以分为保本型理财产品和非保本浮动收益型（高收益型）理财产品

● 在对内嵌复杂衍生产品的金融产品进行定价时，常常使用蒙特卡罗模拟。这种方法简单、普适，但牺牲了计算效率

【本章关键术语】

资产管理　　理财产品的构成　　理财产品的设计

【本章思考题】

1. 了解证券公司资产管理计划，试举一个实例。

2. 在 2016 年以后，资产管理行业面临严格的政策监管，相关的监管文件密集出台，对通道类业务进行严格规范。联系当时的市场环境，思考监管趋严的原因。

3. 2018 年 4 月，《关于规范金融机构资产管理业务的指导意见》的发布意味着监管层的监管思路从分业监管转向功能监管，请思考其背后的原因。

4. 总结结构性理财产品的设计思路。

5. 尝试使用蒙特卡罗模拟对欧式看涨期权进行定价，并比较模拟结果与 B-S 期权定价公式给出的结果。

第二十二章

中国私募基金与金融工程

第一节　中国私募基金的发展概况

随着中国资本市场的蓬勃发展和社会财富的快速积累，我国对资产管理服务的需求与日俱增，从而推动了金融行业的进一步细化分工。1998年出现了以公开方式向社会公众募集资金、进行专业化证券投资的公募基金行业。这些公募基金大多具有雄厚的股东背景、完整的组织架构、规范的投研流程，由监管机构颁发牌照并接受严格监管。公募基金的自身发展及其扩散效应，促进了我国证券投资的科学化、理性化，同时也培养了一批具备专业技能的投资人才以及认同委托管理方式的客户群体，这为我国私募基金的发展奠定了基础。按时间顺序，大体可将我国私募基金行业的发展分为以下四个阶段：

(1) 第一阶段，2006年前的私募产品萌芽阶段。当时，私募基金这种商业模式还没有真正出现，私募资产管理人在通过非公开方式募集到资金后，其进行投资运作的商业模式多种多样：有些以合伙企业的形式进行投资，有些以投资俱乐部的形式进行投资，有些以直接管理客户账户的形式进行投资。推广渠道受限、募集资金困难，以及业务运作的不规范、不透明，成为这一阶段制约私募投资行业发展的主要瓶颈。2004 年 2 月，私募投资人赵丹阳与深国投合作成立了“深国投・赤子之心（中国）集合资金信托计划”，这被业内视为国内首只阳光私募产品，它在既有法律框架下实现了商业模式的创新。该私募产品以私募管理人作为投资顾问能够充分发挥其专业价值，而以信托计划作为产品通道更能保障业务运作的规范和透明，从而为私募投资行业的进一步发展打开了大门。

（2）第二阶段，从 2007 年至 2013 年的私募产品阳光化阶段。在这一阶段，私募行业的发展主要表现出以下三个特征：一是大量的优秀投资人员涌入私募资产管理行业。2007 年以及 2009 年中国股市的两次牛市行情，促使一批重量级的公募基金经理离职创业，他们纷纷成立自己的私募公司，前后掀起了两波“公奔私”的浪潮。这些领头人不但自身投资经验丰富，而且在组建私募投研团队的过程中招募和培养了一大批年轻的投资人员。二是产品发行数量和规模大幅增长。根据万得数据统计，2006 年发行私募产品 136 只，募集规模 65 亿元，此后基本上逐年增长。2013 年，我国发行私募产品 2 299 只，募集规模超过 620 亿元。三是监管机构对私募行业越来越重视。一方面，市场变化快于监管规范；另一方面，市场发展又需要监管变化。2009 年 1 月，银监会印发的《信托公司证券投资信托业务操作指引》成为第一个规范性文件，对已经运作多年的阳光私募模式提出了详细要求。然而，此时的阳光私募产品本质上是信托产品，还不是真正的私募基金。在私募基金诞生之前，有两个重要的监管变化：首先，2012 年 6 月中国证券投资基金业协会（以下简称“基金业协会”）成立，其作为行业自律组织在此后的行业发展中发挥了至关重要的作用；其次，2012 年 12 月全国人民代表大会通过了新修订的《中华人民共和国证券投资基金法》，增加了非公开募集基金的章节，为私募基金的出现在法律层面铺平了道路。

（3）第三阶段，从 2014 年至 2015 年的私募基金诞生及飞速发展阶段。该阶段的三个重要历史背景为：一是 2014 年 1 月由基金业协会颁布了《私募投资基金管理人登记和基金备案办法（试行）》，规定私募管理人申请成为协会会员后，可以采取先募集、后备案的方式，发行真正意义上的“私募基金”。二是 2014 年 6 月证监会审议通过了《私募投资基金监督管理暂行办法》，对私募基金做出了明确定义——“本办法所称私募投资基金（以下简称私募基金），是指在中华人民共和国境内，以非公开方式向投资者募集资金设立的投资基金”。证监会对私募基金监管做出了全面规定，标志着私募基金行业开始走上规范化、正规化道路。三是经过五年熊市煎熬的中国股市，在中小创股票的带领下出现了持续两年的牛市行情，吸引了大批资金进入股市，为私募基金的发展提供了肥沃的土壤。我国对资产管理服务的巨大需求，推动了大量私募基金管理公司的成立以及私募基金产品的发行。截至 2015 年年底，备案的私募基金公司达 25 000 家，管理资产实缴规模超过 4 万亿元。

（4）第四阶段，从 2016 年至今的私募基金逐步规范化阶段。行业发展逃不开市场运行的周期波动，私募基金也不例外。2015 年年底开始的股灾给了私募基金行业一记重击，到 2016 年年底备案的私募基金公司减少到 17 000 多家，同时行业发展速度过快、监管严重滞后的问题凸显出来。为此，基金业协会和证监会陆续出台了多项制度来规范市场，主要包括《私募投资基金管理人内部控制指引》《私募投资基金信息披露管理办法》《关于进一步规范私募基金管理人登记若干事项的公告》《私募投资基金募集行为管理办法》。特别地，2017 年 8 月国务院法制办公室发布《私募投资基金管理暂行条例（征求意见稿）》，这意味着私募基金行业的未来发展已纳入国家顶层设计层面，最严监管时代即将到来。

中国私募基金行业从萌芽开始，经历了近 20 年的发展变化，如今已成为中国资产管理行业中的一支重要力量。截至 2017 年年底，在基金业协会登记备案的私募基金公司有 22 446家，备案私募基金产品 66 418 只，管理基金规模超过 11 万亿元，从业人员超过 23 万人。从私募基金公司的注册地来看，主要集中在经济发达的上海、深圳、北京、浙江以及广东（除深圳）。这五个地区的私募基金公司共计 16 255 家，占比高达 72%。从投资类型来看，专注投资一级市场的私募股权基金、创业投资基金的规模最大，达到 7.1 万亿元；专注投资二级市场的私募证券投资基金的规模为 2.3 万亿元；其他私募投资基金的规模为 1.6 万亿元。从管理规模来看，管理规模超过 100 亿元的大型私募基金公司有 187 家，管理规模在 10 亿元至 100 亿元的中型私募基金公司有 1 571 家，其余均为小型或者初创型私募基金公司。

第二节　金融工程在私募证券投资基金中的应用

由于投资一级市场的私募股权投资基金的运作，主要依靠其对行业发展的准确判断、对企业经营状况的深度了解以及对投资法律架构的严密设计，而对金融工程相关知识的应用较少，所以这里主要介绍金融工程在投资二级市场的私募证券投资基金中的应用。

一、金融工程在投资决策中的应用

无论是以实地调研为研究手段的基本面投资，还是以金融工程为研究工具的量化投资，投资者都在市场中不断寻找有价值的信息、挖掘信息与股价变动之间的关系，而后进行投资决策。下面将根据信息使用方式的不同，介绍几种常见的量化投资策略。

1. 价量策略

仅以股票的历史价格和成交量作为输入信息，研究未来股价变化的一类投资策略统称价量策略。无论引起股票交易行为的实质因素是什么，只要股票出现交易，总会在价格和成交量上反映出来，因此通过研究价量变化预测未来股价变动方向成为一种最直接的投资策略。虽然价量策略由来已久，而且很多策略都已失效，但随着市场的变化，价量策略也在不断升级改进，主要表现在以下三个方向：一是通过程序化的方式同时监控大量技术指标。市场竞争使得单一使用 MACD、KDJ、RSI 等技术指标的用处已经非常有限，但通过计算机程序同时监控上百个技术指标，当多个指标出现共振时的交易信号往往具有很强的参考意义。二是借鉴跨学科的研究成果，开发新型的股票价量模型。例如，在语音识别中为了解决发音长短不一的匹配问题，通常采用动态时间归整算法（dynamic time warping，DTW）。在股票投资中，我们可将这种算法用于识别 K 线相似度的问题，用于找出历史中相似的价量运动模式，并统计分析之后的股票变动规律。三是算法交易、程序化交易以及高频交易的兴起。近年来，随着计算机运算能力的提高以及网络传输速度的加快，在投资中的很多工作被程序化、工程化、模块化。其中，算法交易解决了传统交易员下单所形成冲击成本的问题；程序化交易解决了同质策略在多个市场、多个品种上同时投资的问题；

高频交易将价量策略的交易时间跨度缩到极致，从而保证了模型在统计上的稳定性。归根到底，这三种交易策略的应用都离不开价量模型的支持。

2. 多因子策略

多因子策略的研究对象除了股票的价量信息，还包括基于上市公司财务报表的大量基本面信息。多因子策略通常是以一个月为周期，根据在月底可以获得的信息，按照模型对全市场的股票进行一次计算和评估，从中选出下个月预期收益率高的股票来构建投资组合，然后持有一个月并在次月底再次调整组合持仓。

该策略的基本研究步骤如下：首先，确定研究的备选因子。实质上，任何可能引起股价变动的信息都可以称为因子，但有些不可量化的信息很难在多因子模型框架下进行处理。因此，这里讲的因子均为可量化因子，大体包括盈利类、估值类、财务杠杆类、成长类、规模类、波动类、技术指标类等。其次，根据历史数据对因子的有效性进行计算。以估值类中的市盈率 PE 因子为例，取 T 期全市场所有股票的 PE 数据进行标准化，再取 T+1 期全市场股票的收益率，计算这两个横截面序列之间的相关系数，称为信息系数（information coefficient，IC)。IC 值越高，说明这个因子对未来股票价格的预测作用越大。然后，移动计算时间窗口，T 分别取第一个月、第二个月……依此类推，计算连续多个月该因子的 IC 值序列，用 IC 的均值除以标准差，称为信息比率（information ratio，IR)。IR 值越高，说明该因子的预测作用越稳定。综合考虑 IC 值以及 IR 值，确定该因子是否为有效因子。最后，利用选出的有效因子构建投资组合并进行历史回溯。每个月月底根据确定的有效因子对整个市场的股票进行排序打分，选出有效因子得分高的股票加入投资组合，而后每月调整持仓，计算出投资组合在历史上每天的净值表现并进行评估分析。

多因子策略的研究主要有三个难点：一是如何挖掘出对股价预测更有效、更稳定的因子。市场中的参与者都在不停寻找更好的因子，相关的研究方式多种多样，如借鉴行业研究员的知识框架拓宽因子的研究范围、对基础数据进行非线性变换、对已有因子进行线性复合等。有些研究机构积累的因子数量多达千种，一旦发现有效因子，就会投入实际使用并严格保密。如果相同的因子被大量使用就会形成拥挤交易，从而降低该因子的有效性。二是随着研究中积累因子的数量不断增多，在众多因子中如何确定应该使用哪些因子。虽然 IC 值和 IR 值都可以作为参考指标，但在不同的市场环境中，各因子的预测效果不尽相同，反映出来的是 IC 值和 IR 值都随时间不断变化。目前比较新的研究方法是将人工智能和机器学习的模型应用到多因子选股中。我们可以把选股问题看成一个分类问题，一部分股票有预期超额收益，另一部分股票没有。众多因子是进行分类的不同观察维度，每只股票在不同的维度上有不同的得分。机器学习模型可以帮助我们完成多个因子聚合在一起的分类问题。常用的分类算法包括逻辑回归、K 近邻、Adaboost、SVM、决策树、随机森林等。三是通过因子选出具有预期超额收益的股票后，如何在投资组合的构建中优化个股的权重。马科维茨的资产组合理论为我们提供了一个理论框架，但在实际应用中很难对股票预期收益率的协方差矩阵进行准确估计。因此，在实际操作中出现了两种解决方法：一种解决方法偏向实用性，即以市场指数的个股权重为基准，调整投资组合中的个股权重，使得投资组合中各行业的权重与市场指数中各行业的权重相同、投资组合中各市值区间的权重与市场指数中各市值区间的权重相同，称为行业中性、市值中性权重调整。这是因为行业和市值是影响股价变动最大的两种不确定性因素，将其调整到与基准市场指数相同，更能保证投资组合超额收益的稳定性。另一种解决方法偏向理论性，即利用布莱克-利特曼模型，将客观的历史统计信息以及主观的倾向性预期信息相结合，以便及时对历史数据不能反映的市场变化做出调整。

3. 事件驱动策略

事件驱动策略与多因子策略相比，主要有三方面的不同：一是研究的信息类型不同。事件驱动策略关注能够影响股价快速、大幅变动的各类特殊事件，包括业绩预告、定向增发、分红配股、大股东增减持、限售股解禁等。二是研究的方法不同。这些特殊事件的发生时间具有不确定性，为了避免事件的冲击效用衰退，因此不会等到月底这样的时间节点再进行处理，而是以事件发生的时点作为基准点，分析事件发生前后的股价变化规律。三是投资组合的构建方式不同。为了保证时效性，一般会在事件发生后就买入股票，造成不同股票之间买入和卖出的时间点不同步，这为确定各股票的投资权重以及整个投资组合的权重优化带来了很大困难。假设权重定低了，如果后续没有事件发生，则会出现投资组合仓位不满的情况；如果权重定高了，而后续有事件发生，则会出现投资组合仓位已满、无法投资的情况。

二、金融工程在风险管理以及业绩归因中的应用

在私募证券投资基金中，选出优质股票、做出投资决策并不是工作的全部内容，事中风险管理以及事后业绩归因分析是保障投资业绩持久稳定增长的重要支撑。

在风险管理中，主要监控以下三类指标：一是投资组合的整体风险状况，包括波动率、最大回撤等历史业绩的统计指标，也包括 VAR 等对投资组合未来风险大小的估计。二是投资组合的流动性状况。由于随时可能出现客户资金的赎回，所以要对投资组合的变现能力进行实时测算，评估股票变现所需的时间以及在变现过程中可能出现的冲击成本。三是投资组合的因子暴露状况。因子就如一枚硬币一样，一面代表收益，可以通过因子挑选股票赚取超额收益；另一面代表风险，也可以通过计算因子暴露度监测投资组合的风险状况。一般来说，如果一个因子提供的超额收益不稳定，有时为正超额收益、有时为负超额收益，则把这个因子称为风险因子，并在投资组合中重点监控此类风险因子的暴露程度。

在业绩归因中，主要进行以下两类分析：一是计算投资组合中各股票的投资损益，并按照行业、因子等维度进行分类汇总。通过事后的投资分析，回顾当初的买入理由并与此后的市场变化进行对比，总结经验教训，为以后的决策模型改进提供支持。二是进行布里松业绩归因分析。布里松模型可以将投资业绩拆解为宏观择时业绩、行业配置业绩以及个股选择业绩。布里松业绩归因分析对于传统的基本面基金经理至关重要，可以帮助投资者清晰地了解到该基金经理的能力所在，比如他是对宏观经济的判断更准确，是对行业发展趋势的把握更敏锐，还是在个股的深度挖掘上更有优势？

【本章小结】

本章主要讲述了中国私募基金行业的发展历程、二级市场中常见的量化投资策略（尤

其是运用最广泛的多因子策略）以及在风险管理中用于监控的三类指标和两种业绩归因方法。通过对本章的学习，读者应对中国私募基金行业有一个大致的了解，同时能够掌握二级市场中几种常见的量化投资策略。

【本章要点】

● 中国私募基金行业按时间顺序大致可分为四个阶段：私募产品萌芽阶段、私募产品阳光化阶段、私募基金诞生及飞速发展阶段和私募基金逐步规范化阶段

● 价量策略是仅以股票历史价格和成交量作为输入信息，研究未来股价变化的一类投资策略。这是一种最直接的投资策略

● 多因子策略的研究步骤为：确定研究的备选因子；根据历史数据对因子的有效性进行计算；利用选出的有效因子构建投资组合并进行历史回溯

● 多因子策略的研究主要有三个难点：一是如何挖掘出对股价预测更有效以及更稳定的因子。二是随着研究中积累因子的数量不断增多，在众多因子中如何确定应该使用哪些因子。三是通过因子选出具有预期超额收益的股票后，如何在投资组合的构建中优化个股的权重

● 事件驱动策略是在提前挖掘和深入分析可能造成股价异常波动的事件基础上，通过充分把握交易时机来获取超额投资回报的交易策略

● 事件驱动策略与多因子策略相比，主要有三方面的不同：研究的信息类型不同、研究的方法不同和投资组合的构建方式不同

● 风险管理主要监控三类指标：投资组合的整体风险状况、投资组合的流动性状况和投资组合的因子暴露状况

● 在业绩归因中，主要进行以下两类分析：一是计算投资组合中每只股票的投资损益，并按照行业、因子等维度进行分类汇总。二是进行布里松业绩归因分析。布里松模型可以将投资业绩拆解为宏观择时业绩、行业配置业绩以及个股选择业绩。

【本章关键术语】

价量策略　　多因子策略　　信息系数（IC）　　信息比率（IR）
事件驱动策略　　布里松业绩归因分析

【本章思考题】

1. 简要叙述我国私募基金行业发展的四个阶段。

2. 价量策略如何理解？价量策略作为最直接的一种投资策略，随着市场变化不断改进的方向有哪些？

3. 多因子策略的研究步骤是什么？有哪些研究难点？
4. 比较事件驱动策略和多因子策略的不同。
5. 在私募证券投资基金中，风险管理的监控指标有哪些？
6. 简述业绩归因分析的两种主要方法。

参考文献

[1] [美] 安东尼·桑德斯. 信用风险度量：风险估值的新方法与其他范式. 北京：机械工业出版社，2001.

[2] [美] 哈里·马科维茨. 资产选择——投资的有效分散化. 北京：首都经济贸易大学出版社，2000.

[3] [美] 莫顿·米勒. 金融创新和市场的波动性. 北京：首都经济贸易大学出版社，2002.

[4] [美] 斯科特·梅森，罗伯特·默顿，安德鲁·佩罗德等. 金融工程学案例——金融创新的应用研究. 大连：东北财经大学出版社，2001.

[5] [美] 威廉·夏普. 投资组合理论与资本市场. 北京：机械工业出版社，2001.

[6] [美] 约翰·B. 考埃特等. 演进着的信用风险管理. 北京：机械工业出版社，2001.

[7] [美] 约翰·马歇尔，维普尔·班赛尔. 金融工程. 北京：清华大学出版社，1998.

[8] [英] 洛伦兹·格利茨. 金融工程学——管理金融风险的工具和技巧. 北京：经济科学出版社，1998.

[9] [英] 马克·洛尔，列夫·博罗多夫斯基. 金融风险管理手册. 北京：机械工业出版社，2002.

[10] 安东尼·G. 科因等. 利率风险的控制与管理. 北京：经济科学出版社，1998.

[11] 布雷利，迈尔斯．公司财务原理．北京：机械工业出版社，2004.

[12] 陈传兴．金融创新．上海：上海外语教育出版社，1996.

[13] 陈工孟，吴文锋，朱云．金融工程．北京：清华大学出版社，2003.

[14] 范龙振，张子刚．深圳股票市场的弱有效性．管理工程学报，1998 (3).

[15] 胡碧．金融工程发展的动因及影响分析．陕西省经济管理干部学院学报，2003 (2).

[16] 黄亚均，林利军．投资银行实务：金融工程及其运用．上海：立信会计出版社，1998.

[17] 瞿卫东．金融工程学．北京：中国财政经济出版社，1997.

[18] 李朝民．市场利率及其风险控制研究．郑州：郑州大学出版社，2002.

[19] 李学，刘建民，靳云汇．中国证券市场有效性的游程检验．统计研究，2001 (12).

[20] 路透．金融衍生工具导论．北京：北京大学出版社，2001.

[21] 茅宁．期权分析——理论与运用．南京：南京大学出版社，2000.

[22] 门明．金融工程学．北京：对外经济贸易大学出版社，2000.

[23] 施兵超，杨文泽．金融风险管理．上海：上海财经大学出版社，1999.

[24] [美] 查尔斯·W. 史密森．管理金融风险：衍生产品、金融工程和价值最大化管理．3 版．北京：中国人民大学出版社，2003.

[25] [美] 斯蒂芬·A. 罗斯，伦道夫·W. 韦斯特菲尔德，杰弗里·F. 贾菲．公司理财．北京：机械工业出版社，1998.

[26] 宋逢明．金融工程原理——无套利均衡分析．北京：清华大学出版社，1999.

[27] 王建国，刘锡良．衍生金融商品．成都：西南财经大学出版社，1997.

[28] 吴晓求．证券投资学．北京：中国人民大学出版社，2000.

[29] 杨春鹏．实物期权及其应用．上海：复旦大学出版社，2003.

[30] 叶永刚．衍生金融工具概论．武汉：武汉大学出版社，2000.

[31] 郁洪良．金融期权与实物期权——比较和应用．上海：上海财经大学出版社，2003.

[32] [美] 詹姆斯·C. 范霍恩．金融市场利率与流量．大连：东北财经大学出版社，2000.

[33] 张兆国，桂志斌，黄玮．深圳股票市场有效性实证研究．武汉大学学报（人文社会科学版），1999 (6).

[34] 张志强．期权理论与公司理财．北京：华夏出版社，2000.

[35] 张宗成．金融工程的发展与创新．华中理工大学学报（社科版），2000 (8).

[36] Oksendal B. Stochastic Differential Equations：An Introduction with Applications. New York，Springer，1998.

[37] Fabozzi F J. Bond Markets Analysis and Strategies. Upper Saddle River：Prentice Hall，2000.

[38] Arditti F D. Derivatives，Cambridge，Harvard Business School Press，1996.

[39] Black F. How to Use the Holes in Black-Scholes. Journal of Applied Corporate Finance，1989 (4).

[40] Constantinides G M and Malliaris A G. Option Markets. Edward Elgar Publishing, 2001.

[41] Schaeffer H A. Credit Risk Management. New York, John Wiley & Sons, Inc., 2000.

[42] Campbell J Y and Mackinlay A C. The Econometrics of Financial Markets. New Jersey, Princeton University Press, 1997.

[43] Ingersoll J E Jr. Theory of Financial Decision Making. Maryland, Rowman & Littlefield, 1987.

[44] Malkiel B G. A Random Walk Down Wall Street, 6th ed. New York, Norton, 1995.

[45] Merton R C. On The Pricing of Corporate Debt: The Risk Structure of Interest Risk. The Journal of Financial, 1974 (29).

[46] Bookstaber R M. Option Pricing & Investment Strategies. Chicago, Probus Publishing Company, 1987.

[47] Merton R C. Continuous Time Finance. Cambridge, Basil Blackwell Inc., 1992.

[48] Ziemia W T. Stochastic Optimization Models in Finance. New York, Academic Press, Inc., 1975.

[49] 林清泉．金融工程学．北京：中国人民大学出版社，2010.

[50] 林清泉．固定收益证券．北京：中国人民大学出版社，2013.

[51] 黄达．金融学．4 版．北京：中国人民大学出版社，2017.

图书在版编目（CIP）数据

金融工程/林清泉主编．—5版．—北京：中国人民大学出版社，2018.11
经济管理类课程教材·金融系列
ISBN 978-7-300-26394-6

Ⅰ.①金…　Ⅱ.①林…　Ⅲ.①金融工程-高等学校-教材　Ⅳ.①F830.49

中国版本图书馆CIP数据核字（2018）第248356号

经济管理类课程教材·金融系列
金融工程（第五版）
主编　林清泉
Jinrong Gongcheng

出版发行	中国人民大学出版社		
社　　址	北京中关村大街31号	**邮政编码**	100080
电　　话	010－62511242（总编室）		010－62511770（质管部）
	010－82501766（邮购部）		010－62514148（门市部）
	010－62515195（发行公司）		010－62515275（盗版举报）
网　　址	http：//www.crup.com.cn		
经　　销	新华书店		
印　　刷	固安县铭成印刷有限公司	**版　　次**	2005年6月第1版
开　　本	787 mm×1092 mm　1/16		2018年11月第5版
印　　张	23.5	**印　　次**	2024年12月第8次印刷
字　　数	546 000	**定　　价**	48.00元